中国法律实证研究

第6卷
2021年

四川大学法律实证研究所　主办

法律出版社
LAW PRESS·CHINA
北京

图书在版编目(CIP)数据

中国法律实证研究. 第6卷, 2021年 / 左卫民主编
. -- 北京 : 法律出版社, 2022
ISBN 978-7-5197-6589-7

Ⅰ. ①中… Ⅱ. ①左… Ⅲ. ①法律-研究-中国
Ⅳ. ①D920.4

中国版本图书馆CIP数据核字(2022)第052241号

中国法律实证研究(第6卷·2021年)
ZHONGGUO FALÜ SHIZHENG YANJIU
(DI-6 JUAN·2021 NIAN)

左卫民 主编

责任编辑 黄倩倩
装帧设计 臧晓飞

出版发行 法律出版社
编辑统筹 学术·对外出版分社
责任校对 王晓萍 王语童
责任印制 陶 松
经 销 新华书店

开本 710毫米×1000毫米 1/16
印张 21.25 字数 345千
版本 2022年5月第1版
印次 2022年5月第1次印刷
印刷 三河市龙大印装有限公司

地址:北京市丰台区莲花池西里7号(100073)
网址:www.lawpress.com.cn
投稿邮箱:info@lawpress.com.cn
举报盗版邮箱:jbwq@lawpress.com.cn

销售电话:010-83938349
客服电话:010-83938350
咨询电话:010-63939796

书号:ISBN 978-7-5197-6589-7
定价:96.00元

凡购买本社图书,如有印装错误,我社负责退换。电话:010-83938349

主编简介

左卫民

法学博士，教育部“长江学者奖励计划”特聘教授，中组部、人社部“国家高层次人才特殊支持计划领军人才”，第四届全国十大杰出青年法学家，四川大学法学院院长，四川省社会科学重点研究基地纠纷解决与司法改革研究中心主任，四川大学法律实证研究所所长，四川大学法学院大数据与人工智能法律研究中心主任，兼任中国法学会理事、中国刑事诉讼法学研究会副会长，四川省法学会副会长，最高人民检察院专家咨询委员，四川省委省政府、省委政法委法律顾问等职。1988年至今在四川大学任教，1992年破格晋升为副教授，1994年破格晋升为教授。先后获得教育部首批人文社科“跨世纪优秀人才”（1997）、教育部首届“青年教师奖”（2000）、国务院政府特殊津贴（2001）、四川省学术带头人（2003）、人事部首批“新世纪百千万人才国家级人选”（2004）、国家万人计划哲社领军人才（2016）、中宣部文化名家暨“四个一批”人才（2016）等荣誉称号或奖励。曾为美国哈佛大学、耶鲁大学、哥伦比亚大学、纽约大学、荷兰阿姆斯特丹大学、德国马普刑事法律研究所、香港中文大学的访问学者。主要研究领域为实证法律研究、法律大数据、刑事诉讼、司法制度和纠纷解决。承担了包括国家社会科学基金重大招标项目《和谐社会的构建与人民内部矛盾解决体系的完善》（首席专家）在内的多项国家级、省部级等科研课题；独立或合作出版了《现实与理想：关于中国刑事诉讼的思考》《刑事诉讼的中国图景》《中国刑事诉讼运行机制实证研究》《中国基层纠纷解决研究》《实证研究：中国法学的范式转型》等十余部著作；在《中国社会科学》《法学研究》《中国法学》等期刊上独立或合作发表学术论文逾百篇，其中有百余篇被《新华文摘》《人大复印报刊资料》《高等学校文科学术文摘》《中国社会科学文摘》等转载或转摘。研究成果获得省部级一等奖、二等奖十余次。

中国法律实证研究(第6卷·2021年)

特稿

司改探微

对话实务

他山之石

智慧法治与中国之治

特　　稿

论刑法教义学与实证研究*

白建军**

内容摘要:定性研究与定量分析、规范学与事实学的不同,只是刑法教义学与刑法实证研究之间表面上的不同,其掩盖了两者内在相和的价值。法教义学的实定法合理性假定和法律实证研究的集体经验合理性假定,都是相对的,二者之间不存在根本对立,采用实证方法研究刑法教义学问题并非不可能。刑法教义学与刑法实证研究统一于实践理性,相遇在刑法现象大样本中,交集于法的有效性。没有教义学的刑法实证研究,或者没有实证研究的刑法教义学,都无益于中国刑法研究的全面发展。最极端的恶是非法剥夺他人生命的犯罪,最极端的社会否定评价是依法剥夺犯罪人生命的死刑,这两个剥夺是其他一切剥夺的边界。以近8万个致死命案死刑适用样本的刑罚教义学研究为例说明,刑法教义学实证研究是一种基于刑法现象大样本的描述性批判,其包括刑法理论学说的教义学实证研究、刑法规定的教义学实证研究和刑事司法实践的教义学实证研究。

关键词:刑法教义学　实证研究　死刑适用　法的有效性

---

* 本文写作过程中得到王华伟、陈浩、王复春、林嘉珩的无私帮助,特此感谢。本文刊载于《法学研究》2021年第3期。

** 白建军,北京大学法学院教授。

法学研究的学术分化中,[①]刑法教义学与刑法实证研究之间既无交锋争讼,也无明显的相互依存性。不过,此种“不合作”状态对刑法研究未必有益。有趣的问题是:应怎样理解这两种研究方法之间的关系;能否用实证方法研究刑法教义学问题;如何实现法教义学与实证研究在我国刑法研究中的深度合作。本研究的结论是,刑法教义学和刑法实证研究和而不同。二者显而易见的“不同”中隐含着“和”的条件,“和”才是二者关系中一直以来被忽视的价值。刑法教义学实证研究就是刑法教义学与实证研究之间和而不同的产物,也暗合储槐植所倡导的刑事一体化思想。

一、法教义学与实证研究相和的难点及其化解

一般来说,法教义学多采用演绎逻辑,进行抽象、思辨,而实证研究多采用归纳逻辑,进行观察、描述;法教义学强调典型情形的定性研究,而实证研究强调大样本量化分析;法教义学拥有一套体系性知识,以其系统的自给自足和逻辑的严谨体现其科学性,而开放的实证方法本身并无系统的实体理论,以其“假设—检验”的程序性范式保障其研究结论的可靠性。法教义学与实证研究之间表面上的差异并非它们进行合作的主要障碍,相反,恰恰是实现互补的基础条件。真正妨碍法教义学与实证研究走到一起的,是它们之间的两层隔膜:一是各有各的合理性假定;二是各有各的技术短板。

(一)实定法合理性假定与集体经验合理性假定

法教义学假定实定法的合理性,而实证研究假定法律实践集体经验的合理性。按照前者,法律不容批判,只能对其做合理解释;按照后者,法律实践的集体理性必有其道理,是公正检验的标准。这就形成了二者之间的紧张关系:既然法律不容批判,就无须其他检验标准;既然实践的集体理性是公正检验的标准,就无须另寻合理性阐释。

法教义学对实定法秩序抱有坚定信仰。所谓“法教义学要以对一国现行实在法秩序保持确定的信奉为基本前提,这也是所谓的‘教义’的核心要

① 谢海定:《法学研究进路的分化与合作——基于社科法学与法教义学的考察》,载《法商研究》2014年第5期。

义所在”。[①] 拉德布鲁赫认为,法教义学是关于实在法的科学,而非应有法的科学。[②] 法教义学“是关于有效的法的科学,而不是关于正确的法的科学,是关于存在的法的科学,而不是关于应该存在的法的科学”。[③] 总之,“无法律,不教义”,[④]法教义学“假定现行法秩序大体看来是合理的”。[⑤] 追问实定法背后的应然与否,就可能走向对实定法的批判,而法律不容批判。

然而,实证研究的一个基本特征是证否。如果一个命题不可证否,就不适宜做实证研究。表面上,这与法教义学的基本假定格格不入。不过,且不说实证研究证否的对象更多只是法学理论、学说,就算是法律,也需澄清法教义学所说的实定法到底是指法条本身,还是法律规范。法条是法律规范的载体,而法律规范是隐含在数个法条之间的逻辑关系。这意味着,如果某个具体法条与体系性的法律规范发生冲突,法教义学会毫不犹豫地遵从整体的法律规范和法秩序。由此可见,实定法合理性假定是一种相对的合理性假定。按此假定,不可批判的是法律规范,而不是具体法条。

事实上,对于要不要通过不断修订刑法以扩大犯罪圈的问题,包括许多刑法教义学者在内的大多数学者都持肯定态度。如果所有实定法法条都绝对合理,为什么还要支持刑法修订以新增罪名,或改变某些罪名的入罪条件,或调整部分犯罪的法定刑、减少死刑?更何况,某些冠名法教义学的研究,往往对规范体系中不符合其特殊预设的一些规范置之不顾,如“社会主义”“公有制”等类型的规范,往往被视为纯粹的意识形态表达而弃如敝屣。[⑥] 由此可见,法教义学阵营本身也非铁板一块,对实定法也是有选择地遵从,并且其选择标准及结果也是可疑可议的。再者,法教义学是以法律适用为中心而展开的。[⑦] 实定法合理性假定的本意是法律适用不能以法外因素的影响、法律本身的不确定性或法律漏洞为由,另寻裁判理由。所以,批判法律和不依法裁判是两回事。

---

① 凌斌:《什么是法教义学:一个法哲学追问》,载《中外法学》2015 年第 1 期。

② [德]古斯塔夫·拉德布鲁赫:《法教义学的逻辑》,白斌译,载《清华法学》2016 年第 4 期。

③ 冯军:《刑法教义学的立场和方法》,载《中外法学》2014 年第 1 期。

④ 许德风:《法教义学的应用》,载《中外法学》2013 年第 5 期。

⑤ [德]卡尔·拉伦茨:《法学方法论》,陈爱娥译,商务印书馆 2003 年版,第 77 页。

⑥ 谢海定:《法学研究进路的分化与合作——基于社科法学与法教义学的考察》,载《法商研究》2014 年第 5 期。

⑦ 陈兴良:《刑法教义学方法论》,载《法学研究》2005 年第 2 期。

另外,实证研究的实践集体经验合理性假定,源于“法律是一种实践理性”的信念。按照这一信念,刑法不仅是犯罪行为作为犯罪定义对象的反映,也是法律制定者、适用者作为定义者自身各种主体性因素的彰显和表达。借助大范围、可重复性强的普遍法律实践,有助于最小化个体经验、主观潜见、偏好、局限甚至私利等主体性对法律适用的影响,使其消解在普遍法律实践的一般性中。也就是说,法律人的集体经验比个别经验更可能过滤掉个别利益局限和特殊的主体性偏好,更可能接近公认的普遍价值。这时,集体经验的合理性所彰显的是普遍价值本身的有效性。的确,受样本等因素影响,不同实证研究得出的数据不可能绝对相同,甚至有可能相反。这个现象常被用来证明实证研究不可信。其实,如果把实证研究视为不断趋近集体经验的过程,那么,样本越大,分析工具越科学,实证研究的结论就越可靠。

不过,法律实践集体经验合理性假定也不是绝对的。比如,法律禁止任何人强奸女性,即使大多数(男性)法官对大多数所谓“婚内强奸”案的被告都判决无罪,也不应据此将此类行为排除出强奸罪的犯罪定义。正如个别法条可能存在种种不足一样,法律实践集体经验的合理性也是相对的。所以,基于法律实践集体经验的研究,除了需要满足统计显著性、高相关度等形式要求以外,还需要进一步的教义学分析,看其是否符合法律规范意义上的正当性要求。

既然两个合理性假定都不是绝对的,刑法教义学与实证研究之间就没有对立紧张的根本理由。当然,无论是实定法合理性假定,还是法律实践集体经验合理性假定,其相对性都是描述的相对性,与价值相对主义有着本质不同。价值相对主义否认超越多样性、地方性、时代性伦理价值的普遍价值的存在,认为不应该用普遍价值去规范人的行为。总之,承认实定法和集体经验的相对合理性,打破刑法教义学与法实证研究之间的隔膜并非不可能。

(二)效度与信度

法教义学与实证研究之间的另一层隔膜是各自的技术短板:法教义学的短板在于信度有限,实证研究的短板在于效度不高。效度是指研究所选用的指标、维度的有效性。研究的结果与所要考察的内容吻合度越高,则效度越高。如果用卷尺测量人的体重,其效度就很低,尽管身高和体重的确呈正相关关系。信度是研究结果的稳定性及可靠性程度。如果测量人的身高所用的卷尺是用松紧带制成的,其信度就很低,尽管测量身高的确需用卷尺。效度是前提,回答“研究什么”的问题;信度是保障,回答“怎么研究”的问题。

按此分法,有的刑法教义学理论具有较高的效度,却由于所使用的事实材料多为个案或小样本的直接观察,疏于可推论性、代表性交代而缺乏一定的信度。例如,常有人抱怨死刑适用标准不明确,于是有学者告诉我们,如果人们愿意把刑法关于死刑的规定作为一个整体来解释,就会发现《刑法》第121条、第239条和第48条之间的紧密联系,就会得出“只有故意致人重伤、死亡或者故意杀害他人的,或者以暴力、胁迫或者其他方法强取财物并且造成了与航空器遭受严重破坏相同程度的财产损失的,才属于极其严重的罪行”这一极为明确的结论。① 这就是一个法教义学发现过程:从数个法条之间的逻辑关系建构法教义学内容,即死刑适用标准的明确性。不过,仅仅三个法条的描述,显然不能直接代表中国刑法几十个死刑罪名之间的全部逻辑关系。

另外,不少刑法实证研究装备精良,数据分析工具先进,却不知到底在研究什么问题,缺乏应有的效度。这些研究借助大量图表数据的堆砌来描述刑法现象,但对某某率或某某系数的意义缺乏交代,让人无从把握这些数据描述与刑法教义学概念、理论有何关系。有的研究沉迷于复杂的数学模型和量化描述,以为选用的数学工具越复杂、越深奥,其结论就越科学。其实,研究的工具理性和程序理性是为理论研究和认知推进服务的,没有实体理论的准确把握,再复杂的计算方法也没有法学意义。

解决上述“短板”的关键在于法教义学与实证方法合作,对抽象概念、理论命题进行操作化处理。只有当概念、理论命题转换为可度量的变量、指标以及可检验的工作假设时,才可能实现刑法教义学与实证研究之间的无缝对接。否则,便可能形成刑法教义学和实证研究之间谁看谁都别扭的局面。刑法中,大到公正、正义、均衡、法益、秩序、该当、违法、有责,小到行凶、防卫限度、入户、性行为、损失,都需要转换处理。例如,按照刑法规定,金融机构工作人员造成一定程度的损失便可能构成相关犯罪。而在金融业,“损失”只有先拆分为规模、确定性、持续性、致命性等几个维度,并进一步分别下降到损失金额大小、不良资产的五级分类法定位、逾期时间长短、可支配资金额度的占比等几个具体指标后,才可能弄清一组样本的损失与相关刑事责任之间的

① 冯军:《刑法学研究之检讨与反思》,载《法学研究》2013年第1期。

关系以及相关刑法规范的适用实效。再如,“刑法的明确性”是个典型的法教义学问题。黑静洁就将“明确性”这一传统刑法学中最不明确的概念①,操作化为定量因素、兜底条款、空白刑法规范和过失犯等指标,并据此将中外刑法进行了比较。结果发现,中国刑法的法定犯和经济财产类犯罪相关规定的明确性程度较低。据此,他建议完善附属刑法以提高刑法的明确性程度。② 由此可见,用实证方法研究刑法教义学问题并非不可能。

应当承认,即使以上两层隔膜可以消除,实现刑法教义学和实证研究的深度合作还有以下困难:刑法教义学者的经验研究技能训练不足,实证者的法教义学知识缺乏;法律规范文本和司法裁判文书中对同类刑法现象的表述不一,裁判的说理程度不高;反映案件真实信息的卷宗基本不公开,某些数据信息仍有保密要求;从法律文本自然语言中提取标准化数据信息的技术能力有限,缺乏高质量的数据信息共享平台,等等。但是,仍应相信,克服这些障碍将有助于提高中国刑法研究的水平。

二、刑法研究需要法教义学与实证方法的新型合作

可能合作不等于必要合作。本来,法教义学和实证研究已经从各自角度为中国刑法研究做出了贡献,为什么还要提倡二者的合作呢?理由主要如下:

(一)法律是一种实践理性

在康德看来,理性分为理论理性和实践理性。理论理性基于人与自然的关系,是人的认知思维能力的运用。实践理性基于人与人的关系,是人的道德思维能力的运用。在康德哲学中,这两种理性的区别在于:第一,对象不同。理论理性的对象是自然,实践理性的对象是人的自由。第二,起点和终点不同。理论理性从直观、感性开始达至理论;实践理性从理论开始,走向感性、经验。康德认为,理论理性从感性开始进展到概念、原理;相反,实践理性

① 刘艳红:《开放的犯罪构成要件理论研究》,中国政法大学出版社2002年版,第306页。

② 黑静洁:《刑法明确性原则的恪守程度——刑法明确性原则的衡量指标及其实证考察》,载《政治与法律》2016年第11期。

并不和客观对象打交道，而是和意志打交道。① 第三，具有不同的规定性。理论理性主要回答“是什么”的问题；实践理性服从应然的绝对命令，主要回答“应当是什么”或“应当如何”的问题。第四，两种理性的内容不同。理论理性是主体的先天认识能力，实践理性是主体的先天欲望能力。康德指出，对道德行为而言，不是对象而是意志的法则，才是行动的规定根据，所以，实践理性的唯一客体就是那些善和恶的客体。② 可以说，理论理性是真理论的主要论题，而实践理性是价值论的主要论题。

对照以上几点，面对人的自由、权利、欲望、应当、善恶，法律显然属于实践理性的范畴。专注普遍法律实践的实证研究自然也离不开实践理性。问题是，该如何理解法教义学与实践理性的关系。据赫尔贝格的考证，“教义”一词其实最早出现于医学文献。在《希波克拉底全书》中提到了医学“实践学派”与“理论学派”之争。“实践学派”否认医学能得出任何一般命题，认为有的只是一个个特定病例，而“理论学派”认为可以从最一般的原则出发演绎推导出一般命题（假定）。但随后，有一部分“实践学者”开始寻求具体病例之间的共性。同时，许多“理论学者”也开始意识到，有必要通过归纳来对病例的具体观察作一般化总结。到了大约公元前400年时，出现了走第三条道路的学者，被称为“教义学者”，并将这种类型的一般原理或命题命名为“教义”。③ 由此可见，“教义”原本是经验归纳与理性抽象相结合的产物。而且，法教义学与实证研究相和，在我国也已有尝试。④ 所以，刑法教义学应回归到其原本意义上来使用“教义”一词。这样，刑法教义学与实证研究至少在语源学的意义上具有亲缘关系。

（二）法律规范隐身于大量实定法文本中

法律规范不是法律条文的任意堆放，而是法律内在结构形成的逻辑关系。发现这种关系，将隐身于法律条文中的刑法规范（教义）提取出来，既是法教义学也是实证研究的分内之事。其中，演绎推理和归纳方法都是发现法律规范的必要方法。例如，张明楷关于法益保护的论证，就以刑法为对象，通过观察、归纳大量法律条文，说明这些法条背后的共性是法益保护对刑法的

---

① ［德］康德：《实践理性批判》，邓晓芒译，人民出版社2003年版，第122页。

② ［德］康德：《实践理性批判》，邓晓芒译，人民出版社2003年版，第79页。

③ 雷磊：《法教义学观念的源流》，载《法学评论》2019年第2期。

④ 参见雷磊：《法教义学的基本立场》，载《中外法学》2015年第1期。

指导意义。[1] 的确,演绎法擅长发现法律中未言明的规范。例如,《刑法》只规定盗窃并使用信用卡的,定盗窃罪,并未规定诈骗、抢劫、抢夺信用卡并使用的应如何定罪。实际上,既然盗窃并使用信用卡的定盗窃罪,而诈骗、抢劫、抢夺等行为与盗窃具有相当性,那么也可以认为诈骗、抢劫、抢夺信用卡并使用的,应以信用卡取得行为分别定诈骗罪、抢劫罪、抢夺罪。此即作为无形之法的法教义积极主动找法的过程[2],也是法教义学演绎逻辑应用的典型范例。

与此不同,归纳法擅长发现明文规定的法条之间的关系或规律。例如,1979 年《刑法》中有 26 个死刑罪名,死刑罪名最多的是反革命罪,55.6% 的死刑分布在反革命罪一章中。1997 年《刑法》中共有 68 个死刑罪名,死刑罪名最多的变为破坏社会主义市场经济秩序罪,23.5% 的死刑分布在经济犯罪中。到了 2011 年,刑法分则中死刑罪名减少到 55 个,死刑罪名最多的为危害公共安全罪,有 25.5% 的死刑分布于此。死刑分布的这些变化,代表了刑事政策重点的两次重大转移。1979 年,刚刚结束"文革"的中国,许多人仍然相信"阶级斗争"的存在。经过近二十年的改革开放,人规模经济建设和随之而来的各类新型经济关系,从各方面影响着社会生活。进入 21 世纪的最初十年,国际、国内恐怖犯罪和各类危害公共安全的犯罪,越来越成为社会控制的焦点。反革命犯罪、破坏市场经济秩序犯罪和危害公共安全犯罪,先后分别代表了几十年来最为危险的几类犯罪。因此,死刑的分布变化既反映了社会危险的前后变化,又不断指导乃至拉动着社会惩戒资源的主动配置。这种从大量法条中寻找规律的归纳研究,也是对本国法律文本的深耕细作,是另一种形式的向实定法致敬。总之,透视法条背后的关系、规律,需要法教义学和实证研究的互补与协作。

(三)法教义学与实证研究交集于法的有效性

法的有效性的应然面是法的效力,其实然面是法的实效。效力是实效的前提,实效是效力的实现,法治是效力不断转化为实效的过程。[3] 法教义学研究法的应然有效性,为法律实证研究提供目标与方向。法律实证研究专注法的实然有效性,研究法律有效性的实际程度、范围,是法教义学的必要补充。

---

① 张明楷:《新刑法与法益侵害说》,载《法学研究》2000 年第 1 期。

② 陈兴良:《立法论的思考与司法论的思考——刑法方法论之一》,载《人民检察》2009 年第 21 期。

③ 刘焯:《法的效力与法的实效新探》,载《法商研究》1998 年第 1 期。

例如，劳佳琦对一千多个累犯样本进行的实证研究发现，目前我国普通累犯制度的隔离机制低效，威慑机制无效，在减少犯罪、防卫社会方面的综合实际效果远远低于预期；累犯从严有效论可能只是个神话。① 在美国，有学者研究“不退让法”如何影响枪支致死致伤的数量。他们用倍差法分析了州—月级别的数据，发现了“不退让法”导致了枪支杀人事件的增加。“不退让法”每月至少导致30人被杀，以及更多的枪伤住院事件，因而质疑“不退让法”是否对维护公共安全起了正面作用。②

法的有效性的核心是法律规范对相关主体的约束力，包括对法律适用者的约束力和对普通公民的约束力。其中，对法律适用者的约束力，是法教义学与实证研究之间交集的交集。因为犯罪控制与其说是针对犯罪的控制，不如说是对犯罪控制的控制，强调对犯罪控制者的行为有所约束。否则，不仅会有更多的行为被定义为犯罪，而且可能引起某些犯罪。所以，刑法适用的真正意义并不只是有利于被告人，更在于最大限度地限制法律适用者刑罚权的行使过程。

在这方面，法教义学和实证研究的作用都不可替代。一方面，法律规范的实效与规范自身有关。例如，在《刑法修正案（六）》之前，《刑法》第187条规定了用账外客户资金非法拆借、发放贷款罪，但犯罪统计显示该规定的实施效果并不理想。原因是，按照原刑法规定，如果为其他个人目的，或者将不入账的资金用于其他用途，或者未造成重大损失，均不符合“以牟利为目的”，或者“将资金用于非法拆借、发放贷款”，或者“造成重大损失”等条件，因而都不构成本罪。所以，少有定罪案例，该规定对银行资金安全的保护效果并不理想。对这类问题，就需要法教义学积极参与下的刑法修改来加以解决。于是，才有了后来《刑法修正案（六）》规定的吸收客户资金不入账罪，改变了相关犯罪的入罪条件。另一方面，法律规范的实效还与司法地方性、经济、文化、政策等规范外因素有关。王剑波关于量刑地方性差异的实证研究发现，《刑法修正案（九）》和“两高”最新司法解释③确立的“数额＋情节”的弹性定

---

① 劳佳琦：《我国累犯从严实效之实证研究》，载《中外法学》2014年第6期。

② Chandler McClellan and Erdal Tekin, *Stand Your Ground Laws*, *Homicides*, *and Injuries*, 52 Journal of Human Resources 621－653 (2017).

③ 指2016年4月18日，最高人民法院、最高人民检察院发布的《关于办理贪污贿赂刑事案件适用法律若干问题的解释》。

罪量刑标准,难以消减受贿罪量刑的地区差异。① 由此可见,法的有效性研究既离不开法教义学,也不能没有实证研究。

综上所述,法教义学和法律实证研究皆为实践理性范畴的一部分,两者具有良好的合作基础。法律规范隐身于大量实定法文本,两种方法论的合作有助于法律规范的发现。法的有效性集法规范效力和实效性于一身,没有法教义学的实证研究或者没有实证研究的教义学,都无助于法的有效性实现和检验。所以,法教义学实证研究很可能代表了中国刑法学研究一个值得探索的方向。

三、刑法教义学实证研究

刑法教义学实证研究是以犯罪论教义学、刑罚教义学和刑法各论(罪名)教义学理论实践为对象的实证研究。限于篇幅,现以刑罚教义学实证研究为例,解释何为刑法教义学实证研究及其基本特征。

(一)刑法"第一张骨牌"的刑罚教义学研究

刑罚教义学是以法定刑配置、刑罚适用的基本原则、规范及实践为内容的教义学化刑法知识。死刑适用原则的法教义学化知识,是刑罚教义学的重要组成部分。所以,死刑适用原则的实证检验,属于刑罚教义学实证研究。

根据《刑法》第48条的规定:死刑只适用于罪行极其严重的犯罪分子;对于应当判处死刑的犯罪分子,如果不是必须立即执行,可以判处死刑同时宣告缓期二年执行。这个规定中有两条界限:一是如果不满足"罪行极其严重"的要求,就不能进入死刑圈,只能适用自由刑或其他刑罚;二是如果罪行极其严重但"不是必须立即执行"的,就只能留在死刑缓期执行圈。同时,刑法中有26个故意犯罪的罪状中含有致人死亡的结果。除去虐待罪等,常见的暴力致人死亡犯罪共有八个罪名:故意杀人罪、故意伤害罪、强奸罪、绑架罪、抢劫罪、放火罪、爆炸罪、投放危险物质罪。由此形成的案件称为"命案",刑法对这些生命犯罪都规定了死刑及严格的死刑适用条件。这八个罪名的死刑适用条件和《刑法》第48条的内容连起来看,其内在逻辑就是必须严格限制

① 王剑波:《我国受贿罪量刑地区差异问题实证研究》,载《中国法学》2016年第4期。

死刑的适用。因此,“严格限制死刑适用”可以视为一项暗含在上述法条中的刑罚教义学原则。

这一刑罚教义学原则的规范意义还具有一种无形的延展性:最极端的恶就是非法暴力剥夺他人生命的犯罪,最极端的社会否定性评价就是依法剥夺犯罪人生命的死刑,这两个剥夺是其他一切剥夺的边界。草率对待他人的生命,就难免草率对待他人的其他权利——对暴力剥夺他人生命的个人和国家概莫能外。国家如何对待非法剥夺他人生命的人的生命,将传导至刑事司法乃至社会的各个角落,因而是了解中国刑法最具代表性的切入点。严格限制死刑适用,对被告人、受刑人、潜在的犯罪人乃至全社会,将是一种最好的宣示:暴力应该是最需要严格限制的社会反应手段。否则,惩恶未必扬善,甚至可能默许暴力。从这个意义上说,命案之罪的死刑适用是中国刑法的“第一张骨牌”。

如何安放这张骨牌,集中了许多种二元化理论:有的强调客观罪行,有的强调主观罪恶;有的看重罪行严重性的影响,有的看重犯罪人人身危险性的作用;另外还有结果无价值论与行为无价值论、报应论与预防论等。如果同时从“罪大”和“恶极”两个视角看,便有四种组合:罪大且恶极、罪不大且恶不极、罪大但恶不极、罪不大但恶极。前两种组合比较极端,其结果更可能是死刑立即执行或者排除在死刑圈之外。现实中后两种组合才是大概率事件,法律适用会面临许多复杂情形。结果,到底是杀人偿命还是免死,从(犯罪)现场到(刑罚执行)刑场之间,到底发生了什么,严格限制死刑适用的实效到底如何,就需要进行刑罚教义学实证研究。

研究首先将“严格限制死刑适用”的概念操作化为三组变量:第一,有多少死罪适用了死刑。第二,“罪行极其严重”的判断到底受哪些因素的影响。第三,“不是必须立即执行”的判断到底受哪些因素的影响?其检验逻辑是:其一,死刑适用率越低,则越大程度上证否“杀人偿命”的假定,从而接近事实上废除死刑的状态,①也才越有可能批驳所谓中国人滥用死刑的猜测。其二,

---

① 根据联合国秘书长提交联合国有关机构的报告,世界分为完全废除死刑的国家和地区、废除了普通犯罪死刑的国家和地区,以及第三类,事实上废除死刑的国家和地区。它们在法律中保留且可能作出死刑判决,但在统计时间之前的至少10年里未实际执行过死刑。在秘书长报告中,从2005年开始,在统计时间之前的10年里执行过死刑,但已作出国际承诺、正式宣布暂停使用死刑的,也被列为事实上废除死刑的国家和地区。参见孙世彦:《从联合国报告和决议看废除死刑的国际现状和趋势》,载《环球法律评论》2015年第5期。

影响死刑适用的实际因素如果更多是客观实害因素,则支持报应论或者结果无价值理论;如果更多是主观因素、人身危险性因素,则支持预防论和行为无价值论。其三,限制死刑适用的因素、情节对死刑适用的影响越稳定、越具有规律性,说明越符合同恶同罚的要求。这三组变量及其检验逻辑的确定,是实现抽象的“严格限制死刑适用”与具体经验数据之间转换的技术关键。

接下来,我在北京市高级人民法院和最高人民法院与部分长期从事死刑适用工作的资深刑事法官进行了访谈。之后,又在中国裁判文书网350万件刑事案例中提取全部八种命案且有致死结果的案件近8万个(79,904个),作为研究样本。① 由于命案之罪未必都有致死结果,仅选取有致死结果的命案作为样本才可以更清楚地看出,什么样的“杀人”才会偿命。

研究先将样本中未适用有期徒刑的近3万个判处无期徒刑及以上“刑罚”的案例分为两组:第一组为判处死缓及无期徒刑的样本,共26,332个,其中死缓10,777个、无期徒刑15,555个。将该组内两类案例进行比较,目的是发现“罪行极其严重”的实际判断标准。第二组为判处死刑立即执行及死缓的样本,共14,035个,其中死刑立即执行3258个、死缓10,777个。将该组内两类案例进行比较,目的是发现“不是必须立即执行”的实际判断标准。然后,对两组样本分别进行二元logistic回归分析。由于回归分析的原理是控制其他变量影响的情况下观察某个因素的作用,所以,如果发现某个量刑情节对量刑结果的影响满足统计显著性要求,就意味着该情节对死刑适用的某个界限区分具有普遍意义。运行量化分析过程后发现如下结果:

结果一:本研究范围内命案致死样本的死刑立即执行率为4.1%,死缓适用率为13.5%,无期徒刑适用率19.5%,有期徒刑适用率62.7%。另有命案致死却无罪及免予刑事处罚样本26例和202例,80%以上构成犯罪且致死的命案,最终的刑罚是监禁刑。再考虑到实践中绝大部分被判处死缓的犯罪人最终可能减为无期徒刑,监禁刑的适用率应该更高。这意味着,“杀人偿命”

① 关于样本的可推论性,需要做出特别说明:中国裁判文书网中公布的死刑案件并非死刑案件的全部,我们不知道尚未公布的死刑案件的实际规模。因此,我们无法精确报告上述样本结构的代表性。但是首先,本研究的目的是观察死刑适用过程和标准,而非死刑的实际数量规模。因此,只要抽样过程科学、客观,就符合研究目的的要求。其次,虽然不是全样本,本研究的近八万个样本至少是大样本。最后,即使各级法院向裁判文书网上传数据是有选择的,其选择标准也不大可能针对本研究的理论关注而确定,所以可以排除样本系统性偏差的可能性。

在中国已成为极小概率的反应方式。[1] 对致人死亡犯罪的反应尚且如此,其他罪刑关系的处理又该当如何?

结果二:从罪名看,只要是故意伤害罪(致死),无论是对"罪行极其严重"的判断来说,还是对"不是必须立即执行"的判断来说,选择相对较轻的量刑结果都是大概率事件。证据是,第一组样本中,"是否故意伤害致死"的标准化回归系数为 -0.887,[2]在所有影响因素中排序第一;在第二组样本中,"是否故意伤害致死"的标准化回归系数为 -0.640,也在所有影响因素中排序第一。

结果三:对是否罪行极其严重的判断来说,致死数量的影响小于重伤数量;而对是否立即执行死刑的判断来说,致死数量的影响大于包括重伤数量在内的许多变量。证据是,在第一组样本中,致死数量和重伤数量的标准化回归系数分别为 0.033 和 0.125;而在第二组样本中,致死数量和重伤数量的标准化回归系数分别为 0.608 和 0.171。尤其有趣的是,研究将致死数量中"是否致三人及以上死亡"作为控制变量,重新运行 logistic 回归分析过程后发现,在致死三人及以上的样本范围内,死刑立即执行预测的准确率高达 94.3%,其余样本死刑立即执行预测的准确率也高达 86.1%。而且,H - L 检验值为 0.811,[3]说明模型预测效果较好。控制后的回归分析结果是,大部分原有自变量的显著影响都消失了,这说明在最终决定是否立即执行死刑时,致三人及以上死亡基本上是导致立即执行死刑的最重要影响因素。这个事实可能是支持客观主义、结果无价值论最有力的证据。但还是不能据此认为,主观因素对死刑适用没有任何影响。我们不能想象,一个故意杀死三人

---

① 对此,最可能的一个质疑是,这个比例是否忽略了死刑案件上网受到某种限制的影响。的确,我们没有根据说,死刑案件上网规模与命案上网范围受到同比例控制。不过,毕竟尚无根据说死刑案件未上网的实际规模到底有多大,本研究至少为该问题的研究提供了一个相对较大的观察样本。

② 标准化回归系数显示自变量(量刑情节)对因变量(量刑结果)的影响力大小和方向,越接近 1 说明该自变量对解释因变量的贡献率越大,反之越小,其正负值表示作用的方向。统计软件 SPSS 的 logistic 程序不提供标准化回归系数,其 B 值只是非标准化回归系数。因此,本研究先将定类、定序变量转换成虚拟变量,然后对所有变量进行标准化处理,运行 logistic 程序后,其 B 值便是标准化回归系数了。下同。

③ 霍斯默 - 莱梅肖拟合优度检验(Hosmer-Lemesho,H - L 检验)用于评价模型是否充分利用了现有信息,最大化地拟合模型,解释了模型的变异。若 $P > 0.05$,则可说明模型拟合优度效果较好;若 $P < 0.05$,则说明模型构建效果欠佳。

及以上的犯罪人主观上恶性不大,没什么人身危险性,判处死刑,只是因为客观上致死人数太多。

结果四:来自犯罪人的因素,也对死刑适用构成显著影响。前科劣迹及累犯在是否进入死刑圈和是否立即执行死刑的判断中,都呈显著趋重影响。犯罪后采取补救措施仅对是否罪行极其严重构成显著负相关关系,而自首、立功、精神病人等几个因素,对两个界限的判断都呈显著负相关关系。其中,尤以自首对是否立即执行死刑的判断影响力度最大,标准化回归系数高达-0.562,其影响力位居第三,仅次于故意伤害致死和致死数量两个变量。可见,在成立自首的情况下,被判处死刑立即执行的比较罕见。这些因素大多发生在犯罪前或犯罪后,若用犯罪本身的行为无价值或结果无价值来概括,似乎都过于简化,忽略了大量显著影响法官裁判活动的重要信息。

结果五:在死缓与无期徒刑的抉择中,只要取得被害方谅解,就很可能判处无期徒刑而不是死缓,标准化回归系数为-0.267。对死缓还是死刑立即执行的抉择来说,取得被害方谅解的,更可能被判处死缓而非立即执行,标准化回归系数为-0.534。而是否取得被害方谅解,至少与两个因素有关:一是被害过错因素。在刑法学中,通常认为被害过错的存在降低了加害人行为的主观恶性和可责性。因为被害人的过错既可能导致被告人的动机值得宽恕,也可能导致被告人的期待可能性减少,故成为减少责任刑的情节。[①] 在本研究的近8万个命案样本中,有被害过错的样本共12,626个,占比15.8%。只要有被害过错,在死缓还是无期徒刑的抉择中,就更可能判处无期徒刑而不是死缓;在死刑立即执行还是死缓的抉择中,就更可能判处死缓而非死刑立即执行;两者的标准化回归系数均为-0.217。实践中,取得被害方谅解往往与被害人过错高度相关,后者更可能成为被害方谅解的心理基础。二是赔偿被害方损失。在适用死刑且达成被害方谅解的样本中,赔偿被害人的占比为58.3%。相比之下,赔偿被害人却未达成谅解的,在赔偿样本中占比高达93.5%。这说明,大部分赔偿不会达成谅解,而谅解也不全是赔偿所致。但毕竟,拒绝赔偿与死刑立即执行之间呈显著正相关关系,尽管其解释力有限,标准化回归系数仅为0.091。上述谅解、赔偿、被害过错等因素或多或少与罪行以外或犯罪人以外的因素有关,也无法简单地从犯罪本身是客观还是主观

① 张明楷:《责任刑与预防刑》,北京大学出版社2015年版,第286页。

的二元区分来概括。

结果六:是否罪行极其严重以及是否必须立即执行死刑的判断,还与案件审理过程中的程序性因素甚至案外因素有关。研究发现,被羁押时间长短与死刑立即执行之间呈高度负相关关系,标准化回归系数为 -0.399。这也许是因为,羁押时间越长,通常说明案件疑难程度越大,最终是否判处死刑立即执行就越需要慎重决断。如果证人出庭,也会明显降低死刑立即执行的概率,标准化回归系数为 -0.173。尽管理论上证人出庭作证既可能由辩方申请也可能应控方要求,但实践中,绝大多数情况下是辩方向合议庭申请证人出庭作证。因此,证人出庭很可能对被告人有利。研究还发现,在是否立即执行死刑的判断中,如果被告人是少数民族,被判处死刑立即执行的概率明显降低,标准化回归系数为 -0.105,这反映出法官对判决的社会效果的某种预估。这些分布特征意味着,法官并不是仅仅用罪行、犯罪人等要素诠释刑法第 48 条的规定。

该研究中,从“杀人偿命”到“接近事实上废除死刑”之间,从某因素对死刑适用毫无影响到回归系数为 1 之间,有许多可能的相对位置。正是这些相对位置的客观描述,使“严格限制死刑适用”这一刑罚教义学原则的实效,在不同时间、空间实现了可比性,基本上证否了“杀人偿命”的说法。而且,刑法理论中的某些二元化思维,只是刑法现象的不同侧面在人们头脑中的反映,也是人们在观念上对刑法世界的主观建构。没有这些主观图式,人们就很难将枯燥的刑法规则与日常经验或其他社科理论联系起来。上述刑罚教义学实证研究证明,没有哪种二元化理论可以单独概括普遍的刑罚适用实践。量刑情节影响的稳定性,也因变量的不同而不同,无法一概而论。

(二)刑法教义学实证研究是一种描述性批判

如果把法教义学视为内容,把实证研究视为形式,那么,刑法教义学实证研究就是一种以刑法教义学命题为理论假设,以刑法文本信息为事实材料的假设检验过程。一般认为,只有当检验结果全面或部分证否某个理论假设时,才认为发现了未知。如果一个假设本身就不可证否,或者未能证否某个可证否的假设,就都算不上标准的实证研究。所谓描述性批判,就是以事实数据描述证否某个刑法理论假设。在前述“第一张骨牌”研究中,通过死刑立即执行适用率、死缓适用率、无期徒刑适用率、有期徒刑适用率几个指标的数据检验,基本上证否了“杀人偿命”的说法。这意味着,过分相信死刑作用的理论是不能成立的,也不存在滥用死刑的趋势。其实,这种描述性批判对中国刑法研究的影响越来越明显。例如,形式理性与实质理性之争,是刑法学中的重大理论问题之一。王政勋将大量法官群体和在校学生群体的问卷调查结果进行比较,发现法官在理解、解释和适用法律时并没有采取主观解释、形式解释的立场,而是坚持实质理性的追求。① 赵书鸿的实证研究发现,尽管理论上会认为量刑既要考虑报应又要考虑预防及其他各种因素的影响,但刑罚裁量其实是一个以确定行为严重性为导向,仅对有限变量进行笼统评估的过程。②

这种证否式的描述性批判会丰富我们关于实定法的理解。例如,从是否侵犯生命的犯罪与是否配有死刑两个角度进行划分,刑法分则中的罪刑关系便有四种排列组合:有死刑的生命犯罪、无死刑的生命犯罪、有死刑的非生命犯罪、无死刑的非生命犯罪。所有尚未废除死刑的刑法都可以放入这个框架中进行分析。结果,有的刑法中有死刑的非生命犯罪可能很少,甚至根本不存在,而有的则可能很多。将《刑法修正案(五)》时的中国刑法与2020年修正后的《刑法》两个文本进行比较,就可以从统计结果中看出实定法本身的这种结构性变化:有时,大部分死刑分配给了非生命犯罪,尽管这种情况已经有所改变,但毕竟尚未消失。如果说出这个事实就是在批判刑法的话,不仅刑法的实证研究只好认账,就连刑法教义学者也不会反对说出这个事实。否则,就无法解释为什么连续两次减少死刑罪名恰好全部针对那些有死刑的非生命犯罪。这就是用数据说话的描述性批判,即通过说出事实——往往是基于大样本观察描述的事实而非"拿鞋找脚"式挑选来的个别事实——揭示未知的关系、规律。所以,这个意义上的批判,是一种优雅的批判、一种没有主观预设的批判。

需要说明的是,对二元性的竞争性理论来说,证否与证成是相对的。例如,围绕死刑的存废,历来存在死刑有无威慑力两种对立的学说。吴雨豪采用"准实验设计"方法进行的死刑威慑力实证研究就证实,2007年最高人民法院收回死刑复核权导致我国的死刑实际执行数量明显减少,其结果是,死

---

① 王政勋:《从图式理论看刑法解释立场:一个实证的考察》,载《中外法学》2009年第3期。

② 赵书鸿:《论刑罚裁量的简洁化——量刑活动的经验性研究结论》,载《中外法学》2014年第6期。

刑政策的限缩并未导致犯罪率上升，从而证否了死刑具有威慑力的观点。[①] 这里，死刑保留论的证否其实意味着死刑废除论的证成，反之亦然。可以看出，用可靠的事实说话，是一种不动声色的冷静的批判。

（三）刑法教义学实证研究的描述对象是刑法现象大样本

天下没有两片一样的树叶，负责任的研究者不会轻率地用个别实例直接推论总体。所以，刑法教义学实证研究所描述的，不是单一法条或个案，而是刑法现象大样本，包括一定数量规模的司法裁判，或者多个法律条文以及调查获得的数据。用大样本描述进行学术批判，可以更好地防止小样本自身或个例选择者的特殊性及主观偏好的影响，因而其学术批判的信度更高。前述"第一张骨牌"研究的样本，是中国裁判文书网 350 万件刑事案例中提取的全部八种命案且有致死结果的近 8 万个个案。如果没有可靠性与其大体相当的样本，推翻相关结论就可能需要另辟蹊径。这种严肃的大样本研究还有许多，如梁根林等人的中国死刑民意调查样本多达 3 万多个，是目前该类研究最大的样本；[②]劳佳琦的累犯研究样本为 10 万个；[③]赵兴洪的缓刑研究样本为 130 万个；[④]在中国裁判文书网全面上线前，蔡曦蕾的量刑失衡研究样本也达到 3.3 万多个。[⑤] 这些研究的相关结论至今尚未遭遇有力的挑战。

大样本描述必然带来学科交叉与融合。与学科内的论战相比，学科交叉融合所形成的挑战同样很有意义。法教义学实证研究本身就是法教义学、统计学、计算机信息技术三者的交叉融合。其中，法教义学是内容本体，统计学是描述方法，计算机信息技术是事实信息挖掘、处理工具。比如，基于信息科学的语义分析工具，可以对刑法文本进行还原分析，将出现频率较高的八百多个动词归纳为三类："放火""破坏""持械""残害"等归结为暴力；"盗窃""贪污""盗掘"等归结为偷窃；"骗取""煽动""谎报""骗购""引诱"等归结为欺骗。这就为罪名教义学实证研究创造了类型学量化分析的条件。由此可见，对于"摆事实，讲道理"中的"摆事实"，法教义学实证研究用具体的数

---

① 吴雨豪：《死刑威慑力实证研究——基于死刑复核权收回前后犯罪率的分析》，载《法商研究》2018 年第 4 期。

② 梁根林、陈尔彦：《中国死刑民意：测量、解构与沟通》，载《中外法学》2020 年第 5 期。

③ 劳佳琦：《累犯从严量刑适用实证研究》，载《中国法学》2016 年第 1 期。

④ 赵兴洪：《缓刑适用的中国图景——基于裁判文书大数据的实证研究》，载《当代法学》2017 年第 2 期。

⑤ 蔡曦蕾：《量刑失衡的克服：模式与选择》，载《中外法学》2014 年第 6 期。

量规模、比例关系、相关系数、回归系数等取代了“举例来说”“多数情况下”“通说认为”“往往”等模糊性诱导或强制性暗示用语。这种“摆事实”基础上的“讲道理”更具说服力,其结论也更具一般性和可推论性。

一个可能的质疑是,司法裁判和社会调查结果固然是刑法现象大样本,而实定法文本可否作为描述对象,对其进行描述性批判?回答是肯定的。劳东燕曾对中国刑法、刑事诉讼法、刑事司法解释、刑法规范性文件进行筛查检索,发现有44个“推定”,并以此为样本进行实证分析。结果发现,刑事推定在放松控方证明要求的同时又将存疑风险转移到被告人身上,背离了排除合理怀疑的证明标准,直接危及无罪推定原则所保护的权益。① 由此可见,刑法及司法解释条文大样本同样具有可证否性——法律本身不应是“法外之地”。

(四)刑法教义学实证研究的结论是一种概括性批判

法教义学实证研究一般不直接否定个别法条、规定或生效判决的正当性,其研究结论往往是一种概括性证否、批判。因为无论是法教义学的实定法合理性假定还是实证研究的法律实践集体经验合理性假定,都非常看重法的一般性和普遍约束力。在“第一张骨牌”研究中,有的统计分析结果意味着对报应论或责任刑理论的证否,而有的是对预防论或预防刑理论的证否;有时你会从实证研究结果中看到结果无价值论的局限,有时则会看到行为无价值论的不足。最终人们会意识到,无论二元刑法理论中的哪一种理论,都无法单独解释大范围刑法现象。与其纠缠于这些二元化思维的桎梏,不如去发现某些不约而同的普遍做法。德国学者阿尔布莱希特的实证研究发现,在德国和奥地利,刑罚裁量的普遍水平位于法定刑幅度的1/3以下。② 这与中国常见犯罪量刑的实证研究结果相互印证,从而证否了量刑基准的法定刑幅度中间线说。③ 这种结论本身可能不具强制力,却为规范的制定、修订,司法实践或法教义学理论的完善,提供了可靠的事实依据。

刑法学上通常把不作为犯罪分为纯正和不纯正两种,问题是,这种划分周延吗?为了回答这个问题,先穷尽刑法分则中所有表述为“拒绝……”“拒不……”“不履行……”的罪名共41个,圈定法定不作为犯的全样本,并严格

---

① 劳东燕:《认真对待刑事推定》,载《法学研究》2007年第2期。

② [德]汉斯-约格·阿尔布莱希特:《重罪量刑》,熊琦等译,法律出版社2017年版,第322~324页、第523页。

③ 白建军:《裸刑均值的意义》,载《法学研究》2010年第6期。

依其法条表述分为充要不作为犯、必要不作为犯、选择不作为犯、混合不作为犯四种。与法定不作为犯越相近似的犯罪,才越有机会落入不作为犯的范围。按此标准对刑法分则条文进行排查,结果发现:所谓不纯正不作为犯的理论概念不具备划定刑法义务边界的功能,基本上没有提出哪些犯罪不可能由不作为构成的依据,这给刑法义务的任意扩张留下了空间。[①] 这一研究还说明,刑法教义学实证研究完全可以实现演绎逻辑与归纳逻辑的并用。借助这种方法,研究从法律条文的集合中证实了"法定不作为犯的成立都以行为人对危害结果有所预见而不仅是应当预见为前提"等多个满足统计规律的逻辑关系。若有行为仅仅因行为人"应当预见"而归入不作为犯罪,就意味着突破了实定法中相应逻辑关系的约束。由此可见,概括性批判既发挥了实证研究的长处,又满足了规范分析的一般性要求。

(五)刑法教义学实证研究结果的相对性

不同于个案分析,描述性批判不一定是彻底否定,也不是只有证实或证否两种结果。法教义学实证研究的结果具有明显的相对性,位于完全证实与彻底证否之间的许多相对位置上。按照"第一张骨牌"的研究结果,把死刑适用率和监禁刑适用率放在一起对照,限制死刑适用的实际程度就一目了然。用回归系数表示各种量刑情节的实际影响程度,有的接近0,有的接近1;有的影响力相对较小,有的则较大;在多种量刑情节的共同作用中,有时责任刑情节的影响力较大,有时预防刑情节起主要作用;把所有已知情节的共同影响加在一起,也无法百分之百地解释量刑结果,总会或多或少地存在一定未知空间。这种相对性描述比非黑即白式的批判更符合实际。在这类研究看来,任何理论都有自己的优势和局限,重要的不是谁的理论绝对正确,而是何种理论对哪类问题相对更具解释力。比如,关于谅解与赔偿对量刑的影响,持否定立场的理论可能认为,赔偿、谅解的引入实际上是拿钱买命赎刑,违背了法律面前人人平等原则。而高通的研究发现,赔偿对主刑量刑结果和缓刑适用均有重要影响,随着案件严重程度的增加,赔偿对量刑的影响相对下降,谅解对量刑的影响相对上升。[②] 这种研究不仅用事实证明了赔偿、谅解的实际作用,而且分别具体描述了它们各自的不同影响。而这种差异性影响是财

---

① 白建军:《论不作为犯的法定性与相似性》,载《中国法学》2012年第2期。

② 高通:《故意伤害案件中赔偿影响量刑的机制》,载《法学研究》2020年第1期。

富、身份因素解释不了的。

法教义学实证研究结果的相对性还体现在其建设性上。不同于单纯的摧毁、颠覆,对刑法现象实际范围、水平、程度的描述,为进一步的实践给出了建设性起点。例如,累犯从严是刑法中一个重要量刑制度,但劳佳琦的实证研究发现,累犯前罪的轻重与性质、累犯前后罪的关系、累犯前罪刑罚执行完毕或赦免以后至再犯罪时间的长短,对量刑结果均不产生显著影响。据此,她提出,采用精算式评估有可能改进司法实践中人身危险性评估的质量。[①] 同时,对策建议是描述性批判的自然结果。这里的批判不是消极证否,对策建议也不是凭空而来。描述性批判是积极的建设性批判,它不仅告诉人们何种理论站不住脚,还对实践该从何处再出发作出说明。在这方面,文姬的研究很有代表性。她基于精细的量化分析指出,在利用回归模型作为量刑模型预测刑罚量时,必须有较高的决定系数;在利用回归模型分析量刑影响因素的相对重要性、计算基准刑时,则不需要有较高的决定系数。[②] 这回答了此类研究长期以来的困惑。与口水战式的争辩相比,法教义学实证研究的结论更容易直接转化为可行的对策建议。

(六)刑法教义学实证研究的类型

按照检验对象的不同,刑法教义学实证研究可以分为三种类型:(1)理论学说的教义学实证研究,其有助于刑法教义学理论研究提高自身信度以及对大范围法律实践的检验能力。(2)刑法规定的教义学实证研究,其有助于提高刑法修改以及刑事司法解释等的科学化水平。(3)司法实践的教义学实证研究,其有助于刑法教义理论和规范的实效检验。

其一,刑法理论学说的教义学实证研究,其检验对象是一定的刑法理论学说;其事实材料既可以是法条文本集合,也可以是司法裁判大样本,还可以是社会调查数据。“第一张骨牌”研究就证明,某种刑法学理论二元思维模式中的任何一种具体理论,都不可能通吃所有刑法现象。刑法理论学说的教义学实证研究是刑法理论研究与刑法实践之间的桥梁。学界有观点认为,应把《刑法》第48条关于死刑适用条件的规定理解为,责任刑情节决定是否判处死刑,预防刑情节决定是否判处死刑立即执行。而王越基于九千多个故意杀

---

① 劳佳琦:《累犯从严量刑适用实证研究》,载《中国法学》2016年第1期。

② 文姬:《醉酒型危险驾驶罪量刑影响因素实证研究》,载《法学研究》2016年第1期。

人罪样本的实证分析,提出将死亡结果作为判处死刑的必要非充分条件,变减法机制为加法机制,建立严格的死刑从严情节体系和指导性的死刑从宽情节体系的对策建议。① 这里的对策就是来自实践,经由理论批判又回到实践的对策。

刑法理论学说实证检验,最诱人的课题之一,就是从德日引入的阶层犯罪理论体系是否存在水土不服问题。由于四要件理论不要求要件之间的位阶顺序,更像是一种犯罪特征的经验描述,同样一组案件事实更容易凑足入罪条件。相比之下,阶层论要求顺序操作的定罪程序,同样的评价对象更难以通过这套程序,因而有更大的排除犯罪成立的可能性。但是,所谓量刑反制定罪现象的存在,②加之司法实践中大量变更罪名适用的客观现实,即使在中国推行阶层论,同样的事实证据满足指控罪名以外另一个罪名的定罪条件并不太难,从而可能软化中国实践中的阶层论。希望未来的某一天,阶层论的刑法教义学理论在中国司法实践中的实效检验能够成真。

其二,刑法规定的教义学实证研究,即基于一定法教义学理论及实证数据对某个或某些刑法规定进行正当性检验。对此,笔者曾尝试自上而下地对当时刑法规定的全部罪名进行分类、下降、赋权和量化分析,也曾自下而上地对分则罪名体系进行多元回归分析,目的都是试图发现罪刑关系体系的内在构造。此外,按照美国《模范刑法典》的规定,构成犯罪的主观心理状态分为四种:有目的(purposeful)、明知(knowing)、鲁莽(reckless)、疏忽(negligent)。按照美国的诉讼制度,决定被告是否有罪,需要由陪审团成员作出判断。因此,刑法规范是否被有效适用,在很大程度上取决于陪审团成员能否准确区分犯罪的四种主观心态。为此,美国学者招募志愿者进行了实验研究,结果发现,被试很难对某些界限作出区分,尤其是鲁莽与明知的区别。由此不难推想,这种规定很可能给司法适用造成混乱。所以,研究者提出,应该重新审视立法的明确性和立法者所期待的内容。③

对这类研究没必要顾忌实定法合理性假定。不仅前文对此已有阐释,学

① 王越:《故意杀人罪死刑裁量机制的实证研究》,载《法学研究》2017 年第 5 期。

② 周建达:《“以刑定罪”的实践样态及其分析——以 Y 市法院的实证考察为基础》,载《环球法律评论》2015 年第 1 期。

③ Matthew R. Ginther, Francis X. Shen, Richard J. Bonnie, Morris B. Hoffman, Owen D. Jones, Rene Marois, Kenneth W. Simons, *The Language of Mens Rea*, Vanderbilt Law Review, Vol. 67, p. 1327 – 1372 (2014).

界实际上也有不少成功尝试。例如,梁根林等人近期发表多篇实证研究成果,论述死刑存废问题;[①]欧阳本祺关于非法经营罪兜底性规定的实证研究发现,司法上的罪刑擅断应归因于立法上对罪刑法定的背离;[②]毛玲玲关于金融犯罪司法状况的实证研究发现,应当限缩刑事立法的犯罪圈;[③]江溯基于实证研究提出,应废除运输毒品罪的死刑;[④]等等。在这个问题上,张明楷也不否定批判立法的可能,他认为实质的法益概念本身就具有批判立法的机能,即根据实质的法益概念废止缺乏保护法益的犯罪或者增设新罪。[⑤] 其实,绝对放弃对实定法的深入挖掘,才恰恰是对实定法合理性假定的曲解。

其三,刑事司法实践的教义学实证研究。这里所谓的司法实践,不是具体个案,也不仅限于法院案例,而是某类案件法律适用各个流程环节中大量数据材料的总称。如前所述,司法实践中的集体经验并非绝对正确,更不能直接拿来作为公正检验的标准。胡昌明基于一千余个盗窃罪样本的实证研究发现,当事人的身份因素对量刑轻重具有显著影响,如地位越高、法度越宽。[⑥] 这显然暴露出了司法实践中存在的一些问题。

应当指出,目前此类研究多见于量刑实践的描述性批判,少有犯罪论问题的实证检验,这应该与量刑问题研究比较适合各类量化分析工具的运用有关。不过,王华伟关于刑法但书规定的实证研究,就是一个典型的犯罪论司法实践的描述性批判。如何理解《刑法》第13条的但书规定,一直以来都有争议。于是,王华伟将120份以但书规定为出罪依据的裁判样本放入以犯罪论体系中的基本要素为横坐标、以适用但书出罪的依据为纵坐标的分析框架中进行观察。结果发现,存在行为本该出罪但不应依据但书出罪的"错用"情形和行为本不该出罪但仍然依据但书出罪的"滥用"情形,说明司法实务部门对于但书的内涵存

---

① 梁根林、马永强:《中国民众的死刑观念:观察、猜想与解析》,载《清华法学》2020年第6期;梁根林、陈尔彦:《中国死刑民意:测量、解构与沟通》,载《中外法学》2020年第5期;梁根林、王华伟:《死刑替代措施的中国命运:观念、模式与实践》,载《中国法律评论》2020年第5期。

② 欧阳本祺:《对非法经营罪兜底性规定的实证分析》,载《法学》2012年第7期。

③ 毛玲玲:《金融领域刑事司法状况的实证考察与启示》,载《法学》2014年第2期。

④ 江溯:《律师对毒品犯罪死刑态度的实证研究》,载《清华法学》2020年第5期。

⑤ 张明楷:《论实质的法益概念——对法益概念的立法批判机能的肯定》,载《法学家》2021年第1期。

⑥ 胡昌明:《被告人身份差异对量刑的影响:基于1060份刑事判决的实证分析》,载《清华法学》2018年第4期。

在认识不足。① 崔志伟的实证研究也有类似发现，他认为但书规定在司法适用中常表现为"随性"、错用、滥用以及同案异判等粗疏化现象。②

实际上，具体案件的处理比法律制定更容易受到法律适用者自身认知、局限、偏好等主体性因素的影响，更容易出现这样或那样的"主体性外溢"问题。而有的实证研究对司法大数据中的问题与精华不加区分，盲目进行量化描述，不理解司法适用领域中正当性检验的重要性。解决此类问题的良药，正是司法实践的教义学实证研究。

除上述划分之外，还可以按照具体内容的不同，把教义学化的刑法知识分为犯罪论教义学、刑罚教义学和罪名（刑法各论）教义学三个部分。于是，两种划分相交织的结果，便有九种组合，形成一个宫格体的刑法教义学实证研究框架。（见图 1）

犯罪论教义学理论学说的实证检验	犯罪论教义学刑法规定的实证检验	犯罪论教义学司法实践的实证检验
刑罚教义学理论学说的实证检验	刑罚教义学刑法规定的实证检验	刑罚教义学司法实践的实证检验
罪名教义学理论学说的实证检验	罪名教义学刑法规定的实证检验	罪名教义学司法实践的实证检验

图 1　宫格体刑法教义学实证研究

图 1 中纵向三列分别由理论学说、刑法规定和司法实践组成，横向三行分别由犯罪论教义学、刑罚教义学和罪名教义学组成，由此形成的九个焦点便是九种研究类型。透过这个框架反观中国刑法研究，不难看出各部分的强弱并不均衡，所以，刑法教义学实证研究尚有许多值得进一步拓展和深化的空间。

① 王华伟：《中国刑法第 13 条但书实证研究——基于 120 份判决书的理论反思》，载《法学家》2015 年第 6 期。

② 崔志伟：《"但书"出罪的学理争议、实证分析与教义学解构》，载《中国刑事法杂志》2018 年第 2 期。

从通用化走向专门化：反思中国司法人工智能的运用*

左卫民**

内容摘要：随着人工智能技术在司法领域的应用，相关研究的热度持续高涨，但仍需要探讨的是人工智能在司法实践中运用的实际情况：包括何种人工智能发挥了作用、作用何在以及为何会在有些方面产生效果而其他方面又效果不彰。总体而言，人工智能在中国司法实践中取得了一定的成效，主要体现在警务活动与司法辅助性活动中，但仍难称理想。小范围的成功是源于成熟通用人工智能技术的普遍适用，而大部分司法人工智能产品难以发挥作用是由于未结合专门司法需求展开，所投入的资金与人才资源远远不足。未来应当降低对司法人工智能的盲目期待，将研发重心从通用领域转向司法专用领域，转变司法人工智能的投入模式，大力培养既懂法律又懂技术的专门化、复合型人才。

关键词：法律人工智能　司法　通用化　专门化

一、引　言

近年来，随着大数据、人工智能技术的兴起与发展，人

---

* 感谢莫皓同学、朱奎彬副教授、王禄生研究员、洪凌啸同学、唐清宇同学提出的修改意见。本文刊载于《法学论坛》2020 年第 2 期。

** 左卫民，四川大学法学院教授。

类社会仿佛一夜之间进入了一个崭新的“智能纪元”,中国法律界似乎也紧紧跟上了这股人工智能风潮。2019 年世界互联网法治论坛,笔者与来自多国的司法官员、专家学者就司法(法律)人工智能的应用问题进行交流时,①亲身感受了这场人工智能技术风暴如何席卷全球法律界。与此相关,司法(法律)人工智能成为近几年中国法学理论界和实务界俏热一时的话题。一方面,理论界围绕人工智能这一新兴事物展开了一场新兴技术与传统理论的大讨论。② 如人工智能给既有法学理论带来的问题与挑战、③人工智能运用中产生的信息公开和透明化等法律问题、④人工智能在法律领域的运用等现实问题。⑤ 另一方面,实务界也迎上了这股风潮,甚至在某种程度上走在了理论界的前头。在党的十九大报告⑥、国务院政府工作报告以及《新一代人工智能发展规划》⑦等中央有关文件的支持下,智慧警务、智慧检务、智慧法院等规划方案纷纷出台,在司法人工智能的探索之路上跃马扬鞭。

---

① 本文所指司法为广义的司法概念,所以公安机关运用的人脸识别等人工智能也在本文探讨的司法人工智能之列。另外,需要指出的是法律人工智能是一个更广泛的概念,但在司法领域中的法律人工智能使用司法人工智能来指称更适宜。

② 理论界对于人工智能的探讨热度从“中国知网”相关文献的数量及增长情况便可见一斑。以“人工智能+法律”为主题词进行文献检索,2016 年之前少有涉及,仅有 10 篇,2016 年开始获得较多关注,增加到 62 篇,2017 年继续增加到 288 篇,2018 年爆炸式增长到 749 篇,而 2019 年更是增长到了 2009 篇,可见人工智能与法律的结合成了近几年广泛关注的话题。

③ 王利明提出,人工智能对我们的民事法律制度提出了挑战,人格权制度、数据财产保护、知识产权保护、侵权责任认定和承担等,都需要随着人工智能技术的发展而作出必要的调整,参见王利明:《人工智能时代对民法学的新挑战》,载《东方法学》2018 年第 3 期。郑戈提出“现代”法律体系能否成功应对人工智能所带来的新的风险和不确定性,能否在人工智能时代继续维持秩序与变革、守护与创新、价值与事实之间的动态平衡,这是今天的法律人所必须面对的紧迫问题。参见郑戈:《人工智能与法律的未来》,载《探索与争鸣》2017 年第 10 期,等等。

④ 胡凌指出所有软件/算法都可能朝向自动收集数据,作出决定或判断的趋势,由于算法的复杂性,其带来的结果可能无法预测,且可能在更大范围内带来系统性的不利后果。参见胡凌:《人工智能的法律想象》,载《文化纵横》2017 年第 2 期。

⑤ 吴习彧对人工智能进行司法裁判的相关问题提出了思考,参见吴习彧:《司法裁判人工智能化的可能性及问题》,载《浙江社会科学》2017 年第 4 期。左卫民就法律人工智能在中国的话语层面热度高涨却在司法实践运用层面遇冷的悖论现象进行了分析,参见左卫民:《热与冷:中国法律人工智能的再思考》,载《环球法律评论》2019 年第 2 期。

⑥ 党的十九大报告中提出要“推动互联网、大数据、人工智能和实体经济深度融合”,参见习近平:《决胜全面建成小康社会　夺取新时代中国特色社会主义伟大胜利——在中国共产党第十九次全国代表大会上的报告》,载人民网,http://cpc. people. com. cn/n1/2017/1028/c64094 - 29613660. html。

⑦ 《国务院关于印发新一代人工智能发展规划的通知》,载中国政府网,http://www. gov. cn/zhengce/content/2017 - 07/20/content_5211996. htm。

但是,话语的轰轰烈烈并不等同于实践的有效展开,况且,这种热闹背后也许隐含的是司法人工智能研究的空泛化、泡沫化。我们似乎应当警惕逐利者迅速涌入又迅速抽身离去后的一地鸡毛。笔者认为,传统上保持审慎、理性的法律行业更需要克制,应当对司法人工智能的现状有足够清醒、客观的评估。鉴于此,本文拟初步探求在司法实践中,何种人工智能发挥了怎样的作用?在哪些方面不尽如人意?进而分析造成此种差异的原因,并在此基础上展望未来司法人工智能的发展运用。

二、个别开花:司法人工智能的运用现状

综观运用实践,笔者的整体看法是:到目前为止,司法人工智能在实践中取得了一定成效,但其运用现状仍难称理想,至少大部分的实际运用并未达到开发者或使用者先前所期待的功效,故而只能被称作“个别开花”。

首先应当肯定的是,司法人工智能目前已取得一定效果。这种成效主要集中在两个领域:

第一是警务活动中较好运用。典型运用如人脸识别技术,被广泛布置于机场、车站、广场等人员密集区域,能自动捕获、抓取动态人脸图像,并与公安机关数据库中的图像进行比对、核实。其已在公安机关的侦查活动中发挥重要作用,使演唱会上抓获逃犯等新闻频登头条,成为公安机关追捕逃犯的得力助手。① 尽管人脸识别技术引发了一些隐私权方面的争议,②但应用实效毋庸置疑,其在实践中的运用也相当广泛。

第二是司法辅助活动中的相对有限运用。典型运用如“智慧法院”建设中推出的智能语音识别、电子卷宗生成、类案推送、量刑辅助、法律问答机器人等,这些运用似乎在某种程度上满足了当事人的需求,减轻了法官的工作量。同时,在司法活动中也开始发挥提高效率、节约司法资源的作用,但其效果似乎相当有限,在司法实践中并未如预期般普遍运用。更重要的是,其中一部分技术

---

① 例如,2018年接连出现利用人脸识别技术在演唱会上抓获逃犯的新闻。参见郑博超:《张学友能“神助攻”,世界杯也行》,载《检察日报》2018年6月13日,第4版。

② 参见张晔:《当人脸识别遇上隐私,立法应紧跟》,载《科技日报》2018年7月6日,第7版;张凯伦、王倩:《“刷脸”的风险,你知道多少?》,载《检察日报》2019年4月17日,第5版。

虽被冠以“智能”的称谓，但其是否属于真正意义上的人工智能可能还存有争议，尤其是其是否体现出类人类一般的自主思考能力这一人工智能最为核心的“拟人性”特征更值得商榷。具体而言，在以下运用实例中有所反映：

其一，电子卷宗生成、网上办案平台、在线庭审等技术，[①]其核心仍是一种电子化的信息处理方式，旨在实现法院办案方式由纸质向电子、由线下向线上的转变，其间并未体现计算机自主思考后进行加工的“额外知识”，而仍是需要由人进行操作的信息化方式（尽管这种操作手段可能进行了更新）。简言之，其运用模式是“人＋电子化”，[②]或者说是数字化、在线化。

其二，智能语音识别、卷宗OCR识别，[③]其属于典型的感知智能技术，在智能化程度上相较于传统录音、扫描等信息技术等有了相当程度的提升，但是其并非专门针对司法活动开发的人工智能，未能将通用的感知智能技术转换、发展为专用的司法感知智能技术，从而也未能解决复杂的法律场景难题（如法庭审判中多方互动及争论场景），所以在当下的审判实践中也未获得普遍运用。[④]

---

① 关于电子卷宗生成技术的运用，例如，上海高院于2017年10月发布《上海市高级人民法院关于建立完善电子卷宗随案同步生成系统的实施方案》，在全市法院全面推广电子卷宗随案同步生成和深度应用工作，在立案、审理、执行等各个流程阶段和各个诉讼环节所产生的诉讼文件、所实施的诉讼活动，都要同步转化为电子数据，纳入案件办理系统中去。参见黄安琪：《上海法院全面推进电子卷宗随案同步生成》，载新华网，http://www.xinhuanet.com//mrdx/2017－11/01/c136719710.htm。关于网上办案平台与在线庭审技术的运用，例如，浙江移动微法院小程序，浙江全省法院当事人和律师打开手机微信浙江移动微法院小程序，可进行网上立案、在线调解、在线庭审、申请执行。参见王春：《浙江全省上线移动微法院4.0版》，载《法制日报》2018年9月11日，第3版。

② 法院的信息化建设是AI运用的基础，但并不等于AI运用本身。在国外，AI的运用也被看作深化法院信息化建设，特别是在线纠纷解决的一种发展方向。参见Amy J. Schmitz, *Expanding Access to Remedies Through E-Court Initiatives*, Buffalo Law Review, Vol. 67:89, p. 89－163(2019)。

③ 浙江高院自2016年3月开始启动智能语音识别项目的研发工作，并在全省法院推广。智能语音识别系统专门针对法院工作场景开发，主要为庭审、调解、合议、听证、审判委员会讨论、制作文书、文书校对、“12368”诉讼服务热线等办案环节提供语音转写服务。参见孟焕良：《浙江法院智能语音识别系统全面上线》，载《人民法院报》2016年9月19日，第1版。北京海淀法院以OCR技术为基础，将高扫仪生成电子材料自动回填至审判系统，实现图片内容到文本信息的转换，参见林挚：《北京海淀法院上线“一键归档”》，载《人民法院报》2019年9月22日，第4版。

④ 例如，上海第二中院的法官指出庭审语音识别技术也存在使用率不高、易用性不足的问题，除个别法庭使用较好外，2017年5月至7月这三个月中，安装了庭审语音识别系统的7个法庭的使用率分别为21.69%、27.69%和12.54%。其中，除行政庭使用情况较好之外，其余6个法庭新设备使用较少。参见朱川、孙咏、玄玉宝、沈俊、卢腾达：《庭审语音识别转写系统优益与配套机制研究》，载《人民司法》2018年第19期。也有研究者从技术开发的角度，指出当前类案识别准确率偏低，原因在于技术上的瓶颈和一线开发的技术人员往往未能准确定位一线法官对类案推荐的实际需求。参见王禄生：《司法大数据与人工智能开发的技术障碍》，载《中国法律评论》2018年第2期。

其三,类案推送系统,其在主动推送类案层面看似具备了些许智能化的因素,但在实践中的运用并不如预期般有效。一方面,开发群体过多导致类案标准混乱,除了最高人民法院开发的类案推送系统,多个地区的高级法院也开发了类似的系统,而各自的系统又分别由不同的科技公司设计、研发,从而使检索结果不一致。① 另一方面,智能化程度有限使得检索推送案例不精确、案由覆盖率不足,无法解决法官实际需要。②

其四,法律问答机器人。其在外观上似乎更近似一般认知中的人工智能想象,但就实际运用而言,所谓的问答,大多要以点击相应问题的固定模式或采用相对专业的提问模式进行。这是由于法律问答机器人的信息库相对封闭,无法自主产生额外信息,所以如当事人与法官面对面沟通般不固定、自如的问答模式无法完全实现,其实质上更类似于一台诉讼信息汇总的计算机。这种信息在信息爆炸、网络技术高度发达的当下,通过查询书籍、网络等方式同样不难获取,③所以问答机器人只是便捷程度的有限提升,而非理念、方式的全面升级。

虽然这些运用集中于较浅层面,但探索的正面意义仍值得肯定。不过在肯定之余更需警醒的是,无论是在警务活动还是司法辅助性活动中,这种运用只能算作基础性的浅层探索,当下的司法人工智能整体上仍然处于低幼状态,是一种浅度人工智能运用,与理想中的强人工智能尚存很大差距,更遑论超人工智能了。所以,当前司法人工智能发展的繁荣实际上是

① 例如,除了最高人民法院的类案智能推送系统,还出现了贵州高院的类案裁判标准数据库,北京高院的睿法官系统,重庆高院的类案智能专审平台,等等。参见郑通斌:《类案检索运行现状及完善路径》,载《人民司法》2018年第31期。

② 例如,有法官指出类案推送的案例常常不区分地域、不区分效力层级、不区分是不是裁判文书原文,而统一采用要素匹配的方式进行推送,混乱程度显而易见。参见朱彬彬、祝兴栋:《类案推送的精细化:问题、成因与改进——以刑事类案推送为例》,载《法律适用》2018年第20期。有研究者经过实证调研发现目前的类案推送系统存在检索推送案例不精确,推送案例的范围过窄、来源不明、层级不清,以及地方各司法机关检索系统不统一、检索结果不一致等问题。参见左卫民:《如何通过人工智能实现类案类判》,载《中国法律评论》2018年第2期。

③ 例如,延安中院的法律服务机器人"圣地小法",其功能包括法律咨询、智能问答、法律法规查询、案例推送等,主要目的在于帮助当事人了解案件流程,掌握相关法律规定,以及根据案情作出初步判断。参见惠兴文:《延安中院"圣地小法"正式上岗》,载《人民法院报》2017年10月11日,第4版。再如北京第一中院的法律服务机器人"小法",其功能也是帮助当事人查询法条、诉讼程序,以及同类案件的审判情况等。参见《法律机器人进驻北京法院提供智慧诉讼服务》,载新华网,http://www.xinhuanet.com/legal/2017-10/12/c_1121794505.htm。

一种低幼人工智能的初级繁荣,其“含金量”还有待大幅提升。同时,由于发展的不成熟,市场上还充斥着大量的“伪人工智能”,有学者便指出当下人工智能的自主性与机械自动化的混淆现象,将一些典型的自动化技术与人工智能技术混为一谈。① 这种混淆,可能源于法律界对人工智能技术的陌生与误解,也可能是由于追逐学术热点而主动强加的概念附会,对于后者,尤需警醒。

综上所述,就现状而言,当前司法人工智能的实际运用在深度和广度上都相当有限。在深度上,目前司法人工智能在实践中仍限于充当辅助法律人决策的角色。人工智能尚未在司法的核心领域显示其高于人类的能力,其适宜作为法官裁判的助手而非完全替代法官。从提高工作效率的角度而言,其可能更适宜于处理技术性、辅助性的工作。在广度上,司法人工智能被集中运用在警务活动及司法活动的少部分环节,在通用技术相当成熟的如人脸识别、语音识别领域比较成功。同时,在技术要求不特别高、已有适当投入并成功克服难题的领域(如数据的电子化),其运用也相对成功。但在关涉效率与公正等司法决策的真正疑难问题上,司法人工智能的应用仍是浅尝辄止,存在应用不多、不具体、实效不够等问题。

三、何以如此:通用化的成熟与专门化的缺失

何以出现上述小范围开花、大范围失意的鲜明对比?笔者认为,主要有以下几点因素。

其一,司法人工智能小范围的成功是源于成熟人工智能技术的普遍适用。目前,发挥较大作用的司法人工智能运用如人脸识别、语音识别等感知智能技术,一方面均是先在商用、民用领域研发并使用的通用技术,这些技术经过长期的广泛实践运用与反复改进已趋于完善。另一方面这些技术在司法活动中的运用场景与普通的商用、民用的运用场景在本质上是一致的,其实质是通用技术在司法领域的直接复制,例如,警务活动中使用人脸识别追逃与商业公司使用人脸识别抓取数据依赖同一种技术逻辑。再

① 刘艳红:《人工智能法学研究的反智化批判》,载《东方法学》2019年第5期。

如,语音识别(转换)技术,无论是在庭审中使用,抑或是在商务会谈、学术会议中使用,虽然运用场景有所不同,其核心需求均是将语音转换为文字;即使由于司法活动(尤其是庭审活动)的特殊性,导致语音的识别具有一些额外的要求,也仅仅是技术难度上的区别而非技术逻辑上的相异。因此归根结底,司法人工智能的部分成功运用是由于成熟技术本身的无障碍,而对于其他司法活动而言,其技术需求便不仅限于这些通用技术,而是需要为司法运用"定制"一套专门技术,其间必然涉及需求部门与技术部门的有效沟通、人工智能知识与司法知识的深度融合以及研发技术的高度成熟,其开发无疑是"另起炉灶"且难度往往高于通用技术。所以,当没有成熟的"专用化"的人工智能技术应对司法活动的大部分问题时,目前小范围开花的尴尬局面也就顺理成章。

其二,司法人工智能产品的现有技术未能克服司法实践难题,也未适应司法规律与特征。技术开发没有真正掌握司法活动的"痛点",而是将人工智能技术往司法活动中"硬套",其结果是在一些外围式、边缘式活动中有所成效,但在主要、核心的活动中却难以配套。当然,也应当承认人工智能技术与司法活动的有效结合存在一定客观困难。司法活动有其独特性,是凝结了法律人智慧的判断性活动,因此人工智能要想在司法活动中真正发挥作用,需要理解其特殊性,并不断模拟和练习法律人的思维。而这种法律人思维的模拟并非易事,一是需要足够的模拟基础来源即数据。目前,我国的司法数据公开取得了长足的进步,裁判文书网成为全球最大的官方司法文书公开网站,因此,数据在"量"的层面已经差强人意,但是在"质"的层面仍需要提升。详言之,尽管裁判文书网上传文书数目巨大,但是并不能刻画出审判活动的"冰山全貌";因为仍有数量众多的文书未上传,在已上传的文书中,排除文书信息不真实、不客观的干扰,想要对其进行有效的数据模拟,仍须经过数据清洗、数据标注等多重加工步骤。二是人工智能需要有适配司法领域的算法。相较于通用领域,司法领域尤其强调逻辑性和论证说理。在此影响下,司法领域人工智能算法的把握力与可解释性就显得更为重要。以量刑辅助的人工智能研发为例,在模型训练过程中,研发主体可以依托神经网络、决策树等不同算法。每种算法的准确性和可解释性有所不同。在司法人工智能的开发中,除了考虑算法结果的准确性外,选择具有可解释性的算法并进行领域优化就至关重要。①

其三,所投入的资金人才资源不足、投入模式不佳。当然,首先应当承认的是对于司法人工智能的投入,其绝对数量相较于其他人文社科已属不少且仍在逐步增加之中,只是相对于人工智能领域所需要的投入量而言,目前的投入仍显得相当有限。一方面,国家层面的投入有限,由于法律归属于传统的人文社科,其研究经费投入本身难以与需要搭建实验室的理工科相提并论。但是,司法人工智能显然已经难以再归属到传统意义上的人文社科当中,对其的研究也需要更多的资金投入,甚至也需要建设法律人工智能研发的"实验室"。② 因此,就国家层面而言,需要革新将法学一概视为传统人文社科的视域,从国家研究经费方面给予司法人工智能领域更多的资金和人才支持。另一方面,或许更为重要的是社会层面的投入亦远远不够,当然,这或许与司法领域并非具有高回报率有关,就连号称人工智能第一股并且与法律行业合作密切的公司,其部分利润可能也源于政府补贴。③ 科技公司不愿投入过多资源开发仅在法律领域适用而无法普遍适用的产品,而法律领域的消费者又"购买力"有限,往往无法独自承担定制法律专用人工智能产品高昂的研发成本。因此,形成了目前司法人工智能开发多是某些地区甚至某个司法机关与科技公司单独合作的"小打小闹"局面,这样缺乏统一规划、个别化的投入模式使得投入产出率不高,其结果往往是投入的资金和人力未能得到充分使用,产出的人工智能产品也无法有效运用。

---

① 王禄生:《司法大数据与人工智能技术应用的风险及伦理规制》,载《法商研究》2019 年第 2 期。

② 实际上,已经有科研机构构建起了类似的实验室,如北京大学法律人工智能实验室。参见《引领法学知识生产、推动法治人才培养、助力法治发展进步——北京大学法律人工智能实验室、北京大学法律人工智能研究中心成立仪式暨第一届北京大学法律与人工智能论坛成功召开》,载北京大学法学院网 2018 年 1 月 3 日,http://www.law.pku.edu.cn/xwzx/xwdt/58007.htm。

③ 在科大讯飞 2018 年年报中,科大讯飞获得政府补助总额 2.85 亿元,占比净利 52.58%,意味着半数净利所得,离不开政府补助。参见《科大讯飞年报出炉,2018 日赚 148 万元,53%是政府补助》,载新浪网,http://finance.sina.com.cn/stock/s/2019-04-19/doc-ihvhiqax3905503.shtml。

四、未来展望:从通用化走向专门化

针对上述问题,未来的司法人工智能到底路在何方?笔者认为可从以下方面努力:

第一,降低对司法人工智能的盲目期待。尽管人工智能技术的发展一次次打破人类的传统技术认知界限,但也要警惕一种人工智能的万能论,即无论在何种领域,人工智能都能完美替代人类。司法活动尤其是审判活动应当如此吗?近年来,智慧司法建设如火如荼地展开,人工智能似乎大有替代法律人之势。但是细想之下,司法活动本身便凝聚着人类的智慧,虽然用 AI 法官来替代人类法官的愿景美好,但这种期待一方面高估了当下人工智能的发展程度——即使在人工智能技术最为领先的美国也未研制出能在审判活动中完全替代人类法官的人工智能产品;另一方面也低估了人类法官在司法活动中独特的审判智慧。审判活动从古代神明裁判发展到当下的证据裁判,是一种从非理性到理性的演变过程,这个过程中无疑彰显着诸多审判智慧,即哈耶克所谓"从长期审判实践的经验和丰富的观察中获得的可靠而周密的判断力和裁决力"。[①] 例如,早在古代中国,便出现了五听断狱的审判技巧,即通过表情、气色、声音等方面来综合定案。再如,将审判和调解相结合的马锡五审判方式,其对人情事理的精到把握是冰冷屏幕中的 AI 法官所不具备的。有研究者甚至认为"人工智能对审判经验的吸收和设计者对经验的标准化和规范化总结仅是审判所需经验的很小一部分,人工智能仅是对智性部分模仿的初级阶段"。[②] 因此,如何正确、理性看待司法人工智能,正如笔者已经提到过的:"我们应当充分认识到法律人工智能的运用是一个长期性、艰巨性的过程,并将面临艰巨挑战。热闹的现象并不表明中国已经进入了法律人工智能时代,更不意味着市场已经有了成熟的法律人工智能产品。"[③]

---

① [英]弗里德里希 · 冯 · 哈耶克:《经济、科学与政治——哈耶克论文演讲集》,冯克利译,江苏人民出版 2003 年版,第 584 页。

② 潘庸鲁:《人工智能介入司法领域路径分析》,载《东方法学》2018 年第 3 期。

③ 左卫民:《关于法律人工智能在中国运用前景的若干思考》,载《清华法学》2018 年第 2 期。

第二，研发重心从通用领域转向司法专用领域。当下通用领域的人工智能应用已经取得了一定的进展，但需要有清醒认知的是，在司法领域中通用技术的使用似乎已经快要触及“瓶颈”，其技术已经难以满足司法的独特性需求。因此，对于今后司法人工智能技术的发展方向，应当明确的是，要立足于司法活动的专业特性，尤其是要着眼于审判等核心活动的技术需求进行深耕，挖掘司法实践对于人工智能的真正需求点。[①] 否则，即便继续运用通用技术展开外围性研发，也始终无法触及司法活动的核心需求，其收益将会边际递减，也慢慢消耗着司法实践者对其的期待和耐心。

第三，司法人工智能的投入从地方、部门主要参与转为统一规划，投入重点从通用领域转向司法专用领域。毋庸讳言的是，司法人工智能的开发需要成规模的资金投入，业内俗语“有多少人工便有多少智能”便道出了其中的奥秘，这种投入的量级并非过往司法机关进行技术设备升级的投入可以相提并论，而地方司法机关如法院、检察院的资金源于财政给付，任何一项支出均需要制作详细的预算，进行司法人工智能研发所需要的大规模投入显然是有限财政投入独木难支的。因此，不从投入来源考虑而盲目要求加大投入无疑是隔靴搔痒。笔者认为，继续加大对司法人工智能的投入需要从根本上进行投入模式的转变：从目前的地方、部门参与转变为高层统一规划，[②]并且资源投入的重点要向专门化的司法人工智能倾斜。虽然地方、部门投入具有充分利用本地、部门资源，针对本地、部门需求开发等优势，但其弊端也显而易见：一是缺乏统一的技术标准。这导致开发的司法人工智能适用范围极为有限，甚至只能在本院适用，大大限缩了技术的广泛性。全国各地的司法人工智能到

① 例如，针对域外法院已开始利用AI实现对案件结果的预测、对专家证词的采信等，我国在研发时也可以结合中国实际来开发相应的产品。有关民事审判案件中，AI对案件结果预测之运用，可参见 Richard C. Kraus，*Artificial Intelligence Invades Appellate Practice*：*The Here*，*The Near*，*and The Oh My Dear*，A. B. A.（Feb. 5，2019），https://www. americanbar. org/groups/judicial/publications/appellate _ issues/2019/winter/artific，ial-intelligence-invades-appellate-practice-the-here-the-near-and-the-oh-my-dear/. 有关AI辅助专家证词之采信问题，可参见 Pamela S. Katz，*Expert Robot*：*Using Artificial Intelligence to Assist Judges in Admitting Scientific Expert Testimony*，Albany Law Journal of Science & Technology，Vol. 24：1，p. 1 –46（2014）。

② 值得关注的是，目前，中央政府及相关部门包括司法部门已经在规划并落地相关的研发项目，例如科技部2018年发布的国家重点研发计划“公共安全风险防控与技术装备重点专项”（司法专题任务），第一批投入4.5亿元（总投入达9亿元），来专门研究司法领域的科技问题。参见王禄生：《司法大数据与人工智能开发的技术障碍》，载《中国法律评论》2018年第2期。

处开花,却又花开各异。二是投入的规模有限。以当下司法人工智能领域的研发经费为例,尽管数千万的项目经费在法律领域已属罕见,①但与人工智能研发所需的巨额投入相比仍是杯水车薪。全球知名科技公司对AI的研发投入更是以十亿甚至百亿计。② 这种投入规模显然是地方财政无法承担的,而投入资金的有限性则阻碍了技术的成熟程度,导致研发出的司法人工智能产品往往由于技术的缺陷难以在实践中运用。三是投入的持续性不足,单个司法机关的独立投入可能难以长期持续,并且希冀于中短期内能有相应"成果",而这可能与高科技研发的规律背道而驰。科技公司对于AI的研发投入往往是"烧钱"进行试错,然而一旦长时间无法研发出产品,地方、部门可能难以承担如此高昂的成本。显然来自顶层设计的统一规划具有相当程度的优势:首先,将司法领域运用人工智能技术的主导权牢牢抓在顶层手中是一种最为稳妥的方式。其次,对于司法人工智能技术运用的规划更具整体性、统一性和权威性。相较各地司法机关的单兵作战,源于顶层设计的统一规划无疑会使法律人工智能运用的开发更具目的性与前瞻性,某种程度上降低地方部门各自为政的试错率。最后,来自顶层设计的主导能提供更大规模、持续性的开发投入——不仅包括资金投入,也包括政策支持、人员投入。

第四,实现研究范式转向实证研究。本文伊始便提到,当下司法人工智能是理论界的研究热题,但是对于这道热题的回应却是"新瓶装旧酒",中国法学理论界对司法人工智能的研究路径仍局限在话语层面反复讨论司法人工智能的可能性、风险性等通用、概括的问题,③而对"司法人工智能具体运用"提之甚少。实际上,理论界对于实际运用问题的关注,也会在一定程度上推动司法人工智能的实践运用。以统计学为重要根基的人工智能,似乎天然

① 例如,东南大学法学院2018年获得的国家重点研发计划"面向诉讼全流程的一体化便民服务技术及装备研究",项目总经费为7124万元,其中中央财政经费为2324万元。参见《国家重点研发计划项目"面向诉讼全流程的一体化便民服务技术及装备研究"启动暨实施方案论证会顺利召开》,载东南大学法学院网,https://law.seu.edu.cn/2018/1223/c9375a255804/page.htm。

② 2018年,全球研发投入排名中,谷歌母公司Alphabet以133.88亿欧元排名第二,微软以122.79亿欧元的研发投入位居世界第四。而在具体针对AI的研发投入中,IBM已经在Watson平台上投资150多亿美元,美国科技大亨伊隆·马斯克(ElonMusk)斥资10亿美元支持成立AI研究公司OpenAI,谷歌花费4亿英镑收购了研发出AlphaGo的DeepMind公司。参见《2018全球企业研发投资排名》,载新浪网,https://tech.sina.com.cn/it/2019-01-01/doc-ihqfskcn3196887.shtml。

③ 左卫民:《热与冷:中国法律人工智能的再思考》,载《环球法律评论》2019年第2期。

便与传统法学难以“相融”。传统的法学以理论分析见长，对于数理统计分析涉及甚少。近年来，在一批学者的倡导之下，“以数据说话”的实证研究方法在法学领域开始逐步有了一席之地，但仍属小众。① 而在域外这种情况则有所不同。例如，在美国法学界，实证研究已经成为主流研究范式。基于长期实证研究训练得以成就的统计分析能力，又成为与人工智能界跨界合作的关键性助手。于是我们得见域外的司法人工智能产品研发中总是随着理论界的身影。如美国法律人工智能平台 LawGeex 与斯坦福大学、杜克大学和南加州大学的法学院教授开展合作，设计人工智能程序就四小时审查五项保密协议与 20 名有经验的人类律师展开竞争，主要考察如何就仲裁、关系保密和赔偿的准确界定问题。康奈尔大学、哈佛大学、斯坦福大学等高校的一批学者利用决策树、迭代算法等机器学习算法，分析了美国法院 15 万余份重罪案件的承办法官所作的保释或假释决定，研究美国法官在对嫌疑人作出保释或假释决定时究竟考虑了何种因素。② 以上研究均具备一个共通性：对数据的收集、整理与分析、运用，并且都着眼于司法人工智能的某一专门领域，而这恰恰是实证研究的擅长之地。平心而论，中国裁判文书网给广大的中国法律研究者提供了一个研究富矿，然而大多数人却对这片研究的“蓝海”视若无睹，却又希望在司法人工智能的研究中占得一席之地，不得不说有本末倒置之嫌。此外，法学研究紧紧围绕事实认定与法律适用中的智能化发展方向也是拉动司法实践发展和回应司法需求的重要一环。例如，当前如何进一步强化人工智能背景下的证据与证明理论研究就是十分重要的命题。

第五，大力培养既懂法律又懂技术的专门化、复合型人才。针对司法活动核心需求的研发，必须有司法人员及其他法律从业人员与技术人员的共同、深度合作，而非技术人员不懂需求、司法人员不懂技术的自说自话式合作。但由于既往教育体制的因素，多数法律人对于数学、统计学等学科处于

---

① 中国法律实证研究最早在刑诉法领域展开，一批刑诉法学者兴起了实证研究的学术风潮。例如，白建军早在 1999 年便开始使用实证研究方法，参见白建军：《刑事学体系的一个侧面：定量分析》，载《中外法学》1999 年第 5 期；白建军：《犯罪轻重的量化分析》，载《中国社会科学》2003 年第 6 期。笔者多年来也围绕刑事诉讼运行与司法改革进行了多项实证研究。参见左卫民：《地方法院庭审实质化改革实证研究》，载《中国社会科学》2018 年第 6 期；左卫民、张潋瀚：《刑事辩护率：差异化及其经济因素分析——以四川省 2015—2016 年一审判决书为样本》，载《法学研究》2019 年第 3 期。

② 参见左卫民：《关于法律人工智能在中国运用前景的若干思考》，载《清华法学》2018 年第 2 期。

一种高度疏离状态,无法与技术人员在技术层面进行充分的对话、沟通,这就造成了在司法人工智能产品设计中法律人的有限参与,这种参与的有限性也影响了司法人工智能产品效果的发挥。为了弥合这种司法人工智能产品设计生产中的“沟通”难题,一方面,当下的团队参与模式当然应该继续推行,因为既擅长人工智能技术(计算机科学、统计学)又精通法律知识的双栖人才的培养需要长时间、多投入的坚持,绝非一朝一夕可完成。另一方面,需要逐步提高法律人在司法人工智能产品设计中的参与度、重要性,根本上的解决之道在于培养法律和技术的复合型人才,这就涉及培养体制层面的变革,需要彻底扭转当前将法学视为纯粹人文社科的旧观念,将交叉学科培养理念引入法学培养体系当中。已有院校对此展开尝试,例如,西南政法大学成立人工智能法学院,清华大学法学院设立计算法学研究生项目。笔者也强调并一直努力践行将数学、统计学、计算机科学等与人工智能密切相关的学科引入法学教学培养体系中,通过引进统计学、计算机科学的人才并开设法律大数据、法律人工智能、计算机等相关课程,使法律人在接触法律之初便能同时培养多学科尤其是数据思维。

司改探微

员额法官遴选机制改革实证研究：以A省为样板[*]

左卫民[**]

内容摘要：截至2017年初，作为新一轮司法改革重点任务的法官员额制改革试点工作基本完成。实证研究揭示，A省法院构建了“笔试考察+素能考核+民主测评”三位一体的遴选机制，促进了法官遴选机制的革新，具有相当程度的科学性、民主性，基本实现了员额制改革所预设的目标。但与此同时，员额制改革也存在一些问题，例如，遴选政策的地方化、差别化；遴选指标指向不一致；民主测评方案的非充分性以及遴选程序头重脚轻等。对此，未来应进一步增强遴选政策的统一性、遴选标准的协调性以及遴选程序的科学性等。

关键词：司法体制改革 员额法官 遴选机制

一、问题、材料与方法

2013年11月召开的中共十八届三中全会通过了《中共中央关于全面深化改革若干重大问题的决定》，提出“改革司法管理体制，推动省以下地方法院、检察院人财

---

* 感谢郭松教授、叶燕杰同学对本文提出的修改意见。本文刊载于《中国法学》2020年第4期。

** 左卫民，四川大学法学院教授。

物统一管理……健全法官、检察官、人民警察统一招录、有序交流、逐级遴选机制,完善司法人员分类管理制度”。① 然后,2014年6月中共中央全面深化改革领导小组审议通过了《关于司法体制改革试点若干问题的框架意见》,将“推动省以下地方法院检察院人财物统一管理”明确为司法体制改革的“基础性、制度性”措施。② 因应于此,2015年2月,最高人民法院发布了《关于全面深化人民法院改革的意见——人民法院第四个五年改革纲要(2014-2018)》(以下简称四五改革纲要),提出“建立法官员额制度”,③要求“科学设置法官员额制改革过渡方案,综合考虑审判业绩、业务能力、理论水平和法律工作经历等因素,确保优秀法官留在审判一线”。在此背景下,各地相继开展了员额制改革,推进法官的统一选拔、统一考核、统一任命。截至2017年初,我国法官任用从非员额制走向员额制的改革工作基本完成,④2019年4月23日,全国人大常委会修订通过《法官法》,在法律层面确立法官员额制与法官遴选制度等,正式给这样一场规模宏大的法官任用机制改革画上句号。然而,改革之完成并非意味着理论研究的结束,相反留给我们更多值得深入探究的问题,譬如法官员额制改革的实情究竟怎样?相关改革有何利弊得失?这一改革是否显著区别于传统的法官任用机制并彰显更强的科学性、民主性?未来应当如何进一步推动制度完善?

虽然针对法官遴选、任用问题已有一些研究成果面世,但整体观之,相关研究呈现如下特点:改革完成前偏多,改革完成后偏少;⑤定性研究(包括比较研究)偏多,定量研究偏少;⑥小样本研究偏多,基于大量样本展开的研究

---

① 参见《中共中央关于全面深化改革若干重大问题的决定》,载《人民日报》2013年11月16日,第1版。

② 参见彭波:《司法体制4项改革先行试点》,载人民网2014年6月16日,http://politics.people.com.cn/n/2014/0616/c1001-25151030.html。

③ 参见周道鸾:《司法改革与司法实务探究》,人民法院出版社2006年版,第14页。

④ 参见罗沙:《我国法院法官员额制改革试点工作基本完成》,载新华网,http://www.xinhuanet.com//legal/2017-02/13/c_1120459608.htm。

⑤ 参见石少侠:《对健全司法官遴选制度的几点思考》,载《法制与社会发展》2014年第6期;王琦:《我国法官遴选制度的检讨与创新》,载《当代法学》2011年第4期;苏力:《法官遴选制度考察》,载《法学》2004年第3期。

⑥ 参见刘斌:《从法官“离职”现象看法官员额制改革的制度逻辑》,载《法学》2015年第10期;陶杨、赫欣:《隐忧与出路:关于法官员额制的思考——基于A省B市C区法院员额制改革的实证分析》,载《政治与法律》2017年第1期。

阙如。[①] 这种研究现状致使学界对员额制改革以来的法官任用机制缺乏全面、准确的把握与理解，当然也就难以客观、深刻地回答前述重要问题。

鉴于此，本文将通过对A省员额法官遴选的大量样本数据展开研究，力图真切、全面地呈现中国法官员额制改革的基本实践样貌。本文将以A省5357名入额法官、543名淘汰法官作为分析对象，[②]借助SPSS等统计学分析软件，以大样本的形式展现A省员额法官遴选的实践样态、基本特征，在此基础上展开理论研究。通过构建"笔试考察+素能考核[③]+民主测评"这种"三位一体"的遴选机制，A省法院事实上建构了一套有别于以往的法官选任机制，具有相当程度的科学性、民主性。当然，遴选过程中所暴露的诸多问题亦应引起思考。例如，遴选政策的地方化、差别化问题，遴选政策考试考核指标指向不一致的问题，民主测评方案非充分性的问题，遴选程序头重脚轻以致遴选委员会在一定程度上被虚置，等等。特别是遴选过程中始终贯穿的"权力逻辑"以及"新瓶装旧酒"的惯习，也彰显了员额制改革的某些相对性，更遑论标准与政策的非协调性。下文将对此具体论析，并提出进一步改革的思考。

二、员额法官的基本情况

员额制改革后究竟什么样的人入额担任法官？这无疑是一个引人关注的问题。对此，通过数据分析可以发现差异化的情况与特征。

（一）员额法官的性别、年龄差异

1. 员额法官的性别差异

与在都会区女性法官很多的业界感觉相反，入额法官总体上是"男多女

---

① 参见陶杨、赫欣：《隐忧与出路：关于法官员额制的思考——基于A省B市C区法院员额制改革的实证分析》，载《政治与法律》2017年第1期；乐巍、陈璐：《法官员额制改革背景下法官遴选制度的困境与出路——基于C中级法院法官遴选制度运行状况的实证分析》，载《法律适用》2016年第4期。

② 本文数据由A省高级人民法院相关部门提供，共涉及18个市（1个省会城市、17个地级市），3个少数民族自治州未纳入本文的研究体系。

③ 素能考核项目，主要考核的是政治素养、专业能力、司法作风、廉洁自律以及语言表达、司法礼仪、心理素质等综合能力，重点考察对象对法官职业的适应程度。

少”,这也与我们对法学院学生“女多男少”结构的观感不甚相符。对此,A省数据展现了相应的图景。在图1统计的全部入额法官中,男女法官的比值约为1.8∶1。其中,B市、G市、N市等11个市高于这一比值,Z1市、D市、M市等6个市低于这一比值,仅有L市一地等于平均值。① 综观18个市,B市男女法官比例最不均衡,达到4.6∶1,相较而言,C市比例仅为1.2∶1,②比例最为均衡。此外,数据也显示经济发展水平似乎对男女法官的比重具有某种影响:经济发展水平越高,男女法官比例越均衡,如C市作为经济最发达的省会,其男女法官的比例就最为接近。反之,男女法官比例就会失衡,出现男性法官远多于女性法官的情况,如男性法官远多于女性法官的B市,在A省便属于较落后地区。(见图1)

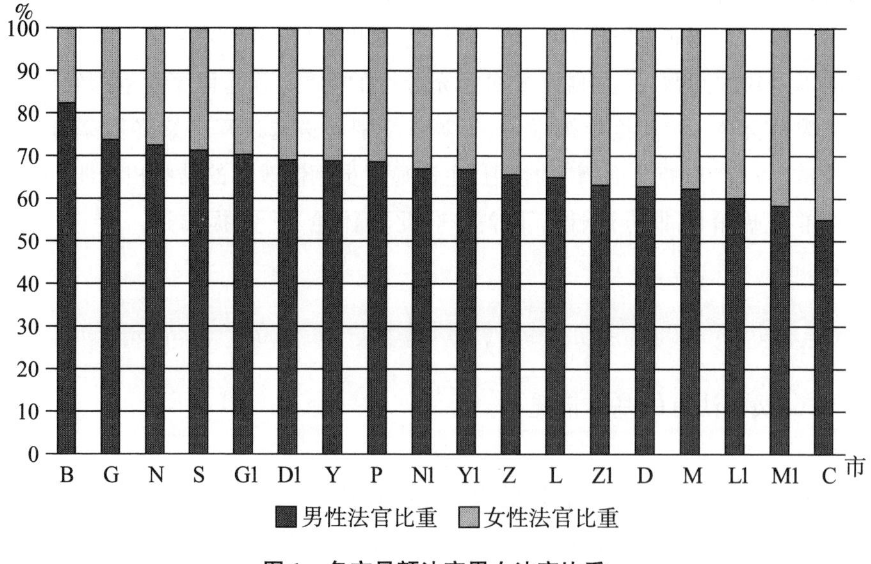

图1　各市员额法官男女法官比重

① 根据2016年发布的GDP统计数据,A省18个城市的经济发展水平大致可以划分为四个梯度。第一梯度:C市(省会城市,12,170.23亿元),属于经济发达地区;第二梯度(GDP在1500亿~2000亿元),从高到低依次为M市、D市、Y市、N市,属于经济较发达地区;第三梯度(GDP在1000亿~1500亿元),从高到低依次为L市、D1市、L1市、N1市、Z1市、M1市、G1市、P市、S市,属于经济发展水平中等的城市;第四梯度(GDP在1000亿元以下),从高到低依次为Z市、G市、Y1市、B市,属于经济较落后的地区。相关统计数据参见《2016年A省21市州GDP“成绩单”出炉》,载A省人民政府网2017年1月22日,http://www.sc.gov.cn/10462/12771/2017/1/22/10412255.shtml。需要说明的是,上述标准仅是笔者为了方便研究需要而作的划分,并非官方划分标准。

② 笔者也统计了C市全部法院的入额情况,统计结果显示,男女法官人数之比超过3的有3个区县,比值在2~3的有2个区县,比值在1~2的有10个区县,比值在1以下的(女多男少)有6个区县。

2. 员额法官的年龄分布差异

与法官越来越年轻的通常认知不同，A省的入额法官中，年富力强的中年法官居多①，但也有一定比例的年轻法官。图2显示，在入额法官中，1968年出生的法官数量最多，约有440人；其次是1967年，约有360名法官，1966、1969、1970年出生的法官数量大体持平，并列第三。以1968年为中心，法官的年龄分布呈现出明显的对称分布，并于1982年、1986年相继出现了两个小高峰。1966～1970年出生的法官数量最多，约占入额法官总人数的1/3。在此之后，依次为1971～1975年、1981～1985年、1961～1965年、1976～1980年、1986～1990年，1960年以前、1991年以后的都很少，分别只占1.2%、0.3%。从性别来看，男性法官出生于1966～1970年的最多，比重达到了35.2%。次之为1971～1975年，占比17.8%；再次为1961～1965年，占比16.7%。3个年龄段不仅连贯分布，其总和也占到了男性法官总数的约70%。相比之下，1966～1970年出生的女性法官数量比重仅为26.7%（同样也是比重最高的），之后为1981～1985年，占比22.5%，再次为1986～1990年，占比15%，三者（3个年龄段非连贯分布）之和约为女性法官总量的64.2%。可以发现，女性法官比重第二、第三的都是"80后"，相比之下，男性法官却是"60后""70后"。显然，女性法官的"年轻化"水平总体上高于男性。

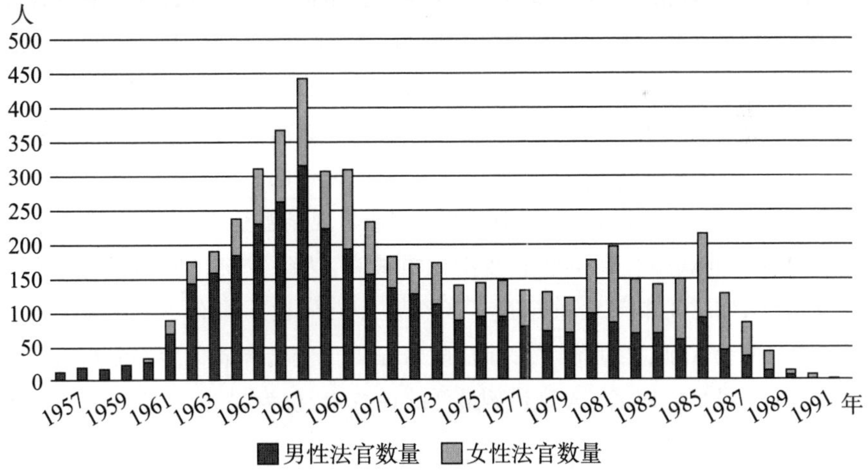

图2 员额法官出生情况统计（男女）

① 按照我国现行的"中年"划分标准，年龄在45岁到59岁属于"中年"。参见《92年出生者遇"中年危机"？国内外划分标准不一》，载新华网，http://www.xinhuanet.com//gongyi/2017-03/20/c_129513324.htm。

(二)员额法官的资历差异

1. 入额法官的学历差异

与学者预设有所不同,员额法官的法科教育背景不错,入额法官的学历层次普遍较高。从统计数据来看,有89.3%的法官具有本科学历(其中84.9%为法学本科),有8.9%具有研究生学历(其中8.6%为法学研究生①),只有1.8%的法官为专科学历②。可以看到,法学本科以上学历的法官占到了入额法官总量的90%以上。③ 就地域来看有一定差异,18个市中,本科学历(法学)比重超过90%的城市有6个,分别是B市、Z1市、Z市、Y市、G市和N1市,其中B市具有本科学历的比重最高,为95.2%。另有11个城市的本科学历(法学)比重在80%~90%,C市本科学历比重最低,仅有75.2%。而就研究生学历来看,C市具有研究生学历的比重最高,达到了19.3%,这显示C市两级法院的精英化程度最高。

2. 法律职业资格差异

数据显示,通过全国统一法考与未通过者均具有相当比例,这与有些学者认为通过统一法考、司考或律考(以下统称法考)已成为法官绝对主力的认知不同。统计数据显示,入额法官的法律职业资格具有多种形式。其中,未经法考而在2002年以前获得任免的法官(不少是在最高人民法院授权下通过省法院自行组织的比较容易的法官考试)数量最多,比重高达46.4%。同时,通过法考的法官持有A证者不少,C证也不乏其数。其中取得A证的法官占比37.3%,取得C证的法官占比13.7%。前述三种法律职业资格的法官人数占到了入额法官总数的97.4%,是法官法律职业资格的主要形式。就不同地区来看,入额法官的持证情况也随地区的不同而呈现显著差异。据统计,N1市法院2002年以前获得任命的法官数量比重最高,达到了65.5%,此外,另有Z市、P市、D1市、G市等比重超过了50%。L市的比重最低,但仍然达到了34.1%。再看A证,根据统计,C市法院A证的比例全省最高,为55.4%,是A证比重唯一过半的地区。A证比例最低的是G市,仅为15.9%,两者相差约40

① 各市员额法官中研究生学历(非法学)比重均较低,总体上仅占0.3%。其中,最高的是L市,为0.7%,有9个城市的比重都为0%。

② 各市员额法官中专科学历略高于研究生学历(非法学),总体上占比约为1.7%,其中最高的是Y1市,为4.7%,最低的是P市,为0%。

③ 参见左卫民、全亮、黄翀等:《中基层法院法官任用机制研究》,北京大学出版社2014年版,第28页。

个百分点。由此可见，若不考虑C证的影响，A证持有率与2002年以前任命的情况恰好成相反关系，A证持有率越高，则2002年以前任命的比重则越低。进一步研究发现，城市发展水平越高、越中心化，持有法考证书的法官比例也就越高，反之则低。这显示了法官的考试能力、法律知识之区域差异：中心城市最优。

3. 法官的任职年限差异①

数据显示，中基层法院推荐的员额法官的任职年限大不相同。统计发现，中院入额法官的平均任职年限为14.3年，基层院入额法官为12.8年。其中，G市中院法官的任职年限最长，为20.5年。C市中院法官的任职年限最短，为11.4年，两者相差9.1年。就基层法院来看，N1市地区基层法院法官的平均任职年限最长，为16.7年。L市地区基层法院的平均任职年限最短，为10.1年，二者差值为6.6年。由上述数据，我们可知：第一，中院法官的任职年限普遍长于基层法院。这似乎表明，总体上中院更青睐在经验和智识方面更胜一筹的法官。但在少数地区，如N1市、Y1市、M市以及C市等地则呈现反向趋势，出现基层法院法官任职年限长于中级人民法院的情形。第二，中院之间法官的任职年限悬殊较大（其中平均任职年限最长为20.5，最短为11.4，两者相差9.1），相比之下，基层院之间法官的任职年限差别就小得多（其中平均任职年限最长为16.7，最短为10.1，两者相差6.6），这说明中院法官之间任职年限差距更为显著。第三，经济发展水平对法官的“更替”具有潜在影响，这一点在中基层法院都有所体现。经济越落后地区法官的平均任职年限普遍也越长、人员更替慢，这种状况的出现或许与新人进入困难（或不愿进入）有关，由此造成中老年法官长期“把持”审判职位的结果。相比之下，经济较发达地区，法官任职年限普遍更短，这表明人员更替快，新人易于进入体制内。

（三）员额法官的原岗位以业务部门为主，但也不乏多元化

1. 入额法官遴选前所在工作部门兼具业务化与多样化

数据显示，来自审判业务部门的法官构成了当前员额法官队伍的主体，行政、审判综合部门则是补充。② 由图3可见，曾在民庭工作的法官最多，为1244人，占比26.6%。其次是派出法庭，为1067人，占比约22.8%。刑庭则紧随派

---

① 这里的法官任职年限，是指法官遴选时间（2016年）与首次任命法官时间的时间差（以整年为单位）。

② 需要说明的是，院长、副院长和专职委员不包含在本项“部门分类”统计当中，样本数量为4778人。

出法庭之后,为576人,占比达到12.3%。来自执行庭(局)的法官也不少,占到了9.9%。除此之外,立案庭占比6%、行政庭占比5.6%、审监庭占比4.1%、审管办占比2.3%、研究室占比1.7%,政治部(处)、办公室、纪检监察部门分别占比1.5%、1.3%和1.2%。未成年人及家事(少审)庭、调解中心等部门所占比重均在1%以下,在此不一一列举。进一步统计分类发现,在所有入额法官中,审判业务部门的法官数量最多,共计4425人,占比92.5%。行政综合部门和审判综合部门的人数则相对较少,分别为241人(占比5.1%)、112人(占比2.4%)。

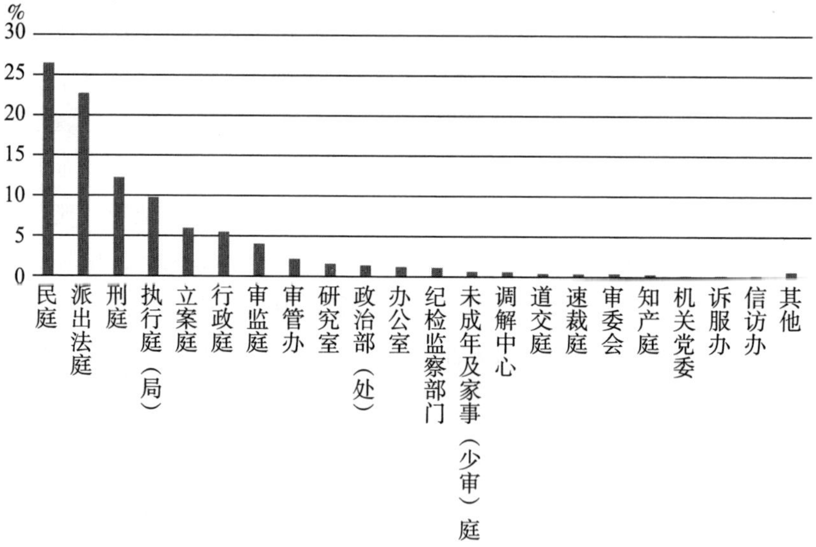

图3　员额法官遴选前所在工作部门

2. 担任行政(法律)职务较多

改革之初,有人担心法院的院级、中层领导会大量入额。表1统计了员额法官遴选前的行政(法律)职务情况,数据显示,在入额的5357名法官当中,有3647名员额法官遴选前具有行政(法律)职务,占比68.1%,不具有行政(法律)职务的法官(以下简称普通法官)为1710名,占比31.9%。在担任行政(法律)职务的干部中,有院级干部858名,占比16.1%;中层干部有2789名,占比52%。在院级干部中,副院长①、院长、专委数量最多,分别有460人、119人和95人,比重分

① 在本次员额制改革中,不包括其他副院级干部的院长、副院长,他们作为特殊入额群体,均为免试考核入额,所以本文将其单独归为一类考察。这里的"副院长"不包括副院级领导。

别为 8.6%、2.2% 和 1.8%。而在中层干部中，庭长、副庭长出现的频率最高，分别占比 24.9%、18.9%，二者之和为 43.8%，①主任占比 4.2%。② 通过数据我们可以看到，员额法官中有超过一半的候选人为法院的中层干部，所以，中层干部是员额法官遴选的重要主体，院级领导干部也有一定比例。③

表 1　员额法官遴选前行政（法律）职务统计

类型	行政(法律职务)	频率	所占比重/%
院级干部	院长	119	2.2
	副院长	460	8.6
	执行局长	94	1.8
	纪检组长	34	0.6
	专委	95	1.8
	主任	49	0.9
	机关党委书记	7	0.2
中层干部	庭长	1335	24.9
	处长	24	0.4
	审委会委员(非专委且无其他行政职务)	34	0.6
	副局长	84	1.6
	副庭长	1013	18.9
	主任(其他)	179	3.3
	副主任	92	1.7
	机关党委副书记	2	0.1
	副处长	6	0.1
	科长	15	0.3

① 参见李浩：《院庭长办案与员额制改革》，载《江海学刊》2018 年第 5 期。

② 其中院级干部有 49 名，包括 39 名政治部（处）主任、8 名审管办主任（兼专委）、2 名办公室主任（兼专委），占比 0.9%。中层干部 179 名，包括办公室主任、审管办主任以及研究室主任等，占比 3.3%，合计占比 4.2%。

③ 对这部分具备行政（法律）职务的员额法官年龄的统计显示，庭长年龄在 46～50 岁数量最多（609 人），副庭长的年龄分布较为均匀，31～50 岁几乎成比例分布。副院长则主要集中在 46～55 岁。主任、院长、专委、局长的分布，都主要集中在 46～50 岁。

续表

类型	行政(法律职务)	频率	所占比重/%
中层干部	副科长	5	0. 1
普通法官	普通法官	1710	31. 9
合计		5357	100. 0

3. 审判员明显多于助理审判员

统计发现,不同地区审判员、助审员的比重有显著差异。其中,Y1 市地区员额法官中具有审判员职务的比重最高,为 95. 9% 。C 市地区员额法官中具有审判员职务的比重最低,仅有约 70% ,二者比重约相差 25% 。根据审判员所占比重的不同,笔者将这部分地区划分为三个梯度。第一梯度,审判员占比超过 95% 的,包括 Y1 市、P 市、N1 市。第二梯度,审判员比重在 90% ~95% 的,包括 M1 市、Z 市等 10 个城市。第三梯度,审判员比重在 90% 以下的,包括 Z1 市、B 市等 5 个城市。可以看到,第一、第二梯度地区审判员的比重都超过了 90% ,几乎绝大多数都是审判员。审判员比重超过 90% 的地区占绝大多数,只有 5 个地区的比重在 90% 以下。审判员比重在 80% 左右的仅有 L 市一地,而比重在 70% 左右的仅有 C 市一地。进一步考察发现,第一、第二梯度的城市大多位于经济欠发达地区,而第三梯度城市则大多位于经济较发达地区。这一状况与前文任职年限的状况,具有相当程度的一致性。另外,似乎说明了一般为较年轻者担任的助审员在不同区域入额会有明显差异。

三、员额法官何以脱颖而出?

上文分析了入额法官的基本情况,整体来看,就全省范围而言,当前 A 省入额法官是一群以男性偏多(占比 64. 7%)、中年法官偏多(占比 51. 1%)、法院领导干部偏多(占比 68. 1%)、2002 年以前即已获任命的法官偏多(占比 46. 4%)且具备审判员资格为主(占比 87. 2%)的法官群体,但省会城市入额法官的面貌有一定不同(后者中年轻、女性法官明显较多)。① 那么,这部分"特

① 根据统计,C 市员额法官的平均年龄为 41. 1 岁,是平均值最小的城市之一(平均年龄最大的为 45. 5 岁)。而在男女法官比例方面,C 市员额法官男性约占比 55% ,女性约占比 45% 。

殊”群体究竟是如何在竞争性的遴选机制中脱颖而出的?其他群体又何以未能充分“幸存”下来呢?笔者将通过剖析遴选政策及其运作来揭示在这一遴选程序中缘何整体上有些群体“受益”更大、有些群体“受损”更多,以此来掀开法官员额制改革的“神秘面纱”。

如前所述,根据中央有关部门的政策与指导性意见,在省高院的主导下,A省于2016年上下半年分别开展了一场试点遴选与正式遴选。在试点遴选过程中,A省根据“四五改革纲要”“综合考虑审判业绩、业务能力、理论水平和法律工作经历等”的改革精神,确定了“笔试考察+素能考核+民主测评”三位一体的遴选机制,尤其将相关测评项目数值化并根据候选人的得分情况进行排名,最后向省法官遴选委员会递交推荐名单(按照加权总成绩排名)。正式遴选大体上沿袭了试点遴选的基本架构。本部分将围绕遴选机制以及相关考绩,分析究竟为何某些候选法官在本次员额制改革中更易脱颖而出。

(一)笔试考察

1.笔试考察方案的确定

在本次员额制改革中,除院长、副院长之外,所有入额法官均须接受笔试考察。在笔试成绩的权重设置方面,在“三位一体”的总分为100分前提下,试点遴选和正式遴选略有区别。在试点遴选中,笔试成绩满分100分加权时折算成50分(试行法院包括三个中级人民法院及其下辖的11个基层法院)。在正式遴选中,笔试成绩的加权分值则统一降到40分。为了做好笔试工作,该省法院院长多次召集会议深入研究,确定了“贴近审判实务,体现职业特点,重点考察一线优秀法官应当具备的能力和水平”的命题思路。在考试内容方面,以审判工作中常用的法律知识、原理和方法为主,重点考察法官对审判实务工作的熟悉和掌握程度,不考或少考死记硬背的法律条文和法学理论。考试题目则由省法院委托国家法官学院命制。① 在分值设置方面,客观题、主观题各占考试分值的30%、70%。其中,客观题涵盖法治理念、司法改革、立案登记制、司法责任制、职业道德等综合知识,全省统一;主观题则兼顾不同审判领域法官专业知识的储备特点,分为刑事、民事(执行)以及行政(赔偿)三类,考察法官判断、分析、说理、适用法律和文书写作等业务能力,对于主观题,候选

① 在报名和资格审查工作结束后,将经公示无异议、确定参加遴选人员名单由中院统一报省法院政治部。

人有选择权。值得注意的是,在计算总成绩时,笔试成绩需按一定比例进行折算。接下来,笔者将从不同维度来对入额/淘汰法官的笔试成绩进行分析。

2. 多重维度下的笔试成绩考察

第一,就性别来看,在应试能力方面是“女强男弱”。表2显示,女性入额法官的平均笔试成绩为83.1分,男性入额法官则为81.9分,两者相差1.3分。其中,有6个城市女性法官笔试成绩高出男性法官笔试成绩1~2分,有7个城市高出0~1分,只有3个城市女性法官笔试成绩低于男性法官,分别是S市、B市、Y1市。还需指出的是,“女强男弱”的现象不仅表现在遴选笔试成绩方面,在法律资格方面也有所体现。统计数据显示,女性法官的A证持有率就高出男性法官约17个百分点(其中,女性法官的A证持有率为48.7%,相比之下,男性法官的A证持有率仅为31%。事实上,据笔者观察,法学院女生的学习成绩似乎也普遍优于男生)。当然,尽管笔试成绩女高男低,但这种差距并不明显,关于这一点笔者将在后文予以阐释。

表2　不同性别法官笔试成绩差异

各地入额情况统计	笔试成绩		成绩差距	各地入额情况统计	笔试成绩		成绩差距
	女性法官	男性法官			女性法官	男性法官	
N1市	82.1	79.8	2.3	G1市	82.3	81.6	0.8
Z1市	82.6	80.5	2.1	D市	83.8	83.3	0.6
L1市	86.5	84.6	1.9	P市	83.2	82.9	0.3
N市	82.7	80.9	1.8	Z市	80.3	80.0	0.3
D1市	83.3	81.6	1.7	M1市	83.6	83.4	0.2
C市	83.7	82.1	1.5	S市	82.3	82.9	-0.5
M市	82.1	80.6	1.5	B市	82.8	83.4	-0.6
L市	82.5	81.2	1.3	Y1市	82.2	82.8	-0.6
Y市	83.6	82.6	0.9	平均	83.1	81.9	1.3
G市	81.6	80.7	0.9				

第二,就不同审判资格来看,助审员的笔试成绩普遍高于审判员(约2.3分)。统计数据显示,Z1市、G1市两地高出了约4分,M市、M1市两地高出了3分,Y1市、C市、L1市等5地高出了2分,Z市、D市高出了1分,另有N市、L

市等 7 个城市有 1 分以下的差距。总体来看,在笔试成绩方面,助理审判员整体高于审判员。鉴于助审员的年龄、文凭、法考方面的优势,这似乎不言而喻。

第三,就不同的年龄层次来看,越年轻,笔试成绩整体上越高。统计发现,不同年龄段的员额法官在笔试成绩方面的差距较为明显。其中,1981 ~ 1985 年出生的法官的笔试成绩最高,平均成绩为 84.4 分。1957 ~ 1960 年出生的法官的笔试成绩最低,平均成绩仅有 75.5 分。在 1985 年之前的年龄段,员额法官笔试成绩与法官的年龄呈反向趋势(年纪越大,笔试平均成绩越低),而在此之后,法官的笔试成绩则随法官的年轻化而出现轻微的下降,即"80 后"法官 > "70 后"法官 > "60 后"法官 > "50 后"法官("90 后"法官由于数量较少,可以忽略不计)。这一数据说明,考试越来越是年轻人的天下。与此同时,相关性分析也显示,法官任职年限与笔试成绩之间具有显著的负相关关系($P < 0.05$,相关性系数为 -0.206)。这进一步验证了笔者的前述判断,法官任职年限越久,应试能力则会越差。反之,任职年限越短的法官(年轻法官)的笔试能力更强。

综上所述,就笔试成绩而言,年轻、女性与审判职称低的法官整体上在考试方面更容易得高分,说明笔试上占优者首先是年轻、高文化的法官群体,这有助于他们脱颖而出。但是,降低笔试权重的最终结果是否也反映了一种考虑——让非年轻法官群体更易脱颖而出呢? 对此,下面两项指标显示情况可能与该考虑相悖。

(二)素能考核

1. 素能考核方案的确定

素能考核是为考察候选法官的办案能力和业务水平而设置的一项考核项目,具体分值设置在 30 分到 45 分之间(满分 100 分),尤以 30 分居多。与以往有限的量化考评不同,A 省法院将素能考核项目全部量化。从内容上看,素能考核方案具有两大特征:一是考核内容的广泛性。由表 3 可见,各地市中级人民法院制定的考核方案几乎囊括法官业绩的方方面面,不仅涉及工作业绩(案件办理的量、质、效),也涉及任职资历、学历学位、表彰奖励等,体现了考核内容的全面性、综合性;二是侧重考察候选人的工作业绩。据统计,除 M 市等少数地区外,多数城市素能考核中工作业绩的比重均超过了 1/2,有的甚至超过了 80%。除前述特征外,各地素能考核方案也显示出明显的地域性、差异化特征。例如,D 市中级人民法院就将"裁判文书质量"单列为素能考核项目之一,G1

市、S市、Y1市、Y市等地则将“司法操守”列为素能考核项目之一,L1市则将“政治素质”作为素能考核项目之一,并赋予了4分的权重。此外,各地对测评项目的细分程度也不尽一致,例如,L1市、P市、S市、Y1市等地就将工作业绩笼统地确定为一个分值,B市、D1市、D市、G市等地则有更具体细分。又如,N市、G1市、L1市、Z1市、Y市等地赋予了法官任职资历较高的权重值,而在B市、D1市等地,任职资历在考核项目中的权重则小得多,其重要性并未得到凸显。

表3　2016年下半年各地市中级人民法院制定的素能考核方案

所在地区	考核项目一(工作业绩)			考核项目二(其他)				考核总分
	办案数量	办案质量	办案效率	任职资历	表彰奖励	学历学位	特别考核项目	
B市①	7~10	7~10	7~10	3	3			36
D1市	10	7	7	2	2	2		30
D市	7	4	4	7	3	2	裁判文书质量3分	30
G市	4~7	3~6	3~6	5	4	2		30
L市	4~7	4~7	4~6	1~5	3	1~2		30
N市	10	9	7	10	3	3	调研3分	45
G1市	8	8	2	10	2	1.5	调研1.5分,司法操守3分	36
M市	4	4	3	5	3	5	年度考核6分	30
L1市②	20			8	2	1	政治素质4分	35
P市	25			15				40
S市	15			7	3		司法操守5分	30
Y1市	15			8	3	2	司法操守2分	30
Y市	17			8	3		司法操守2分	30
Z1市	16			9	5			30
C市、M1市、N1市、Z市	无法确定							略

①作为首批遴选试点单位,B市中院2016年上半年已经进行遴选,所以此素能考核方案虽由B市中院制定,但考核对象却是其下属的基层法院法官,特此说明。

②L1市中院的情况同B市。

与民主测评的权重相比,素能考核权重相对较高。在155个中、基层法院中,只有 4 个法院素能考核的比重低于 30%,有 126 个法院的比重在 30% 到 40% 之间,另有 25 个法院的比重在 40% 及以上。具体来说,有 74 个法院将素能考核和民主测评设置为 30∶30 的模式,即素能考核和民主测评各占 30 分,总数占到了全部法院的 47.7%。有 34 个法院采取了 35∶25 的模式,占全部法院数量的 21.9%。前述两种权重模式设置最为普遍,约占全部法院的 70%。总体而言,很多法院素能考核的权重大于民主测评,且这种分值差大多都在 10 分以上,最多的竟有 30 分差距。这说明,法院看重候选法官的工作实绩,与此同时,也希望通过素能考核和民主测评来平衡法官的业务能力与群众口碑。换言之,希望遴选出来的法官没有“短板”,是办案能力和群众口碑“双优”的法官。

2. 多重维度下的素能考核成绩分析

第一,就性别来看,素能成绩普遍是“男高女低”。统计数据显示,男性法官的素能成绩普遍高于女性法官(N1 市除外)。据统计,男性法官的平均素能成绩为 79.4 分,女性法官的平均素能成绩为 77.5 分,二者约有 2 分之差。其中,S 市法院的差值最大,为 7.2 分,Z 市法院的差值为 4.4 分,P 市、N 市等 10 个城市有 2～4 分的差值。此外,C 市、D 市、M 市三地有 1～2 分的差距,B 市、D1 市则只有不到 1 分的差距。唯有 N1 市一地,男女法官的素能成绩相等。与笔试成绩的“女高男低”不同,男女法官在素能成绩方面的差距相较笔试成绩更大(男女法官的平均素能成绩差值为 2 分,相比之下,笔试成绩差值仅为 1.3 分),在计算总分时,若忽略民主测评因素的影响,男性法官会更具竞争优势。上述分析结果也表明,女性法官似乎更“能文”(考试),男性法官更“能武”(办案)。

第二,就不同审判资格来看,在素能成绩方面,审判员普遍更占优势。统计数据显示,在入额法官中,审判员的素能成绩显著高于助审员的素能成绩(高出了约 8 分)。其中,P 市的差值最大,为 14.3 分。Z 市其次,差值为 13.3 分。此外,另有 N1 市、G1 市、Z1 市等地素能均值也高出了 10 分,素能成绩差值最小的是 Z1 市,为 2.1 分。这一现象的出现,似乎与审判员往往是核心业务的主力军相关。

第三,就不同年龄层次来看,中老年法官在素能考核①方面优势最为明显,

① 与笔试成绩的情形基本类似,入额法官的平均素能成绩(平均值为 78.7)也显著高于淘汰法官(平均值为 68.4)。

相比之下,中青年法官、年轻法官则往往缺乏竞争优势。统计数据显示,法官的素能成绩随年龄层次的不同而出现波动。其中,1966~1970年出生的法官素能成绩最高(这一年龄段的法官人数也最多),为82.3分,远远高于其他年龄段。1970年以后,入额法官的素能成绩随着法官的年轻化而出现有规律的递减,“90后”法官素能成绩达到最低值。不仅如此,相关性分析也显示,法官的任职年限与素能成绩具有显著的正相关关系($P<0.05$,相关性系数为0.344)。这说明,法官的任职年限,显著地影响候选法官在素能考核方面的得分。上述现象之所以出现,很重要的一点在于素能考核的内容及其权重设置。在各地的素能考核方案中,很大一部分内容考察“工作业绩”,“工作业绩”侧重考察办案数量、质量以及效率,这些考核项目都与办案经验密切相关。在这方面,任职年限较长的法官更具优势。另外一部分考核项目则包括了任职资历、表彰奖励、学历学位等内容,其中任职资历比重较大,学历学位比重较小,例如Z1市就赋予了任职资历9分的目标分值(学历学位分值不到5分),N市、G1市各赋予了10分的分值(学历学位分值分别只有3分、1.5分),L1市、Y1市、Y市各赋予了8分的分值(学历学位分值分别只有1分、2分、不到3分),等等。由此可见,素能考核方案的设置具有一定的倾向性,呈现出任职年限的优势性,而这正好与笔试成绩形成了某种平衡。

(三)民主测评

1. 民主测评方案的确定

民主测评是新时期中国官员任用的重要组成部分,法官遴选量化若干年来也概莫能外。根据遴选政策,各地法院在完成笔试考察、素能考核之后,应在一定范围内组织民主测评。就分值来看,民主测评的分值在15~30分,其中30分、25分的情况最多,分别有74个(占全部法院的47.7%)、34个(占全部法院的21.9%)法院。民主测评的内容包括候选人的“政治素养、专业能力、司法作风、廉洁自律、司法礼仪、心理素质”等,重点考察测评对象对法官职位的适应程度。由于A省法院未统一规定民主测评的形式,因此形成了不同的实践。由表4可以看到,大多数地区均采取了ABC票的计票形式,分别赋予院领导、中层干部、其他干警一定的民主测评权重。在这部分采用ABC计票形式的城市中,有4个城市采取了5∶3∶2的形式,有4个城市采取了4∶3∶3的形式。而采取AB计票形式的城市中,有4个城市采取了5∶5的形式,另有一个城市采取了6∶4的形式。事实上,无论是采用三票制还是两票制,法院领导对民主测评的把控作用均得到凸显。只是比较而言,采取 ABC 计票形式对民主测评结果的控制更为"隐晦"、更为深入。某种意义上甚至可以认为,采用三票制进行民主测评使得法院领导更能决定相关测评的结果。

表 4　各中级人民法院民主测评权重划分

所在地区	A 票①	B 票②	C 票③
B 市	50%④		50%
D1 市	60%		40%
D 市	50%	30%⑤	20%
G 市	50%⑥	30%	20%
L 市	50%	30%	20%
N 市	40%	30%⑦	30%
P 市	40%	30%⑧	30%
S 市	40%	30%	30%
Y1 市	50%⑨	30%	20%
Y 市	50%		50%
Z1 市	50%		50%
G1 市	40%⑩	30%⑪	30%
M 市	50%⑫		50%
C 市、L1 市、N1 市、M1 市、Z 市	无法确定	无法确定	无法确定

①A 票主要由院领导(包括专委)填写,未特别注明的,均表示此种情况。
②B 票主要由"中层干部"填写,未特别注明的,均表示此种情况。
③C 票主要由"其他干警"填写,未特别注明的,均表示此种情况。
④仅院领导。
⑤县级非领导干部和中层干部。
⑥仅院领导。
⑦中层干部、副县级干部。
⑧专委、调研员、中层正副职。
⑨院领导(及党外副院长、专委)。
⑩正副院长和不入额党组成员。
⑪入额院领导、专委和中层干部。
⑫院领导(含副县级领导干部)。

2. 多重维度下的民主测评成绩分析

第一,就性别来看,男女法官在民主测评方面总体上势均力敌、平分秋色。

统计数据显示,除G市之外,其他地区男女法官的平均成绩都在90分以上。其中,男性法官的民主测评均值为94.1分,女性法官的民主测评均值为93.7。有10个地区男性法官的民主测评成绩高于女性,在这其中,G市的差值最大,为2.8分。在女性法官成绩高于男性法官的8个城市中,N1市的差值最大,为1分。

第二,就不同审判资格来看,审判员的民主测评成绩普遍高于助审员(约1.4分)。根据笔者的统计,各地区审判员的民主测评成绩均超过了90分。就地区之间的差距来看,差值最大的是G市,审判员和助审员的民主测评成绩相差8.3分。Y市、D市等5地有不到1分的差值。P市是唯一一个审判员民主测评成绩低于助审员的地区。这似乎显示了主力法官与非主力法官认同度之差异,也与前面的素能成绩相一致。

第三,就不同年龄层次来看,中年法官的认同度更高,而"高龄"与"低龄"法官均有所不及。[①] 统计不同年龄层次的民主测评成绩后发现(见表5),入额法官中,1971~1975年这一年出生的法官民主测评成绩最高,为95.2分。1960年以前出生的法官民主测评分值最低,仅有90.2分。以1971~1975年龄段为界,我们可以清楚地看到法官的民主测评成绩沿此呈现某种对称分布趋势。这种分布趋势与笔试成绩、素能成绩的分布趋势有着显著的不同。再看法官任职年限与民主测评成绩之间的相关性,统计显示,法官的任职年限与民主测评成绩未能通过相关性检验($P > 0.05$)。这说明,法官的任职年限与法官所能获得的评价之间并不具备实质的关联。换言之,法官的任职年限的长短并不必然导致法官获得更好或者更坏的口碑评价。这一现象的出现,是因为民主测评的展开是基于法院内部人员相互的、主观的评价,由于彼此相互熟悉,只要不是口碑特别差,大多数候选人都能获得一个不错的分数,民主测评分数普遍较高也正好说明了这一点。加之投票主体具有多元性,既包括院领导,又包括中层干部以及其他干警,使投票权被"稀释",因此投票结果在任职年限上并没有体现出明显的趋势性。

---

① 在民主测评方面,入额法官的民主测评成绩(平均值为93.9)同样普遍高于淘汰法官(平均值为77.1)。

表 5　不同年龄层次民主测评成绩统计

年份	民主测评平均成绩/分	频率/次	所占比重/%
1957 ~ 1960	90. 2	62	1. 3
1961 ~ 1965	92. 6	562	11. 8
1966 ~ 1970	93. 9	1403	29. 4
1971 ~ 1975	95. 2	814	17. 1
1976 ~ 1980	94. 3	641	13. 4
1981 ~ 1985	94. 2	802	16. 8
1986 ~ 1990	92. 8	477	10. 0
1991 年后	94. 1	11	0. 2

(四)指标之“背离”及其原因探寻

按照人才选拔的普遍假设,脱颖而出者应该“三高”(笔试考察、素能考核、民主测评均较为优秀),而非“二高”或“一高”,然而,通过深入分析 A 省各地的遴选机制并考察了入额法官的成绩,笔者发现分项成绩总体上呈现一定的“背离”现象(但若干较发达城市的情况有一定差异)①。“三高”虽然为数不少,但“二高一低”的情形也占一定比例。就入额法官而言,其分项成绩在不同年龄、性别以及审判资格方面呈现出诸多值得玩味的图景。在笔试成绩方面,数据分析显示,助审员高于审判员、女性法官高于男性法官、青年法官高于中(老)年法官。但在素能考核方面,相关成绩又似乎呈现相反的趋势。素能考核有明显优势的是男性、岁数较大、审判级别较高的法官群体,而女性、年轻、低称号的法官由于标准及相应的考评得分,更易处于下风。整体而言,年轻、女性、审判级别较低法官群体在考试方面的优势似乎在某种程度上被抵消了。在民主测评方面,男性、审判员、中年的法官群体得分更高,而女性、低称号、青年法官群体则优势不明显,这有助于前者脱颖而出。对此“背离”现象,下面的数据可以更直观地展示。

以 B 市 P 县为例,根据统计,该院推荐名单排名第 5 ~ 14 的入额法官(院长、副院长除外)平均笔试成绩为 46. 3 分(其中最大值为 49 分,最小值为 42 分),高于排名第 15 ~ 24 的 43 分(其中最大值为 45 分,最小值为 40 分)。而在

① 基于论述主题集中的原因,本文对此不展开分析。

素能考核成绩方面,排名第5~14的入额法官平均成绩为25.7分(其中最大值为27.8分,最小值为22.9分),不及排名第15~24的26.1分(其中最大值为27.5分,最小值为24.7分)。又以N市Y县法院为例,该县法院入额法官中,推荐名单排名第5~14的入额法官(院长、副院长除外)平均笔试成绩为33.8分(其中最大值为37.2,最小值为29.2),低于排名第15~24的33.9分(其中最大值为37.2分,最小值为29.6分)。而在素能考核方面,排名第5~14的入额法官平均成绩为35.3分(其中最大值为39.2分,最小值为31.5分),远高于排名第15~24的30.3分(其中最大值为34.3分,最小值为27.4分)。① 除此之外,数据"背离"的现象也存在于都会城市C市。以该市Q区法院为例,该区法院排名第6~15的入额法官平均笔试成绩为34.6分,不及排名第16~25的34.7分。值得一提的是,该区法院排名第36~45的入额法官平均素能成绩仅为26.6分,不及排名第46~55的27.1分。这样的例子还有很多,在此不一一列举。

在笔者看来,这种现象可能实际上暗含"隐秘的逻辑"。这种"隐秘的逻辑"或许更真实地反映了法官遴选的真正"套路"。在推进员额制改革的过程中,法官遴选的全过程似乎都受到员额指标"稀缺性"的深刻影响,这种"稀缺性"进一步影响了任用策略。② 在笔者看来,决策主体为了平衡候选法官考试能力、办案能力以及群众口碑,采取了有所取舍的遴选机制,事实上,在现行遴选政策下,A省多数地方法官遴选的天平一定程度上已经"有意无意"地偏向了"老姜"法官,偏向了任职资历。围绕任职资历中的办案经验、审判资格、行政(法律)职务等因素的遴选,实质上可能发挥了更为关键的"甄别"和"筛选"

① B市属于A省经济较为落后的城市(第四梯度),N市则属于A省经济较为发达的城市(第二梯度),特此说明。有关经济发展水平的划分,参见根据2016年发布的GDP统计数据,A省18个城市的经济发展水平大致可以划分为四个梯度。第一梯度:C市(省会城市,12,170.23亿元),属于经济发达地区;第二梯度(GDP在1500亿~2000亿元),从高到低依次为M市、D市、Y市、N市,属于经济较发达地区;第三梯度(GDP在1000亿~1500亿元),从高到低依次为L市、D1市、L1市、N1市、Z1市、M1市、G1市、P市、S市,属于经济发展水平中等的城市;第四梯度(GDP在1000亿元以下),从高到低依次为Z市、G市、Y1市、B市,属于经济较落后的地区。相关统计数据参见《2016年A省21市州GDP"成绩单"出炉》,载A省人民政府网,http://www.sc.gov.cn/10462/12771/2017/1/22/10412255.shtml。需要说明的是,上述标准仅是笔者为了方便研究需要而作的划分,并非官方划分标准。

② 左卫民、全亮、黄翀等:《中基层法院法官任用机制研究》,北京大学出版社2014年版,第69页。

的效果，也是“老姜”法官脱颖而出的制胜“法宝”。那些在员额制改革中被淘汰出局的人之所以被淘汰，往往是因为其不具备任职资历方面的优势。①

四、对员额法官遴选机制改革的评析

如何评价上述改革呢？必须指出，作为一种颇具颠覆性的人事变革，员额法官遴选机制改革既继承也突破了传统法官任用机制主观性色彩较强等“旧圈”，探索了法官任用的新路径、新机制。特别是法官遴选所呈现的高度“程式化”的特点，是传统的法官任用机制无法比拟的。

第一，法官遴选机制建立了一套综合化的法官评价机制。新的遴选机制综合了诸多传统法官任免程序中的考察点，使遴选过程能够最大限度地平衡兼顾候选法官的理论水平、司法技艺以及群众口碑等。在“考”和“做”之间，通过民主测评（口碑）来进行平衡，一定程度上避免了候选人甄别过程的片面性。这种甄别机制无疑有其相当的合理性。例如，此种方式能够确保那些业务能力强且被法院领导看好的法官不致轻易被淘汰出局（如因笔试成绩相对较差），从而能够较好地维护遴选后的办案秩序，客观上起到了维护法院内部等级秩序的作用。在这套新的任用机制之下，任何候选法官都不能单独凭借某种优势在激烈的遴选“竞赛”中脱颖而出，其必须是综合性的“多面手”，这就极大地减少了法官遴选中的偶然性、意外性因素。当前的遴选机制无疑是一种相对较好、相对客观公正的新型法官任用机制，该机制能够在相当程度上实现“优胜劣汰”的竞争效果，从而确保了入额法官在法官任职方面的匹配性与胜任力。与此同时，新的遴选机制打破了传统的“一考定终身”的应试型人才选拔格局，消除了法院领导个人意志对法官任免的绝对“垄断”，一定程度上解决了传统法官任用过程中“缺乏公开性和公正性，缺乏法定程序，同时也排除了专业团体的参与”②的问题，增加了法官任用的专业化、科学化、民主化因素。

第二，法官遴选机制构建了一整套可以定量化、精细化的遴选规则，实现

---

① 根据统计，被淘汰出局的 543 名候选人的平均任职年限仅为 2.78 年，90.8% 的法官任职年限在 5 年以下。相比之下，中院入额法官的平均任职年限为 14.3 年，基层法院入额法官为 12.8 年。

② 陈文兴、詹素娟：《论我国法官遴选制度之再优化》，载《法学评论》2007 年第 3 期。

了遴选机制的“精密化”。新的法官遴选机制建立了主客观相结合的评价机制,这种评价机制增强了遴选程序的客观性和科学性。更重要的是,在这种遴选机制之下,候选法官的各项水平和能力都被“数值化”、定量化,从而有助于增强遴选程序的甄别效果,切实保障遴选结果系“优中选优”,法官选任中的“赛马模式”①已然实现。事实上,正如有论者指出:“在一个结构化的选任机制中,领导行为很大程度上受制于程序的设置,他不可能总是公然选择那些在考试中成绩较差的人,或者总是不选择群众基础较好的人。”②新的遴选机制将笔试考察标准化、素能考核精细化的做法,强化了法官遴选的“结构化”特征,破除了传统法官任用中两种相互区隔的任用理念(“党政干部选拔理念”和“司法职业遴选理念”),③增强了法官遴选的操作性和独立性(减轻了对法院领导意见、评价的过度依赖性),具有显著的进步意义。

第三,新的遴选机制具有多方参与性。院领导、中层干部、普通干警在民主测评中均有一定的投票权,且具体到一定的分值中去,这是中国式法官遴选的民主机制,其效果值得肯定。与此同时,新的遴选机制对法官遴选的参与主体、参与机制都进行了明确的限定,这对于避免法院外因素对法官任免“因人、因时、因地”的“强势介入”起到了重要的作用,客观上有利于排除地方因素对法官任用的不当干扰。

第四,新的遴选机制兼顾了“有限集中”和“分层授权”的问题。在员额制改革中,A省针对法院院长、副院长规定了考核入额的方式,这对于员额制改革中抓好这个“关键少数”具有重要意义,较好地契合了中央的改革意图。与此同时,针对其他法官规定了“考试+考核”的入额方式,并以中基层法院为单位分别组织实施,实现了员额法官遴选“总体经济性”的功能。

然而,尽管法官遴选机制推动了法官选拔任用的“颠覆性”变革,带来法官选任标准、选任观念方面的新变化。但员额制改革毕竟是一场旨在“精简员额”的改革,即“通过严格法官遴选,缩减法官规模,倒逼法官提升素质,促进法

① 参见王禄生:《相马与赛马:中国初任法官选任机制实证研究》,载《法制与社会发展》2015年第2期。

② 左卫民、全亮、黄翀等:《中基层法院法官任用机制研究》,北京大学出版社2014年版,第60页。

③ 参见左卫民:《中国法官任用机制:基于理念的初步评析》,载《现代法学》2010年第5期。

官的精英化"①的改革。这一改革性质也决定了员额制改革无可避免地会存在某种局限性,具体包括以下几个方面的问题。

(一)遴选机制的地方化、差异性的问题

1. 遴选机制地方化的问题

员额制改革的目的之一,就是强化省级法院在人财物方面的统筹和管理,从而减轻法院的地方化。省级统管地方法院法官任用的改革,其实质是将法官任用交由上级集中管理,进而削弱乃至剥夺中基层法院在法官任用中的主体地位。为此,在省级法院的主导下,开展了"三位一体"的法官遴选机制改革。然而,尽管从形式上看,法官遴选机制改革实现了全省的统筹,实现了全省统一的方案实施、全省统一的笔试测评、全省统一的面试考核及任命公示等,但就其本质而言,法官遴选机制改革仍然是地方性的、分别实施的改革,其实质是一种"分散式的地方任用制度"。② 上述判断的主要理由有三种:一是法官遴选主体及相关方案制定的地方化,以省为主体开展,同时实际指标大幅度授权中基层法院。二是法官遴选实施的地方化。从各个地方的遴选方案来看,事实上目前只有笔试考察实现了全省范围内的统一命题、统一测验、统一评卷,素能考核、民主测评其实都是在不同的遴选方案指导下由中基层法院自主展开的。而本文的数据分析也表明,后者才是影响法官遴选结果的更重要的因素。因此,有论者认为,法院决策层在员额法官遴选中具有更大的话语权,规则制定又掌握在法院组织管理层手中,因此,最后的结果是损害部分年轻、优秀法官的利益,达到一种平衡。三是法官候选人推荐名单作用的实质化,关于这一点,上文笔者已经论及。基于上述三点原因,笔者认为,当前的法官遴选,尽管从形式上增加了遴选程序的统一性、标准化要素,但本质上仍然是基于诸多考虑,在地方中基层法院实际支配下、以办案为主、兼顾其他的法官任用机制改革。进一步而言,在员额制改革中,省级统管体现了"有限上收"而非"全权上收"或"一统到底"。

2. 遴选标准等政策的差异性问题

遴选政策尤其标准的差异性表现在三个方面:一是权重设置的差异性。各个地区针对素能考核和民主测评的权重规定了相当多的形式(详见前文表

① 陶杨、赫欣:《隐忧与出路:关于法官员额制的思考——基于A省B市C区法院员额制改革的实证分析》,载《政治与法律》2017年第1期。

② 主要由县(区)或市(地)级各权力主体掌握地方法院法官任用的制度。

2),这一点笔者前文已进行了深入分析。二是考核内容的差异性。在素能考核中,有的法院强调工作业绩,不太重视资历、学历等内容的考核。有的法院则重视任职资历等内容的考核,赋予了任职资历、表彰奖励、学历学位等较高的分值。就具体的素能考核项目来说,其具体化程度也有所不同,有的法院将考核内容具体化,赋予办案数量、办案质量、办案效率以具体的数值,有的法院则将前述指标笼统地归结为"工作业绩"指标,并赋予一个总的分数。三是民主测评范围及权重的差异性。在笔者看来,遴选政策的差异性似乎有其合理性,有利于维护中级人民法院对法官任用的权限、有利于确保遴选方案更契合本院的实际等,但是这种差异性也带来遴选标准过于分化的问题,显著地降低了法官任职机制的统一性,造成了遴选实践的过度差异。

(二)遴选标准之间的冲突性问题

改革主体试图通过构建"三位一体"的综合评价机制来增强遴选程序的民主性、科学性、专业化。但如前所述,本文的数据却显示笔试考察、素能考核、民主测评三要素之间的指向性并不完全一致,甚至存在一定的矛盾、冲突。例如,笔试成绩与素能成绩之间基本上不具有明显的相关性、笔试成绩与民主测评成绩之间具有有限的相关性、素能成绩与民主测评成绩具有较大的相关性。① 上述数据表明,虽然改革主体试图通过引入"笔试考察+素能考核+民主测评"这种"三位一体"的方式来增加遴选程序的公平性,但是忽略了三种考核项目本质上可能分属不同的测量维度(三项指标的指向性并非总是相同),因而未必能达致改革者所期待的"平衡"效果。又如,法官的任职年限同笔试成绩之间存在显著的负相关关系,而与法官的素能考核成绩却存在显著的正相关关系。由此年轻法官更易获得较高笔试成绩,年老法官更易获得较高素能成绩。在此情况下,遴选主体可能基于维护法院等级秩序的需要而利用素能考核杠杆,从而使素能考核的天平容易偏向法院院级干部、中层干部及业务骨干。如上面的个别法院数据分析所示,资历较浅的年轻法官即使笔试成绩再高,也可能非基于能力而是因为资历等因素在遴选竞赛中"落于下风"甚至淘汰出局。显然,遴选方案的设计反映出各级法院希望通过遴选方案来对素能考核及民主测评结果施加影响。通过前述遴选方案,笔试测验、民主测评、

① 统计数据显示,员额法官的笔试成绩与素能考核成绩之间不具有相关性($P>0.05$)。笔试成绩与民主测评成绩之间具有相关性($P<0.05$),其相关性系数为0.034。素能成绩与民主测评成绩之间也具有相关性($P<0.05$),其相关性系数为0.136。

素能考察三要素之间的张力能够得到某种程度的缓解,从而确保法院系统内部理想的法官人选不致落选。例如,通过设计更有利于中年法官的素能考核方案,增加中年法官在工作业绩、任职资历等方面的竞争优势,而又让遴选程序"无可指摘"。又如,通过增加院领导、中层干部在民主考评中的话语权(采用ABC票的几乎都可以视作此类)。这样一来,在遴选机制中"脱颖而出"的法官,既可能是笔试、素能、民主测评"三优"的法官,也可能是在某两方面甚至某一方面占据相对优势的法官。①

(三)民主测评机制的充分性问题

当前的民主测评方案强调院领导(党组)对民主测评结果的"把关作用"。为了达到这一目标,赋予院领导在民主测评中较高的权重(两票制下院领导权重不低于50%,三票制下院领导的权重不低于40%),由此强化了院领导在民主测评环节中的话语权。民主测评权力集中化带来两方面的问题:一是导致"民主测评"可能转换为院领导的人事任免权,从而使民主测评降低原本的民主评价意涵;二是民主测评权力的集中化,还可能造成民主测评过于维护法院内部领导的印象,使民主测评沦为消弭笔试成绩、素能考核成绩差距,人为增加院级干部、中层干部遴选优势的重要杠杆,进而增加遴选程序的"变数"。例如,宋远升对山东Z区法院的调研即发现,该区法院对民主测评的权重进行了如下划分:院领导为A票,占9分。中层领导为B票,占3分。一般法官为C票,占1分。对于这种划分,宋远升指出:"基于A票所占的权重,这种投票往往在具体法官是否入额问题上具有决定性的作用。"②

(四)遴选程序"头重脚轻"的问题

通过"三位一体"的遴选机制,中基层法院事实上主导了法官遴选的主要考核和测评程序,这就使遴选委员会考核阶段的"专业把关"作用显得相对有限。如前所述,中基层法院在完成素能考核和民主测评之后,会按照1∶1.1的比例向省级法官遴选委员会递交一份推荐名单,这份推荐名单实际上对候选人的优先顺序进行了排名。推荐名单不仅对候选法官的优先顺序进行了排

① 事实上,上述结果的出现,很大程度上与改革主体主导的遴选政策有关,主要表现为策略性设计分项成绩之间的权重、策略性圈定素能考核的测评内容、策略性安排民主测评的展开范围及时间等,从而影响甚至决定了打分结果乃至最终结果。

② 宋远升:《精英化与专业化的迷失——法官员额制的困境与出路》,载《政法论坛》2017年第2期。

位,甚至对推荐名单排名靠后的候选法官(或称拟淘汰法官)进行了特别的说明(通常是不利于候选人入额的理由①)。这样一来,中基层法院事实上主导了对候选法官的总体评价且形成了带有倾向性的推荐意见。在这样的背景下,除非遴选委员会确有充足的理由来反对这种提名或者推荐顺序,否则很难对法官候选名册进行大幅度的调整。而在当前遴选委员会的考察主要限于事前的书面审查以及简短的面试的情形下,这种甄别把关机制可能难以发挥预期中的效果。如此一来,法官遴选委员会的"专业把关"作用事实上演变成对推荐名单排名靠后人选的筛查(目前的统计数据表明,淘汰法官绝大多数均是排名靠后人选或称拟淘汰人选,这也足以证实笔者的上述判断),从而使"保障法官资质的实质要件得到严格甄别的外部监督程序仍然阙如"②。

五、余论

基于以上分析,笔者认为,作为中国司法改革的重要内容,员额法官遴选机制改革基本上是一场在中央宏观规范与指导下,适当发挥地方(省、市两级)主动性而展开的活动,其根本特征在于以一种科学化的"数目字"③规划来推行中国的司法管理,其整体上是成功的。但也有若干问题,从进一步推动法官选任制度科学化、民主化、有效化的角度,笔者认为下列问题应当引起重视。

第一,遴选方案的协调和统一的问题。法官的遴选标准不应过于地方化、分散化,而应在一定范围内保持协调和统一(至少在普通地区法院,可以实现全省范围内的统一)。

第二,笔试考察、素能考核以及民主测评权重设置的问题。当前的制度设计整体上倾向于年龄较大、资历较深、具有行政职务的法官,年轻人的上升通道受到影响。因此,未来如何科学地评价法官的职业能力,避免陷入"唯职务

---

① 其中,排名前5的原因是"综合成绩相对较差""审判经验不足""办案能力不足且办案效果较差""长期在非审判一线工作""民主测评分值相对较低",分别占比42.2%、30%、11.2%、9.9%、6.4%。

② 左卫民、全亮、黄翀等:《中基层法院法官任用机制研究》,北京大学出版社2014年版,第281页。

③ 参见[美]黄仁宇:《万历十五年》(增订本),中华书局2007年版,第247~249页。

论”“唯资历论”的窠臼,[①]让能够办案的年轻法官脱颖而出,无疑值得更多的思考。[②]

第三,民主测评的时机问题。目前的民主测评几乎都是在笔试成绩、素能成绩出来之后,再展开测评。但这种将民主测评建立在笔试成绩、素能考核成绩之上的做法,为院领导合法地影响遴选结果提供了契机,使民主测评偏离了预设的初衷,可能因此异化为平衡笔试成绩、素能成绩差距的杠杆,进而增加遴选程序本身的不公平性。

总之,A 省法院为了促进法官遴选的科学化、民主化、规范化而推出“三位一体”的遴选机制改革,这一改革初衷是极好的,在程序方面也确实产生了诸多积极效应。但深入地看,当前的遴选机制也并非“完美无缺”,也存在诸多难以觉察且尚未被深入剖析的现象,如遴选方案的地方化、差异性,遴选方案的协调性以及遴选程序的“头重脚轻”等。这表明,当前的遴选机制可能并非如其表现上呈现的那般完美,也是存在诸多不足甚至缺陷的。虽然大规模的法官遴选目前业已结束,但与法官遴选机制改革相伴生的相关问题仍值得我们进一步地思考和研究。唯有如此,员额制改革才有可能取得新的进展,并在不断地反思中日臻完善。

---

① 陶杨、赫欣:《隐忧与出路:关于法官员额制的思考——基于 A 省 B 市 C 区法院员额制改革的实证分析》,载《政治与法律》2017 年第 1 期。

② 宋远升:《精英化与专业化的迷失——法官员额制的困境与出路》,载《政法论坛》2017 年第 2 期。

信用司法建设路径实证研究

——以法官绩效考核为分析对象*

曾　赟**

内容摘要:法官绩效考核的终极目标是提高司法公正、司法效率、司法效果的信用程度,从而建立起一种有信用的司法。为客观、科学发现信用司法建设路径,基于全国法院1988~2017年的司法数据资料,采用因素分析、回归分析方法,客观检验了法官绩效考核办法中有关办案数量、办案质量、办案效率、办案效果四方面指标设计的有效性和计算标准的正确性。经检验,办案数量、办案效率指标的创设有助于法官绩效考核目的的实现,但其计算标准的科学性存疑;办案质量指标设计未区分案件性质、类型的不同情形而将改判率、发回率均设定为负向指标,其正确性明显存疑;办案效果指标设计存有矛盾。基于此,根据统计分析检验结论,从司法效率信用建设角度,科学测定了6个据以计算司法效率指标的权重,在此基础上客观提出司法效率指标计算标准;从司法公正信用建设角度,提出办案质量考核仅计算行政再审改判率、民商事再审改判率2个指标即可;从司法效果信用建设角度,提出办案效果考核仅计算民商事一审调解率1个指标即可。

---

* 本文为2014年国家社科基金项目“刑事司法公信力评估指数研究”(课题编号:14BFX059)成果之一。本文刊载于《政法论丛》2021年第3期。

** 曾赟,广州大学法学院教授。

关键词:信用司法　因素分析　法官绩效考核

“信用司法”一词的含义大致可从两个方面来理解。从应然层面分析,其意指司法应当具有信用,值得公众信任和信赖;从实然层面分析,其意指司法赢得公众信任和信赖的信用程度。法学者多数从实然层面来理解信用司法的含义,有时候还将其与司法公信力的概念相等同。例如,有学者认为,司法公信力是指一定社会的司法机关通过其职权活动使国家司法在整个社会生活中建立起来的一种公共信用;①也有学者认为,司法公信力是司法赢得社会公众信任和信赖的能力。② 由此出发,我们需要追问:究竟一种什么样的司法才具有信用。学者普遍认为,公平、公正的法院裁判才具有信用、才值得信任和信赖。例如,乔治华盛顿大学法学教授米勒认为,从最宽泛的意义上说,公众对司法的信任可理解为公众对法院公平、公正裁判的信任与对法官及时依法裁判的信任;霍姆斯大法官认为,公众对司法的信任可理解为公众对法院居中裁判外部规则的信任。③ 当然,也有学者认为,一种有效率、公开、有效果的司法才具有信用。④

总的来说,信用司法的含义比较宽泛,其中的“司法”既指一般所认为的依法解决争端的法律适用活动,⑤又指生效法律文书的执行;“信用”的含义既指对一种普遍意义上的司法过程或活动的公正、公平、效率、效果的信任和信赖,又指对生效法律文书确定义务当事人履行义务的信任和信赖。基于此,信用司法建设即谓如何促进司法公正、公平、效率、效果方面的法治建设。需要指出的是,目前也有学者从促进司法权威角度出发,将司法机关推出的司法信用体系制度建设纳入信用司法建设范畴。例如,2013 年最高人民法院

---

① 黄娟:《在“应然”与“实然”之间——司法的公信力及司法权运行过程中的“信息失真”》,载《湘潭大学社会科学学报》2002 年第 3 期。

② 郑成良、张英霞:《论司法公信力》,载《上海交通大学学报(哲学社会科学版)》2005 年第 5 期。

③ Arthur Selwyn Miller, *Public Confidence in the Judiciary: Some Notes and Reflections*, Law and Contemporary Problems, Vol. 35, p. 69 – 93 (1970).

④ 学者主要从提高司法公信力角度来探讨相关问题。参见马怀德:《提升司法公信力的关键》,载《人民司法》2013 年第 9 期;公丕祥:《司法公开:提升司法公信力的重要保证》,载《中国党政干部论坛》2012 年第 7 期。

⑤ Susan Kenny, *Maintaining Public Confidence in the Judiciary: A Precarious Equilibrium*, Monash University Law Review, Vol. 25:209, p. 209 (1999).

推出的失信被执行人名单制度、2019年广州互联网法院推出的司法信用报告制度,其亦被认为是促进司法权威、加强司法信用建设的重要方法路径。本研究所指的信用司法建设主要指的是前者,即通过司法效率、司法公正、司法效果建设提高司法信用程度的法治建设。那么信用司法建设的科学路径究竟在何方?我们试图以法官绩效考核为分析对象,通过实证研究,提出信用司法建设的具体路径。

法官绩效考核的终极目标是通过提高审判质效来增强司法的信用。① 在我国,法官绩效考核实践经历了一个由“结案率作为加分项、改判发回率作为减分项”的单一评价机制到“办案数量、质量、效率、效果”四位一体的多元评价机制的转变。四位一体的法官绩效考核实践初创于21世纪头10年,其标志性事件是2008年最高人民法院《关于开展案件质量评估工作的指导意见(试行)》。2011年最高人民法院出台《关于开展案件质量评估工作的指导意见》(以下简称《质量评估意见》),四位一体的法官绩效考核实践在探索中继续前行。因其未对案件质量评估与审判绩效评估进行明显区分,又因其中一些指标的创设未考虑法律适用中的复杂情形,故实施中其亦遭遇诸多困境。②至2016年最高人民法院颁行《法官、审判辅助人员绩效考核及奖金分配指导意见(试行)》(以下简称《绩效考核意见》)始,四位一体的法官绩效考核逐步向多元评价转型。所谓“四位”评价是指由办案数量、办案质量、办案效率和办案效果四个方面内容组成的针对办案质效的评价;“一体”评价是指被冠以“综合考核指标”之名,而针对法官综合素质的评价。本研究的对象范围仅限于前者。当下,全国各法院均实施了法官绩效考核办法。兹以法官绩效考核为分析对象,在收集1988~2017年的司法数据基础上,通过对数据的统计分析,从司法效率、司法公正、司法效果三个方面探索提升司法信用的具体路径。

---

① 审判管理改革的终极目标是司法的公正和效率。参见崔永东:《审判管理的目标、方法与路径》,载《河北法学》2015年第3期。

② 相关论述请参见张曦:《审判绩效考核的困境、缘由与脱困路径》,载《上海交通大学学报(哲学社会科学版)》2019年第6期;郭松:《绩效考评与司法管理》,载《江苏行政学院学报》2013年第4期;龙宗智:《审判管理:功效、局限及界限把握》,载《法学研究》2011年第4期;阴建峰、袁方:《司法改革背景下法官绩效考核制度的回溯、困局与路径抉择——兼论法官主体性的重塑》,载《河南社会科学》2021年第3期。

一、司法效率信用建设的路径选择

虽然说“正义会迟到，但不会缺席”这一至理名言喊出了人类企盼正义的美好愿望，但迟来的正义终非正义。质言之，没有司法效率，也就无所谓司法正义。波斯纳所言极是，正义的第二种含义是效率。① 基于此，司法具有效率才能使司法具有信用。效率可谓资源的一个类别。根据《辞海》，资源指资财的来源，一般指天然的财源。② 时至今日，资源的概念已不再囿于自然资源范围，而是持续扩展至人类社会一切有价值的集合体，亦即资源不仅具有自然属性，也具有社会属性。根据泛资源（pan-resource）概念对自然资源概念的延拓，资源包括自然资源、人力资源、信息资源、科技资源、时间资源、空间资源、社会资源。③ 司法资源宜从资源的社会属性考察。基于此，司法效率可界定为：于给定的司法资源情形下，即在司法人力资源、信息资源、科技资源、时间资源和社会资源恒定的情形下，通过资源的最优配置，办结最大数量的司法案件。据此定义，法官绩效考核中办案数量、办案效率指标宜一并归于司法效率指标的名下。

通过对各法院法官绩效考核指标内容设计的分析可知，省高级人民法院的法官绩效考核比较注重办案质量、办案效果两项内容，其指标分值一般占绩效考核100分制的40~50分；④中级人民法院、基层人民法院比较注重办案数量、办案效率两项内容，其指标分值一般占绩效考核100分制的50~60分，其中办案数量指标分值一般占绩效考核100分制的40~50分，占司法效率指标分值的95%或者以上。办案数量的考核一般仅以法官年度或季度办结的案件绝对数为计算标准；办案效率的考核一般设审结率、审限2个次级指标。在办案效率次级指标分值的分配上，审结率指标分值一般占办案效率指标分值的90%，审限指标分值仅占10%。对于审限指标分值的设定，也有

---

① ［美］理查德·A. 波斯纳：《法律的经济分析》，蒋兆康译，中国大百科全书出版社1997年版，第31页。

② 辞海编辑委员会：《辞海·语词分册》（下），上海辞书出版社1977年版，第1520页。

③ 周德群：《资源概念拓展和面向可持续发展的经济学》，载《当代经济科学》1999年第1期。

④ 相同论述请参见王静：《法官绩效考核制度实证研究——基于地方性规则样本的分析》，载《中国应用法学》2018年第6期。

法院仅将其设定为减分项，而将审结率指标分值设定为满分项，即审结率指标分值占办案效率指标分值的 100%；若存在超审限的案件，则按照超审限案件数量予以扣分。

总的来看，全国各法院在创设司法效率绩效考核办法方面存在的主要问题有：其一，办案数量指标计算以案件办结的绝对数为标准，既缺乏横向与纵向的可比性，也缺乏统计意义上的可比性，因此其计算标准需要修正。其二，未根据案件的不同性质，客观创设相应的考核计算标准。鉴于此，笔者试图将案件审结数与人口数之比作为基础数据，通过统计分析结论来客观设定办案数量的基准值。另外，由于办案效率计算中审限指标得分需要通过对法院年度审结案件的逐一编码才能计算得出，故本研究仅考察审结率的计算。需要说明的是，在办案数量、案件审结率的计算方式上，我们仅考虑以年为计算单位。对于司法效率测量内容，即办案数量、办案效率两个方面的绩效考核内容，以全国法院 1988 ~ 2017 年的行政、刑事、民商事一审、二审、再审案件的年度审结数，全国人口总数为基础数据，采用探索性因素、验证性因素分析方法，通过 Spss18.0 和 Mplus6.0 统计软件，客观提出司法效率信用建设的对策路径。

（一）科学测定司法效率指标的权重

根据 1988 ~ 2017 年《中国法律年鉴》中的相关统计数据和《中国统计年鉴》中的全国人口数，可算出全国法院 1988 ~ 2017 年的行政、刑事、民商事一审、二审、再审案件的年度审结数与全国人口总数的比率，即审结比；审结比的计算公式为：年度审结数 ÷ 年度全国人口总数。根据年度审结数，可算出全国法院行政、刑事、民商事案件的年度审结率。审结率计算公式为：年度审结数 ÷（年度收案数 + 上年度存留数）。① 经计算，可得到全国法院 1988 ~ 2017 年行政、刑事、民商事一审、二审、再审案件的年度审结比和年度审结率。前者共包括 9 个次级指标：行政一审审结比、行政二审审结比、刑事一审审结比、刑事二审审结比、民商事一审审结比、民商事二审审结比、行政案件（包括

① 1986 ~ 2001 年《中国法律年鉴》将民商事案件区分为民事与经济纠纷两个统计类型；2002 年之后，则将前述两类案件统称为民商事案件。本研究将 1988 ~ 2001 年《中国法律年鉴》中的前述两类案件数进行了合并处理，故民商事案件数与其上诉改判、发回数及其再审改判、发回数均包括前述两类案件数。我国现行《民法典》即采民商合一立法模式。有学者从两方面证立了《民法典》民商合一的立法模式。参见聂志海：《〈民法典〉民商合一立法模式的逻辑证成》，载《中国海商法研究》2020 年第 3 期。

一审、二审、再审,下同)审结比、刑事案件审结比、民商事案件审结比;后者共包括12个次级指标:行政一审审结率、行政二审审结率、行政再审审结率、行政案件审结率、刑事一审审结率、刑事二审审结率、刑事再审审结率、刑事案件审结率、民商事一审审结率、民商事二审审结率、民商事再审审结率、民商事案件审结率。

兹将前述21个指标作为观测变量,采用探索性因素分析方法,经采最大方差旋转法,创建司法效率探索性因素分析模式。经检验,KMO值为0.543,虽然尚适合进行因素分析,①但其值较低;解释的总方差分析表中特征值大于1的公共因子共有5个,说明题项对应多个因子,从而导致题项无法归类。鉴于此,需要对题项进行处理。经逐一删除因子载荷较低的观测变量之后,保留6个观测变量:行政案件审结比、刑事案件审结比、民商事案件审结比、行政一审审结率、刑事一审审结率、民商事一审审结率。经检验,KMO值为0.669,Bartlett球形度近似检验($p=0.000$)符合显著水平检验标准,说明观测变量适用进行因素分析,且有公因子存在。② 特征值大于1的公因子2个,故可提取2个公共因子。解释的总方差为82.009%,说明所提取的2个公因子可解释原变量的82.009%。据此,模型的拟合比较理想,前述6个观测变量(次级指标)可据以解释和测量司法效率。

为进一步验证探索性因素分析结果是否有效,采用验证性因素分析法,运用Mplus6.0软件,创建司法效率验证性因素分析模型。模型组成包括:(1)潜变量“f1办案数量”和行政案件审结比、刑事案件审结比、民商事案件审结比3个观测变量;(2)潜变量“f2办案效率”和行政一审审结率、刑事一审审结率、民商事一审审结率3个观测变量;(3)路径走向为潜变量指向观测变量。经信度检验,模型中的6个观测变量的Cronbach's Alpha系数为0.605。模型的卡方值($x^2=21.415$)与自由度($df=8$)之比为2.68,满足小于5的标准;显著性水平($p=0.000$)满足小于0.0001,说明模型可进行验证性因素分析。根据模型拟合信息表,RMSEA为0.236,未满足小于0.08的标准;SRMR为0.039,满足小于0.05的标准;CFI、TLI值分别为0.934、0.876,

① KMO检验是一项关于数据是否适合进行因素分析的测量。根据Kaiser(1974)的观点,数据的KMO值小于0.5,不适宜进行因素分析。

② 当Bartlett球形度近似检验$p<0.05$时,说明总体的相关主矩阵有公共因子存在,适合进行因素分析。

基本满足大于0.9的标准。① 经验证,模型拟合比较理想。据此,司法效率可以依据前述6个次级指标来解释和测量。

根据统计分析结论,司法效率指标可以通过办案数量、办案效率两个指标所涵盖的6个次级指标来测量与解释,因此,司法效率的提高可以通过办案数量、办案效率的提升来实现。就此而言,办案数量、办案效率所涵盖6个次级指标的科学计算对于司法效率信用建设来说就有十分重要的实践意义。根据前文创建的办案数量、办案效率探索性因素分析模型,利用解释总方差表中2个因素的初始特征值、解释的方差贡献率和因子载荷值,计算前述6个次级指标的权重。② 计算步骤包括:首先,求出2个因素在6个观测变量上的系数。方法为:用探索性因素分析第i列每个元素的因子载荷分别除以第i个因素的初始特征值的平方根,得到第i个因素在每个元素上的系数。例如,第1个因素在"行政案件审结比"上的系数 $= 0.909/\sqrt{3.168} = 0.51$。根据相同方法,即可算出2个因素在6个观测变量上的系数。其次,求出2个因素综合得分模型在6个观测变量上的系数,即6个次级指标的初始权重。方法为:用第1个因素在6个观测变量上的系数乘以所对应的方差贡献率,加上第2个因素在6个观测变量上的系数乘以所对应的方差贡献率,然后将二者之和除以解释的总方差率,即可得到6个次级指标的初始权重。最后,采用归一法,即可求得6个次级指标的权重。经计算,行政案件审结比、刑事案件审结比、民商事案件审结比、行政一审审结率、刑事一审审结率、民商事一审审结率6个次级指标的权重分别为:0.32、0.30、0.31、0.03、0.02、0.02。

(二)客观确立办案数量指标在司法效率绩效考核中的地位

根据上述权重计算结果,办案数量占办案数量、办案效率二者之和的93%以上,因此全国法院在创设司法效率指标内容时宜将办案数量考核置于司法效率考核的核心地位。由是观之,全国法院在设定办案数量与办案效率二者的分值比上是正确的。基于此,全国各法院在设定办案数量、办案效率两个指标的分值时,可将前者分值置于二者分值之和的90%~95%,审结率

① 关于验证性因素分析方法运用的详细论述请参见曾赟:《中国刑事法治指数的创制研究》,载《山东大学学报(哲学社会科学版)》2021年第1期。

② 关于指标权重计算方法的详细论述请参加曾赟:《法治评估的有效性和准确性——以中国八项法治评估为检验分析对象》,载《法律科学》2020年第2期。

指标分值置于二者之和的5% ~10%。在办案效率指标内容设计方面，笔者建议取消审限作为办案效率指标的考核内容，仅保留审结率指标即可。经计算，1988 ~2017 年全国法院审结的行政、刑事、民商事和执行案件的年度平均审结率分别约为 0.90、0.97、0.91；2008 ~2017 年审结的行政、刑事、民商事和执行案件的年度平均审结率约为 0.89、0.96、0.91；2017 年，全国法院审结的行政、刑事、民商事和执行案件的年度审结率约为 0.91、0.97、0.94。由是观之，这 30 年全国法院各类案件的审结率并无大的变化；经计算，每年的年度审结率基本维持在 0.9 以上。三类案件中行政案件审结率略低，刑事案件审结率略高。

（三）客观确立办案数量指标在法官绩效考核中的地位

当前或今后较长一段时间内全国各中级人民法院、基层人民法院宜将办案数量考核置于法官绩效考核内容的重中之重。经计算，1988 ~2017 年全国法院平均审结的行政、刑事、民商事和执行案件（包括一审、二审、再审，下同）数约占全国人口总数的 0.0098%、0.0618%、0.5794%，平均审结的三类案件总数约占全国人口总数的 0.651%；2008 ~2017 年全国法院平均审结的行政、刑事、民商事和执行案件数约占全国人口总数的 0.0166%、0.0866%、0.8959%，三类案件总数约占全国人口总数的 0.9991%；2017 年，全国法院审结的行政、刑事、民商事和执行案件数约占该年度全国人口总数的 0.0255%、0.11%、1.2583%，三类案件总数约占该年度全国人口总数的 1.3938%（见图 1）。显而易见，至 2017 年，全国每 100 人（指所有人口）中由法官审结的案件总数急剧增长到 1.3938 件。由是观之，全国法院审结的各类案件数呈明显上升趋势（见图 1），尤其是在 2014 年后，各类案件数急剧增长，未来法院审执结各类案件的压力将空前加大。基于此，全国各基层人民法院和中级人民法院的绩效考核办法赋予办案数量指标较大比例分值，无疑是正确的。需要特别指出的是，我们也不能在强调提高司法效率时忽视司法公正，在强调办案数量时忽视办案质量。

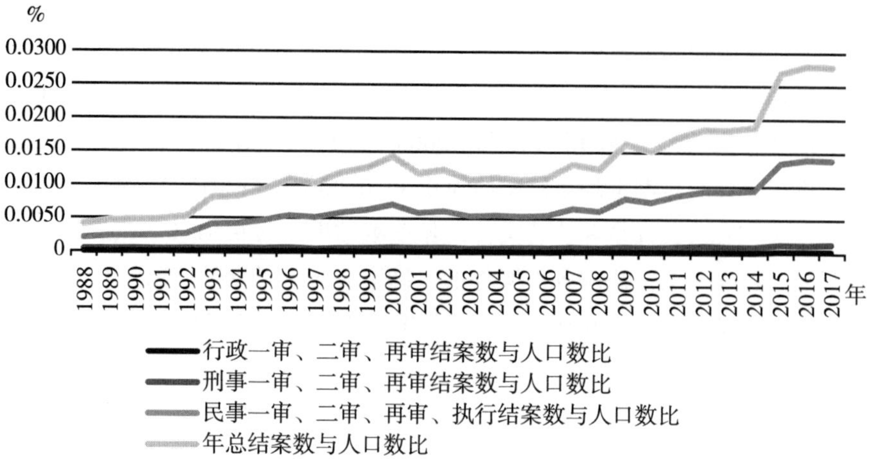

图1　1988～2017年全国法院年度审结数与全国人口数之比

(四)科学确立司法效率指标的计算标准

首先,根据全国法院各类案件的上年度审结比、审结率确立办案数量、办案效率指标的基准数。例如,2017年吉林省白山市浑江区办案数量指标的基准数可依据2016年度全国法院审结的案件数与该年度全国总人口数的比率(1.26%)确定;据此计算,可将2017年度浑江区的员额法官办案数量指标的基准数设定为4167件。依据全国法院审结的刑事案件数与该年度全国总人口数的比率(0.1%)确定刑事员额法官办案数量指标的基准数;据此计算,刑事员额法官办案数量的基准数为347件。根据不完全统计,该院有刑事员额法官5名(包括1名庭长),则2017年该院刑事员额法官平均每人需要办结的刑事案件基准数为86件。同样地,对于审结率指标的计算,亦可按照前述相同方法确定。据此计算标准,全国各法院就可以进行横向比较;通过横向比较,我们可以发现全国各法院的法官办案数量和办案效率的总体状况,从而据此推动全国法院的司法效率信用建设全面提升。

其次,根据各法院各类案件的上年度审结比、审结率确立办案数量、办案效率指标的加数或减数。各法院可依据各自审结案件的具体情况,依据上年度各类案件审结数与其辖区内人口数的比率来确立法官办案数量、办案效率指标的加数或者减数。例如,吉林省白山市浑江区2016年度末人口数为33.07万人,那么浑江区法院可根据2016年案件办结情况计算法官办案数量、办案效率的加数或减数。根据《浑江区人民法院2017年度审判绩效考核办法》,刑事法官办案数量指标为 81 件,①那么刑事员额法官在全国法院刑事法官人均办案数量的基准数上增加了 32 件。按照前述方法,可确定法院各类案件审结率指标的加数或减数。通过办案数量、办案效率指标的加数和减数计算,我们可以将各法院法官办案数量和办案效率进行纵向比较,亦可据此发现各法院具有的特征,从而推动各法院的司法效率信用建设向最佳状态发展。

总的来说,基于 1988～2017 年这 30 年的全国法院行政、刑事、民商事和执行一审、二审、再审案件的年度结案数,通过探索性因素和验证性因素分析方法及描述统计分析,可得出以下结论:一是目前全国各法院将司法效率考核列入法官绩效考核的重点,并赋予办案数量指标较大比例权重,这一实践路径经验证是有效的。二是目前全国各法院将案件办理的绝对数作为办案数量考核标准的实践路径需要更科学化。基于此,我们提出可考虑依据如下方法创设办案数量的考核标准:依据全国法院不同案件的审结比确定办案数量的基准数;依据各法院不同案件的审结比确定办案数量的加数或减数。

二、司法公正信用建设的路径选择

司法公正包括实体公正和程序公正两个方面。前者主要是从裁判结果的意义上来考察,乃司法公正的根本目标;后者主要是从诉讼过程的意义上来考察,乃司法公正的重要保障。② 在实体公正的构成要素方面,主要有二要件和四要件说两种不同观点。所谓二要件是指判决以事实为根据和适用法律正确。③ 四要件包括判决结果符合形式正义、判决结果所依据的事实是真实的、判决结果是严格依据现行法律规定作出的、判决结果能够适用平衡各种效益四方面内容。④ 也有学者认为,判决均衡是构成实体公正的要素,认为只要对

---

① 《浑江区人民法院 2017 年度审判绩效考核办法》,载白山市浑江区人民法院网 2018 年 5 月 23 日,http://bshjfy.chinacourt.gov.cn/article/detail/2018/05/id/3315129.shtml。

② 何家弘:《司法公正论》,载《中国法学》1999 年第 2 期。

③ 相关论述请参见公丕祥、刘敏:《论司法公正的价值蕴含及制度保障》,载《法商研究》1999 年第 5 期。

④ 杨荣新、潭秋桂:《论司法公正》,载姜伟、杨荣新主编:《民事诉讼机制的变革》,人民法院出版社 1998 年版,第 11～15 页。

同等案件作出相同判决,[①]实体公正也就实现了。程序公正包括程序性正当程序与实质性正当程序两方面内容。[②] 显然,案件的改判、发回既涉及案件的实体公正,即正确适用法律问题,也涉及程序公正问题,故而可作为司法公正的评价指标。正是基于这一考量,2011年《质量评估意见》、2016年《绩效考核意见》在创设审判公正、办案质量指标时,均将案件的改判、发回作为考核内容的重点。在前者所创设的11个审判公正评价指标中有4个涉及案件的改判率、发回率;全国各法院在构设办案质量指标方面比较简单,一般仅将改判率、发回率作为办案质量的考核内容,偶有将对裁判文书质量、陪审率方面的考核纳入其中。

在案件的改判率、发回率的计算标准方面,各法院主要有两种具体的实践:一是沿用2011年《质量评估意见》的计算标准,将案件的改判率、发回率设计为负向指标。具体计算包括:其一,以满分为基数,以改判、发回的案件绝对数为扣分标准,从办案质量指标满分中予以扣除后,然后再计算办案质量得分;其二,设定改判率、发回率的基础分,然后按照年度或者季度改判率、发回率的多少从基础分分值中予以扣除或增加,然后再计算指标得分。二是将非因法官的过错而导致的案件改判数、发回数予以排除,然后再具体计算指标得分。本研究在计算案件的改判数、发回数时未将非因法官过错的案件数予以排除,这是因为现有司法大数据中欠缺这方面的统计资料。

总的来说,全国各法院在设定案件改判、发回指标的计算标准时主要存在的问题有:一是未根据案件性质区分案件改判、发回的不同情形,即未对上诉改判、发回与再审改判、发回二者加以区分;二是未根据案件类型区分案件改判、发回的不同种类,即未对行政、刑事、民商事三种类型案件的改判、发回加以区分。除此之外,需要指出的是,《绩效考核意见》还具有通过办案质量指标的设计达成落实司法责任制的目的。例如,张文显认为,"裁判者负责"的"责"涵盖审判员职责、法律适用责任、案件事实认定责任、案结质量终身责任等内容。[③] 基于此,我们需要追问的是:全国各法院关于案件改判率、发回率指标的

① 学者雷磊从三个层面分析了"同案同判"三种不同的含义。参见雷磊:《如何理解"同案同判"?——误解及其澄清》,载《政法论丛》2020年第5期。

② 有学者认为,正当程序原则承认公民享有的基本权利具有优先性,公民享有法律不禁止即可为的最大限度的自由。参见季金华:《司法的法律发展功能及其价值机理》,载《政法论丛》2019年第1期。

③ 张文显:《司法责任制与司法民主制》,载《法制日报》2016年9月7日,第10版。

设定有助于提高司法公正的信用程度吗？如果回答是否定的，我们如何才能客观发现司法公正信用建设的具体路径呢？

（一）客观确立司法公正指标计算的正负方向

根据1988～2017年《中国法律年鉴》中全国法院的行政、刑事、民商事上诉案件的改判数、发回数和行政、刑事、民商事再审案件改判数、发回数，我们可以计算出全国法院30年中行政、刑事、民商事上诉案件的年度改判率、发回率和行政、刑事、民商事再审案件的年度改判率共9项数据。除此之外，依据前述基础数据，我们还可计算出全国法院1988～2017年的上诉改判率、上诉发回率、再审改判率、再审发回率共4项数据。由于需要检验案件的改判率、发回率与司法公正之间的相关性，我们收集了1996～2017年世界银行治理指数报告数据，将世界银行得出的1996～2017年中国法治指数作为回归模型的因变量。选择世界银行法治指数作为模型的因变量数据来源，理由是：该项法治指数的计算来自世界23个不同的数据库，故数据的调查范围广，此其一；其所反映的主要是被测量国家人们相信法院裁判的公正性、警察执法的公正性等方面的强度，此其二。① 兹通过因素分析法、回归分析方法来客观确立上诉改判率、上诉发回率、再审改判率、再审发回率指标计算的正负方向。

我们将上诉改判率、上诉发回率、再审改判率、再审发回率共4项数据作为观测变量（次级指标），采用探索性因素分析方法创建探索性因素分析模型。经检验，再审发回率指标的因子载荷（0.528）较低，且模型的KMO值为0.411，不宜进行因素分析，故将之从模型中予以删除。经删除后，3个观测变量的Cronbach's Alpha系数为0.725，KMO值为0.754，解释的总方差为92.570%；解释的总方差表中特征值大于1的公因子1个。据此，说明由模型的拟合非常理想，所提取的1个公因子可据以解释3个观测变量的92.570%。司法公正可据以通过上诉改判率、上诉发回率、再审改判率3个指标来测量计算。

为检验上诉改判率、上诉发回率、再审改判率3个变量与司法公正之间的相关性，兹将其作为自变量，将1996～2017年世界银行测得的中国法治指数作为因变量，创建回归分析模型。经检验，方差分析表中 $p=0.009$（<0.05），小于给

① 自1996年始，至2017年，世界银行已发布22份涵盖全球214个国家和地区的治理指数报告。

定的显著性水平,F = 5.591,故模型中 3 个自变量(解释变量)与因变量(被解释变量)之间的线性关系显著,前者可据以解释后者。根据回归系数表,自变量“再审改判率”(p = 0.016)与因变量“司法公正”二者之间存在显著性负向关系(标准化回归系数为 - 1.537)。质言之,再审改判率越高,则司法公正度就越低。自变量“上诉改判率”、“上诉发回率”与“司法公正”不存在显著相关性,但根据其回归系数,二者与司法公正存在正向关系,前者标准化回归系数为 0.853,后者为 0.073。质言之,在给定的测量值范围内,案件上诉改判率、上诉发回率越高,则司法公正度也高。

根据上述计算,再审改判率为负向指标,而上诉改判率、上诉发回率则为正向指标。由是观之,全国各法院将上诉改判率、再审改判率、上诉发回率、再审发回率均设定为负向指标的考核实践是有问题的,而此种考核办法亦难以达成提高司法公正信用程度之目的。根据本研究得出的统计分析结论可知,只有再审改判率才与司法公正存在显著性负相关,后三者则与司法公正不存在显著相关性;根据回归方程的回归系数,后三者与司法公正存在的计量关系也是正向关系。根据司法理论的一般原理,从统计学角度考察,对于因再审而改判与因上诉而改判的原审案件,前者发生错误的概率高于后者,此其一;上诉审理过程中法官出于自由心证而对原审案件认定的事实、适用的法律及法定程序自有其独到的体会和感悟,因而对裁判结果的某一方面进行修正或改变亦不能说明一审裁判是错误的,此其二。基于此,目前我国法官绩效考核体系中有关办案质量指标考核标准的设定宜不将上诉改判率、上诉发回率、再审发回率 3 个指标纳入其中,而仅将再审改判率设定为负向指标即可。

(二)科学设定再审改判率的考核计算标准

由于 1998 年前的《中国法律年鉴》中欠缺再审发回案件的统计数据,故我们以 1998 ~ 2017 年的相关数据为基础数据,计算年度上诉改判率、上诉发回率、再审改判率、再审发回率。上诉改判(发回)率计算方法为:上诉改判(发回)案件数 ÷ 一审判决结案数;再审改判(发回)率计算方法为:再审改判(发回)案件数 ÷ 生效裁判数。根据描述统计,1998 ~ 2017 年的上诉改判率、上诉发回率、再审改判率、再审发回率平均约为 0.0182、0.0094、0.0024、0.0007;2008 ~ 2017 年的上诉改判率、上诉发回率、再审改判率、再审发回率平均约为 0.0144、0.0083、0.0013、0.0006;2017 年,分别约为 0.0158、0.009、0.0009、0.0004(见图 2)。由是观之,这 20 年,全国法院上诉改判率、上诉发回率、再审改判率、再审发回率呈下降趋势,其中再审改判率呈明显下降趋势。据此,总体来看,全国法院办案质量明显提高、司法公正信用程度明显增强。

那么我们究竟如何科学设立再审改判率的考核计算标准呢?兹以行政再审改判率、刑事再审改判率、民商事再审改判率分别作为自变量,世界银行中国法治指数作为因变量,分别创建一元线性回归模型。根据模型检验结果,刑事再审改判率与司法公正之间不存在显著性相关,而行政再审改判率($p=0.006$)、民商事再审改判率(0.002)与司法公正存在显著性负相关,即行政再审改判率、民商事再审改判率越高,司法公正信用度就越低。鉴于此,法院在将再审改判率作为负向评价指标时宜将刑事再审改判率排除于外,而仅将行政再审改判率、民商事再审改判率纳入其中。那么将刑事再审案件排除于办案质量考核指标之外究竟是否科学合理呢?我国已有研究表明,对刑事司法公正具有影响的因素包括刑事司法机关依法独立行使职权、刑事司法廉洁及刑事司法效率等。① 前述三方面因素除因司法廉洁问题导致案件改判需由承办法官负责之外,其余两个因素则不能完全归于办案法官。因此,将刑事再审案件的改判率排除于考核指标之外亦有其合理根据。

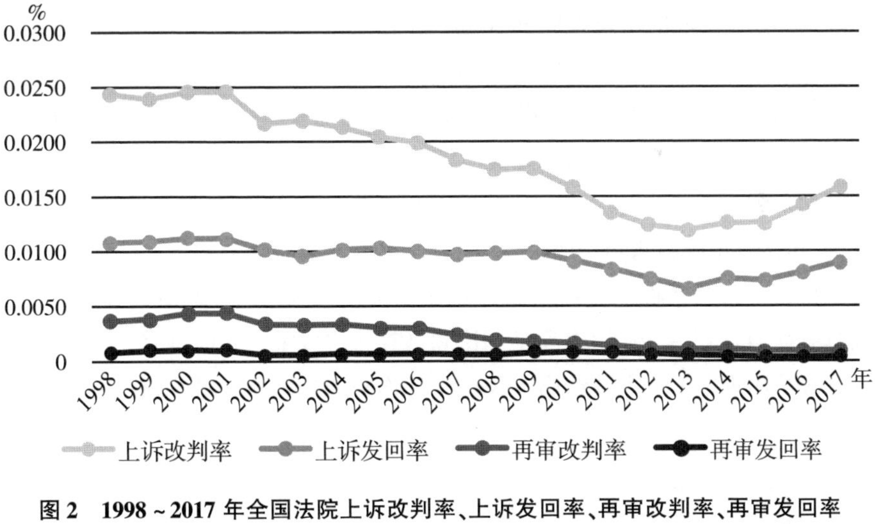

图 2　1998 ~ 2017 年全国法院上诉改判率、上诉发回率、再审改判率、再审发回率

根据行政再审改判率一元回归方程,在排除其他因素影响下,行政再审改

① 曾赟:《中国刑事法治指数的创制研究》,载《山东大学学报(哲学社会科学版)》2021 年第 1 期。

判率每增加1个单位,则司法公正信用程度相应下降0.141个单位。根据民商事再审改判率一元回归方程,在排除其他因素影响下,民商事再审改判率每增加1个单位,则司法公正信用程度相应下降0.107个单位。基于前述,有关行政再审改判率、民商事再审改判率指标的考核标准可作如下设定:首先,采用极值法将1996~2017年再审改判率绝对数换算为相对数,即标准值,从而使数值均处于0~1,且保留两位小数。① 其次,以全国法院上年度行政再审改判率、民商事再审改判率为基数,确定指标的基准分。最后,依法回归方程,行政再审改判率、民商事再审改判率每增加1个百分单位,则相应从基础分值中扣除0.141、0.107个百分单位。需要说明的是,据此方法,指标基准分的取值范围也需转换为0~1。当然,在经过如此转换之后,在计入总分时仍应将其换算为0~100。综上所述,即可客观算出办案质量指标的分值。当然,如果行政再审改判率、民商事再审改判率每减少1个百分单位,则依据前述算法相应增加指标得分。

三、司法效果信用建设的路径选择

司法之所以具有信用、值得公众信任和信赖,是因为司法具有良好的效果;显然,一种没有效果的司法是无所谓信用的。那么何为司法效果?学界主要有两种观点:一种观点认为,司法效果仅意指司法的法律效果;另一种观点认为,司法效果既意指司法的法律效果,也意指司法的社会效果。法律形式主义坚持司法只具有法律效果,而法律现实主义则主张司法除具有法律效果外,尚具有社会效果。② 在我国,坚持司法除具有法律效果之外尚具有社会效果的主张较早出现在1983年《最高人民法院工作报告》中。③ 自此以后,主张司法

---

① 极值法转换函数为:$x' = (x - min)/(max - min)$。参见马立平:《统计数据标准化——无量纲化方法——现代统计分析方法的学与用(三)》,载《北京统计》2000年第3期。

② 有学者认为,实现法律效果与社会效果的统一需要用真正的法律现实主义思维去权衡"法与社会"。参见王德玲:《法律现实主义思想再检视》,载《政法论丛》2019年第2期。

③ 审判工作同时也是"政治思想工作",不仅要"严格依法办事",更要"走群众路线",凡是群众工作做得好,审判的"社会效果"就好。参见江华:《最高人民法院工作报告》,载《人民日报》1983年6月26日。

的法律效果和社会效果的有机统一遂成为我国司法理论的主流观点。[①] 从2011年最高人民法院《质量评估意见》创设的10个审判效果指标方面分析,[②] 法院对司法效果的追求坚持以法律效果为主,兼顾社会效果。2016年最高人民法院出台《绩效考核意见》后,全国各法院基本上依循这一路径来设定办案效果的考核内容。但是从指标设计的具体个数看,各法院在创设办案效果指标时比较简单,仅将上诉率、调撤率、实际执行率、信访投诉率等指标设定为考核的主要内容;显然,前3个指标是对司法的法律效果的考核评价,后一个指标是对司法的社会效果的考核评价。当然,也有法院在此基础上新增了个别指标,如庭审直播率之类。那么我国法院有关办案效果的考核实践有助于建构一种法律效果和社会效果兼得的有信用的司法吗?如果答案是否定的,那么有效实现的路径是什么呢?兹采用前述相同方法,通过统计分析结论来客观回答。

(一)司法的法律效果和社会效果双重目标能否同时实现的检验

因1992年前的《中国法律年鉴》在统计来信来访件次时未将告诉与申诉两种类型加以区分,故我们以1993~2017年的相关数据为基础数据,计算行政上诉率、刑事上诉率、民商事上诉率、申诉率、民商事一审调解率。上诉率计算方法为:上诉收案数÷一审(判决+驳回起诉+不予受理+管辖异议)结案数;申诉率的计算方法为:申诉数÷结案数(一审、二审、再审)。采用前文相同方法,以1993~2017年行政上诉率、刑事上诉率、民商事上诉率、申诉率、民商事一审调解率5项数据为观测变量(次级指标),创建司法效果探索性因素分析模型。经检验,KMO值为0.423,说明不适合进行探索性因素分析,且方差分析表中特征值大于1的公共因子有2个,说明题项无法归类。据此,需要对模型中的数据进行处理。在删除"刑事上诉率"观测变量后,模型的KMO值为0.709,解释的总方差为72.909%,特征值大于1的因子有1个。据此,司法效

---

① 最高人民法院原院长李国光指出,法官裁判案件,追求法律效果与社会效果的统一。参见李国光:《坚持办案的法律效果与社会效果相统一》,载《党建研究》1999年第12期。最高人民法院原院长肖扬主张审判的法律效果和社会效果的有机统一,并认为法官的判决必须考虑社会稳定、经济发展问题,而不应为了追求一个法律价值而不顾其他的社会价值。参见肖扬:《中国司法:挑战与改革》,载《人民司法》2005年第1期。

② 2011年最高人民法院《质量评估意见》所创设的10个审判效果指标:一审服判息诉率;调解率;撤诉率;实际执行率;执行标的到位率;裁判自动履行率;调解案件申请执行率;再审审查率;信访投诉率;公众满意度。

果可由前述4个指标来测量计算,也就是说,司法效果的考核内容可以依据前述4个方面指标来创设。

经采用前文相同方法,计算得出行政上诉率、民商事上诉率、民商事一审调解率、申诉率4个指标的权重为:-0.23、-0.24、0.26、0.27。基于此,行政上诉率、民商事上诉率与司法效果呈负向关系,即行政上诉率、民商事上诉率越高,则司法效果越差;民商事一审调解率、申诉率与司法效果呈正向关系,即民商事一审调解率、申诉率越高,则司法效果越好。从计算结果出发,所得出的行政上诉率、民商事上诉率、民商事一审调解率与司法效果之间关系的结论,既符合司法理论逻辑,也符合司法实践对司法效果考核的路径标准;但是,申诉率与司法效果之间关系的结论不仅违反理论逻辑,而且也与法官办案效果考核的实践路径相背离。

为进一步测量司法效果与上诉率、申诉率之间的关系,我们试图移除民商事一审调解率观测变量,仅考察行政上诉率、民商事上诉率、申诉率与司法效果之间的关系。据此,将前述3个指标作为观测变量,采用前文相同方法,创建探索性因素分析模型。模型KMO值为0.604,解释的总方差为73.62%,特征值大于1的因子1个。据此,司法效果可通过前述3个指标来测量计算。经采前文关于权重计算的相同方法,得出行政上诉率、民商事上诉率、申诉率指标的权重为:0.29、0.34、-0.36。据此,行政上诉率、民商事上诉率与司法效果呈正向关系,而申诉率与司法效果呈负向关系,此处所得出结论与前文所得出结论正好相反。

针对上述二律背反现象,我们提出上诉饱和法则来解释。显然,上诉率指标是针对司法的法律效果的测量,申诉率指标是对司法的社会效果的测量。基于一种线性思维,法官绩效考核如果以追求司法的法律效果为目的,那么实践中上诉率则必然随之降低;相反,如果以追求司法的社会效果为目的,则实践中申诉率将随之降低。但是,司法实践中总有与之相适应的上诉率,不会多也不会少,这样一种状态就称为上诉饱和状态。质言之,如果社会中的上诉率突然下降,那么社会中的人们必定寻求申诉之类的救济途径来解决争端。所以,随着上诉率的下降,申诉率则随之上升;随着申诉率的下降,上诉率则随之上升。当然,对于这一结论正确与否,我们还可以通过回归方程模型来检验。兹以申诉率为因变量,行政上诉率、民商事上诉率为自变量,创建二元回归模型。经检验,回归模型的 R^2 为0.699,方差分析表中的 $p=0.000$(<0.05),

F=24.334,因此模型中的2个自变量与因变量之间的线性关系显著,前者可据以解释后者。根据回归系数表,行政上诉率($p=0.035$)、民商事一审上诉率($p=0.000$)与申诉率存在显著相关性;前者的回归系数为-0.32,后者为-0.571,说明他们均与申诉率存在显著性负相关。据此,前述结论得到进一步证明。

综合上述,经检验,司法的法律效果与社会效果无法同时实现。因此,各法院在创设办案效果考核内容时将上诉率、申诉率均设定为负向指标,此不仅违背司法的基本规律,也不符合人类思维的基本理性。这是因为根据目前全国各法院有关办案效果指标内容的设计,实践中当法官以追求司法的法律效果为目的,从而偏向于上诉率的计算时,则上诉率会随之降低,但申诉率会随之上升;反之,亦然。

(二)司法效果信用建设的对策路径

根据前文结论,法官绩效考核办法在创设办案效果指标时将上诉率、申诉率指标均设定为负向指标是有问题的。也就是说,根据计算结果,如果上诉率指标为负,则申诉率指标为正;反之,亦然。那么我们究竟如何科学设定办案效果的绩效考核指标,从而既不违背理性的计算法则,又能促成信用良好的司法效果目的之实现呢?我们认为,对于法官办案效果的考核内容,宜只创设民商事一审调解率指标即可。理由有:

一是民商事一审调解率越高,则司法的法律效果越好。其一,根据我国《民事诉讼法》规定,民事案件调解结案的,当事人只能申请再审,因此随着民商事一审调解率的增加,民商事上诉率将随之减少。根据回归模型,民商事一审调解率($p=0.008$)与民商事上诉率二者间呈显著性负相关(回归系数为-0.734)。根据描述统计(见图3),1988~2017年,全国法院民商事一审调解结案率总体呈明显下降趋势;民商事上诉率总体呈缓慢上升趋势。需要说明的是,自2011年始,民商事一审上诉率呈逐年下降趋势,但其总体上升趋势并未根本改变。由是观之,1988~2017年的变化趋势亦说明民商事一审调解率与民商事上诉率二者之间存在反向关系。其二,根据本研究提出的上诉饱和法则,一定时期内总有与之相应的上诉率,故而在适度的上诉率范围内,民商事一审调解率趋高(权重为0.26),则司法效果趋好。如前所述,调解率的趋高会引起上诉率的趋低,因此民商事一审调解率的趋高将引起司法的法律效果趋好。

二是民商事一审调解率趋高,则司法的社会效果亦趋好。众所周知,包括法院调解在内的调解制度一直被国际社会誉为东方之花。这朵东方之花早在马锡五审判方式诞生之时就已绽放。当然,奠定调解制度作为中国特色社会主义司法制度的里程碑事件是 1954 年《人民调解委员会暂行组织通则》的颁行。此后,虽历经波折,司法调解制度几近解体,但其在化解矛盾纠纷方面依然独具特色。随着 1982 年《民事诉讼法》的实施,这朵东方之花又一次盛开。根据描述统计,1988 ~ 1997 年全国法院民商事一审调解结案数平均约占一审结案数的 61% ;2008 ~ 2017 年民商事一审调解率平均亦达到 34% ;2017 年,降至 25% ,为 30 年中最低,但仍占据民商事一审结案数的 1/4 以上。由是观之,调解结案依然是法院办结民商事一审案件的重要形式。如图 3 所示,1993 ~ 2016 年,全国申诉率呈逐年明显下降趋势,至 2011 年,申诉率保持平稳,大致维持在 0. 1% 。据此,在民商事一审调解率维持在当下水平时,申诉率则处以低水平,故说明司法的社会效果趋好。

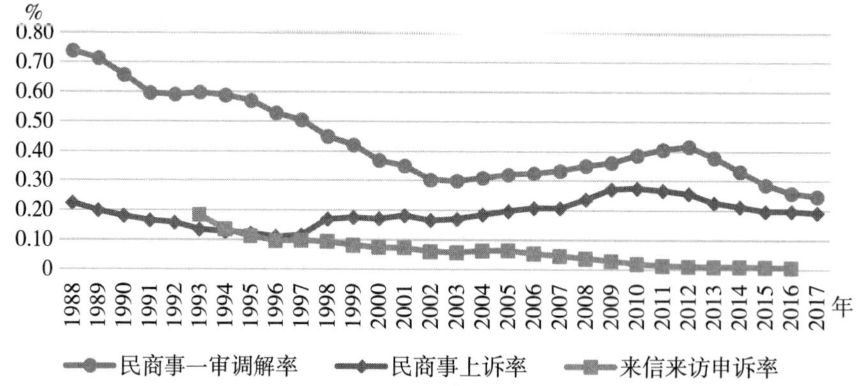

图 3 1988 ~ 2017 年全国法院民商事一审调解率、上诉率与申诉率

四、结语

司法实践中一些习以为常的经验需要经过实证检验之后,才能确定它的正确性和客观性。因为经验在本质上具有个体性,个体的经验判断只有经过形式规则的综合才具有普遍性和有效性。从经验出发,上诉率、申诉率与司法效果间似乎存在负向关系,即上诉率、申诉率越高,则司法效果越差;反之亦然。然而通过实证检验,我们可以发现上诉率、申诉率无法同时与司法效果呈显著性负相关。无论采用何种检验方法,根据测得的结论,当上诉率与司法效果呈负相关时,申诉率与司法效果则呈正相关;而当申诉率与司法效果呈负相关时,上诉率与司法效果则呈正相关。从司法运行的基本规律出发,一定时期内社会中总有与之相适应的再次诉求法院裁判的总量:当上诉率突然增加时,申诉率必然随之减少;而当申诉率突然增加时,上诉率必然随之减少。据此,将上诉率、申诉率同时设定为负向指标的办案质量绩效考核办法不仅违背了理性的计算法则,也背离了司法的基本规律。同样地,将上诉改判率、上诉发回率、再审改判率、再审发回率均设定为负向指标的办案质量绩效考核标准亦经不起实证科学的检验。经检验,只有再审改判率与司法公正存在显著性负相关,其余则与司法公正不存在显著相关性。

总的来说,从有效实现法官绩效考核终极目标,即建立起一种有信用的司法角度考察,全国各法院法官绩效考核办法有着诸多待完善之处。具体来说,虽然办案数量绩效考核办法的有效性得到证明,但指标的分值配置所依据的仍然是主观的经验。根据对司法效率信用度的测量结论,本研究客观确定了据以计算司法效率信用程度的 6 个指标——行政、刑事、民商事案件审结比和行政、刑事、民商事案件一审审结率的权重。根据对司法公正信用度的计量结论,行政再审改判率、民商事再审改判率与司法公正呈显著性负相关,故而办案质量绩效考核标准可以据此确定。根据对司法效果信用度的测量结论,办案效果绩效考核宜摈弃现行路径,可仅以民商事一审调解率作为计算标准。根据本研究结论,当前及今后一段时期内我国信用司法建设的重点是司法效率信用建设,各法院宜将办案数量的考核置于法官绩效考核的核心地位。

当然,囿于数据资料的有限性和理性思维的局限性,文中结论仍需要接受大数据分析的进一步检验。例如,由于《中国法律年鉴》中缺失有关审限的统计数据,故而本研究未将审限列为办案效率的测量指标。为弥补这一缺陷,于此,我们仅从中国裁判文书网随机抽取 1000 件一审刑事案件(共同犯罪案件仅取其中 1 个被告),以统计分析案件的审理期限状况,并据以计算审限指数。经数据清理后,共回收有效样本 956 个。具体的统计与计算方法为:首先,抽取裁判文书前部中"提起公诉时间"和尾部中"落款时间";其次,用后者减去前者,计算得到案件的审理期限(天数);最后,根据《刑事诉讼法》关于案件审理期限的规定,设计审限指标(变量)的 6 个水平:(1)≤15 天(速裁程序);

(2)≤20天(简易程序);(3)≤60天;(4)≤90天;(5)≤180天;(6)>180天。根据描述统计,前述6个水平分别约占样本总体的比例为:24.2%、7.6%、22.8%、16.0%、13.8%、15.6%。根据《刑事诉讼法》第208条第1款,按照公诉案件的审理应当在2个月内宣判的规定,超审限的案件占样本总体的45.4%;按照至迟不得超过3个月的规定,超审限的案件占样本总体的29.4%;按照6个月审限的规定,超审限的案件占样本总体的15.6%。据此,我国刑事案件超审限问题依然比较严重。为计算审限指数,首先,我们按照极值法转换函数公式将审限指标的6个水平转为0~1,具体为:(1)转换为1,(2)转换为0.8,依此类推;然后采用算术平均法计算审限指数;经计算,审限指数为0.53。基于此,各法院可按照全国法院的审限指数确定审限指标的基准数,然后按照各法院上年度的审限指数确定审限指标的加数或减数。由是观之,审限指标的计算比较复杂:其一,需要对法院年度审结的每一个案件进行统计;其二,指数计算方法比较复杂。也正基于这一考量,本研究才未将审限列入办案效率考核指标范围内。

认罪认罚量刑从宽实效研究

——基于故意伤害罪轻罪的数据解读*

甘　叠　刘　念　王　芳**

内容摘要：认罪认罚从宽幅度是关系制度定位的根本问题。分析 17.7161 万份故意伤害罪致人轻伤刑事初审判决发现：认罪认罚对轻罪量刑的作用接近量刑情节“坦白”；认罪认罚制度实施后，传统从宽量刑情节的作用并未发生明显变化。我国认罪认罚从宽制度司法实践回应了公正优先的司法改革导向；但相较传统从宽量刑情节，轻罪领域认罪认罚从宽司法实践较为保守，倾向于在“底线”游走。今后可以考虑适当加大轻罪认罪认罚从宽幅度，也可通过提高缓刑适用兑现“从宽”的制度承诺，在更高层次上实现公正与效率的统一。在具体方法上，构建非线性量刑模型，利用递推最小二乘算法估计特征影响和可能变化，并利用估计误差的概率不等式和数值试验检验有限数据估计的可靠性。

关键词：认罪认罚　轻罪　量刑从宽实效　递推最小二乘算法(RLS)

---

* 感谢中国科学院院士郭雷教授对本研究模型与算法深入全面的指导。感谢中国司法大数据研究院为研究提供的数据支持。

** 甘叠，中国科学院数学与系统科学研究院博士研究生；刘念，中国科学院数学与系统科学研究院博士研究生；王芳，山东大学数据科学研究院（山东系统与计算法学研究中心）教授。

一、问题的提出

认罪认罚制度是我国刑事司法制度的创新性尝试。2016年9月,北京、上海、天津等18个地区开展认罪认罚从宽制度实施的试点工作。2018年10月,认罪认罚从宽制度写入《刑事诉讼法》,正式成为一项刑事诉讼制度。根据中国裁判文书网公开数据,自认罪认罚制度开展试点至2021年4月,适用认罪认罚从宽制度的刑事初审案件已经超过23.6万件,诉讼效率大大提高,息讼率大大提高。[①] 但同时,作为一项新制度,认罪认罚的适用还存在一些争议。其中,认罪认罚量刑从宽幅度的把握,以及其与其他从宽量刑情节的适用竞合问题比较突出。笔者访谈了最高人民法院相关部门有关同志,以及山东省J市、Y市、W市等三地市基层法院刑事审判法官。访谈发现,在司法实践中,不同的案件、不同的办案人员对从宽幅度掌握不一致,特别是对于认罪认罚与其他从宽情节同时适用的情况下如何掌握从宽幅度,不少办案人员存在困惑。

事实上,认罪认罚的从宽幅度问题涉及认罪认罚从宽制度的定位、公正与效率的价值选择,以及《刑法》与《刑事诉讼法》的衔接等一系列根本性问题,[②]也潜在地成为法检之间刑罚权冲突的引爆点。[③] 为此,2021年7月"两高"发布新版《关于常见犯罪的量刑指导意见(试行)》(以下简称《量刑指导意见》),给出了被告认罪认罚量刑从宽的区间。这是进一步明确认罪认罚从宽制度定位的关键一步,但对法官来说,具体从宽幅度的把握仍有相当大的

---

① 根据2020年10月15日最高人民检察院检察长张军在第十三届全国人大常委会第二十二次会议上《最高人民检察院关于人民检察院适用认罪认罚从宽制度情况的报告》,检察机关适用该制度办理的案件,起诉到法院后适用速裁程序审理的占27.6%;适用简易程序审理的占49.4%;适用普通程序审理的占23%,比2018年下降20个百分点。适用认罪认罚办理的案件,一审后被告人上诉率为3.9%,低于其他刑事案件11.5个百分点。

② 参见陈卫东:《认罪认罚理论问题再探讨》,载《环球法律评论》2020年第2期;陈实:《论认罪认罚案件量刑从宽的刑事一体化实现》,载《法学家》2021年第6期;刘泊宁:《认罪认罚从宽制度中司法承诺之考察》,载《法学》2020年第12期。

③ 参见龙宗智:《完善认罪认罚从宽制度的关键是控辩平衡》,载《环球法律评论》2020年第2期;陈明辉:《认罪认罚从宽制度中法检权利的冲突与协调》,载《法学》2021年第11期;韩轶:《认罪认罚案件中的控审冲突及其调和》,载《法商研究》2021年第2期。

裁量空间。首先,认罪认罚是一项刑事诉讼制度,而不是《刑法》法定量刑情节。那么,法官该如何定位认罪认罚的性质?其次,根据《刑事诉讼法》和“两高三部”共同出台的《关于适用认罪认罚从宽制度的指导意见》(以下简称《指导意见》),认罪认罚的从宽不是“应当”,而是“可以”。那么法官该如何把握具体的适用尺度?更为重要的是,认罪认罚与传统的从宽量刑情节之间不可避免地存在交集,在《指导意见》规定的“不重复评价”或综合评价的标准下,认罪认罚从宽制度是否真的具有实体的从宽意义?

为回答上述问题,我们有必要总结司法经验,从中发现认罪认罚从宽制度定位与司法定位的契合度,以司法实践反哺制度完善。本文将研究重点聚焦于认罪认罚对量刑的实体从宽问题,构建高度模拟司法实践的非线性量刑模型,利用递推最小二乘算法(RLS)研究认罪认罚对有期徒刑量刑的实际作用,解读我国认罪认罚从宽司法实践,为认罪认罚从宽制度进一步完善提供参考。

二、相关概念的厘清

(一)认罪认罚从宽的实体效力定位

认罪认罚的“从宽”作用主要表现在实体侧面的量刑从宽和程序侧面的从宽处理两个方面。关于何为“从宽”,有实体性与程序性、监禁刑与非监禁刑、从宽处理与从宽处罚等诸多研究视角,也已有论文对此进行了广泛的探讨。[①] 本文重点关注的是实体法层面的量刑从宽问题。

关于认罪认罚在实体法上的定位及其对量刑的影响效力的理解,一直存在争议。比如,在认罪认罚仍作为一项刑事诉讼制度存在的前提下,“从宽”与《刑法》中的从轻、减轻是否具有同等含义;认罪认罚是否应当作为独立的量刑情节存在。[②] 对此,2021 年 7 月实施的新版《量刑指导意见》起到了一定

① 参见陈瑞华:《认罪认罚从宽改革的理论反思——基于刑事速裁运行经验的考察》,载《当代法学》2016 年第 4 期;赵恒:《论从宽的正当性基础》,载《政治与法律》2017 年第 11 期;周新:《论从宽的幅度》,载《法学杂志》2018 年第 1 期。

② 参见樊崇义:《认罪认罚从宽协商程序的独立地位与保障机制》,载《国家检查官学院学报》2018 年第 1 期;熊秋红:《认罪认罚从宽的理论审视与制度完善》,载《法学》2016 年第 10 期。

的厘清作用。在新版《量刑指导意见》中,认罪认罚作为"常见量刑情节"之十四,"当庭自愿认罪"作为之八,与自首、坦白、赔偿谅解、刑事和解等传统量刑情节并列出现;而且就其对基准刑的减少作用给出了具体幅度。如对于被告人认罪认罚的,综合考虑犯罪的性质、罪行的轻重、认罪认罚的阶段、程度、价值、悔罪表现等情况,可以减少基准刑的30%以下;具有自首、重大坦白、退赃退赔、赔偿谅解、刑事和解等情节的,可以减少基准刑的60%以下,犯罪较轻的,可以减少基准刑的60%以上或者依法免除处罚。从司法量刑层面来看,《量刑指导意见》是刑法与刑诉法在司法实践中的统一。上述规定实际上给出了认罪认罚这一刑事诉讼制度在刑法实体层面的适用指南,也在某种程度上肯定了认罪认罚对于量刑的独立价值。

因此,本文站在司法实务的角度,将认罪认罚视为独立的量刑情节。这一定位并不妨碍将认罪认罚与自首、坦白等量刑情节综合考量。事实上,所有量刑情节都需要与其他相关因素综合考量进而给出宣告刑。关于这一点,我们将在后文"模型建构"部分详细阐述。

(二)认罪认罚实体从宽的考量要素

根据《刑事诉讼法》和《指导意见》,认罪认罚从宽制度考量的要素包括认罪、认罚,以及量刑影响因素三个部分。其中,"认罪"是指犯罪嫌疑人、被告人自愿如实供述自己的罪行,对指控的犯罪事实没有异议。"认罚"是指犯罪嫌疑人、被告人真诚悔罪,愿意接受处罚,考察的重点是犯罪嫌疑人、被告人的悔罪态度和悔罪表现,应当结合退赃退赔、赔偿损失、赔礼道歉、财产刑执行情况等因素考量。① 从定义来看,"认罪"与自首、坦白、当庭自愿认罪等情节在构成上存在重叠,"认罚"则与退赃退赔、赔偿损失、赔礼道歉、缴纳财产刑保证金等悔罪表现存在重叠。整体来看,又与刑事和解、取得被害人谅解等密切相关。

"量刑影响因素"具体包括:(1)社会危害性因素。如对初犯、偶犯、过失犯或者未成年犯等社会危害不大的要素,从宽幅度可以大一些;罪行较重、人身危险性较大的,以及累犯、再犯,从宽幅度应当从严把握。② (2)诉讼阶段。例如,山东省规定,犯罪嫌疑人、被告人自侦查阶段始终认罪认罚的,从宽幅

① 参见"两高三部"《关于适用认罪认罚从宽制度的指导意见》第6条、第7条。

② 参见"两高三部"《关于适用认罪认罚从宽制度的指导意见》第9条。

度比自审查起诉阶段认罪认罚的可以增加5%以下。[①] 但笔者通过查阅判决书发现，除山东省外，其他地区判决书一般不对诉讼阶段作明确说明，较为普遍的做法是区分“认罪认罚”与“当庭自愿认罪”。(3)查明案件事实的价值和意义。(4)悔罪态度。这两方面因素与坦白、自首、和解、谅解、积极赔偿等方面因素密切相关。(5)罪行严重程度。其与具体犯罪的犯罪构成密切相关。

总体来看，认罪认罚从宽所考量的要素似乎并没有明显超出传统量刑影响因素范围。这也是理论界及司法实务界感到困惑的主要原因。那么，认罪认罚的独立价值究竟表现在哪里？

结合上述“认罪认罚从宽实体效力定位”的理解，笔者认为，认罪认罚从宽制度的价值不能脱离其程序法本源。认罪认罚从宽制度作为一项刑事诉讼制度，其目的在于通过兑现“从宽”的制度承诺，提高诉讼效率，在更高层次上实现公正与效率的统一。[②] 刑事诉讼制度作为量刑情节，认罪认罚并非唯一。自2013年起若干版的《量刑指导意见》中，刑事和解等刑事诉讼制度都被列为“常见量刑情节”。因此，我们不能脱离诉讼效率的价值去理解认罪认罚。在这一意义上，认罪认罚从宽的独立价值体现在其对实体法与程序法的勾连效力中。换言之，是程序价值的实体呈现。

上述两个概念的厘清对本文的研究具有重要意义，构成了本文研究的前提：认罪认罚是具有独立影响的量刑情节。基于此，可将认罪认罚作为独立特征在量刑模型中进行参数估计。

三、样本数据与特征设置

（一）样本数据

本研究数据源于最高人民法院司法大数据研究院。样本时间为2011年1月至2021年3月。考虑到故意伤害罪为常见犯罪，并且认罪认罚适用占比

---

① 参见山东省高级人民法院、山东省人民检察院、山东省公安厅、山东省国家安全厅、山东省司法厅《关于适用认罪认罚从宽制度办理刑事案件的实施细则（试行）》第40条。

② 2016年8月，最高人民法院院长周强代表“两高”向全国人大常委会就试点授权决定草案作说明时提出这一目标。

较高(23.25%),笔者选择故意伤害罪初审判决作为研究样本。为减少文本结构化过程中的误差,提高数据准确性,笔者排除了关联多被告、数罪的判决文书,选取了涉及有期徒刑的判决,共计 21.5488 万份。其中,致人轻伤案件的数量为 17.7161 万,致人重伤案件的数量为 3.2943 万,致人死亡案件的数量为 5384。由于认罪认罚主要分布在致人轻伤的判决中,本文便以致人轻伤判决为样本,其中认罪认罚的判决数量为 6574。样本年度分布见表 1。

表 1　样本年度分布

判决时间/年	判决数/件
2011	490
2012	1333
2013	5669
2014	24,510
2015	26,940
2016	26,642
2017	36,869
2018	25,242
2019	23,038
2020	15,511
2021	917

(二)特征(要素)提取

笔者在特征提取过程中,充分考虑了前述认罪认罚从宽制度的构成要素,并根据故意伤害罪犯罪构成、量刑制度等法定知识以及相关实证研究文献,在判决文书中提取了 61 个相关特征。笔者根据具体特征的分布情况,删除了分布过分稀疏的特征(频次少于 200);再根据样本(致人轻伤案件)特点,删除了非致人轻伤案件特征(如重伤人数等);最后形成涉及实体性与程序性情节的 8 个法定特征、11 个酌定特征,4 个非法定特征。法定特征包括:轻微伤人数、轻伤人数、75 岁以上、主犯、从犯、累犯、自首、坦白等。酌定特征包括:认罪认罚、当庭自愿认罪、和解、谅解、积极赔偿、抢救被害人和挽回损失、前科、初犯偶犯、互殴、被害人过错、民间矛盾等。其他特征包括:缓刑、附带民事诉讼、地域(省份)、是否有辩护人等。其中,笔者关注的特征为:认罪认罚、当庭自愿认罪、自首、坦白、和解、谅解、积极赔偿。

四、思路方法

对于量刑幅度的量化研究已有系列探索。如白建军利用所得结果距具有该罪法定刑(有期徒刑)下线的远近来判断量刑从宽幅度与从严幅度的大小。① 王剑波等利用 SW 检验、KW 检验的方法对刑期的平均值或比例初步的描述性分析,并建立回归模型解读量刑地区差异。② 张永健等使用结构方程模型,控制内生性问题,发现随着原告要求损害赔偿的增加,法官赔偿判给更多。③ 章桦采用 Ordinal 有序回归构建模型,探索贪污数额和严重情节之间、司法解释规定情节和未规定情节之间的关系。④ 彭雅丽依托计量分析模型评估量刑指导意见运行效果。⑤ 吴雨豪通过"准随机的试验"最大化匹配对照组与处理组量刑情节,研究认罪认罚的从宽裁量模式,得出了"混合模式"的结论。⑥

值得指出,刑事司法审判具有空间上的一致性和时间上的关联性。首先,《刑法》《量刑指导意见》在全国范围内具有一致的法定指导作用,各省在量刑上虽然可能存在地域差别,但差别不能超出法定范畴。其次,类案推送系统在全国范围的适用,以及最高人民法院批量指导案例与典型案例的发布,对全国司法审判均有显著的引导作用。因此,笔者将全国裁判文书按判决时间排序并进行相关分析是合理的。基于此,笔者尝试利用递推最小二乘算法

---

① 参见白建军:《刑法规律与量刑实践:刑法现象的大样本考察》,北京大学出版社 2011 年版,第 233 页。

② 参见王剑波:《我国受贿罪量刑地区差异问题实证研究》,载《中国法学》2016 年第 4 期。

③ Y. -c. Chang et. al. , *Pain and Suffering Damages in Personal Injury Cases: An Empirical Study*, Journal of Empirical Legal Studies, Vol. 14:199, p. 199 – 237(2017).

④ 参见章桦:《贪污罪"数额与情节"关系实证研究——基于全国 18392 例量刑裁判》,载《法学》2020 年第 6 期。

⑤ 参见彭雅丽:《量刑指导意见的司法实践与重构——盗窃罪为切入点》,载《法学研究》2021 年第 4 期。

⑥ 参见吴雨豪:《认罪认罚"从宽"裁量模式实证研究——基于部分城市醉酒型危险驾驶罪的定量研究》,载《中外法学》2020 年第 5 期。

(Recursive Least Squares,RLS)估计认罪认罚及相关制度对量刑的实际影响和可能变化。这一算法有两个特点。第一,不需要独立同分布先验假设,更加适合司法判决这一类社会数据的基本性质;第二,可以观察主要特征随时间的变化趋势。

(一)构建模型

根据《刑法》《量刑指导意见》相关规定,量刑过程如下:在定性分析的基础上,结合定量分析,依次确定量刑起点、基准刑和宣告刑。量刑起点应根据基本犯罪构成事实在相应的法定刑幅度内确定;再根据其他影响犯罪构成的犯罪数额、犯罪次数、犯罪后果的犯罪事实,在量刑起点的基础上增加刑罚量确定基准刑;最后根据量刑情节调节基准刑,并综合考虑全案情况,依法确定宣告刑。

就本研究样本故意伤害罪而言,有期徒刑的量刑起点区间分别为2年以下(致人轻伤),3~5年(致人重伤),10~13年(特别残忍手段)。① 笔者在山东省两地市以及上海市某基层法院刑事审判庭调研发现,法官一般在相应的量刑幅度内的前1/3处确定量刑起点。因此,在构建模型时,笔者将量刑起点选定在相应量刑幅度的前1/3。具体的量刑逻辑过程如图1所示。

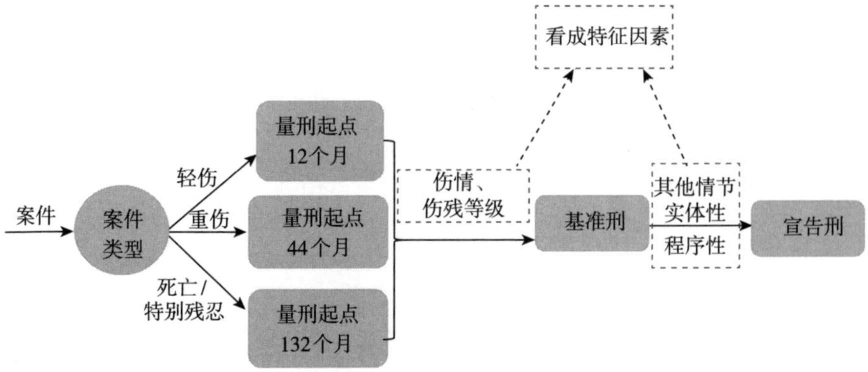

图1 量刑逻辑过程

① 《量刑指导意见》规定,故意伤害罪可以根据下列不同情形在相应的幅度内确定量刑起点:(1)故意伤害致一人轻伤的,可以在二年以下有期徒刑、拘役幅度内确定量刑起点。(2)故意伤害致一人重伤的,可以在三年至五年有期徒刑幅度内确定量刑起点。(3)以特别残忍手段故意伤害致一人重伤,造成六级严重残疾的,可以在十年至十三年有期徒刑幅度内确定量刑起点。

基于图 1 的量刑逻辑过程，笔者建立以下非线性回归模型：①

$$y_t = \underbrace{\left(\underset{a}{\text{量刑起点}} + bx_t^1 + cx_t^2 + dx_t^3\right)}_{\text{基准刑}} \underbrace{(1 + \phi_t^T \vartheta)}_{\text{量刑情节因素的影响}} + e + w_t$$

笔者根据判决时间将所有样本按照先后顺序进行排序。其中，y_t 表示第 t 个案件的有期徒刑刑期（单位：月）；a 表示量刑起点（单位：月）；x_t^1、x_t^2、x_t^3 分别表示第 t 个案件中额外的重伤、轻伤、轻微伤人数；b、c、d 分别表示每多造成一个重伤，轻伤，轻微伤所增加的刑期；φ_t 表示所选取的量刑特征构成的回归向量；ϑ 表示量刑特征所对应的百分比向量；e 表示偏置项，代表其他可能未考虑到的量刑因素；w_t 表示可能存在的噪声。$(\cdot)^T$ 表示向量转置符号。

为了对上述非线性量刑模型进行分析，需要对该模型进行等价转换。引入新的回归向量φ_t 如下：

$$\varphi_t = (1, x_t^1, x_t^2, x_t^3, a\varphi_t^T, x_t^1\varphi_t^T, x_t^2\varphi_t^T, x_t^3\varphi_t^T)T$$

相应地，定义如下未知参数向量：

$$\theta = (e, b, c, d, \vartheta^T, b\vartheta^T, c\vartheta^T, d\vartheta^T)^T$$

则上述非线性量刑模型可以转换为如下形式上的“线性”参数模型：

$$y_t = \varphi_t^T\theta + a + w_t$$

（二）算法及估计精度的可靠性检验

本文希望基于案件文本特征和刑期等数据$\{\varphi_t, y_t\}$并利用递推最小二乘算法（RLS）来估计未知参数$\{e, b, c, d, \vartheta\}$，并观察主要特征随时间的变化趋势。

使用 RLS 算法不需要假定噪声满足传统的独立同分布假设，但需要假定噪声是鞅差列，且具有相同的方差。理论上可以证明，只要验证信息矩阵的最小特征值趋于无穷，即 $\lambda_{\min}\left(\sum_{k=1}^{t} \varphi_k \varphi T_k\right) \underset{t\to\infty}{\longrightarrow} \infty$，则 RLS 估计值可几乎处处收敛到真值。② 但是，对于有限数据而言，一般很难验证上述条件，为此我们需要建立有限数据下的理论结果和可靠性验证方法。

---

① 根据《刑法》与《量刑指导意见》相关规定，量刑模型应为饱和非线性模型。基于本文研究数据的特点（轻伤案件，多数样本期徒刑刑期不超过饱和函数上下界的数据），可以不考虑饱和非线性影响。

② T. L. Lai, H. Robbins and C. Z. Wei, *Strong Consistency of Least Squares Estimates in Multiple Regression* Ⅱ, Journal of Multivariate Analysis, Vol. 9:343, p. 343 – 361 (1979).

1. 利用 RLS 估计误差的概率不等式检验有限数据下估计的可靠性

$$Pr(\mid \hat{\theta}_t^{(i)} - \theta^{(i)} \mid < \delta_t^{(i)}) \geq 1 - \gamma^2$$

其中,$Pr(\cdot)$表示概率,$\hat{\theta}_t^{(i)}$ 表示第 t 个案件对应第 i 个分量的估计值,$\theta^{(i)}$ 为真实参数 θ 的第 i 个分量,$\delta_t^{(i)} \triangleq \frac{\sigma_w \sqrt{P_t^{(i)}}}{\gamma} + \mid e^{(i)} P_t P_0^{-1}(\theta - \theta_0) \mid$,$P_0$ 和 θ_0 是 RLS 的初值,$P_t^{(i)}$ 表示矩阵 $P_t = \left(P_0^{-1} + \sum_{k=1}^{t} \varphi_k \varphi_k^T\right)^{-1}$ 对角线上的第 i 个的元素。为简单起见,本文中取常数 $\gamma = \sqrt{0.1}$,则估计值误差小于 $\delta_t^{(i)}$ 的概率不小于 0.9。如果通过计算能够验证误差上界小于估计值绝对值,则可以得到一个具有很高可靠性的估计值范围。

注意到估计值误差上界 $\delta_t^{(i)}$ 表示估计值与真实值差的上界,因此我们需要综合观察估计值与估计值误差上界,才能确定量刑特征的实际作用。换言之,量刑特征实际作用的比重应当位于区间(估计值 $-\delta_t^{(i)}$,估计值 $+\delta_t^{(i)}$)内。利用表 2 提供的具体值可以对该区间进行计算。

表 2　量刑特征估计值及误差界(全国数据)

特征	估计值	估计值误差上界 $\delta_t^{(i)}$
特别残忍	1.5951***	0.1270
重伤人数	—	—
轻伤人数	5.0612***	0.6291
轻微伤人数	1.1782***	0.5039
自首	-0.1132***	0.0064
坦白	-0.0355***	0.0062
和解	-0.0247***	0.0062
谅解	-0.1899***	0.0073
积极赔偿	-0.0768***	0.0086
从犯	-0.1849***	0.0509
缓刑哑变量	0.0029	0.0071
当庭自愿认罪	0.0092***	0.0060

续表

特征	估计值	估计值误差上界 $\delta_t^{(i)}$
75 岁以上	-0.1067***	0.0374
认罪认罚	-0.0289***	0.0139
抢救被害人和挽回损失	0.0964***	0.0597
初犯、偶犯	0.0024	0.0140
是否有辩护人	-0.0167***	0.0102
被害人过错	-0.0292***	0.0097
累犯	0.2019***	0.0138
主犯	0.0480***	0.0424
前科	0.0532***	0.0183
互殴	-0.0194***	0.0115
附带民事诉讼	0.0954***	0.0123
民间矛盾	-0.0247***	0.0095

注:1. 笔者也对变量进行了 p 值检验,*** 表示 $p<0.01$,没有标注表示 $p>0.1$。
2. 特征估计值含义:偏置项以及重伤人数,轻伤人数,轻微伤人数的估计值指的是刑期(单位:月);其他量刑情节的估计值对应的是百分比。
3. 偏置项估计值较低(1.5951 个月)。这说明模型能够较好地逼近实际的量刑过程,特征选择也能够反映实际审判过程中的几乎所有主要量刑影响因素。

2. 利用数值实验检验估计值的可靠性

笔者任意取定实验值 $\bar{\theta}$,利用提取出来的案件文本特征φ_t,以及随机产生的噪声,生成案件对应的刑期 $\bar{y}_t$,再利用数据$\{\varphi_t,\bar{y}_t\}$得到 $\bar{\theta}$ 的 RLS 估计值。数值试验发现,估计值与实验值吻合(详见表 3)。说明用本文数据得到的估计值具有很强的一致性。

表 3 数值试验结果

特征	实验值	估计值
偏置项	1.2569	1.2897
轻伤人数	5.1889	5.1641

续表

特征	实验值	估计值
轻微伤人数	0.9017	1.0614
自首	-0.1078	-0.1087
坦白	-0.0355	-0.0359
和解	-0.2076	-0.2087
谅解	-0.2043	-0.2048
积极赔偿	-0.0925	-0.0937
从犯	-0.1721	-0.1422
缓刑哑变量	-0.0117	-0.0090
当庭自愿认罪	0.0375	0.0390
75岁以上	-0.1162	-0.1154
认罪认罚	-0.0155	-0.0102
抢救被害人和挽回损失	0.0974	0.1012
初犯、偶犯	0.0149	0.0132
退赃、退赔、追赃	0.0464	0.0461
是否有辩护人	0.0046	0.0052
被害人过错	-0.0303	-0.0310
累犯	0.1971	0.2007
主犯	0.1216	0.1325
前科	0.0226	0.0204
互殴	-0.0134	-0.0167
附带民事诉讼	0.0939	0.0960
民间矛盾	-0.0260	-0.0274

五、发现

在此基础上,对于我们关注的认罪认罚及其他从宽情节的适用,至少可以得到以下几个发现。

(一)相对其他从宽量刑情节,认罪认罚对有期徒刑量刑的作用较弱

1. 观察量刑特征估计值及误差界

根据以上模型与 RLS 算法,笔者得到全国轻伤模型的估计值与估计值误差上界(见表 2)。

由表 2 可以看出,"认罪认罚"在全国致人轻伤数据中估计值为 -2.89%,估计值误差上界为 1.39%,说明"认罪认罚"在全国致人轻伤数据的实际影响以 90% 的概率落在区间(-4.28%,-1.5%)。即对量刑从宽的作用为"减轻基准刑"的 1.5% 至 4.28%。相应地,当庭自愿认罪的实际影响区间为(1.52%,0.32%),自首为(-11.96%,-10.68%),坦白为(-4.17%,-2.93%),谅解为(-19.72%,-18.26%),积极赔偿为(-8.54%,-6.82%)。

对比上述特征实际影响的区间可以看出,认罪认罚对有期徒刑的量刑实际影响与坦白比较接近,但远低于自首、谅解、积极赔偿等从宽情节。当庭自愿认罪对量刑的影响微弱,作用可以忽略。

2. 观察排除缓刑影响后的量刑特征估计值与误差界

考虑到缓刑的适用是认罪认罚从宽的一个重要侧面。为观察缓刑是否影响了认罪认罚对有期徒刑从宽幅度的作用,笔者进一步排除了缓刑的判决,得到的样本数量为 73,822,其中认罪认罚的样本有 2732 份。分析结果如表 4 所示:

表 4 量刑特征估计值及误差界(排除缓刑的数据)

特征	估计值	估计值误差上界 $\delta_t^{(i)}$
特别残忍	2.4564	0.1900
重伤人数	—	—
轻伤人数	5.0704	0.8253
轻微伤人数	1.0720	0.6783
自首	-0.1352	0.0106
坦白	-0.0422	0.0100
和解	-0.0540	0.0140
谅解	-0.3342	0.0126

续表

特征	估计值	估计值误差上界 $\delta_t^{(i)}$
积极赔偿	-0.0741	0.0134
从犯	-0.2156	0.0682
缓刑哑变量	—	—
当庭自愿认罪	0.00460	0.0104
75岁以上	-0.1012	0.0492
认罪认罚	-0.0396	0.0240
抢救被害人和挽回损失	0.1098	0.0841
初犯、偶犯	0.0005	0.0140
是否有辩护人	-0.0418	0.0102
被害人过错	-0.0401	0.0097
累犯	0.2316	0.0138
主犯	0.0594	0.0424
前科	0.0623	0.0183
互殴	-0.0374	0.0115
附带民事诉讼	0.1210	0.0123
民间矛盾	-0.0307	0.0095

由表4可以看出,排除缓刑判决后,认罪认罚的作用区间为(-0.063,-0.015),即对基准刑的减轻作用为1.5%到6.3%。相较全样本,其实际作用的上界略有提高。但总体来看,仍与坦白情节的实际作用区间比较接近。

进一步考察缓刑适用率,可以发现样本中认罪认罚案件的缓刑适用率为58.43%;非认罪认罚案件的缓刑适用率为58.31%。缓刑适用率并无明显差异。

(二)认罪认罚制度实施后,传统从宽量刑情节作用并未发生明显变化

认罪认罚从宽制度2018年底正式实施。为观察认罪认罚制度的实施对传统量刑情节的影响,本文进一步给出了关注特征随时间的变化趋势(见图2)。

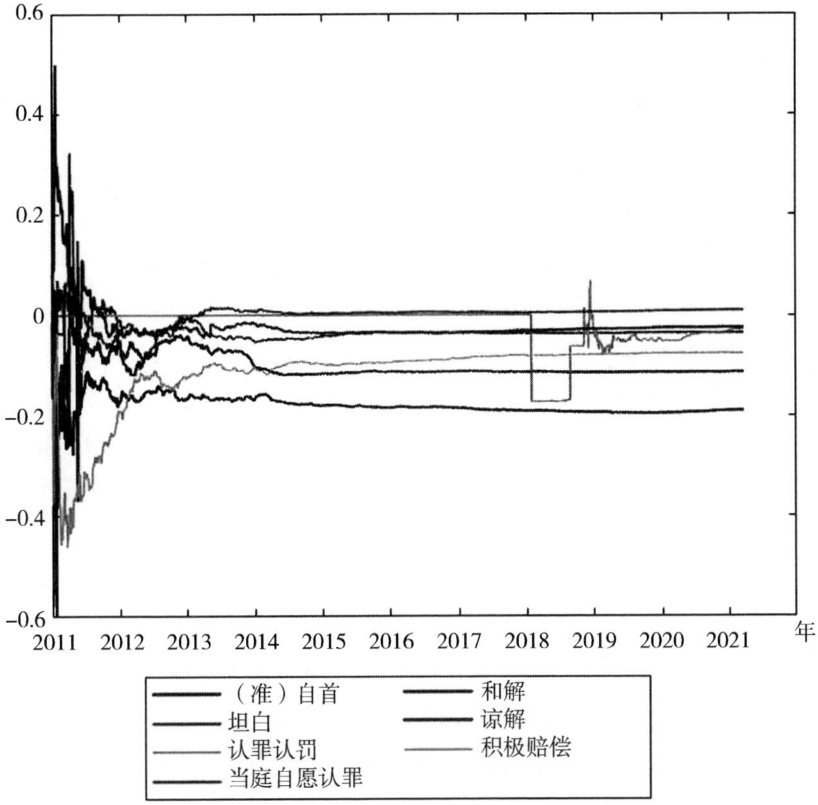

图 2　全国致人轻伤案件部分关注变量变化趋势（2011～2021 年）

注：基于 RLS 估计算法，前端数据数量小且对估计值的影响较大，导致估计值波动激烈，不具参考意义；随着数据量积累，估计值趋于平稳，此时估计值具有参考意义。

由图 2 可以看出，排除前端数据干扰后，自首、和解、谅解、积极赔偿等特征在 2013 年后表现基本稳定。2019 年及以后，除认罪认罚和当庭自愿认罪外，自首、坦白、和解、谅解、积极赔偿等传统的从宽量刑情节表现非常稳定，未出现异常波动。认罪认罚并未对其他传统从宽量刑情节的实际效力产生明显影响。

六、解读

（一）我国认罪认罚从宽制度司法实践回应了公正优先的司法改革导向

2016 年 8 月，最高人民法院院长周强代表“两高”向全国人大常委会就试点授权决定草案作说明时指出,要更好发挥认罪认罚从宽制度的功能作用,在更高层次上实现公正与效率相统一。围绕如何正确认识在更高层次上公正与效率的统一,最高人民法院副院长沈亮在2021年7月22日《人民法院报》撰文,①对认罪认罚从宽制度给予了深入阐释。文章提出,从制度定位上看,认罪认罚从宽的根本目的是落实宽严相济、促进司法公正,避免"坦白从宽、牢底坐穿,抗拒从严、回家过年"的错误导向。被告人只是通过认罪认罚争取从宽,而不是就定罪量刑进行讨价还价。文章进而基于上述定位提出,认罪认罚适用的重点是相对轻罪的案件及一些过失犯罪、未成年人犯罪案件,社会危害不大且案情明了,具备从宽条件的;对于严重危害国家安全、公共安全、严重影响人民群众安全感的案件,对于社会普遍关注、群众反映强烈的重大敏感案件,对于被告人主观恶性深、人身危险性大的案件,该重判的要坚决依法重判,决不能不加区分、简单一律从宽。

可以看出,在公正与效率如何实现更高层次的统一问题上,我国的选择是公正优先。这一点在《指导意见》中也得到了充分印证。《指导意见》开宗明义提出4条基本原则:宽严相济、罪责刑相适应、证据裁判、公检法配合制约;并强调对从宽的理解,是"一般应当从宽",但"不是一律从宽"。同时,就从宽幅度的把握,《指导意见》给定了认罪认罚实体从宽幅度的基本区间。② 具体来说,第一,认罪认罚应比坦白作用大,这就给定了认罪认罚从宽幅度的"底线"。第二,多从宽情节共存时,认罪认罚从宽应限定在法定刑幅度内。这就意味着认罪认罚的作用类似"从轻"情节,而弱于"减轻"情节。这就给定了认罪认罚从宽幅度的"上界"。第三,当自首、坦白与认罪认罚竞合时,择一评价。在新版《量刑指导意见》中,不重复评价的范围扩展至当庭自愿认罪、退赔退赃、赔偿谅解、刑事和解、羁押期间表现好等量刑情节。从上述从宽的区间来看,底线较低,上界不高,且各情节从宽效应不能叠加,表现出较为明显的避免过度从宽的"克制主义"的倾向。

从数据的分析结果来看,我国认罪认罚从宽制度的司法实践充分回应了

① 参见沈亮:《凝聚共识 推进认罪认罚从宽制度深入有效实施》,载《人民法院报》2021年7月22日,第5版。

② 《指导意见》关于"从宽的幅度"规定:认罪认罚的从宽幅度一般应当大于仅有坦白,或者虽认罪但不认罚的从宽幅度。对犯罪嫌疑人、被告人具有自首、坦白情节,同时认罪认罚的,应当在法定刑幅度内给予相对更大的从宽幅度;认罪认罚与自首、坦白不作重复评价。

这样一种公正优先的从宽“克制主义”倾向。

首先,认罪认罚在司法实践中发挥的作用更加接近量刑情节,而非量刑交易。综合来看,认罪认罚对有期徒刑量刑的影响并非无底线的“讨价还价”,其实际作用接近“坦白”,并且远低于“自首”“谅解”“积极赔偿”。一种可能的解释是,认罪认罚在司法实践中发挥着量刑情节的作用。具体来说,司法对认罪认罚作为量刑影响因素的定位或心理评价,更加接近坦白这一具体的量刑情节。

其次,以息讼为主要目标的赔偿谅解拥有比认罪认罚更高的评价权重。无论全样本还是分组样本,认罪认罚的影响力仍然远远低于赔偿谅解。一种可能的解释是,赔偿谅解对息讼有着重要意义,体现了恢复正义的价值。因此,相较着眼诉讼效率的认罪认罚,赔偿谅解在司法实践中拥有更高的评价权重。

同时,认罪认罚的作用可能部分地被其他从宽情节吸收,而非重复评价。由于参数估计是多因素共同作用的结果,某一参数的估计结果实际上是综合效应的局部体现。也就是说,认罪认罚特征的参数估计值,可以解释为认罪认罚在各种量刑情节的综合作用中发挥的具体效应。换言之,认罪认罚这一特征的表现必然受到其他情节的影响。具体到我们所观察到的认罪认罚实际影响较弱这一现象,一种可能的解释是,在司法实践中,认罪认罚的作用被其他从宽量刑情节(特别是自首、谅解、积极赔偿)吸收。

同时,本文进行了数据验证。排除了具有自首、坦白法定从宽量刑情节的判决后,剩余认罪认罚判决630件;进一步排除赔偿谅解、刑事和解等情节后,认罪认罚独立适用的案件仅剩余不足50件。因此,一个可能的推论是,认罪认罚与其他从宽量刑情节基本不存在重复评价。

(二)我国认罪认罚从宽制度司法实践相对保守

认罪认罚制度实施之初,各界对制度实施的担忧主要表现为两个方面:一方面是担心协商可能带来的过度从宽,“量刑时面对‘下不了手’的难办案件突破实体法的量刑限制”,因此特别强调刑法必须及时与认罪认罚从宽制度相衔接。① 另一方面是担心被追诉人认罪认罚却得不到适当、有效从宽处理,因此特别强调认罪认罚制度改革应致力于解决这方面的实践难题。② 从数据分析

① 参见周光权:《论刑法与认罪认罚从宽制度的衔接》,载《清华法学》2019年第3期。

② 参见左卫民:《认罪认罚何以从宽:误区与正解——反思效率优先的改革主张》,载《法学研究》2017年第3期。

来看,第一个方面的担忧已得到充分的重视和回应,但第二个方面的问题似乎仍有进一步关注的必要。

首先,认罪认罚对有期徒刑量刑的实际作用在“底线”游走。如前所述,《指导意见》关于“从宽的幅度”规定明确指出,认罪认罚的从宽幅度一般应当大于仅有坦白时的从宽幅度。这就给出了认罪认罚从宽幅度的“底线”。观察数据分析结果可以看出,认罪认罚的实际作用与“坦白”非常接近。因此,在司法实践中,认罪认罚对实体量刑从宽的适用基本是在“底线”游走,表现出相当保守的司法态度。

其次,认罪认罚制度的实施并没有明显地影响其他传统的从宽量刑因素的作用。由本文第四节发现二可以看出,认罪认罚制度实施后(2019 年及以后),其他从宽情节的参数表现依旧非常稳定,似乎认罪认罚制度的实施并没有明显影响其他从宽量刑情节的实际作用。事实上,认罪认罚从宽制度写入《刑事诉讼法》后,学界就其与《刑法》的衔接问题进行了深入的讨论。问题的核心在于,法定情节与酌定情节存在本质的不同,其权重和优先级存在明显差异。法官在具体适用时,也存在心理定位的差异。因此,在新版《量刑指导意见》出台之前,认罪认罚对其他传统从宽量刑情节的适用并未产生根本性的影响。如果我们将坦白、自首、和解、谅解等从宽量刑情节的适用视为传统的话,那么,综合上述现象则可以概括为:司法传统依然稳定,制度实践相对保守。司法仍习惯于优先适用传统从宽情节作出刑罚的裁量,对认罪认罚这一情节的适用谨慎且趋于保守。

七、结论

我国的认罪认罚从宽制度在设计上具有明显的公正优先的导向,强调从宽的“法定性”,必须以“事实清楚,证据确实充分”为基本前提。因此,有学者将这一模式定位为“职权主义”或“规范控制路径”,《指导意见》也表现出避免过度从宽的“克制主义”倾向。整体来看,我国认罪认罚从宽制度的司法实践充分回应了公正优先的司法改革导向。同时存在相对保守的司法克制主义倾向,也表达了对公正的坚守。

需要我们进一步思考的是,在公正优先的价值定位中,如何更好地发挥认罪认罚从宽的制度优势。根据最高人民检察院《关于人民检察院适用认罪认罚从宽制度情况的报告》解读,认罪认罚从宽制度实施的总体效果主要体现在息讼能力、司法效率、刑罚轻缓等方面。相较传统刑事实体法与程序法制度,认罪认罚从宽制度的优势更多地体现在通过实体与程序的从宽,提高息讼能力和司法效率。在这个意义上,从宽的兑现,将对认罪认罚的制度优势产生长远的影响。因此,我们需要更加慎重地对待认罪认罚的量刑从宽问题。

新版《量刑指导意见》对认罪认罚从宽的幅度给出了30%以下、60%以下、60%以上等指导性规定。客观地说,这一规定给出的从宽区间仍然较为宽泛。今后可以进一步加强对司法实践的引导:一方面,可以考虑在认罪认罚从宽制度适用的重点——轻罪领域,适当提高从宽的幅度。另一方面,也可以通过进一步提高缓刑的适用,兑现从宽处罚的制度承诺,在更高层次上实现公正与司法效率的统一。

分类递进：认罪认罚案件量刑建议精准化的梯度性模式探索

郝廷婷　蒋芝玉*

内容摘要：2018年10月，《刑事诉讼法》正式确立了认罪认罚从宽制度，其中关于“精准量刑”的理解、必要性以及可行性的讨论始终未形成一致观点。根据“两高三部”《关于适用认罪认罚从宽制度的指导意见》第33条之规定，办理认罪认罚案件，人民检察院一般应当提出确定刑量刑建议。在司法实践中，检察院将确定刑量刑建议理解为量刑建议的精准化。由此可见，法院和检察院就基于刑罚请求权的量刑建议权与定罪量刑权的审判权之间权力边界问题产生了争论。法院认为精准化的量刑建议在一定程度上侵犯了法院的独立审判权，检察院则认为如果不提出精准化的量刑建议，无法保障裁判结果的确定性，认罪认罚从宽制度中具结的价值将受到质疑。本文在实证研究的基础上，发现实践中量刑建议的规律，认为对认罪认罚案件不应笼统地要求精准刑或幅度刑量刑建议，量刑建议的确定性并不等同于精准性，应根据量刑建议由精准到幅度的具体程度进行分层递进的划分，分为精准刑、半精准刑、半幅度刑、幅度刑四个层次，然后根据案件类型特点，有针对性地提出确定的量刑建议。总体规则是，

* 郝廷婷，四川省成都市中级人民法院环资庭庭长、西南财经大学法学院博士研究生；蒋芝玉，四川省成都市中级人民法院研究室调研科副科长。

相对简单的、低刑期的案件,量刑建议应相对精准;相对复杂的、高刑期的案件,量刑建议应相对有幅度。

关键词:认罪认罚　精准量刑　梯度量刑

认罪认罚从宽制度是我国刑事诉讼制度改革的重要举措之一,自2018年该制度在全国范围内正式实施以来,人民检察院、人民法院结合工作实际,在刑事案件办理过程中积极探索实践经验,制度落实初见成效。《刑事诉讼法》第176条规定,犯罪嫌疑人认罪认罚的,人民检察院提起公诉时应当就主刑、附加刑、是否适用缓刑等提出量刑建议;"两高三部"《关于适用认罪认罚从宽制度的指导意见》(以下简称指导意见)明确要求检察院办理认罪认罚案件时,一般应当提出确定刑量刑建议,据此检察院提出"精准量刑"概念。在认罪认罚从宽制度运行、案件办理过程中,关于精准量刑的概念内涵、实践情况以及发展趋势,检察院、法院存在不同理解,精准量刑定义模糊、制度构建方向不明;为充分发挥量刑提升认罪认罚从宽制度运行实效的作用,以制度运行一年中C市基层法院认罪认罚从宽案件为样本,厘清认罪认罚从宽精准量刑实践态势、制度构建方向,并结合我国司法实践建立精准量刑梯度模式。

一、现状描绘:认罪认罚案件精准量刑的实践规律

以C市基层法院2018年10月~2019年9月审理的共计3076个适用认罪认罚从宽制度的案件为分析样本,结合同期全国认罪认罚从宽制度实践数据,经实证对比分析,可发现认罪认罚案件的量刑建议规律。

(一)量刑建议的精准性呈现多样化模式

司法实践中的量刑建议并不都是精准性的,完全的精准刑不到50%,根据地域不同、案件类型不同、刑种不同等而呈现多样化的模式。根据检察院对主刑和附加刑的量刑建议幅度,将量刑建议分为四个档次:主刑和附加刑均为准确数值的为精准刑;主刑为准确数值、附加刑为幅度数值或没有数值的为半精准刑;主刑为幅度数值,附加刑为准确数值的为半幅度刑;主刑是幅度数值、附加刑也是幅度数值或没有数值的为幅度刑。其中,精准刑和幅度

刑是主要方式,数量基本均衡,分别是1389件、1170件,占比分别为45.15%、38.03%。同时,认罪认罚案件中亦有约16%的半精准刑、半幅度刑。(见表1)

表1 C市基层检察院量刑建议及采纳情况统计

量刑建议	精准刑	半精准刑	幅度刑	半幅度刑	合计
件数/件	1389	434	1170	83	3076
采纳数/件	1265	341	1066	74	2746
采纳率/%	91.07	78.57	91.11	89.16	89.27

依提起公诉的检察院不同,量刑建议的模式相对固定。如表2所示,综观C市辖区21个区市县检察院的量刑建议,四种方式均用的占少数,仅有3家。大部分检察院都有其相对固定的一种模式,比如惯用精准刑的有9家检察院,惯用幅度刑的有5家检察院。在幅度刑中,量刑建议的幅度大小不均,幅度大者不仅跨刑种,具体幅度值也多达数个月;①幅度小者幅度值仅为15天。②

表2 C市基层检察院惯用量刑建议方式统计

单位:件

方式一 惯用精准刑	方式二 惯用幅度刑	方式三 精准刑+幅度刑	方式四 惯用半精准刑	方式五 四种方式均适用
9家检察院 GX 118 QY 65 WJ 14 SL 346 JY 194 PZ 118 JT 6 DY 178 PJ 14	5家检察院 WH 77 CH 281 PD 311 QL 34 CZ 186	3家检察院 JJ 37/29 XJ 21/43 QBJ 30/11	1家检察院 XD 183	3家检察院 JN 52/39/18/12 LQ 25/93/92/4 DJY 91/39/37/29

① 如"8个月以下有期徒刑或拘役,罚金4000~7000元"。

② 如"拘役1个月到1个月15天,罚金2000~3000元"。

（二）建议刑罚幅度以低刑期、低罚金为主

如表3所示，3076件案件共有被告人3203人。量刑建议中仅有11人被单处罚金刑，其余均被判处主刑，分别是管制、拘役和有期徒刑，占3203人被告人的比例分别是0.69%、55.88%、43.08%，被判处主刑的3192人中有2880人被并处罚金。缓刑适用率总体不高，为39.71%，但速裁程序总体缓刑适用率是简易程序的3倍。附加刑中，并处罚金占比较高，为89.92%。样本案件中99.64%量刑建议的主刑刑种为一种，仅有11件量刑建议包括两种主刑，比如建议判处“一年以下有期徒刑或拘役”。

表3　C市基层检察院量刑建议刑种统计

刑种		被告人数/人	占比/%
主要刑种	管制	22	0.69
	拘役	1790	55.88
	有期徒刑	1380	43.08
附加刑	单处罚金	11	0.34
	并处罚金	2880	89.92
缓刑		1272	39.71

样本案件中，刑期最短的仅为拘役1个月，刑期最长的为有期徒刑10年。主刑为拘役和有期徒刑的量刑建议中，精准刑平均刑期分别约为2个月、10个月，幅度刑平均约为1.8～3个月、13～16个月。罚金刑中，精准刑平均为3500元，幅度刑则为3500～6000元。同统计口径全国基层法院认罪认罚案件的平均刑期仅为7.19个月，[①]集中量刑区间为1个月，平均罚金6187元。由此可见，认罪认罚案件的刑罚以低刑期为主，拘役一般3个月以内，有期徒刑一般一年半以内。此外，适用速裁程序案件的刑期大大低于简易程序。拘役刑中，速裁程序与简易程序差别不大，平均刑期均为2个月左右；有期徒刑中，速裁程序平均刑期7个月，简易程序则为11个月；罚金刑中，速裁程序平均3600元，是简易程序7200元的1/2。综合计算，简易程序的刑期和罚金数额基本是速裁程序的1.5～2倍。

---

① 数据源于元典智库查询，查询时间2020年2月24日。

(三)近90%量刑建议被采纳,未采纳的以改轻为主

如表4所示,样本案件中,法院采纳量刑建议的有2746件,采纳率近90%。其中,LQ和QL两家检察院量刑建议采纳率最低,只有约50%,有4家法院采纳率为70%左右,有6家法院采纳率为100%。在未采纳量刑建议的案件中,法院在判决书中将量刑改轻的占多数,有238件,改重的为92件,改轻率超过70%。在未采纳量刑建议的共同犯罪案件中,并非全案改轻或改重,存在少量对同案犯有的改重、有的改轻的情形,也存在少量只对其中部分被告人改轻或改重的情形。就检察院量刑建议被调整的具体情形,大部分案件是对主刑的刑期进行调整,但也存在少量主刑不改、只改附加刑的情形,刑期不改、只改主刑刑种的情形,主刑附加刑均不改但增加适用缓刑的情形。大部分量刑建议未考虑被害人谅解问题。只有JY法院的3件案件在量刑建议时予以从宽的幅度性考虑,比如建议判处有期徒刑1年至1年3个月,若取得被害人谅解则建议判处有期徒刑10个月。大部分案件没有调整量刑建议,仅有JY法院的2件案件进行调整,均调重了量刑,犯罪嫌疑人先后签署了两份内容不同的认罪认罚具结书。

表4 C市基层法院采纳量刑建议情况

法院	采纳数/件	量刑建议数/件	采纳率/%
LQ	109	214	50.93
QL	20	35	57.14
XJ	47	69	68.11
QY	53	77	68.83
JJ	48	68	70.58
QBJ	31	43	72.09
JT	7	9	77.78
CZ	174	214	81.31
XD	191	232	82.33
GX	126	132	94.45
WH	99	112	88.39
JY	214	227	94.27
SL	334	346	96.53

续表

法院	采纳数/件	量刑建议数/件	采纳率/%
JN	118	121	97.52
PZ	116	118	98.31
CH	338	338	100.00
WJ	14	14	100.00
PD	318	318	100.00
DJY	196	196	100.00
DY	179	179	100.00
PJ	14	14	100.00
合计	2746	3076	89.27

(四)上诉率较低，撤诉率较高，量刑过重是主要理由

如表5所示，在样本案件中，共有43件上诉案件，上诉率仅为1.39%，低于同统计口径的全国基层法院3.62%的上诉率。而同统计口径不认罪认罚案件的上诉率则高达99.37%，①相较得知，认罪认罚案件的服判息诉率极高。上诉案件中，存在罚金过重、未适用缓刑、未认定自首情节、未准确认定犯罪情节、未准确认定犯罪数额、未区分共同犯罪中的地位等上诉理由，均指向量刑过重。上诉后在二审过程中又撤诉的案件，上诉理由则主要是笼统地提出量刑过重，不说明具体理由。而一审并处低数额罚金通常为2000～4000元，被告人也以无经济来源为由提出罚金过重。

表5　全国与C市基层法院适用认罪认罚从宽制度案件上诉抗诉情况

类别	上诉		撤诉		维持原判		改判		发回重审		抗诉		适用数
	数	率	数	率	数	率	数	率	数	率	数	率	
C市基层	43	1.39%	22	51.16%	15	34.88%	4	9.30%	2	4.65%	6	13.95%	3076
全国基层	2948	3.62%	1636[16]	55.50%	1198[17]	40.64%	92[18]	3.12%	22[19]	0.75%	132[20]	0.16%	81470[14]

① 数据源于元典智库查询计算。2018年10月1日～2019年9月30日，全国基层法院没有适用认罪认罚从宽制度的刑事案件数为696,532件，全国基层法院不认罪认罚案件上诉数为692,165件，查询时间2020年2月17日。

二、争议问题:认罪认罚案件量刑建议权与审判权的关系

(一)量刑建议精准化引发审判权让渡质疑

"指导意见"第33条第2款规定人民检察院应当提出确定的量刑建议。实践中称为精准量刑建议。但何为确定,"指导意见"并未详细说明,实践中存在多种理解:一是明确主刑刑种、附加刑刑种以及是否适用缓刑,同时明确主刑刑期、附加刑的具体内容;二是明确主刑刑种、附加刑刑种以及是否适用缓刑,无须明确具体刑期或具体内容;三是明确主刑刑种、刑期,附加刑刑种以及是否适用缓刑,可视情况决定是否建议附加刑具体内容。由此精准刑之外还存在半精准刑、幅度刑、半幅度刑等情况。无论是样本案件还是全国各地实践,四种量刑建议均存在。《刑事诉讼法》第201条第1款对量刑建议的采纳作了规定,第2款则明确了量刑建议的调整;虽然是否采纳量刑建议仍需人民法院依法审理后作出裁判决定,但基本确立了"原则采纳,例外调整"的原则,各省、市人民检察院亦提出了精准量刑建议的要求。由于量刑建议是求刑权,实践中存在"确定刑期量刑基本排除了法院量刑的自由裁量空间,审判中的量刑权变成确认权,求刑权变成裁决权"的质疑,理论界亦对量刑建议精准化及其决定性效力持有异议。访谈中,不少法官表示除幅度较大的量刑建议外,虽然采纳了建议,但判决结果与其自由心证得出的结果存在差异,法官行使裁判权的尊荣感有一定损害,还存在偏离"审判中心主义"的担忧。

(二)量刑建议幅度过大或过小均触及制度难点

第一,幅度过小的量刑建议基本等同于精准量刑。部分检察院为体现量刑建议的"求刑权"属性,虽采取幅度量刑,但幅度非常小。第二,幅度过大的量刑建议则难以体现制度价值。样本案件中,采取幅度量刑建议的,其幅度大多在2~6个月之间,有的则超过6个月或1年,还有的跨刑种。当前认罪认罚案件有期徒刑平均刑期在一年半以内,幅度过大的量刑建议基本无法发挥其价值:犯罪嫌疑人难以对可能面临的刑罚作出相对准确的预期(可能朝着有利于自己的方向理解),从而产生错误认识,这显然不符合自愿性、真实性和明智性的要求;而审判阶段法院也要重新对相关情节进行实质审理,与提升司法效率、高效审结认罪认罚案件的制度目的不符。

（三）精准或幅度量刑建议与采纳率并没有显著相关性

座谈情况反映，当案件事实清楚，证据确实、充分，且不具备《刑事诉讼法》规定的禁止采纳的五种法定情形时，即使量刑建议与法官自由心证拟判决的量刑存在一定出入，法官在审理阶段均根据“一般应当采纳量刑建议”的规定，通过判决认可了检察院的量刑建议，这与近90%的高采纳率相吻合。从一般逻辑讲，精准量刑比幅度量刑建议采纳率更高，然而在未采纳量刑建议的330件案件中，并非只是对精准刑（含半精准刑）未予采纳，有1/3的案件是幅度刑（含半幅度刑）未被采纳。在样本案件中，精准刑、半精准刑、幅度刑、半幅度刑的采纳率分别是91.07%、78.57%、91.11%、89.16%，由此可见，半精准刑的采纳率最低，其余三种量刑建议的采纳率差别不大。如果分精准与幅度大类看，幅度刑的采纳率并不明显高于精准刑。

（四）量刑建议不适当导致技术性上诉率较高

认罪认罚案件总体上诉率低、改发率低。从上抗诉案件来看，首先，被告人提起上诉的理由主要是量刑刑期过重或要求适用缓刑。部分被告人虽然签署了认罪认罚具结书，但是为拖延审理时间、达到留所服刑的目的，以量刑过重为由提起上诉，此种上诉行为被称为“技术性上诉”。由于上诉的真实目的并非一审裁判不公正、量刑过重，因此“技术性上诉”被告人一旦在二审审理期间达到留所目的，便要求撤回上诉。所以样本案件和全国情况来看，被告人撤回上诉率都很高，达到40%以上。其次，极少数案件中，检察院在被告人上诉的同时提起抗诉，抗诉理由主要是量刑过轻。

三、症结溯源：认罪认罚案件量刑建议问题的产生原因

（一）制度缺失：对量刑建议的规定过于笼统

2020年11月，“两高三部”《关于规范量刑程序若干问题的意见》第5条确定了人民检察院的量刑建议权。认罪认罚从宽制度确立后，检察院针对认罪认罚案件与不认罪认罚案件的量刑建议，既有共性又存在差异。共性在于在两类案件中的量刑建议性质均为“求刑权”，差异在于认罪认罚案件中的量刑建议具有一定的法律效力，经过犯罪嫌疑人签署具结书同意的量刑建议，除法定情形外，法院一般应当采纳。不认罪认罚案件中的量刑建议则不具有这样

的法律效力。人民检察院在认罪认罚案件中量刑建议权扩大,相应的权力监督也存在一定缺位。无论是确立认罪认罚从宽制度的刑事诉讼法还是司法解释等其他规范性文件,规定均不具体,仅有"人民检察院应当就主刑、附加刑、是否适用缓刑等提出量刑建议"的原则性规定。而法院、检察院对量刑建议有不同意见,法院通过制度试点一般认为量刑建议应当以"幅度刑为原则,确定刑为例外",而人民检察院则倡导精准量刑建议理念,法院与检察院的理解产生冲突。

(二)缺乏共识:法检对量刑建议精准化存在不同理解

各地检察院、法院就量刑建议的采纳或调整、量刑建议的精准或幅度均未达成共识。从检察院角度来看,样本案件中提出量刑建议的模式包含精准刑、半精准刑、幅度刑和半幅度刑,而这四种定义系课题组对样本案件的归纳总结,作出相应量刑建议的检察院对其建议类型具有不同观点,即在检察院内部,精准刑、幅度刑定义不明确,在最高人民检察院提出量刑建议精准化的顶层设计下,检察官在实践操作中仍出现了跨主刑刑种或大幅度量刑建议。访谈中,检察官们表示,精准量刑建议在实践中工作量大且价值不大,与精准量刑初衷不符。从检察院与法院衔接的角度来看,双方关于量刑建议的标准、类型倾向总体上未达成共识,检察院提出量刑建议的规则与法院作出判决的思路存在差异且暂未建立畅通、有效的协商或沟通机制。

(三)规制不足:对技术性上诉缺乏制约方法

以"留所服刑"为真实目的的技术性上诉居多。《刑事诉讼法》第264条规定,判决时被告人剩余刑期在三个月以下的,由看守所代为执行。当前司法实践中适用认罪认罚从宽制度的多为刑期在三年以下的轻罪案件,制度适用一年以来,全国基层法院认罪认罚案件的平均刑期大大低于法律规定的三年,仅为7.11个月;[①]若犯罪嫌疑人在公安机关侦查阶段被羁押,进入审查起诉、审理阶段时,很大一部分被告人的未服刑刑期在3个月至4个月之间。由于监狱环境比不上看守所,且被告人到监狱服刑需按规定进行劳动改造,因此相比之下,被告人更愿意在看守所服刑。部分被告人为规避在监狱服刑,在一审判决后采取上诉的方式故意拖延诉讼终结时间,使人民法院在作出二审判决时,其剩余刑期在3个月以内,或在上诉后剩余刑期低于3个月时,撤回上诉,从而拖

① 数据源于元典智库:关键词"刑事""具结书""2018年10月1日至2019年9月30日""基层人民法院",对78,408件案件的量刑分析。

延时间。数据显示，全国基层法院3800件上诉案件中，以“量刑过重”为上诉理由的有943件，二审法院经审理后92.36%案件被维持原判，即90%的上诉案件没有上诉必要性。技术性上诉引发检察机关技术性抗诉。刑事诉讼中被告人享有法定上诉权，且根据刑事诉讼“上诉不加刑”原则，适用认罪认罚从宽制度的案件即使上诉也不得增加被告人的刑罚，被告人以量刑过重为由的上诉行为从表面上看否认了其与检察机关达成的合意，且检察机关从宽的量刑建议不再具有适用条件，为了纠正错误，检察机关往往通过抗诉为二审法院避开“上诉不加刑”的限制。

（四）机制不畅：被告人反悔权机制未建立

“指导意见”第51条、第52条、第53条针对决定不起诉后、起诉前、审判阶段三个阶段规定了犯罪嫌疑人、被告人认罪认罚的反悔问题，样本案件中还未出现在法院判决前犯罪嫌疑人、被告人反悔的案例。但一审判决后被告人以量刑过重或不服为由提起的上诉，是否可以认为是对上一阶段认罪认罚的反悔与否认，“指导意见”没有规定，由此产生两种超出制度预期的后果：第一，被告人为规避认罪认罚又反悔带来的不利法律后果，往往待一审法院判决后再评估所受刑罚是否符合其心理预期，一般在没有判处缓刑、同案犯刑罚区分不明显的情况下提起上诉。由于缺乏相关法律规定，同时受上诉不加刑原则限制，被告人通过认罪认罚获得的量刑“从宽”不会因上诉而排除，在检察院不抗诉的情况下，很难对被告人的此类上诉行为予以规制，二审法院对此的处理结果也不统一。第二，如果检察院不抗诉，那么认罪认罚后的上诉对被告人而言并没有什么不利法律后果，相反，被告人还可以随时随意行使撤诉权，很容易通过耗费司法资源实现其“留所服刑”的目的。检察院则以同时提起抗诉的方式规制被告人前述行为，反而增加了司法资源在简单案件上的无端耗费。由此可见，认罪认罚后被告人上诉与反悔权的关系不明确，是被告人轻易即可利用认罪认罚从宽制度提起“技术性上诉”的一个重要原因。

四、发展进路：认罪认罚案件量刑建议分类递进模式

认罪认罚案件精准量刑分类递进模式的构建，首先应明确定义量刑建议类型，达成量刑建议确定化共识。其次要明确定义精准刑、半精准刑、幅度刑、

半幅度刑。在前述共识基础上,建立规范化、类型化、确定化的梯度精准量刑模式。

(一)建立量刑建议分类、分层提出机制

考察样本案件,结合与检察官、法官的座谈意见:首先,认罪认罚案件不宜全部适用精准的量刑建议,应分情形分种类提出梯度量刑建议。其次,应明确定义精准刑、半精准刑、幅度刑、半幅度刑,对量刑建议的四种分类均明确主刑刑种,并根据主刑刑期是否确定划分精准与幅度,根据附加刑和缓刑的确定程度划分精准与半精准,幅度与半幅度;这样的划分方式与多样化实践模式和办案检察官、法官的预期吻合,在主刑刑种层面保障犯罪嫌疑人或被告人认罪认罚过程中对将要承担刑事责任的基本预期,与检察院“确定的量刑建议”意图大致相符,也将避免跨刑种量刑建议和幅度过大的量刑建议。(见表6)

表6　四种量刑建议模式

建议类型	量刑建议内容						示例(以有期徒刑为例)
	主刑		附加刑		缓刑		
	刑种	刑期	种类	内容	是否适用	刑期	
精准刑	确定	确定	确定	确定	确定	确定	有期徒刑5个月,缓刑6个月,罚金3000元
半精准刑	确定	确定	确定	—	确定	—	有期徒刑5个月,缓刑6~8个月,罚金3000~5000元
幅度刑	确定	—	确定	—	—	—	有期徒刑5~8个月,缓刑6~8个月,罚金3000~5000元
半幅度刑	确定	—	确定	确定	确定	—	有期徒刑5~8个月,缓刑6个月,罚金3000元

针对危险驾驶罪案件,可适用半精准刑建议,由检察院根据犯罪事实和量刑情节作出确定建议,同时根据个案的认罪认罚进程决定是否适用罚金等附加刑。对于危险驾驶罪以外的其他案件,以幅度刑为主要量刑建议模式,检察院根据犯罪事实、量刑情节、被害人谅解情况和认罪认罚情况,提出科学的主刑刑种和幅度刑期建议,对于能够明确财产损失或人身损害赔偿金额的案件,可适用半幅度刑即在提出幅度主刑建议的同时提出确定的罚金。在前述以确定主刑为前提,分类适用量刑建议的总体框架下,可考虑以省为单位,由省高院、省检察院结合本地实际,对适用认罪认罚从宽制度的案件,制定类似域外

“量刑指南”的量刑细则,明确“从宽”幅度,保证“同案同判”,至少实现省内量刑建议的科学性和一致性。

(二)建立量刑建议类案检索机制

2017年最高人民法院《司法责任制实施意见(试行)》明确要求法官审理案件应全面检索类案和关联案并制作检索报告。类案检索本质上是为法官配备最佳智能“办案助手”,通过个案与类案的偏离预警,运用综合价值判断以摆脱法律形式逻辑禁锢,实现个案公平正义的过程。类案检索的内容包含量刑,即以人工智能为手段,通过数学模型或模拟算法,构造提取情节信息,使用数学模型来描述数据的特征和规律,从而计算最合适的数据,根据规则从情节中推导出量刑结果。

司法实践中,QBJ区人民检察院为确保量刑建议尺度统一,建立了量刑建议类案检索机制,此机制包括两个方面和三个层次的类案检索。两个方面是指人民检察院对类案的量刑建议和人民法院对类案的量刑结果。三个层次是指S省外区县检察院对类案的量刑建议和基层法院对类案的量刑结果,S省内C市以外区县检察院对类案的量刑建议和基层法院对类案量刑结果,C市内其他区县检察院对类案的量刑建议和基层法院对类案量刑结果。QBJ区检察院的量刑建议类案检索机制从制度设计上考虑了类案量刑建议一致的全国性,在缺乏全国范围内认罪认罚案件统一量刑规范指导的情况下,基本确保了QBJ区检察院提出的量刑建议,与全国、本省或者本市类案建议的一致性,同时因一并检索了类案的量刑结果,因此QBJ区检察院量刑建议采纳率也较高。

因此可逐步建立全国范围的量刑建议数据库,由最高检推动,在各省建立量刑建议数据库,由省检察院牵头制定本省认罪认罚案件量刑建议涉及的检索点位,配合信息化手段,自动在案件系统中关联类案,实现省内认罪认罚案件量刑建议尺度的一致。在各省数据库运行成熟后,由最高检将各省量刑建议数据库合并,汇总检索点位,在办案系统中自动关联全国范围内的类案,并关联中国裁判文书网中案件量刑结果,为检察官办理认罪认罚案件时提出精准量刑建议提供科学参考,最大限度地统一全国范围内认罪认罚案件量刑建议尺度,提高量刑建议的合理性和采纳率,保障犯罪嫌疑人、被告人在“认罚”时的刑罚可预期性,增强其自愿性、明智性,最终保障认罪认罚从宽制度的公正性。

(三)建立被害人量刑建议参与权保障机制

认罪认罚从宽制度系我国“以审判为中心的诉讼制度改革”的重要举措,

制度设立天然地呈现对诉讼效率以及资源优化配置的价值取向。制度运行一年中,在程序繁简分流、提升诉讼效率、优化职权配置等方面具有突出作用,而对被害人作为诉讼参与人权利的保障,实践效果不佳。根据前文可知,在当前法律规定以及制度规范下,认罪认罚案件中,提出、确定、决定是否采纳量刑建议的过程中被害人对量刑的意见不具备“必不可少性”,即被害人可以不参与此过程,即使被害人及其亲属对量刑建议或量刑结果存在异议,也暂时缺乏科学、系统化、具有一定强制回应性的表达意见的机制或渠道,因此从制度保障设计角度来看,可通过设置反向机制,即增加被害人及其亲属在量刑建议中的量刑建议权,强化被告人反悔过错、补偿被害人经济损失和精神损害的原动力。

量刑建议权、审判权的行使除了具备普遍的价值观外,还需要专业法律职业培养,因此被害人及其亲属对量刑建议及量刑结果影响比例不宜过高,否则司法公正以及司法公信力将会受到影响。被害人量刑建议权保障机制主要是为了保障被害人的物质和精神损失得到赔偿,因此结合被告人是否对被害人积极赔偿、是否获得被害人(或被害人亲属)谅解的情况,设置一定比例的量刑建议幅度(如5%),对于这5%的量刑幅度,按照“积极赔偿+被害人谅解”>“未赔偿+被害人谅解”>“积极赔偿+被害人不谅解”>“未赔偿+被害人不谅解”的梯度,量刑的从宽幅度应当呈递减趋势,以此充分保障被害人参与诉讼的权利,积极促使犯罪嫌疑人、被告人对被害人的物质、精神赔偿。

(四)建立被告人上诉权、反悔权双重保障机制

虽然被告人“技术性上诉”浪费了司法资源、降低了司法效率,但不能为了提高效率而限制被告人上诉权。被告人自愿、明智的情形下,签署具结书即表明与检察院就“定罪量刑”达成“合意”,对自己可能受到的刑罚已有合理预期。签署认罪认罚具结书后,法院判决采纳量刑建议的,被告人仍以量刑过重提起上诉,表明其对自己之前可能受到刑罚的合理预期进行了反悔,应将这种上诉行为认定为被告人行使了反悔权。换言之,“技术性上诉”属于一种反悔行为。检察院在因“技术性上诉”提起的“技术性抗诉”中,也认为是被告人违反了之前认罪认罚的承诺。虽然“指导意见”没有明确将一审判决宣告后被告人的上诉行为纳入反悔权之中,但从“指导意见”第52条、第53条规定的内容看,被告人反悔的法律后果是具结书失效、排除认罪认罚因素、依法裁判。因此,应将反悔权的适用阶段扩大到一审判决后、裁判生效前的上诉和二审阶段。二审法院审理中,应认可被告人反悔所产生的法律后果,同时仍应坚持上诉不加刑原则,按普通程序依法审查,根据案件事实、量刑情节依法维持原判或改判,若依法应当加重原判刑罚,应视为有新的犯罪事实,应当发回重审。在二审审理过程中,被告人申请撤回上诉的,应严格审查是否符合最高人民法院《关于适用中华人民共和国刑事诉讼法的解释》第383条有关撤诉的规定;若法院认为不符合有关撤诉规定,应不予准许,继续按照上诉案件审理。

法官充分行使释明权促使被追诉人理性处分自己权利。"为确保被追诉人权利处分的明知、自愿以及决策的理性化,必须充分满足被追诉人的知情权,让其尽可能获知与自己利益相关的各种信息。鉴于公权力主体与被追诉人之间存在较大的实力差距与资讯落差,保障被追诉人知情权的基本策略是课以公权力主体相应的告知义务。"①就告知义务的实现途径而言,检察官、法官均可以通过行使释明权告知被追诉人有哪些权利可以自主处分,自主处分的法律后果等,从而帮助被追诉人作出理性选择。除目前已经做的送达或宣读权利义务告知书、介绍认罪认罚从宽制度以外,重点应释明法律后果和相应的法律程序,包括自愿同意被指控的所有犯罪事实和相关罪名,愿意接受量刑建议的刑罚,签署具结书的法律效力,认罪认罚后从宽的幅度,反悔权的行使和法律后果,选择各种诉讼程序所带来的法律效益等。

五、结语

认罪认罚案件精准量刑在检察院的大力推动下取得显著成效,但系统性、科学性的精细化认罪认罚案件量刑制度尚未建立,构建认罪认罚从宽制度梯度式精准量刑制度是经过制度试点阶段、全面实施阶段后,认罪认罚从宽制度发展的既定趋势,也是司法实践中存在问题反射出的现实需求,对于刑事诉讼制度的程序分流体系的建立,真正做到平衡刑事诉讼追求公正与效率之间的关系具有重要意义。认罪认罚从宽制度梯度式精准量刑制度的建立,还存在较长的探索时间,需要更多的案件数据信息支撑,需要国家层面对公检法提出科学、规范、原则的指导规范,更需要公检法司法律共同体协同一致、共商共建。

① 郭松:《被追诉人的权利处分:基础规范与制度构建》,载《法学研究》2019年第1期。

对话实务

信息化时代我国警务公开的探索、困境与突围

——基于中国警务透明度指数的实证分析

王小梅*

内容摘要：在我国，警务公开兼具政务公开和司法公开双重属性，在民生、法治、司法、诚信、治理等维度上具备特殊价值。警务公开是深化警务改革的重要方面，对于规范公安执法、增强警务公信力、提升民众的安全感和获得感、优化营商环境，提升国家治理水平具有重要意义。为梳理和总结信息化时代中国警务公开成效，聚焦深层次的瓶颈问题，促进信息公开和国家治理制度的完善，2017年至2020年，中国社会科学院国家法治指数研究中心、法学研究所法治指数创新工程项目组（以下简称"项目组"）研发并不断优化中国警务透明度指标体系，以网站为视角，连续对27个省、自治区人民政府所在地的市级公安机关和4个直辖市的公安机关以及大连、青岛、宁波、厦门、深圳等5个计划单列市的公安机关的警务透明度进行年度评估。评估结果显示，公安机关职能架构公开到位，人事财务信息公开均有突破，法治政府建设报告公开良好，警民互动渠道畅通反馈及时，部分公安"微服务"功能强大。中国警务公开也存在宣传色彩浓厚、栏目设置不合理、过度采集个人信息、平台分散、警察权利义务公开不

* 王小梅，中国社会科学院法学研究所副研究员。

足、对信息公开的理解过于狭隘以及信息处理与公开范围不一致等方面的问题。未来,应从需求导向、信息化、文书公开、确立并公开保密标准等几个方面完善警务公开机制。

关键词:警务透明度　指数评估　执法公开　大数据

一、警务公开的逻辑与法理

"透明"是现代法治的一个重要维度,也是监督公权力规范、廉洁运行的内在要求。我国的信息公开工作虽然起步较晚,但是由于甫一开始就处于信息技术高度发达和互联网应用普及的时代,因而具有后发优势,信息公开的广度、信息获取的便捷度以及信息供需双方的交互性借助互联网平台得以指数级放大。随着 2008 年《政府信息公开条例》的实施,尤其是互联网信息技术的发展和国家大数据战略的确立,与信息技术高度融合的政务公开,无论是广度还是深度都迈上了新台阶,完成了从单向公开到双向互动、由电子政务向智慧政务的飞跃。

在政务公开的发展进程中,警务公开①最先推广至全国,1999 年公安部印发《关于在全国公安机关普遍实行警务公开制度的通知》(公通字〔1999〕43 号),在全国范围内部署警务公开。在电子政务建设中,公安机关也是信息化投入力度最大、发展最为迅速的部门,信息化不断拓展警务公开范围、创新公开方式,全方位提升警务透明度。公安机关作为户政、出入境、交通、治安等行政管理部门和刑事侦查部门,既提供公共服务,又兼具行政执法与刑事执法双重职能,直接影响公民的居住、出行等日常活动,关系民生,其权力运行的规范透明关乎公民的人身安全和财产安全、社会公平正义的实现以及民众安全感、获得感的提升。

作为政府信息的集大成者,公安机关是跟踪中国政府信息公开制度实施的最佳观测点,警务公开的广度和深度也是衡量中国政府透明度的重要面向。公安机关既是行政执法机关,又负责刑事案件的侦查,因此警务公开兼

---

① 人民警察包括公安机关、国家安全机关、监狱的人民警察和人民法院、人民检察院的司法警察,此处的警务公开特指公安机关的警务公开。

具政务公开和司法公开双重属性。根据党的十八届四中全会通过的《中共中央关于全面推进依法治国若干重大问题的决定》，警务公开又与审判公开、检务公开和狱务公开一起，构成完整的政法信息公开。政务公开所具备的诸如满足公民知情权、监督权力运行、防止权力专断①等价值也都适用于警务公开，此外，警务公开还在民生、法治、司法、诚信、治理五个维度上具备特殊价值。

第一，民生维度：便民服务改善民生。现代政府的职能定位是提供公共管理与服务。与其他政府职能部门相比，公安机关提供的职能最为广泛，覆盖户政、出入境、治安、交通安全、网络安全、经济文化保卫、刑事侦查、禁毒、保安等诸多方面。公安机关的活动影响民众生活的方方面面，大到宏观层面的国家安全、公共安全和社会秩序，小到微观层面每个公民个人的出行、住宿，因此警务公开具有服务和改善民生的功能，警务服务的公开便捷度直接关系民生保障水平。警务公开要求人民警察在提供户政、出入境、治安、交通安全、网络安全、经济文化保卫、保安等公共管理与服务时，坚持公开、便民原则，不仅要公开办证网点和办事流程，还要提供网上办事，方便人民群众，体现执法为民的理念，服务和改善民生。

早在 2012 年，为保障民生、建设服务型政府，公安部即集中推出 14 项便民利民措施，其中包括健全“网上公安局、网上派出所、网上警务室”，推行公安行政管理业务网上申请、网上办理、网上审批。2015 年《关于全面深化公安改革若干重大问题的框架意见》也在深化公安行政管理改革方面，提出深化行政审批制度改革、扎实推进户籍制度改革、创新人口服务管理、健全完善外国人在中国永久居留制度，以及改革边防出入境、交通、消防监督管理制度等一系列服务改革开放、促进经济发展和便民利民的政策性措施、制度性安排。2018 年《公安机关执法公开规定》第 27 条要求公安机关网上公开办事事项和行政事业性收费事项，提供网上咨询、网上预约办理、网上申请等服务。

第二，法治维度：阳光执法彰显法治。依法公开、阳光执法，是规范和完善公安执法工作、建设法治公安的客观需要。公安机关不仅具有治安、户政、交通管理等广泛的职能，而且能够直接针对公民的人身权和财产权采取强制和处罚措施，因此公安行政执法是政府法治的关键领域，是政府执法的缩影。

① 秦小建：《政府信息公开的宪法逻辑》，载《中国法学》2016 年第 3 期。

在法治社会,权力越大,受到的制约也越大,作为能够广泛深刻影响公民权利的部门,公安机关更应该严格依照法律行使权力。公安干警是和平时期付出最多、牺牲最大的执法队伍,为国家安全和社会稳定做出了巨大贡献,但个别公安人员执法简单粗暴也饱受诟病。为推动公安执法规范化,2016年9月,中共中央办公厅、国务院办公厅印发《关于深化公安执法规范化建设的意见》。规范执法,除了明确执法规范之外,还应该从公开入手,打造"阳光警务",将执法依据、流程和结果予以公开,接受社会监督,以公开促规范,从而提升公安执法的法治化程度和水平。

第三,司法维度:办案公开完善司法。公安机关执法包括行政执法和刑事执法两个方面,单就刑事侦查而言,警务公开属于司法公开的范畴,因此与政务公开的标准和法律适用不尽相同。即使是在司法公开范畴内部,与检察、审判活动相比,在司法实践中,侦查机关多采用秘密方式进行,因此侦查公开又具备区别于检务公开和审判公开的逻辑。为推进刑事执法工作的公开化和透明度,公安部刑事侦查局于2005年7月26日下发《关于实行"办案公开制度"的通知》,决定自2005年8月1日起在全国公安机关刑侦部门实行"办案公开制度"。2013年,中央将警务公开作为司法体制改革的重大事项之一,提出要不断推进警务公开、狱务公开。① 2015年2月15日,中共中央审议通过了《关于全面深化公安改革若干重大问题的框架意见》,提出完善执法权力运行机制,将警务公开改革向纵深推进。2018年《公安机关执法公开规定》第10条规定,公安机关应当向社会公开"涉及公共利益、社会高度关注的重大案事件调查进展和处理结果","以及打击违法犯罪活动的重大决策和行动",但"影响国家安全、公共安全、经济安全和社会稳定或者妨害正常执法活动的除外"。

第四,诚信维度:处罚公示助力诚信。阳光警务、执法公开是构建诚信社会的客观需要。经济社会发展到一定阶段迫切需要构建诚信社会,而公安执法涉及交通安全、出入境、治安等各个领域,公安机关所掌握的违法犯罪信息是构建社会诚信体系的重要数据来源。党的十八大、十八届三中全会、十八届四中全会均强调加强社会诚信建设。国务院于2014年和2016年相继发布《社会信用体系建设规划纲要(2014-2020年)》《关于建立完善守信联合激

---

① 孟建柱:《深化司法体制改革》,载《人民日报》2013年11月25日,第6版。

励和失信联合惩戒制度加快推进社会诚信建设的指导意见》,提出要促进本地区各部门、各单位的信用信息整合应用。公安机关向社会公开执法信息,一方面有助于执法主体接受社会监督,另一方面也可以使执法相对人尤其是受处罚人处于舆论监督之下,从而推动和完善社会诚信体系建设。2017 年 1 月 3 日,国家发展和改革委员会、交通运输部、公安部、中国民航局、中国铁路总公司五部门联合下发《关于加强交通出行领域信用建设的指导意见》,要求公安交通管理部门通过当地新闻媒体、门户网站等渠道公开公示严重交通违法人员和企业。为落实 2015 年《国务院办公厅关于运用大数据加强对市场主体服务和监管的若干意见》,国家发展和改革委员会发文要求做好和深入推进行政许可和行政处罚等信用信息公示工作,以加强社会信用体系建设。2018 年《公安机关执法公开规定》完整地规定了行政处罚决定书和行政复议决定书上网公开制度。

第五,治理维度:数据开放智慧决策。在信息化时代,所谓得数据者得天下,开放数据(open data)是大势所趋。开放数据是智慧决策的前提,对开放的数据进行分析和挖掘,可以为政府科学精准决策提供有效支撑,而数据治理也是推动国家治理体系和治理能力现代化的必然选择。公安机关的管理和服务范围最为广泛,并且拥有强制执法权,因此公安数据既是海量的,又具有较高的准确性,并且借助信息技术的优势,警务信息数字化程度也非常高,是值得挖掘的数据“富矿”。公安机关在其提供管理服务和执法过程中掌握出生人口、流动人口、汽车保有量、交通事故、道路流量以及警情、治安、犯罪等海量数据,从基础的身份识别信息到精确的移动轨迹数据,这些数据的聚合、挖掘还对提升政府管理水平、辅助科学决策、精准预判社会形势具有重要意义。在国家大数据战略背景下,警务公开发展到高级阶段必然要求数据开放,建立社会共享的公安大数据。

2019 年,党的十九届四中全会通过了《中共中央关于坚持和完善中国特色社会主义制度　推进国家治理体系和治理能力现代化若干重大问题的决定》,将“国家治理体系和治理能力现代化”提到前所未有的高度,是继农业、工业、科技和国防现代化之后的第五个现代化。迈向现代化的国家治理,不再是二元线性管理模式,而是政府与人民对政治、经济和社会事务的协同治理。多元主体的协同参与,将有助于在最大范围内凝聚共识与智慧,从而提升国家治理能力与治理水平。公开是参与的开始,没有真正的公开,就不会有高质量的参与。警务活动关系一个地区的安全系数,公安的管理服务水平也直接影响当地的营商环境。2019年,国务院修订《政府信息公开条例》,颁布《优化营商环境条例》,体现了警务公开不仅是在具体领域落实政府信息公开新制度,更是优化营商环境、提升国家治理能力和水平的重要方面。

二、构建科学的警务透明度指标体系

鉴于警务公开是跟踪政府信息公开制度运行的最佳视角,且在民生、法治、司法、诚信、治理五个维度上具备特殊价值,因此构建一套科学的指标体系,对中国警务透明度进行实证评估尤为重要。2018年公安部修订《公安机关执法公开规定》,提出"公安机关可以委托第三方机构对执法公开情况进行评估,并参考评估结果改进工作。"2017年至2019年,"项目组"研发中国警务透明度指数指标体系,以网站信息公开为视角,选择一定范围和层级的公安机关作为评估对象,对中国的警务透明度进行年度指数评估,用数据说话,客观准确衡量中国警务透明度,挖掘和分析在推动警务公开过程中存在的深层次问题,促进信息公开和国家治理制度的完善。

(一)中国警务透明度指标体系的设定原则

《中共中央关于全面深化改革若干重大问题的决定》提出,要"建立科学的法治建设指标体系和考核标准"。构建一套科学合理的指标体系是指数评估的前提和关键,为此,项目组详细梳理相关法律文献,充分调研中国各地公安机关、境外警察局的实际做法,并广泛征求了警察、律师、学者的意见,结合中国全面警务改革的重点问题,研发制定中国警务透明度指标体系。中国警务透明度指标体系以公众为本位、以需求为导向,凝聚法律共同体的智识,既反映法官、律师、警察的务实意见,又有学者的理性思考。中国警务透明度指标体系的设定遵循依法设定、客观中立、重点突出、适度前瞻的原则。

首先,依法设定原则。中国警务透明度指标体系严格依照宪法、法律、法规、规章关于警务公开的要求设定。《宪法》关于"一切权力属于人民"的规定是包括警务公开在内的权力公开的逻辑起点。源于人民赋予的权力,其运行的过程和结果应该向人民公开,接受人民的监督。《人民警察法》第44条规定:"人民警察执行职务,必须自觉地接受社会和公民的监督。人民警察机关作出的与公众利益直接有关的规定,应当向公众公布。"《政府信息公开条例》为警务公开提供了法规依据。为推动警务公开,公安部先后制定了三部规范性文件,即 1999 年《公安部关于在全国公安机关普遍实行警务公开制度的通知》、2005 年公安部刑事侦查局《关于实行"办案公开制度"的通知》和 2013 年 1 月 1 日施行的《公安机关执法公开规定》,其中《公安机关执法公开规定》将一些散见于法律法规和规范性文件中关于执法公开的要求进行整合,并于 2018 年修订,构成中国警务透明度指标体系设置的直接依据。

其次,客观中立原则。与社会学通常采取的问卷调查方法进行量化评估不同,中国警务透明度指数评估未进行满意度问卷调查,而是设定一套相对客观的指标体系。作为第三方评估,指标体系的设定秉持客观、中立的原则,尽量将"好"与"坏"这样主观性、随意性极强的判断标准转化为客观且具备操作性的评估指标,所有指标的设定完全从是否符合法律与情理、是否方便公众获取信息的角度考虑。指标体系一旦确定,评估人员对评估事项仅做"有"和"无"的判断,最大限度地压缩评估人员的自由裁量空间。

再次,重点突出原则。如前所述,公安机关具有非常广泛的职能,一套具有可操作性的指标体系不可能穷尽所有职能,只能选取重点领域或与民众生活最为密切的方面设定指标。由于属于年度评估,评估指标的设定遵循先易后难的原则,随着评估的逐年推进再不断调整和丰富评估内容。中国警务透明度指标体系着重考察公安机关在户政管理、出入境管理和交通安全管理三方面的履职公开情况。

最后,适度前瞻原则。指标设计贯彻了立足现状并适度前瞻的原则,不仅要体现公安机关在推动警务透明方面的实际状况,更要通过调研评估,提出警务公开工作的发展方向和未来制度的完善建议。当然,引导性指标在指标体系中占有很小的比例,且权重也较低。

(二)中国警务透明度指标体系的架构与解读

按照 1999 年《公安部关于在全国公安机关普遍实行警务公开制度的通知》的规定,公安机关的执法办案和行政管理工作,除法律法规规定不能公开的事项外,都要予以公开。公安机关既是提供公共管理和服务的政府职能部门,又是执法机构,因此项目组从服务和执法两个维度设定警务透明度指标。另外,围绕提供服务和进行执法的人、财、物等基本信息也应该向社会公开,同时,开放公安数据对于促进政府精准管理和科学决策具有重要意义。基于上述考虑,中国警务透明度指标体系由“基本信息公开”“便民服务”“执法公开”“数据开放”4个一级指标组成(见表1)。

表1 中国警务透明度指标体系

一级指标及权重	二级指标及权重
基本信息公开(20%)	平台建设(10%)
	职能架构(30%)
	人员信息(30%)
	财务信息(30%)
便民服务(20%)	户政服务(40%)
	交管服务(30%)
	出入境服务(30%)
执法公开(40%)	执法流程及时限(10%)
	过程公开(10%)
	结果公开(20%)
	文书公开(30%)
	监督投诉(20%)
	舆情回应(10%)
数据开放(20%)	年报(10%)
	年度工作总结(20%)
	法治政府或依法行政报告(20%)
	交通统计(10%)
	犯罪案件统计(10%)
	投诉警务人员统计(10%)
	重大案情发布(10%)
	警情通报(10%)

1. 基本信息公开

基本信息主要是指公安机关的职能、机构设置以及人、财、物等信息。“基本信息公开”由“平台建设”“职能架构”“人员信息”“财务信息”4个二级指标构成。

网站作为信息公开的第一平台,应该贯彻“不得强迫受众阅读原则”,首页应该简单、整洁,网页内容无遮挡;目录设置应该科学,指示性强,不得有交叉。目前“平台建设”主要考察两方面:一是“网站友好性”,考察首页有无浮动窗口,即便设置了关闭按钮的浮动窗口也会造成阅读干扰;二是“提供移动终端平台链接”的情况,为方便公众办事或获取信息,公安机关顺应移动技术的发展开通了微博、微信、APP、微信小程序等,然而,如果网站首页未提供链接,公众仅靠名称搜索很难找到和确认官方平台,因此评估要求网站首页提供移动终端平台链接。

“职能架构”指标旨在让公众了解公安机关的职能和组织架构,具体包括“公安机关的职责”“人民警察权利义务”“内部架构及职能”“派出所”等三级指标。“职能架构”公开具有普法和便民两方面功能,让公众了解公安机关是干什么的,由哪些机构组成,还通过公开地址和联系方式,方便公众找到或联系公安机关,增强公众对警务信息和警务服务的可及性。

“人员信息”由“领导信息”“警察数量”“警察结构”3个三级指标组成。公安机关作为政府的职能部门,其领导信息和公务人员数量及构成应该向社会公开。“领导信息”要求公开领导的姓名、职位、主要学习工作经历、分工;“警察数量”和“警察结构”分别是指公安机关警务人员的数量和内部构成,方便公众了解警力配备情况,因为警察数量和人员素质,在一定程度上决定服务水平和执法质量。

财务信息公开主要考察公安机关预决算及“三公”经费的公开、警察薪资及津贴公开、公安机关罚款及其他收费数据的公开。经过多年政务公开实践,预决算及“三公”经费的公开在社会上已经达成共识,警察作为公职人员,其薪资及津贴应该公开透明。另外,虽然行政罚款和收费遵循收支两条线的原则,但是公安机关在一定时间段内的罚款金额和收费金额还是应该向社会公开,接受监督。

2. 便民服务

公安机关提供的公共管理和服务事项涵盖户政、出入境、治安、交通安全、网络安全、经济文化保卫、保安等,根据重点突出原则,“便民服务”仅选择“户政服务”“出入境服务”“交管服务”三类与公众生活联系最紧密的事项,考察其办理的便民程度。“户政服务”包括“户政类(主要指户口、身份证)办理”“居住证办理”“网上查询办理进度”3个三级指标,主要考察公安机关是否按区提供户籍办理的地址和联系电话;是否提供居住证办理的指南信息和在线申报服务;公众能否网上查询办理进度。“出入境服务”主要考察公安机关是否提供出入境接待大厅的地址和联系电话以及公众能否网上查询办理进度。“交管服务”涵盖“交通违法处理”“机动车证件”“驾驶证”“网上查询办理进度”4个三级指标,分别考察公安机关是否提供交通违法处理、机动车证件办理、驾驶证办理的地址和联系电话以及当事人是否能够网上查询办理进度。根据网络平台的发展情况,“户政服务”主要考察新媒体平台,“出入境服务”“交管服务”主要考察出入境专网和交通管理专网。

3. 执法公开

《公安机关执法公开规定》将执法公开界定为公安机关依照法律、法规、规章和其他规范性文件规定,向社会公众或者特定对象公开刑事、行政执法的依据、流程、进展、结果等相关信息,以及开展网上公开办事的活动。执法公开有助于规范公安机关执法行为,保障公民的知情权、参与权、表达权和监督权,实现公正廉洁执法,因此,执法公开是中国警务透明度评估的重点。“执法公开”下设“执法流程及时限”“过程公开(对特定对象公开)”“结果公开”“文书公开”“监督投诉”“舆情回应”等6个二级指标,既包括行政执法案件的公开,又涵盖刑事执法案件的公开;既有过程性公开,又有结果性公开;既有静态信息的公开,又有动态信息发布;既有对社会的普遍公示,又有对特定对象的告知。

“执法流程及时限”主要考察公安机关是否公开了接处警工作指南以及办理行政案件、刑事案件、行政复议案件、国家赔偿案件的指南和时限,指南信息以明确易懂为原则。“过程公开”是指向特定对象公开案件办理进度。“结果公开”考察公安机关是否主动向社会公开行政处罚、行政许可的结果。“文书公开”是指公安机关是否在网上公开行政处罚决定书、行政复议决定书,以及是否提供文书检索。“监督投诉”包括“监督投诉渠道公开”“监督投诉内容公开”“监督投诉结果公开”3个三级指标,方便公众了解监督投诉途径,也方便公众对投诉内容和投诉结果进行监督,一方面防止公安机关不予处理而导致监督投诉制度空转,另一方面也促使公众尽可能提出合理诉求而非“无理取闹”。“舆情回应”是指政府及其部门及时回应舆论关切,公安机关往往处于社会舆情的中心,更应该对相关舆情进行及时澄清、回应。

4. 数据开放

在大数据成为国家战略的时代背景下，开放公共数据是大势所趋，也是实现国家治理能力现代化的必然要求。数据开放中警务数据主要由公安机关的工作报告和统计数据两类信息构成，“数据开放”下设“年报”“年度工作总结”“法治政府或依法行政报告”“交通统计”“犯罪案件统计”“投诉警务人员统计”“重大案情发布”“警情通报”等8个二级指标。

工作报告公开主要考察公安机关公开其年报、年度工作总结和法治政府或依法行政报告三类报告的公开情况。对于公共机构而言，年报是全面详细总结年度职责履行情况、开展的活动、取得的业绩、存在的问题以及提出未来打算的。与工作总结相比，年报的内容更丰富，数据更翔实，形式也更活泼。法治政府或依法行政报告是行政机关对年度法治建设情况或依法行政情况的总结，包括成绩、问题和来年的计划。根据《法治政府建设实施纲要(2015－2020年)》的要求，“政府部门每年第一季度要向本级政府和上一级政府有关部门报告上一年度法治政府建设情况，报告要通过报刊、政府网站等向社会公开”。公安机关作为政府部门，应该在每年第一季度向社会公开法治政府建设报告，虽然本级政府的司法行政部门也应在其网站上公开各部门的法治政府建设报告，但是对于自身的法治建设报告，公安机关有必要在其平台上予以公开。

公安统计数据主要考察公安机关公开交通统计数据、犯罪案件统计数据、投诉警务人员的统计数据的情况以及进行重大案情发布和警情通报的情况。对于公共机构而言，统计数据并非私产，不能用来谋利，应该在进行保密审查的前提下及时向社会公开。

需要明确的是，中国警务透明度指标体系处于动态调整中，具有相对稳定性，为了保证指数评估的连续性，其框架和重要指标要在历年的指标体系中得以延续；为了适应新的制度变化和新的实践需求，指标体系也要适当予以微调和优化，这也是指数评估科学性的体现。

(三)评估对象的选择与评估方法

中国警务透明度指数选取市级公安机关作为评估对象，具体为27个省、自治区人民政府所在地的市级公安机关、4个直辖市的公安机关以及5个计划单列市的公安机关。就层级而言，市级公安机关承上启下，既可以将上一级公安机关的工作部署落实到基层，又领导和统揽分局、县局的警务工作，具有一定的自主性，能够根据本地实际情况因地制宜地作出决策安排。就地域而言，省、自治区人民政府所在地,计划单列市的市级公安机关具有代表性,能够示范和引领本省、自治区其他地方的警务公开工作。

与传统设置公示栏、牌匾、发放手册等公开渠道和方式相比,线上公开具有方便、快捷、更新及时、成本低廉等优势。2018年《公安机关执法公开规定》也明确将互联网政府网站作为警务公开的第一平台,将移动客户端、自助终端以及传统媒介作为辅助平台。中国警务透明度指数评估秉持以官方网站作为评估视角,同时辅助以移动终端的评估。需要明确的是,这里的官方网站包括评估对象的官方网站、上级公安机关的官方网站、地方统一专项警务公开或办事平台、同级政府信息公开平台和征信平台。

三、信息化提升警务公开的广度、深度和便利度

在政府部门中,公安机关的信息化投入较大,信息化水平也相应较高,中国警务透明度指数评估结果显示,在“互联网+警务”的推动下,阳光警务成为政务公开的标杆和典范,公安机关职能架构公开到位,人事财务信息公开有所突破,法治政府建设报告公开良好,部分公安机关重视数据公开,警民互动渠道畅通反馈及时,部分公安“微服务”功能强大。

(一)公安机关职能架构公开到位

公安机关应向公众公开其基本职能,机构设置和派出机构的地址电话等信息。评估结果显示,36个评估对象均公开了基本职能,占100%;34家公安机关公开内设机构,占94.44%;25家公安机关公开了所有派出机构的电话,占69.44%。例如,郑州市公安局公开了内设机构、派出机构、窗口单位的办公地址、工作时间、联系方式,户籍民警姓名、警号,监督举报电话等详细信息;贵阳市公安局不仅公开了派出所的地址和联系电话,还公布了派出所民警和辅警的姓名、职务、职责、警号、照片、联系方式,以及派出所服务窗口和警务室的信息。

(二)人事、财务信息公开有所突破

在人员信息公开方面,公安局领导信息透明度高,人员结构信息公开有所突破,部分公安机关还公开了执法人员名录。评估结果显示,36个评估对象中,有34家公安机关公开了局领导信息,占94.44%,有18家公安机关公开了

所有局领导的姓名、出生年月、学习工作经历、分工等详细信息，占 50%。部分公安机关在其预决算中公开了人员结构信息，如哈尔滨市公安局在其 2019 年预算中公开了人员信息和结构，包括在职人员总数和各个级别的人员数量以及事业单位人数等。上海市公安局、沈阳市公安局、深圳市公安局、贵阳市公安局等公开了行政执法人员名录库。

在财务公开方面，预决算公开已成常态，有 2 家公安机关主动公开了其行政征收金额及明细。杭州市公安局在《财政预决算》栏目中设置了《行政事业性收费》专栏，除了公开收费标准之外，还公开了 2018 年、2017 年的行政事业性收费收入及明细，包括签证费、工本费、考试费等费用金额。长沙市公安局在《财政信息》栏目按月公开了行政事业性收费以及政府采购金额报表。

（三）法治政府建设报告公开良好

《法治政府建设实施纲要（2015－2020 年）》规定，“政府部门每年第一季度要向本级政府和上一级政府有关部门报告上一年度法治政府建设情况，报告要通过报刊、政府网站等向社会公开”。评估结果显示，36 个评估对象中，有 18 家公安机关公开了其法治政府建设报告，其中有 15 家做到了及时公开，即在 4 月 1 日之前进行了公开。南宁市公安局在《政务公开》栏目还设置了《法治政府建设》专栏，公开了法治政府建设工作报告、重大行政决策事项范围的规定、行政执法公示工作报告等。

（四）部分公安机关重视数据公开

评估发现，部分公安机关的数据公开意识较强，公开了相关的业务数据和报告。例如，南京市公安局公开了行政审批数据、见义勇为数据、扫黑除恶数据、打击娼赌违法犯罪数据、治安数据和禁毒数据等；南宁市公安局公开了毒品、交通事故以及电信诈骗案件的信息，还公开了交通形势分析研判报告；深圳市公安局逐月公开了治安管理、交通管理、车辆管理等业务统计数据，还在《行政执法公示》栏目公开了行政复议、行政诉讼、行政执法年度数据等；上海市公安局在上海市政府“行政执法公示”平台公开了行政处罚、行政许可、行政强制措施、行政强制执行等行政执法详细数据；长沙市公安局按月公示了交通违法数据、关于入境的统计和分析以及交通事故形势分析研判报告。

（五）警民互动渠道畅通反馈及时

政务公开已经从单向信息发布走向了双向交流互动模式。评估结果显示，在 36 个评估对象中，有 31 家公安机关公开了监督投诉渠道，占 86.11%；有

30家公安机关公开了公众反映的问题或意见,并对处理意见进行了公开,占83.33%。例如,合肥市公安局在做重大决策前向公众征求意见,并对意见建议进行整理、汇总、分析,并形成反馈报告予以公开。2020年《合肥市养犬管理条例》出台,将中华田园犬从禁养名录中删除,这一变化是基于合肥市公安局在其网站上就禁养名录向社会公开征求意见,而多数意见是反对将中华田园犬列入禁养名录。

(六)部分公安"微服务"功能强大

随着移动互联网的发展,警务公开也从PC端转移到手机终端。评估发现,部分公安机关的移动终端应用功能强大,集信息发布、政务办事、执法公示三位于一体。例如,"江苏公安"微信公众号提供交管服务、出入境、户政服务、治安服务、监管服务等;设置《执法公示》栏目,提供警情处理公示查询、案件办理公示查询、涉案财物公示查询,向社会公开行政处罚决定书和行政复议决定书,并公开执法依据;设置《治安形势公示》栏目,定期公示治安形势。海口市公安局的"椰城警民通"微信公众号设置《民生栏目》,提供办事指南、不见面审批和预约服务。武汉市公安局、哈尔滨市公安局分别在其微信公众号提供微服务、微咨询、微互动等。

四、警务公开遭遇的深层问题分析

公安机关作为信息化投入力度最大、发展最为迅速的部门,信息化不断拓展警务公开范围、创新公开方式,警务公开为政务公开树立了典范,但中国警务透明度指数评估发现,警务公开还存在网站宣传色彩浓厚、保密标准未明示、文书处理标准不统一、平台分散导致信息割裂等瓶颈问题。

(一)公安网站过于强调宣传功能

虽然2018年《公安机关执法公开规定》将网站作为警务公开的第一平台,但是调研发现,部分公安机关的网站宣传色彩浓厚,削弱了网站的公开功能。例如,有的公安局的官方网站首页设置了《公安新闻》《特别关注》《警营文化》《警察故事》等强调宣传的栏目;有的公安局的官方网站首页有六个栏目,除了《机构概况》之外,其他全是宣传类栏目,如《公安要闻》《新闻发布》《警务动态》《警界博览》《防范常识》等。还有的公安局的网站,无论是栏目设置还是首页内容,基本上都是新闻宣传类。

(二)网站友好性建设未引起重视

评估结果显示,2019 年,在 36 个评估对象中,有 11 家公安机关的网站首页有浮动窗口,影响阅读和观感,其中有两家公安局的网站首页有无法关闭的浮动窗口。打开某市公安局网站首页,全屏有 9 个浮动窗口,将首页信息全部遮挡,要观看页面内容,必须逐个关闭,其中有 1 个浮动窗口无关闭按钮。浮动窗口是考察平台友好性的一个侧面,浮动窗口成为普遍现象,说明网站主管部门在设计网页或上传信息时未从公众的角度出发,而是出于自身工作方便的需要。

(三)公开平台栏目设置不甚合理

栏目设置不合理,一是表现在内容与栏目不匹配,导致信息检索困难。例如,某市公安局将其2018 年度法治政府建设工作报告作为法规文件公开在《政策法规》栏目,某市公安局“2018 年度法治政府建设工作情况的报告”公开在《法制管理》栏目作为公安法规予以公开,某市公安局的法治政府建设报告在行政执法监督平台上发布,某市公安局在《信息公开》栏目下设置《其他》子栏目,公开的信息包括行政复议决定书、法治政府建设报告、主动公开事项清单、政府信息申请表等,上述报告如果不是经过检索,仅根据栏目索引很难找到。

二是表现在栏目交叉重合,导致信息凌乱。例如,某市公安局设置《信息发布》《警务公开》《网上办事》《警民互动》四个栏目,其中《警务公开》分设《政府信息公开》和《网上公示》两个子栏目,《网上公示》子栏目有权力清单,《网上办事》栏目中也有权力清单,内容完全一样。另外,双公示栏目也设置在不同级别的栏目中,内容完全一样。再如,某市公安局在其《政务公开》栏目的《规划计划》子栏目中公开了预决算的图片,与《财务信息》栏目中的预决算信息重复;《政务公开》栏目下设的《统计信息》子栏目,与网站首页的《数据发布》栏目重复。

(四)办案平台过度采集个人信息

2019 年,从中央到地方,各级政府都在积极推动政务服务的“一网通办”,然而调研发现,不少评估对象的政务服务都集中在省级公安的办事平台上,平台存在过度采集个人信息的倾向。例如,某公安微信公众号,所有的查询、办事都需要实名登录,除了输入姓名和身份证号码之外,还要进行人脸识别,基本上排除了游客浏览模式。某省公安厅的“阳光警务执法办案查询系统”,提供"行政处罚决定书查询""行政复议决定书查询""国家赔偿决定书、刑事复核复议决定书查询""接处警查询""案件信息查询",除了处罚决定书之外,都需要注册登录。某市公安局的微信公众号,在咨询、建议、投诉之前要求实名制注册,需填写手机号、身份证号、工作单位等信息,过度采集个人信息。

(五)平台分散导致警务信息割裂

警务公开既属于政务公开又属于司法公开,因此通常情况下,一个地级市的公安局,其政务信息被整合在同级政府的政务公开平台上,执法信息会统一公开在省级公安阳光执法平台上,行政许可和行政处罚信息又会被整合在信用平台上,政务服务事项被整合在互联网办事平台上。平台林立不仅增加公开成本,还造成数据碎片化,给公众获取完整信息制造障碍。例如,某省公安执法平台设置了行政处罚决定书公示栏目和行政复议决定书公示栏目,公开了某市公安局的行政处罚决定书,但是未公开某市公安局的行政复议决定书,该市的行政复议决定书单独公开在了某市公安局的网站上。某市公安局的公安业务,有些在其微信平台,有些在省政务服务的微信平台,需要进一步整合。

(六)对信息公开的理解过于狭隘

根据政务公开的发展,公安机关网站首页的警务公开或信息公开栏目,通常会链接至本级政府平台,并且公开目录标准化,通常会设置规划计划、统计信息等栏目。然而由于对政务公开或信息公开理解过于狭隘,规划计划、统计信息等栏目公开的信息通常是政务公开报告和政务公开统计数据。例如,某市公安局《规划计划》栏目只有年度政务公开工作要点;《统计信息》栏目只有信息公开统计表。再如,某市公安局《政务公开》栏目下设《年度计划报告》子栏目,里面公开的要么是信息公开年报告,要么是网站监测或建设报告。由此看来,对警务公开或政务公开的理解过于狭隘,统计信息和规划计划,应该公开本部门的工作总结、规划计划、业务统计数据,而不仅仅是信息公开指南、信息公开年报、网站监测等公开工作机制。

(七)文书公开的信息处理不一致

评估发现,各地公安机关在公开执法文书时对信息处理的标准不一致。评估结果显示,在36家评估对象中,有24家公安机关对行政处罚决定书进行了公开,其中7家公安机关进行了实名公开,17家公安机关进行了匿名公开。同一机关在不同平台上的处理也不一致,如某市公安局在其政务公开网上公开的行政处罚信息,隐去了当事人的姓名,而在信用某平台上公开的行政处罚文书,则未隐去当事人姓名。即使是同一种文书,上下级机关的处理也不一致,如同样是行政复议决定书,某市公安局对申请人予以匿名处理,而省公安厅则未匿名处理。评估还发现,个别公安机关在公开行政处罚结果时,对违法事实进行了过度处理,如某公安局公开的行政处罚结果,违法事实栏中的文字是"20××年×月×日××时,该员在××区××(详细地址)××××(违法行为),非法获利××元",对时间、地点、违法所得等关键信息进行了隐匿处理。

(八)在公开与保密之间摇摆徘徊

各地公安机关在进行警务公开时,对保密标准把握不一致,主要表现在警察数量和工作总结等方面。评估结果显示,2019 年,36 个评估对象中,有 15 家公安机关公开了警察数量,其中有 7 家是在介绍机构概况的时候公开的,有 8 家是在预决算中公开的。以某市公安局为例,其在预算中不仅公开了人员数量,还详细公开了人员结构。与之相反,有 21 家公安机关未能在其网站上或预决算中找到警察编制或数量情况,其中某市公安局在 2019 年预算中声明,"我局人员编制情况和实有人员构成为涉密内容,依法不予公开"。另一市公安局在预算中有着类似声明。

在工作总结和公安工作要点是否应该公开方面,各地公安机关把握标准也不一致。某市公安局除了在每年的 3 月份会公开年度公安工作要点之外,2019 年还公开了 2018 年公安工作总结及 2019 年公安工作计划。而某市公安局在其公开的《公安机关工作总结、要点等内容不予公开的情况说明》中明确,"根据《中华人民共和国保密法》和公安部《公安机关保密工作规定》,经市公安局保密委员会审定,公安机关工作总结、要点等内容涉及警务秘密,属于依法不予公开范畴,不予公开"。

五、以权利为本位对警务公开进行顶层设计

无论是公安网站的宣传色彩浓厚、栏目设置不合理,还是过度采集个人信息,背后都透视着公开的权利本位。要完善政务公开制度,提升信息公开水平,必须从理念上扭转定位,坚持"公开是最好的宣传",并且要以权利为本位、以公众需求为导向对警务公开的制度机制进行重新设计,妥善处理好宣传与

公开、公开与保密、实名与匿名、分散与集约等几组关系。

（一）宣传与公开：确立平台的公开本位

作为新媒体平台，政务网站在建立伊始用于发布新闻、宣传领导活动和展示单位先进事迹。随着政务公开的推进，越来越多的政府部门选择在网站上进行信息公开，网站的公开功能日益显现，2018年《公安机关执法公开规定》也明确将网站作为警务公开的第一平台。然而由于长期以来形成的宣传思维定式，不少公安机关网站仍以宣传为本位，从页面设置到目录架构，无不带有鲜明的宣传色彩。网站定位一旦宣传优先于公开，公开效果则会大打折扣，信息的及时性、全面性、准确性、便捷性将无从谈起。政府投入人力、物力建设和维护网站，究竟应该以宣传还是以公开为本位，是政务公开应该首先明确的问题。

（二）公开与保密：明确并公开保密标准

公安机关既是行政执法机关又是刑事侦查机关，在促进公安数据开放过程中，要妥善处理公开与保密的关系，既不能公开涉及国家秘密以及可能妨碍正常侦查活动或者影响社会稳定的执法信息，也不能因噎废食以保密为借口一概不公开。对于公安机关的哪些事项属于保密范畴，《公安工作中国家秘密及其密级具体范围的规定》《公安工作中警务工作秘密具体范围的规定》应该有明确规定，但是这两个规定公安保密事项范围的文件本身也被定密了，因此具体哪些属于公安保密事项外界就不得而知了。实践中各地公安机关对于同一事项是否属于保密范围把握的标准不一致，孰是孰非，外界很难分辨。“警务工作秘密”本身也存在相当大的自由裁量空间，使相关机关无所适从。随着法治的不断完善和政务公开朝着实质化方向纵深推进，有些警务事项也应该去敏感化，经历一个脱敏的过程。以公安机关工作计划为例，不少公安机关以“工作规划涉及警务秘密”为由不予公开。但是评估也发现不少机关将工作计划进行脱敏处理后予以公开。例如，北京市公安局在其公开的2017年决算中，有“涉密事项说明”，即“已经国家保密局确认为涉及国家秘密的信息，根据国家保密法律法规和有关保密事项范围的规定，在预算公开中予以剥离”。未来，对于涉及保密的信息，如果能够区分开来，可以将保密信息隐去之后进行公开，而不能以部分保密为由拒绝对整体信息的公开，否则将无法最终构建公安大数据，损害公安机关的公信力和亲和力。

（三）实名与匿名：个人信息应适度克减

公安机关在公开执法文书时，要对其中的一些个人信息进行适当处理，

2018 年《公安机关执法公开规定》要求隐去作为被处罚人的自然人的名字。公安部基于个人信息保护原则规定了行政处罚决定书要隐名公开，然而从监督的角度出发，行政处罚决定书还是应该实名公开，这方面可以借鉴法院的裁判文书公开规定。①

法院的裁判文书上网已然成为常态，最高人民法院不断修订文书上网的规定，并最终选择实名公开。在法治社会，公民的个人隐私固然应该受到尊重和保护，然而在接受社会监督、推动社会信用体系建设面前，个人信息要受到适度克减。

（四）集约与分散：建设集约化公开平台

政务网站集约化建设是大势所趋，相应地，在保障技术安全的前提下，也应对警务公开平台进行整合，实现警务信息公开的集约化。有些公安机关的网站开始有意朝着集约化的方向发展，如青岛市公安局 2018 年 4 ~ 5 月，将青岛公安交通信息服务网站整体迁移至青岛公安网；厦门市公安局政府网站（厦门公安公众服务网）已迁移至厦门市级政府网站统一技术平台，于 2018 年 9 月 20 日起上线并启用新域名“http://ga. xm. gov. cn”。深圳警务公开为集约化提供了一种过渡模式：深圳市公安局在其官方网站上提供统一的公开目录，多数信息在官方网站上公开，部分信息则链接至相应的集约平台，如行政处罚决定书和案件进度查询会链接至“广东公安执法信息公开平台”，执法主体公示信息链接至“深圳政府在线”，权责清单链接至“广东政务服务网（深圳市）”。未来，政务公开发展到高级阶段，必然是“一站式”，实现对警务信息“一网打尽”。以执法文书公开为例，在全国范围内建立统一的公安执法文书公开平台是大势所趋。目前，司法文书上网公开已日益成熟并积累了丰富的经验。最高人民法院制定并不断完善裁判文书上网制度，搭建“中国裁判文书网”，并不断进行功能扩展。中国检务公开在集约化方面推进更加彻底，由最高人民检察院统一搭建的“12309 中国检察网”已然成为检务公开的集大成者，其不仅是办事服务平台、互动平台、信访平台，更是案件公开平台和文书公开平台，真正实现了检察业务的“一网通办”。在政务公开领域，国家市场监督管理总局在行政处罚文书集约化公开方面率先迈出一步，搭建“中国市场监管行政处罚文

① 蔡艺生：《信息公开背景下警务工作秘密管理制度的完善》，载《中国刑警学院学报》2019 年第 5 期。

书网”,实现集中统一公开。公安部作为全国公安机关的领导机关,应该高度重视公安文书公开,搭建统一公开平台。

(五)平面与立体:推动文书立体式公开

与法院的裁判文书公开和检察院的检察文书公开相比,行政执法文书公开从制度到实践都相对落后。2019年《政府信息公开条例》未提到文书公开,《行政处罚法》仅规定了行政处罚的公开原则,并未直接规定行政处罚决定书必须上网公开。行政处罚和行政许可“双公示”制度源自2015年国务院办公厅《关于运用大数据加强对市场主体服务和监管的若干意见》(国办发〔2015〕51号)和国家发展改革委《关于认真做好行政许可和行政处罚等信用信息公示工作的通知》(发改电〔2015〕557号)、《关于深入推进行政许可和行政处罚等信用信息公示工作的通知》(发改电〔2015〕687号),目的是加强社会信用体系建设。2018年《公安机关执法公开规定》完整地规定了行政处罚决定书和行政复议决定书上网公开制度,包括例外制度、自然人隐名处理制度等。就实践而言,行政执法文书公开相对保守,只有少数公安机关(如北京市公安局)设置了“文书公开”栏目,不少公安机关对公开的行政文书进行技术处理,如加水印,禁止复制下载等,防止不当利用。这些做法与法院早期推动裁判文书上网的做法类似,目前已经被普遍放弃。文书公开的目的是多重的,除了监督之外,还有作为大数据方便分析挖掘。未来,行政执法文书上网应借鉴司法文书上网规定,明确“以上网为原则,以不上网为例外”,制定文书上网标准,实行实名公开,并且逐步扩大行政执法文书的公开范围,建立行政处罚决定书与行政复议决定书、行政诉讼裁判文书的链接,推动文书立体式公开。

中国检察官胜任特征指标体系的构建与比较*

——基于88位模范检察官的实证研究

张三保　游濯沉**

内容摘要：以2014年和2018年两个年度88位“全国模范检察官”为研究对象，本文构建出中国检察官的胜任特征指标体系，包含三个一级指标、十个二级指标：(1)个人效能维度：主动性，专业知识，信息搜集，成就导向，自我控制；(2)组织知觉维度：组织承诺，重视秩序、品质与精确，团队领导；(3)社会角色认知维度：客户服务导向，大局意识。这要求检察官具备足够的专业知识，拥有自我提升的意愿与能力，较强的团队领导与帮助组织建设的能力，还要秉持一定的大局意识，工作上的前瞻性，并能够站在群众立场思考。此外，对比两个年度“全国模范检察官”的分组研究结果发现：检察改革的推进除了要求检察官们更加重视秩序与规范，对检察官的团队建设也提出了更高要求；并且，检察人员职业保障制度的完善，也使自我控制逐渐从高层次要求变为基础性要求。

关键词：检察官　胜任特征　司法改革　指标体系

* 本文系中国法学会部级法学研究课题[CLS(2015)D034]阶段性成果。

** 张三保，武汉大学经济与管理学院副教授、营商研究交叉学科平台召集人；游濯沉，武汉大学经济与管理学院研究助理。

作为国家司法工作以及社会公共治理的重要主体之一，人民检察院不仅承担着对刑事案件的审查、依法提起公益诉讼等职能，也承担着对诉讼活动、执法活动等的法律监督职责，是国家法律监督的重要机构，也一直是中国司法体制改革的重要着力点。

改革开放以来，中国检察改革经历了四个阶段：从 1978—1996 年恢复重建，到 1997 年至今所经历的三轮司法改革。其中，第三轮司法改革始于 2013 年十八届三中全会，检察改革基本完成于 2017 年 9 月。检察改革主要包括四个方面内容：(1)司法责任制；(2)员额制和检察人员分类管理；(3)健全检察人员职业保障机制；(4)推进省级以下检察院人财物统管。改革取得了阶段性成功，但司法责任制的配套性改革、检察机关监督机制的有效性、精简内设机构与检察业务专业化的矛盾等问题仍待解决。①

进一步推进检察改革，除加强司法体制的顶层设计，打造一支高质量的检察官队伍也至关重要。基于此，本文以“全国模范检察官”群体为研究对象，分析其所具备的职业素养及个性特征，并构建中国检察官的胜任特征指标体系，比较第三轮司法改革前后的胜任特征差异并分析原因，以期为检察官队伍的选拔、培养、考核与晋升提供参考。

本研究的贡献主要包括三个方面：第一，中国检察官胜任特征指标体系的构建，拓展了《胜任特征辞典》的职业适用范畴；大局意识特殊指标的提出，亦丰富了中国情境下的《胜任特征辞典》内容。第二，“全国模范检察官”样本兼具权威性、客观性和代表性，由此构建出的中国检察官胜任特征指标体系及其重要性排序，为中国检察官的遴选、培训、考核、晋升提供了重要参考标准。第三，通过对比并分析第三轮司法改革前后“全国模范检察官”胜任特征的差异及其成因，为巩固第三轮司法改革成效、加强检察官群体建设指引了方向。

一、胜任特征及检察官胜任特征的研究脉络

（一）胜任特征研究概况

“胜任特征”又名“胜任力”“胜任素质”，意指能够用以区分绩效优异者

---

① 参见高一飞、陈恋：《检察改革 40 年的回顾与思考》，载《四川理工学院学报（社会科学版）》2018 年第 6 期。

与绩效平平者的潜在特征。这一概念最早于1973年由哈佛大学教授戴维·麦克利兰提出,可划分为知识、技能、社会角色、自我概念、特质、动机等六个层面。根据不同层面特征在了解、测量与培养上的难易程度,通常借助冰山模型作出描述:知识、技能层面作为冰山露出水面的部分,在了解、测量与培养上更为容易,社会角色、自我概念、特质、动机四个层面则反之。①

随着研究的推进,麦克利兰自1989年始对世界200余种工作所涉及的胜任特征进行细致观察与研究,并从中提炼出21项通用胜任特征指标,形成了《胜任特征辞典》。这21项指标分为成就与行动族、帮助与服务族、冲击与影响族、管理族、认知族及个人效能族等六个族类,分别概括了知识、技能、社会角色、自我概念、特质、动机等六个层面的胜任特征具体维度。

此后,相关研究多以《胜任特征辞典》为参考,将其应用于诸如企业高管、教师、护士等具体职业。从本质上看,胜任特征所揭示的,是表现优异者之所以能够获得高绩效的潜在特质。胜任特征指标体系则是在此基础上建立起来的,具体描述某一岗位、行业、组织等所具备的胜任特征体系。其特点在于:(1)含有多项胜任特征;(2)多项胜任特征之间存在一定逻辑关联性;(3)与该群体绩效高度相关。

国内关于胜任特征及胜任特征模型的研究起步相对较晚,但增幅显著。其中,主要关注个体胜任特征,涵盖行政管理、企业经营管理、社会管理诸方面,并以企业经营管理为主要领域。整体来看,中国关于胜任特征及胜任特征模型的研究,多着眼于个体和行业,聚焦组织或团体的较少;研究方法以行为事件访谈和问卷调查为主。②

迄今,国内致力于构建检察官胜任特征模型的研究仅有两篇硕士论文。二者分别以浙江丽水与山东东阿为实例。其中,季彩娟(2016)将丽水市检察官的胜任特征模型划分为四个维度、九种胜任特征:(1)职业素养维度:包括自我发展、语言文字表达能力、忠于事实和法律、计划能力;(2)个人效能:包括适应力与灵活性;(3)机关意识:包括队伍领导力与组织知觉力;(4)知识

① David C. McClelland, *Testing for Competence Rather than for "Intelligence"*, The American Psychologist, Vol. 28:1, p. 1 - 14(1973).

② 参见王建民、杨木春、郑红英:《中国胜任力应用研究的回顾与展望(2001 - 2012)》,载《商场现代化》2013年第26期。

背景。[1] 田俊勇(2012)则将东阿县基层检察官的胜任特征划分为两个维度、八项指标:(1)职业素养方面:团结爱岗、服务大局、诚信守法、廉洁自律;(2)职业能力方面:心理素质、专业知识、专业技能及人际交往能力。[2] 尽管这两项研究构建出检察官胜任特征模型,但由于研究对象的地域局限,研究结论的普适性仍存在一定局限。

(二)中国检察官胜任特征研究概述

1. 基本任职资格方面

2019年4月30日修订的《检察官法》规定了检察官必须具备七项任职条件。其中,除了对国籍、政治倾向、身体素质等做出要求之外,还着重规定了学历要求,以及法律职业的工作经验,并要求通过国家统一法律职业资格考试。因此,成为检察官首先需要具备较高的法律职业素养、丰厚的法律专业知识,以及良好的政治素养与业务能力。

2. 职业伦理方面

既有研究多从法学、社会学、政治学等角度着眼,根据社会大背景,提出对检察官群体的建设要求和标准,并阐述相应标准的重要性。这些研究虽具有一定参考价值,但并未深入分析研究各标准与检察官高绩效或高评价之间的相关性,其研究结论大多只停留在理论层面。

关于检察官须具备哪些方面素质,在检察改革背景下,李喜春和王小霞(2001)提出,检察官精英化的素质要求应包括素养精英化、业务专家化与品行楷模化三方面。[3] 刘林呐(2004)在对比检察官与律师、法官异同的基础上提出,检察官除需具备较高的法律素养与法律知识外,还应保持对法律的忠诚、对正义的追求,及廉洁奉公的品质,同时更应时刻将国家利益与人民利益摆在首位。[4] 陈军(2006)对比了《检察官法》对于检察官准入门槛的标准与

---

① 参见季彩娟:《检察官胜任力模型实证研究——以丽水市检察系统为例》,湘潭大学2016年硕士学位论文,第39~43页。

② 参见田俊勇:《基层检察官胜任素质研究》,陕西师范大学2012年硕士学位论文,第20~21页。

③ 参见李喜春、王小霞:《论检察官精英化及检察官制度改革》,载《国家检察官学院学报》2001年第3期。

④ 参见刘林呐:《司法改革与检察官素质》,载《检察实践》2004年第6期。

要求，提出应进一步提高对检察官业务素质的要求标准。① 在检察改革进一步推进的大背景下，杨于佳(2020)结合上海检察官素能建设现状，以及对德、法、日与我国台湾地区检察制度的分析，将检察官素能建设的标准划分为由信念坚定、法治信仰、监督意识、客观公正、廉洁自律构成的通用素养，由案件研判能力、法律适用能力、释法说理能力、学习创新能力、沟通协调能力构成的通用能力，以及由通用专业素养、通用专业能力和岗位专业能力构成的专业素能。②

关于检察官素质的其他研究，也大多站在职业伦理与道德的角度，强调检察官须具备哪些伦理道德，以及应如何培养。例如，李文嘉(2015)根据检察官的社会角色及主要职责，从责任、信仰、德性三个方面提出了其所应当遵守的伦理准则。③

二、中国检察官胜任特征指标体系的构建

(一)研究方法

1. 样本来源

研究对象均来自最高人民检察院与人力资源和社会保障部于2014年及2018年评选出的“全国模范检察官”。其中，2014年评选出58位，④2018年评选出45位。⑤ 对于两年评选出的103位模范检察官，我们在网络上检索其相关事迹报道，最终搜集到权威媒介对88位检察官的报道共88篇。报道时间介于2014年5月至2021年1月，具体年份分布如下：2014年55位55篇，均为当年报道；2018年33位33篇(2017年5篇、2018年2篇、2019年18篇、

① 参见陈军：《法官检察官任职的业务素质标准：司法公正的基石》，载《社科纵横》2006年第7期。

② 参见杨于佳：《司法改革背景下新时代检察官素能建设研究》，载《上海法学研究》集刊2020年第4卷。

③ 参见李文嘉：《检察官伦理的养成》，载《国家检察官学院学报》2015年第6期。

④ 参见最高人民检察院、人力资源和社会保障部：《关于表彰全国“模范检察院”和全国“模范检察官”的决定》，载《检察日报》2014年4月24日，第2版。

⑤ 参见《人力资源社会保障部　最高人民检察院关于表彰“全国模范检察院”和“全国模范检察官”“全国模范检察干部”的决定》，载《检察日报》2018年11月28日，第3版。

2020 年 7 篇,另有 2021 年 1 篇)。渠道方面,56 篇来自正义网,29 篇来自《检察日报》,2 篇来自民主与法制网,1 篇来自中国江西网。相关报道均采用第三人称形式。报道渠道的权威性①和内容的客观性,保障了后期研究结论的稳健性。

2. 样本概况

本文对样本中 88 位“全国模范检察官”的后续去向进行了调查,未发现有因违纪、违法行为被查处的情况。主要去向包括:擢升、调任、退休、因故离世等。以下为样本信息的统计。

(1)个人基本信息

性别上,男性 50 名,女性 38 名。民族上,汉族 76 名,少数民族 12 名,分别来自维吾尔族、蒙古族、藏族、回族、土家族及独龙族。政治身份上,除 4 位信息不详外,有 83 位中共党员,1 位无党派人士。

(2)学历背景及工作经验

在统计各位检察官的学历背景时,由于网络资源有限,共有 19 位检察官学历背景不详,除此之外的 69 位检察官当中,有 38 位具有本科学历、25 位具有硕士学历、2 位拥有博士学历,另有 4 位为专科学历。

工作经验以评选当年在检察岗位工作的年限作为统计标准。除 2 位从检年限不详外,剩余 86 位检察官的工作经验在 6 年至 36 年。其中,有 5 名检察官工作经验在 10 年以下,45 位检察官的工作经验在 10—20 年,30 位检察官的工作经验在 20 年至 30 年,6 位检察官的工作经验在 30 年以上。

(3)工作领域及所在地区

工作领域方面,有基层检察官,亦有检察长、副检察长等领导者。各模范检察官当选时的具体任职信息(存在兼任情况)如表 1 所示。其中,在反贪污贿赂局工作的 4 名检察官及负责职务犯罪相关工作的 2 名检察官,均为 2014 年评选出的“全国模范检察官”。2018 年 3 月,国家监察体制改革试点工作完成后,中国检察机关的职务犯罪侦查权及职务犯罪侦查部门已转隶至各级监

① (1)正义网:《检察日报》电子版,由中华人民共和国最高人民检察院主管、检察日报社主办,是中央网信办(国家互联网信息办公室)确认的中央主要新闻网站之一;(2)《检察日报》:由中华人民共和国最高人民检察院主办,是最高人民检察院的机关报;(3)民主与法制网:是由中国法学会主管、《民主与法制》社主办的中央政法媒体;(4)中国江西网:由江西省委宣传部、省委网信办主管,江西日报社主办,全国重点新闻网站之一。

察委员会，各级反贪污贿赂局也随之取消。

表1 “全国模范检察官”工作领域分布情况

单位：人

工作领域	负责人数	工作领域	负责人数
公诉领域	26	反贪污贿赂局	4
副检察长	13	案件管理	3
党组成员	9	监所检察室	2
侦查监督	9	地方检察室	2
检察长	6	法医	2
民事行政检察	6	刑事检察	1
未成年人检察	5	白云民生服务热线办公室	1
检察委员会	5	看守所检察室	1
控告申诉	5	金融检察室	1
职务犯罪	2		

注：不同领域有兼任的情况，按领域分别计数。

地区分布上，分别来自中国26个省（自治区）、4个直辖市及1个军区。其中，四川、江苏各5人，广东、江西、浙江、广西、内蒙古、河南、福建、山东各4人，黑龙江、湖南、山西、河北、湖北、安徽、辽宁各3人，新疆、天津、贵州、云南、宁夏、陕西、青海、北京、吉林、上海、海南各2人，甘肃、重庆及沈阳军区各1人。

3. 研究程序

总体而言，基于所获取的88份原始文本数据，对照《胜任特征辞典》中的21项指标，4位研究者各自独立逐一编码文本中所体现的检察官个人特质。之后，根据编码及汇总统计的结果，排出各项指标的重要程度，结合实际情况及此前各专家学者的研究，形成最终胜任特征指标体系。

具体过程如下：首先，由4位研究者在充分阅读《胜任特征辞典》及搜集而来的88份文本材料的基础上，对每一份文本材料进行分析及编码，同时留意其中无法在《胜任特征辞典》中得到反映的内容，并对辞典进行补充；其次，对4份不同的编码结果进行对比整合，对存在分歧的内容采用“少数服从多数”原则，难以统一的部分通过进一步讨论达成一致，对4人均无法达成一致的部分予以舍弃，形成最终的编码结果。在此基础上，对编码结果进行统计分析，按照“全国模范检察官”群体中拥有各项特征的人数,分别统计2018年及2014年所评检察官群体的频次,计算二者的加权平均值。以此为依据,对各项指标进行重要程度排序,取重要程度前十的胜任特征,并结合实际情况进行补充,形成最终的胜任特征指标体系。

(二)检察官胜任特征的统计分析

考虑到2014年与2018年的样本总量不同,计算出如表2所示的两个年份所统计人数加权平均值,并以此为标准对编码结果进行了汇总统计,得出频次分布结果。由于组织认知特征在文本数据中未有体现,故予以删除。

此外,基于前期对已有研究的分析整理,结合对88名模范检察官的报道中所展现出的实际情况,本研究在《胜任特征辞典》的基础上补充了大局意识、法律忠实度及社会责任感共3项指标。其中,大局意识指检察官在工作中能够关注到整个社会环境的需求及国家政治局势变化,并在此基础上调整自身工作的能力;法律忠实度是对检察官法治信仰的概括;社会责任感则反映检察官日常生活、为人处事中,是否拥有“舍小家、为大家”的奉献与服务精神。

表2　全国模范检察官胜任特征统计

胜任特征		总体频次/人	2018年频次/人	2014年频次/人	加权平均值
成就与行动族	成就导向	42	14	28	22.8
	重视秩序、品质与精确	47	20	27	24.4
	主动性	66	25	41	35.0
	信息收集	51	21	30	26.6
帮助与服务族	人际理解	18	11	7	8.5
	客户服务导向	61	24	37	32.1
冲击与影响族	冲击与影响	14	10	4	6.3
	关系建立	14	5	9	7.5
管理族	培养他人	21	10	11	10.6
	命令	3	2	1	1.4
	团队合作	34	13	21	18.0
	团队领导	42	15	27	22.5

续表

胜任特征		总体频次/人	2018 年频次/人	2014 年频次/人	加权平均值
认知族	分析式思考	7	4	3	3.4
	概念式思考	1	1	0	0.4
	专业知识	52	19	33	27.8
个人效能族	自我控制	38	10	28	21.3
	自信	39	17	22	20.1
	弹性	11	6	5	5.4
	组织承诺	48	12	36	27.0
特殊胜任特征	大局意识	39	12	27	21.4
	法律忠实度	36	14	22	19.0
	社会责任感	19	9	10	9.6

在表 2 的基础上,以两个年度频次的加权平均值为依据,对各项胜任特征进行排序,获得如图 1 所示的中国检察官胜任特征指标体系。这十项胜任特征按重要程度排序如下:主动性,客户服务导向,专业知识,组织承诺,信息收集,重视秩序、品质与精确,成就导向,团队领导,大局意识,自我控制。

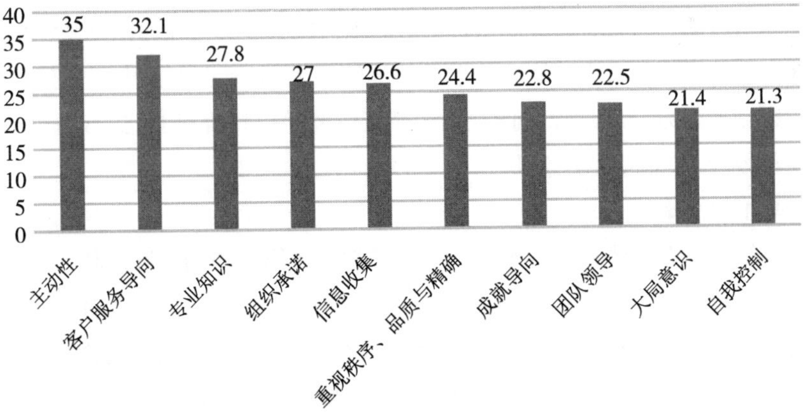

图 1　中国检察官胜任特征指标体系

(三) 检察官胜任特征二级指标解读

按照上述十项指标的重要程度排序,以下逐一解读各项指标的含义。

1. 主动性

主动性,即能够在不被要求的情况下,出于更好地完成工作的目的主动地采取行动。一名优秀的检察官不能只是被动地接受任务,而应主动关注组织与社会的形势变化,在社会环境的变化中认识并把握机会。此外,还应具备一定的前瞻性,提前设想可能出现的问题并做好预案,为未来可能出现的机会提前做好知识储备与业务能力提升等。

2. 客户服务导向

检察官要面对的“客户”是人民群众。这要求他们在与群众沟通时能够设身处地、站在对方角度思考、理解群众的难处与需求。更深层次要求则是,以群众需求为工作的出发点和落脚点,以长远目光从根本上解决群众问题;在群众遇到问题、需要帮助时担任顾问性质的角色等。这有助于拉近检察官群体与人民群众的关系,树立亲民的检察形象。

3. 专业知识

专业知识主要包括两个层面:其一,各领域专业知识储备的广度。检察官承办的案件时常会涉及各个领域的知识。如果对该领域的知识不甚了解,则可能在案件办理中遗漏重要证据信息。为更深入了解案件,以及更加准确还原案件真相,检察官除了需要夯实法律专业知识的储备外,还需对其他可能与案件相关的各领域知识均有所涉猎。其二,提升自身专业能力、拓展知识储备的意识与行动。检察官的任职条件已对其所应具备的专业知识水平做出了基本规定。优秀检察官则不能满足于最基本的要求,需要在工作中积累经验,不断打磨自身能力,投身理论前沿,关注最新研究动向以提升自己,或是总结自身工作经验,推动检察实务研究。

4. 组织承诺

组织承诺即个体具备将个人行为调整到与组织的需求、目标相一致的能力与意愿,甚至要求别人也如此。具备高组织承诺的检察官通常对自己的职业具有较强归属感与自豪感,且愿意为了践行组织的宗旨而努力,这毫无疑问助推着检察官的自我激励。此外,2018年33位“全国模范检察官”的先进事例显示,大部分具备高组织承诺的检察官通常以组织利益为重,且能在组织利益与个人利益存在冲突时,牺牲个人利益以保全组织利益。

5. 信息收集

信息收集,是指个体对获取更多信息而非被动接受现成内容的主动性。

结合对各检察官相关事例的分析，本文将其分为两个层面：第一，在个案办理中，检察官对公安机关所转送的案件信息须进行细致审查工作，积极主动地深入挖掘更多案件细节，以尽可能接近事实真相，而不是被动接受公安机关所提供的信息。这是由于检察机关与公安机关之间除了基本的分工合作关系外，检察机关作为公诉案件的审查起诉机关与国家的法律监督机关，也需要对公安机关的工作进行一定的审查与监督。另外，检察官作为中国司法公正的形象代表，在工作中也应时刻提醒自己，每一个案件都要尽可能地还原真相，为司法公正打下基础。第二，在长期工作中，检察官作为人民群众的服务者与社会公平正义的维系者，还应时刻关注周围环境的变化，深入群众，并能够从中发现可能的问题并着手解决。信息收集与前述主动性的区分在于：前者是获取信息、发现问题的能力；后者是主动发现问题、解决问题的积极性与意愿。

6. 重视秩序、品质与精确

该指标反映个体降低环境不确定性的潜在动机。身为检察官，在办案过程中需要谨慎适用法律，严格按照程序开展工作。在处理案件过程中，检察官还需要与大量可能成为重要证据的信息打交道。这便要求检察官群体具备细致的工作态度与严谨的工作作风。具备这一特征的检察官，除了以高标准要求自己时刻按程序办事，反复核查工作内容与信息的准确度之外，也会以相应的标准要求身边的同事，从而推动整个组织的秩序化、规范化。另外，对于未曾接触过的领域，或是在社会发展中新出现的案件类型，具备这一特征的检察官通常能够根据自身经验整理出相应的办案程序及工作方法。此外，部分善于创新的检察官亦会在此特征的驱动下，开发出具有一定标准的规范化制度，从而促使组织内部各项工作的开展有法可依、有章可循。

7. 成就导向

《胜任特征辞典》将成就导向定义为一种希望能更好地完成工作，或达到更加有效的绩效的态度。成就导向高的群体通常会在自身工作中确立一定的目标或是较高的绩效标准，并积极地朝着目标努力。其通常具备较强的自我激励能力及创新驱动力。成就导向高的检察官，不但时刻激励自己改进工作表现，而且在努力提升绩效表现的同时，也能推动组织工作方式、思路等方面的创新，带动整个组织的发展。

8. 团队领导

团队领导主要是指个体担任领导者的能力与意图。在2018年33位模范检察官中,不乏检察长、检察室主任、专案组组长、特定队伍领队等领导角色。他们不仅需要做到准确传递信息、做出决策、合理进行任务分配、提升团队士气等,还需要确保团队内成员能够接受任务与决策、勇于承担身为领导者的责任等。

9. 大局意识

检察官群体在尽职工作的同时,仍需清楚地意识到其"机关工作人员"的身份。除了关注其所承接的案件,所在部门、所负责工作的相应领域外,还需具备一定的大局意识。这要求检察官群体在工作之余,不忘关注社会需求的变化,国家政策的推进,调整自身工作安排,助力国家及社会的发展。

10. 自我控制

《胜任特征辞典》将"自我控制"定义为人在面对诱惑、阻力、敌意与压力时能够保持冷静、控制负面情绪并采取行动的能力。对检察官先进事例的具体分析发现,模范检察官的自我控制主要体现在其面对诱惑与威胁的自控能力上。其中,诱惑主要源于办案过程中利害相关者的贿赂行为,威胁主要源于被告方及其亲友的恐吓、报复等行为。本研究中的"自我控制"更加侧重评价检察官在面对诱惑、威胁等压力时,是否能够排除他人干扰,保持自身纯洁性及对法律的坚守。

(四)检察官胜任特征二级指标的聚类

基于上述对检察官胜任特征二级指标的阐述,以及对各项胜任特征指标影响范围的区分,我们进一步将中国检察官胜任特征指标体系的二级指标聚合为三个一级指标:个人效能、组织知觉与社会角色认知,分别包含5项、3项、2项二级指标。

为使指标的重要程度更加明确,以各项二级指标的加权平均值为基准,计算其在整个指标体系中所占的比重,用以表示其在总体系中的重要程度。从表3可知,个人效能(51%)、组织知觉(28%)与社会角色认知(21%)的重要程度依次递减。以下分别介绍三个一级指标。

表3 模范检察官胜任特征指标体系

一级指标	指标在总体系中的重要程度/%	二级指标	加权平均值	指标在总体系中的重要程度/%
个人效能	51	主动性	35.0	13
		专业知识	27.8	11
		信息收集	26.6	10
		成就导向	22.8	9
		自我控制	21.3	8
组织知觉	28	组织承诺	27.0	10
		重视秩序、品质与精确	24.4	9
		团队领导	22.5	9
社会角色认知	21	客户服务导向	32.1	12
		大局意识	21.4	8

1.个人效能

个人效能维度概括的主要是影响检察官个体的胜任特征,反映其工作态度、行事风格及较深层次的工作意愿。它所反映的特征通常受到个体性格特征、成长环境与教育背景的影响,在相对长期的过程中逐渐形成。虽较为隐性,但经过一定时间的观察亦能识别,且通过激励、引导等方式进行培养,能够有所提升。

2.组织知觉

组织知觉,是指检察官个体对其所在部门、单位的知觉力。主要涵盖两个方面:一方面是对所在组织的知觉力,包括对组织现状及未来目标、宗旨的认知;另一方面是对组织内部关系的知觉力,主要包含领导与合作。其所囊括的特征指标与组织内部环境息息相关,且在一定程度上影响着整个组织的绩效表现。

3.社会角色认知

社会角色认知,是指检察官对个人及职业在社会层面上所扮演的角色的认知与认同程度。检察官职业具有一定的特殊性,其工作内容决定了他们时常要和人民群众打交道,在倾听与解决群众矛盾时要扮演好"群众的服务者"这一角色。另外,检察官的工作性质又决定了其作为司法公权力的行使者,时刻代表着中国司法公正的形象。对自身社会角色充分认知并具有高度认同的检察官,在工作中会将这种认同转化为内生动力,时刻严格要求自己服务好群众、维护好社会公正。

三、不同年份检察官胜任特征指标体系比较

(一)不同年份检察官胜任特征比较

在系统构建检察官的胜任特征指标体系的基础上,为进一步探讨不同时代对检察官的要求是否存在差异,分别统计了2014年及2018年所评模范检察官胜任特征重要程度的差异并进行对比。如表4所示,对比2014年与2018年,重视秩序、品质与精确这项指标的重要程度有明显上升;团队领导及团队合作这两项指标的重要性也有所上升;2018年自我控制这项特征则跌出前十。

表4　2014年与2018年顺位前十的胜任特征指标对比

顺位	2018年排序	2014年排序	总体排序
1	主动性	主动性	主动性
2	客户服务导向	客户服务导向	客户服务导向
3	信息收集	组织承诺	专业知识
4	重视秩序、品质与精确	专业知识	组织承诺
5	专业知识	信息收集	信息收集
6	自信	成就导向	重视秩序、品质与精确
7	团队领导	自我控制	成就导向
8	法律忠实度	重视秩序、品质与精确	团队领导
9	成就导向	团队领导	大局意识
10	团队合作	大局意识	自我控制

(二)不同年份检察官胜任特征差异的原因分析

2014年与2018年,中国模范检察官在胜任特征的表现上大体一致,亦存在差异。以下从三个方面分析原因。

1. 新型案件办案程序摸索及管理规范化

对比2014年及2018年,“重视秩序、品质与精确”指标的重要程度明显上升,反映出中国检察体系的工作越来越看重规范性及秩序性。其原因主要体现在如下两个方面:首先,随着检察改革的推进及中国社会的发展变化,在司法实践中出现了一些新型案件,中国检察机关也在一些新的工作领域做出了探索,如2015年开始试点推进的检察公益诉讼;其次,围绕司法责任制改革,在中国检察体制内部也相继对管理体制进行了调整,逐渐摸索出适合本职业的管理规范。[①] 正是在这样的改革进程中,检察官们探索建立秩序及规范的能力得到体现。

2. 更加强调团队的整体性

团队领导与团队合作这两项指标的重要性均有所上升。自2013年中国推进司法责任制改革以来,采取的各项举措,如实行独任检察官或检察官办案组的办案组织形式、确定主任检察官为办案组织负责人等,无一不在强调检察院是一个整体而非只是各自办案的检察官的聚合。采用办案组的办案形式,无疑促进了检察官之间在工作上的沟通与合作。通过将主任检察官确定为案件办理的主要负责人,也客观上刺激了其担任领导角色的责任感与采取行动的积极性。

3. 检察人员职业保障机制的完善

2014年重要程度排名靠前的自我控制指标,2018年并未进入前十。究其根源,并非国家不再强调检察官的思想纯洁性,而是由于健全完善检察人员的职业保障机制亦是第三轮司法改革的重点举措。随着改革的推进,检察系统中对人为干预司法的预防和打击机制不断完善,对检察官的职业与人身保障也进一步完善。国家从制度层面着手,减少了检察官办案中的后顾之忧,当环境中存在的诱惑与威胁减少,对检察官自我控制的能力也就不必过多强调了。[②]

---

① 参见郭志远:《司法体制综合配套改革:回顾、反思与完善》,载《法学杂志》2020年第2期。

② 参见高一飞、陈恋:《检察改革40年的回顾与思考》,载《四川理工学院学报(社会科学版)》2018年第6期。

四、研究结论与展望

(一)研究结论

本研究以2014年及2018年由人力资源和社会保障部与最高人民检察院共同评选出的88位"全国模范检察官"为研究对象,结合《胜任特征辞典》,构建出中国模范检察官的胜任特征指标体系,包括3个维度共10个具体指标。个人效能、组织知觉与社会角色认知3个主要维度,分别从个人、组织及社会层面影响检察官的工作绩效及行为表现。其中,个人效能最为基础也最为重要。10项具体指标按照重要程度排序依次为:主动性,客户服务导向,专业知识,组织承诺,信息收集,重视秩序、品质与精确,成就导向,团队领导,大局意识,自我控制。

综合来看,该指标体系要求检察官在具备一定专业知识的同时,拥有主动改进自身工作的意愿与能力,具备较强的团队领导与帮助组织建设的能力,且秉持一定的大局意识,对自身职业所扮演社会角色具有高度的认知与认同,并能以此激励、要求自己。此外,工作中的积极性与前瞻性,对专业知识的储备及探索,以及能否站在群众立场上,也尤被看重。

此外,比较2014年与2018年"全国模范检察官"的胜任特征表明,自第三轮司法改革开始至今,中国司法环境变化已对检察官胜任特征提出了新的要求。一方面,对公益诉讼及检察管理体制的探索要求检察官们更加注重秩序与规范,检察体制内人员管理制度的变化也要求检察官群体在专注提升自身办案能力的同时,也要关注其所在的团队及组织;另一方面,国家从制度层面加强对检察人员的职业保障,减少检察官办案时的后顾之忧,亦使自我控制这一特征不再被视作"模范检察官"的重要特质被反复强调,而是更加普及化地作为全体检察官都需具备的、更加基础性的要求。

(二)研究不足与未来方向

由于公开资源的有限性,本研究未能收集两个年度的所有样本信息。未来研究可从如下两个方向继续推进:第一,从非公开渠道收集研究对象的相关信息,对检察官胜任特征指标体系进行更深入的细化分析;第二,对处于不同岗位、负责不同类型工作的检察官的胜任特征进行更具针对性的研究。由于不同岗位上的检察官工作虽具有一定相通性,但细究起来亦各有侧重,对其进行区分研究一方面有其必要性,另一方面也能使检察官的胜任特征指标体系在具体应用中更具可操作性。

走向法治：行政复议与行政诉讼监督政府行为的实证研究

何　彬　蓝志勇*

内容摘要：在国家法治化建设的进程中，行政复议和行政诉讼能否有效监督政府行为呢？两者是否具有相同的作用机制？研究使用我国26个省级政府2004～2016年的国土资源领域的行政复议与行政诉讼的数据来进行实证检验。研究发现：(1)行政复议和行政诉讼是公众监督政府的有效途径。作为一种信息传递机制，行政复议和行政诉讼提高了政府不当行为被问责的可能性。(2)行政复议通过动员撤诉、行政诉讼通过撤诉和政府败诉来实现监督效果，两者具有不同的作用机制。(3)复议和诉讼都提高了不当行为被问责的概率，达到了政府行为监督的效果，动员撤诉的行为客观上提高了原不当行为被问责的概率。(4)用全国范围内的行政复议和行政诉讼数据对本研究的稳健性检验也支持了这些结论。在现有制度条件下，公民采用正式的、制度化的法治监督途径对推动法治建设有积极的作用和效果，论文为行政纠纷的法治化解决和体制改革提供了重要参考。

关键词：公众监督　行政复议　行政诉讼　法治化

---

* 何彬，清华大学公共管理学院博士生；蓝志勇，清华大学公共管理学院教授。

一、引言

建设法治政府是推进全面依法治国的关键,是推进国家治理体系和治理能力现代化的重要抓手。党的十八大以来,我国将法治中国的建设提上国家议事日程。党的十九大报告更是直接明确了我国法治建设的目标:到2035年,基本建成法治国家、法治政府和法治社会。法治建设的目标是追求国家治理的公平正义。从哲学的角度看,正义可以分为程序正义和结果正义。程序正义以诺奇克为代表,强调过程公正即结果公正,限制结果的不平等是毫无意义的;结果正义以罗尔斯为代表,认为公正是基本的权利和自由,具有神圣性,实现结果的公正需要坚持平等原则和差别原则。相应的,作为实现正义的重要手段,法律也分为程序法(procedural law)和实体法(substantive law),程序法是关于权利与义务的判别和分配过程的法律,是实现法律实质内容的手段和方法;实体法是明确权利、义务、与责任主体关系的法律,是法律的实质目的。[①]建设法治中国,既要发挥实体法的作用,也要重视程序法的作用。

在国家治理实践中,建设法治政府是实现法治中国的必由之路,这表明政府既是法律秩序的维护者,也是法律规则的遵守者。一方面,政府要依法履职,维护社会的实质公平正义;另一方面,政府也需要规范权力行使程序,特别是要接受公众的监督。[②] 传统上,公众对政府的监督主要采取上访、投诉、举报等途径,引起上级部门或领导的关注,并解决问题。但这一过程具有非制度化、非程序化、行动结果的机会主义等特征。[③] 因此,在落实依法治国方略的过程中,党和政府倡导和推动公众选择法治化的监督途径,以行政复议和行政诉讼等法治化途径代替信访上访。[④] 法治化路径的特点是以正式规则和法定程序为基础,行动结果具有可预见性。为此,我国重新修订了《行政

① 季卫东:《法律程序的形式性与实质性——以对程序理论的批判和批判理论的程序化为线索》,载《北京大学学报(哲学社会科学版)》2006年第1期。

② 郑方辉、尚虎平:《中国法治政府建设进程中的政府绩效评价》,载《中国社会科学》2016年第1期。

③ 马原:《大众主义传统与法制理性:国家处理社会矛盾的"双轨制"——来自华北X县的案例观察》,载《社会学评论》2016年第3期。

④ 林辉煌:《"引诱效应":信访的制度结构与法律甄别》,载《中国行政管理》2017年第6期。

诉讼法》,最高人民法院也出台相关措施,这些措施表明党和国家在不断完善法治化监督程序,保障人民群众依法监督政府的权利得以实现。

但是,在传统思维的影响下,公众并不愿意采取法治化途径来解决纠纷、监督政府。据中国社会综合调查(CGSS)的调查结果显示:在实际过程中,只有22.6%的公众会选择行政诉讼或行政复议的司法渠道,49%的公众选择找机关领导、上级领导、集体上访的方式。① 在法治化程序日臻完善的情况下,2018年,全国纪检监察机关依然接受信访举报344万件次,处置问题线索166.7万件。

那么,法治化途径究竟能否有效监督政府行为呢?本文以行政复议和行政诉讼为例来探讨这一问题,运用全国26个省份的国土资源领域的动态面板数据、采用系统GMM的估计方法来进行实证检验。此外,我们还利用全国30个省份的行政复议、行政诉讼、检察机关腐败立案的数据来进行稳健性检验,以期能够探索性地研究行政诉讼和行政复议实施的具体效果,检验在法治中国建设的过程中,司法监督和行政监督的可能性、有效性,以及对法治政府、法治社会建设的意义。

二、理论与假设

公众对政府行为监督的过程分为三个步骤:(1)先行的行政行为违法引发后续的行政争议,公众因此要求行政复议、行政诉讼甚至信访;(2)第三方依法对该行政行为的合法性、合理性进行审查并作出裁决;(3)一旦发现行政机关的行政行为存在错误,在"有错必纠"原则的指导下,第三方依据法律规定和法律原则,撤销原来的不当行政行为并进行问责。② 整个过程如《行政诉讼法》所规定,公民、法人或其他组织对行政处罚、行政许可、行政强制等行政决定不服的,可以提起行政诉讼,明显处罚不当或者存在明显违法情形,人民法院可以判决确认违法,并责令行政机关采取补救措施。此外,另一种可能是,迫于压力,政府在第三方裁决之前寻求和解,此时,虽然行政纠纷得到化

① 程金华:《中国行政纠纷解决的制度选择——以公民需求为视角》,载《中国社会科学》,2009年第6期。

② 章剑生:《"有错必纠"的界限》,载《中国法学》2013年第2期。

解,但政府的不当行为并未被纠正。图 1 展示了这一逻辑过程。

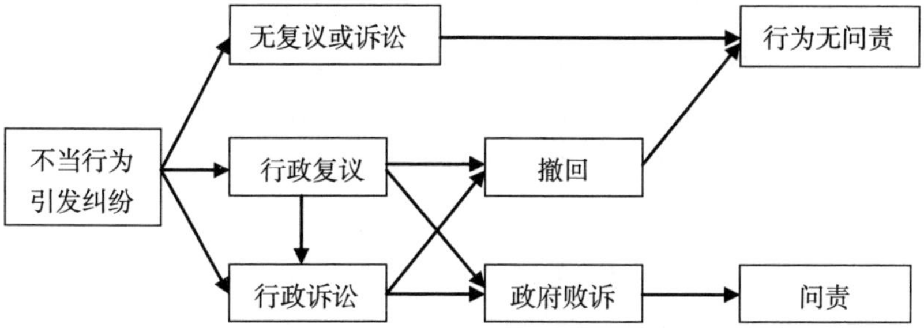

图 1　复议和诉讼监督政府行为的理论逻辑

官僚理论认为,在权力集中、缺乏有效制约的情况下,官员容易自我松懈,产生行政不作为、懒作为、乱作为的现象,进而引起群众的不满。寻租理论进一步指出,基层官员会有寻租谋取私利的倾向,在缺乏监督的情况下,会打破规则,谋求私利。① 从官员治理的角度看,不当行政行为和以权谋私的行为往往隐蔽程度高,不能见光,惧怕公众和法律监督。而一旦这些行为得到曝光,或者能够被问责,再次发生的概率就会降低,被改正的概率就会提高。

行政问责就是要求官员向上级证明自身行为的正当性,证明自身行为符合政治、法律、科层或合同的职责要求,上级可以根据这些信息,对行为不当的官员实施相应的惩罚。② 其中,信息披露是行政问责的关键。③ 而公众申请行政复议或行政诉讼,就是向第三方传播政府不当行为信息、寻求公平问责的过程。行政诉讼和行政复议,是现代国家设定的对政府不当行为进行问责的法律过程。它们有别于公众向纪检部门的申诉和一般性信访,是现代国家行政体系中寻求法律程序解决纠纷的途径,具有结构化、稳定化的冲突解决的特点。④ 这里的第三方,一是人民法院,法院通过行政诉讼来制约政府部

① David H. Guston, *Principal-agent Theory and the Structure of Science Policy*, Science and Public Policy, Vol. 23:229, p. 229 – 240(1996).

② E. Leslie Normanton, *Reform in the Field of Public Accountability and Audit: A Progress Report*, Political Quarterly, Vol. 51:175, p. 175 – 199 (1980); Mark Bovens, *Analysing and Assessing Accountability: A Conceptual Framework*, European Law Journal, Vol. 13:447, p. 447 – 468(2007).

③ 赖诗攀:《问责、惯性与公开:基于 97 个公共危机事件的地方政府行为研究》,载《公共管理学报》2013 年第 2 期。

④ Zhiyong Lan, *A Conflict Resolution Approach to Public Administration*, Public Administration Review, Vol. 57:27, p. 27 – 35(1997).

门的行政权力;二是政府内部的权力机关,有行政复议监督权,都有法定问责权力。在走向法治的过程中,民主行政理论强调分权、问责的多样化,其中,法治化问责是治理结构性冲突的有效方式。① 作为一种合法的、公众自我表达意见的渠道,法治化途径对于扩大民主参与、实现社会正义有很大的促进作用,其主要目的就是约束政府权力,防止政府越权和权力的滥用。作为我国制度性、法治化的行政纠纷解决方式,行政复议和行政诉讼相互配合,形成了“竞争中合作、差异中互补”的格局,②它们都能有效地向上传递政府不当行为的信息,复议机关和人民法院均依法有权对政府的不当行为进行问责。据此,我们提出以下假设:

H1a:行政复议能够降低政府的不当行为。

H1b:行政诉讼能够降低政府的不当行为。

对于地方政府来说,行政复议和行政诉讼的结果均具有法定的约束力。以行政诉讼为例,行政诉讼的判决约束力要求行政机关要尊重法院的判决,按照判决要求采取后续行政行为,这是一种对行政机关的强力约束,审判权以此实现对行政权的监督。③ 因此,在公众提起行政诉讼后,一种可能的结果就是,在司法机关尚未充分掌握下级政府的不当行为的信息之前,行政机关往往会积极动员原告撤诉,一旦撤诉,法定程序终止,地方政府不当行为的信息传播被中断,政府不当行为被问责的可能性则会降低。行政复议也是同样的逻辑,上级政府的介入也会使行政机关不再具有独立的执法权和信息优势,上级行政机关拥有全面的调查权和决定权。④ 而一旦发生程序终止,不当行为很难被问责,进而延续了政府发生不当行为的可能性。据统计考证,那些动员原告撤诉的行政案件,多为原行政行为违法或者无效。⑤ 鉴于此,我们提出如下假设:

① 金东日、石绍成:《如何理解国家治理现代化——以民主行政理论为中心》,载《中国行政管理》2015年第11期。

② 章志远:《行政复议与行政诉讼衔接关系新论——基于解决行政争议视角的观察》,载《法律适用》2017年第23期。

③ 王贵松:《行政诉讼判决对行政机关的拘束力——以撤销判决为中心》,载《清华法学》2017年第4期。

④ 余凌云:《论行政复议法的修改》,载《清华法学》2013年第4期。

⑤ 马怀德、孔祥稳:《改革开放四十年行政诉讼的成就与展望》,载《中外法学》2018年第5期。

H2a:行政复议的撤回延续了政府发生不当行为的可能性。

H2b:行政诉讼的撤诉延续政府发生不当行为的可能性。

行政复议和行政诉讼的另一种可能的结果是政府的不当行为被纠正,即第三方认定政府存在不当行为。但是,由于两者审理程序的不同,同样的结果可能有不同的政策效果。《行政复议法》规定,行政复议原则上采取书面审查的办法。这一规定原本是为了追求效率,却存在重大缺陷:一是书面审查要求事实清楚,但由于行政行为的复杂性、执法不规范等原因,仅凭阅卷很难清晰地查明事实;二是行政复议完全属于政府内部行为,行政相对人并不直接参与行政复议的审理过程,容易不接受复议决定。但是,行政诉讼却能够在程序上解决这些问题。《行政诉讼法》规定,行政诉讼以庭审为原则。行政诉讼的程序有助于司法机关深入、系统、全面地了解行政行为不当的信息。而行政复议则不具备这种程序优势,复议机关通过案卷材料进行裁判,书面审理的裁判过程使得政府不当行为只能有限程度地被曝光。因此,我们提出如下假设:

H3:同样是政府败诉,行政诉讼比行政复议对政府不当行为的约束效果更好。

三、研究设计

(一)样本与数据

本文聚焦于法治化监督途径的政策效果,以国土资源领域的行政诉讼、行政复议和土地违法的数据进行实证检验。分析单位为省级政府,分析数据主要源于《中国国土资源年鉴》《中国法律年鉴》《中国统计年鉴》。由于部分地区的数据缺失严重,样本数据不包括港澳台及北京、天津、上海、青海和西藏。选择国土资源领域数据的原因是土地违法是行政争议的稳定高发领域,随着城市化进程的加快,国土资源领域立法众多,土地资源事关百姓切实利益,是双方利益纠纷的关键,土地领域的行政管理行为的专业性、争议行为产生的复杂性以及容易引发群体性事件等特点,①使土地纠纷一直稳定地居于

① 曹鎏:《作为化解行政争议主渠道的行政复议:功能反思及路径优化》,载《中国法学》2020年第2期。

行政复议和行政应诉所涉领域的前三名。

本文选择的法律部门是行政法所调整的法律关系,而非刑法调整的法律关系。理论上,政府的不当行为是由于执法者的腐败、侵权、渎职等行为造成的,而执法者的腐败、渎职行为并非行政法所调整的法律关系,而是由刑法或者刑事诉讼法所约束,因而,需要特别说明本文之所以选择行政诉讼而非刑事诉讼的理由:刑法和刑事诉讼法所威慑的腐败、侵权渎职行为是已经被认定、被曝光后的处理行为,这个过程是"犯罪嫌疑人——公诉人——法官"之间的互动过程,并不涉及普通公众对执法者行为的监督,这是一个对执法者不当行为的处罚过程,而不是一个对不当行为的监督过程。因此,我们选择了行政法所涉及的行政复议和行者诉讼来进行实证分析。

(二)变量与测量

本文的因变量是地方政府的不当行为。本文采用"各地区的年度土地违法案件数"来测量国土部门的不当行为程度。现有研究表明,大部分的土地违法案件都有地方官员的参与,土地违法是典型的政企合谋,①上地领域的反腐败被视为瓦解政府和企业利益同盟的有效措施。② 事实上,地方政府和事业单位参与了大部分的违法行为,③即使地方政府没有直接参与,但对企事业单位的土地违法行为也采取了默许纵容的态度,没有地方政府的配合根本无法实施,④因此,土地违法能够有效衡量政府的不当行为。在操作化上,现有研究通常以案件数和涉案面积来衡量地方政府的土地违法程度。⑤ 根据《中国国土资源统计年鉴》资料显示,本年发生的土地违法立案数由非法转让、非法批地、低价出让土地、非法占地等几类行为构成,在这几类行为中,非法占地有可能是公众自身行为,较少地涉及政府的不当行为,因此将这一部分数据剔除,具体的操作化为"(本年发生案件的立案数—本年发生案件中未经批

① 梁平汉、高楠:《人事变更、法制环境和地方环境污染》,载《管理世界》2014年第6期。

② 张浩、李仲飞、邓柏峻:《利益同盟、反腐败与房价——来自中国的经验证据》,载《管理科学学报》2018年第8期。

③ 陶坤玉、张敏、李力行:《市场化改革与违法:来自中国土地违法案件的证据》,载《南开经济研究》2010年第2期。

④ 梁若冰:《财政分权下的晋升激励、部门利益与土地违法》,载《经济学(季刊)》2010年第1期。

⑤ 饶映雪:《地方政府土地违法行为的治理研究》,华中科技大学2013年博士学位论文,第28~50页。

准占地立案数)/本年发生案件的立案数”。

行政复议,包括行政复议水平、撤回行政复议和复议中政府败诉三个具体变量。其中,以国土资源领域的行政复议受理数来测量行政复议水平,并在模型中取自然对数;撤回行政复议比率采用“撤回行政复议申请数/复议本期受理数”来测量;行政复议中的政府败诉率采用“(责令履行+变更+撤销+确认违法+其他)案件数/复议本期受理数”来测量,政府败诉意味着原来的行政行为需要被改变,具体方式包括责令履行、变更(包括部分变更)、撤销、确认违法和其他等五种结果。

行政诉讼,包括行政诉讼水平、撤诉率和政府败诉率。程序上,公众可以在行政诉讼和行政复议之间自由选择,对行政复议结果不满的仍可以提出行政诉讼,为了避免行政复议对行政诉讼的政策效果的干扰,我们采用“未经复议直接诉讼案件数/行政诉讼总数”的方法来测量行政诉讼水平;撤诉率采用“诉讼撤诉数/诉讼审结数”来测量;政府败诉率采用“(撤销+履行法定职责+变更+撤销+确认违法+其他)案件数/诉讼审结数”的方式来测量。

本文主要的控制变量有:地区经济发展水平,以各地区“人均GDP”取自然对数的方式来测量;常规反腐强度,以“公检法等司法支出/一般预算支出”的方式来测量,其中,由于统计口径的改变,2007年以后采用的是“公共安全支出/一般预算支出”来测量,按照相关统计说明,公共安全支出包括武装警察、公安、国家安全、检察、法院、司法等10项支出内容,与原来的公检法等司法支出的内容大致相同。① 政府规模,采用“一般预算支出/地区生产总值”的方式来测量;②土地财政依赖程度,以“国有建设用地出让成交价格/地区一般预算收入”的方式测量。③ 主要变量的描述性统计如表1所示,行政复议的数据为全国26个省份的2004~2016年数据,样本量共计338个,行政诉讼的数据为全国26个省份的2009~2016年数据,样本量共计208个。

---

① 王贤彬、黄亮雄、徐现祥:《高官落马遏制腐败了吗?——来自震慑效应的解释》,载《世界经济文汇》2016年第2期。

② 李辉、杨肖光:《市场化与腐败类型的地区差异——基于职务犯罪起诉书数据的多层分析》,载《公共行政评论》2019年第3期。

③ 卢新海、陈丹玲、匡兵:《区域一体化加剧了土地财政依赖吗?——以长江经济带为例》,载《华中农业大学学报(社会科学版)》2019年第1期。

表1　主要变量的描述性统计

变量	样本量/件	均值	标准差	最小值	最大值
政府不当行为程度	338	0.0855636	0.087556	0	0.7565543
行政复议水平	338	65.57692	89.54651	1	1188
复议中政府败诉	338	15.25148	24.88595	0	247
复议撤回申请	338	7.497041	21.23253	0	368
未经复议而诉讼	208	125.3077	255.4235	0	1481
诉讼中政府败诉	208	17.20192	32.67255	0	262
诉讼撤诉	208	21.48077	72.32515	0	926
常规反腐强度	338	0.0604876	0.0124921	0.0374231	0.1078539
人均GDP（取对数）	338	10.15413	0.6230958	8.346405	11.4813
土地财政	338	0.4725871	0.2352413	0.0998209	1.395464
政府规模	338	0.2027537	0.0795173	0.0791764	0.4374817

四、实证结果

（一）法治化途径的监督效果的实证检验

为了解决动态面板所面临的内生性问题，我们选择了广义矩估计（Generalized Method of Moments，GMM）的估计方式，具体采用了系统GMM来进行模型估计。表2报告了具体的估计结果。

表2　法治化途径监督效果的实证检验

变量	行政复议的效果			行政诉讼的效果		
	模型1	模型2	模型3	模型4	模型5	模型6
L.滞后一阶	0.366*** (0.0766)	0.373*** (0.0508)	0.400*** (0.0404)	0.289*** (0.0409)	0.203*** (0.0511)	0.0673 (0.0765)
法治水平	-0.00674* (0.00339)			-0.0470*** (0.00720)		

续表

变量	行政复议的效果			行政诉讼的效果		
	模型 1	模型 2	模型 3	模型 4	模型 5	模型 6
撤回(诉)率		-0.0161* (0.00785)			-0.0683*** (0.00920)	
政府败诉率			0.0442 (0.0229)			-0.0650*** (0.00947)
反腐强度	-0.834** (0.262)	-0.169 (0.361)	-0.490 (0.459)	0.00204 (0.214)	-0.131 (0.139)	0.495 (0.310)
人均 GDP	-0.0377** (0.0113)	-0.0449*** (0.00742)	-0.0467*** (0.00619)	-0.0329*** (0.00551)	-0.0509*** (0.00519)	-0.0294* (0.0119)
土地财政	-0.0524*** (0.00816)	-0.0170 (0.0106)	—0.0275** (0.00978)	—0.0203** (0.00702)	-0.0113 (0.00675)	-0.00607 (0.00735)
政府规模	-0.377*** (0.0729)	-0.328*** (0.0576)	-0.246** (0.0658)	-0.130** (0.0475)	-0.203*** (0.0242)	-0.435*** (0.0567)
常数项	0.609*** (0.111)	0.589*** (0.0796)	0.600*** (0.0838)	0.445*** (0.0623)	0.633*** (0.0521)	0.426*** (0.121)
AR(1)	0.0039	0.0019	0.0010	0.0044	0.0468	0.0630
AR(2)	0.4578	0.5643	0.5968	0.7088	0.7920	0.9328
Sargan	0.9999	1.0000	0.9999	0.8616	0.9599	0.9724
观测值	312	312	312	182	182	182

注:括号内是标准误,*$p < 0.05$,** $p < 0.01$,*** $p < 0.001$。

模型 1 至模型 3 利用国土资源领域的 2004~2016 年间的行政复议数据检验行政复议的政策效果。模型 1 结果表明,行政复议的水平越高,政府的不当行为程度越低,两者呈负向因果关系,这表明行政复议作为一种监督政府的方式是有效的。模型 2 和模型 3 进一步考察行政复议监督政府行为的发生机制:与假设相反,撤回行政复议也能够降低地方政府的不当行为;与假设一致,行政复议中政府败诉不能降低地方政府的不当行为。这表明,公众提起行政复议,信息传递机制会促使地方政府的不当行为被问责,这种监督效果的发生机制通过行政复议的撤回来实现,与原来的原行政行为被认定错误之间并没有显著因果关系。

模型 4 至模型 6 利用 2009~2016 年的行政诉讼数据检验行政诉讼的政策效果。结果显示,行政诉讼的水平越高,政府的不当行为程度越低,两者呈负向因果关系,这表明行政诉讼作为一种监督政府的方式是有效的。

模型5和模型6检验的是撤诉和败诉的影响,与行政复议相同的是,原告撤诉依然可以降低地方政府的不当行为;与行政复议不同的是,政府败诉与地方政府的不当行为之间呈负向因果关系。结果表明,行政诉讼作为公众监督政府的一种方式是有效的,这种监督机制是通过撤诉和政府败诉两种机制发生。

(二)复议与诉讼中撤诉效果的再检验

逻辑上,公众选择退出行政诉讼或行政复议,意味着监督程序的终止,这种行为实际上阻碍了对政府不当行为的问责,但为何实证结果并非如此呢?一种可能的解释是,在公众选择退出之前,问责者已经掌握了地方政府的不当行为的信息,因此,公众的退出与否,不会影响不当行为被问责。这个解释如果成立的话,那行政诉讼中的政府败诉也应该是无效的,因为在认定政府败诉之前,第三方当然更充分掌握了该信息(相比较于公众中途退出),但事实却不是这样。为此,我们试图从"公众—政府"双方的互动结构和过程中来寻找答案。

逻辑上,公众因不满具体的行政行为而提起行政复议或行政诉讼,主要目的是维护自身权益,但同时也起到了监督政府行为的实际效果。在法治国家,每个人都有检举揭发政府不当行为的义务,即便如此,也很难期待公众在不涉及自身利益的情况下去采用法治化的途径来监督政府,不能期待每个人都能够去采取行政复议或行政诉讼的方式去揭发腐败。利益关联是影响公众对政府不当行为容忍度的关键因素,①一旦涉及自身利益,公众才有可能不再容忍。公众的监督行为是为了维护自身利益,一旦利益得到满足,就可能会选择退出。

实践中,当地方政府面临行政复议或行政诉讼时,动员原告撤诉是一种优先选择,特别是当基层政府存在不当行为的时候,这种动员撤诉的可能性更大。一方面,在法治政府建设的绩效考核压力下,行政复议和行政诉讼是上级政府部门进行绩效考核的一项关键指标;②另一方面,一旦上级部门或者司法部门介入,便增加了政府部门不当行为被问责的概率,在避责已经成为基层官

① 倪星:《利益关联、行动选择与公众的腐败容忍度——基于G省的实证分析》,载《武汉大学学报(哲学社会科学版)》2017年第4期。

② 向淼:《法治压力与地方政府回应——基于对浙江省"三改一拆"行政诉讼的经验研究》,浙江大学2019年博士学位论文,第91~92页。

员的主要行为特性的背景下,[1]动员撤诉是首选方式。由于从行政机关那里获得了利益补偿,利益诉求得到满足后,撤诉也就顺理成章。[2] 潘新美等人通过一起交通处罚的行政诉讼的撤诉行为描述了这个动员过程:由于交通局的行政处罚存在程序错误,在得知被起诉后,交通局分三个阶段来动员撤诉,第一个阶段是态度强硬,主要采取“法理(确实有违法行为) + 情理(交警工作很辛苦)”的说服教育策略;第二个阶段,态度自信(专业的法律顾问)但有所弱化(愿意满足部分诉求);第三个阶段,交通局妥协,满足行政相对人的全部利益诉求(撤销处罚、退还罚款),原告撤诉。[3]

虽然政府部门有动机去动员撤诉,但不意味着撤诉是唯一结果,即使在政府存在不当行为的情况下,动员撤诉也并非政府的唯一选择。因为一旦地方政府部门认定该行政行为不存在不当之处,政府会选择将行政复议或行政诉讼进行到底。如果是这样的话,模型6中的政府败诉率就不会具有降低政府不当行为的效果,但实证结果并非如此。对此,我们认为这是由于执法者的不当行为,甚至可能是腐败行为具有隐蔽性造成的。[4] 实践中,做出不当具体行政行为的执法者和出庭应诉的人员分属不同的部门,出庭应诉的官员并不一定知晓执法者自身存在着不当行为,应诉的官员根据动员撤诉的成本、胜诉的概率和败诉的可能后果等方面的综合考量决定最终行为选择。

理论上,撤诉的行为暂时阻止了地方政府的不当行为信息的传播,但这并不意味着这种不当行为被永久掩盖。但事实上,从统计概率上讲,地方政府的动员撤诉更有可能暴露原行为,因为存在两个相关联的不当行为(原来的不当行政行为和动员撤诉的行为),但这种不当行为信息可能在当年被曝光,也可能在未来的某一年被曝光。如果这个逻辑成立的话,将会出现两个结果:一是撤诉行为会降低未来一年的政府不当行为,这些不当行为并非当年发生的;二是如果撤诉行为真的将政府的不当行为暂时隐藏,那么政府败诉将不会产生

---

① 倪星、王锐:《从邀功到避责:基层政府官员行为变化研究》,载《政治学研究》2017年第2期。

② Kevin J. O'Brien & Lian Jiang Li: *The Politics of Lodging Complaints in Rural China*, The China Quarterly, Vol. 143:756, p. 756 – 783(1995).

③ 潘新美、何彬:《行政诉讼对街头官僚执法的监督功能:基于交警执法的个案研究》,载《中国行政管理》2017年第9期。

④ 王贤彬、黄亮雄、徐现祥:《高官落马遏制腐败了吗? ——来自震慑效应的解释》,载《世界经济文汇》2016年第2期。

这种结果。为了验证这一逻辑,本文进行了如下操作:我们以各地区的“隐漏案件”数据作为因变量,来衡量那些被暂时隐藏的不当行为程度,考虑到公众退出行为的影响滞后,将撤回复议(撤诉)、政府败诉等变量滞后一阶加入模型,并控制了“隐漏案件规模”这一变量,进行实证检验。表3报告了具体的实证分析结果。模型8和模型10的结果表明,撤诉能够降低政府隐漏的不当行为;相比之下,模型7和模型9的结果表明,行政复议和行政诉讼中的政府败诉则不会降低隐漏的不当行为。

表3　行政复议和行政诉讼的撤诉效果

变量	行政复议的撤回效果		行政诉讼的撤诉效果	
	模型7	模型8	模型9	模型10
撤回率		-0.139^{***} (0.0347)		-0.226^{*} (0.102)
政府败诉率	-0.149 (0.104)		0.950^{***} (0.114)	
滞后项等	已控制	已控制	已控制	已控制
AR(1)	0.0545	0.0489	0.0149	0.0859
AR(2)	0.6017	0.7619	0.5785	0.7254
Sargan	0.9999	0.9997	0.7827	0.9926
观测值	283	283	153	153

注:括号内是标准误;$^{*}p<0.05$,$^{**}p<0.01$,$^{***}p<0.001$。

(三)复议与诉讼的监督效果的稳健性检验

如前所述,行政复议和行政诉讼行为能够显著降低地方政府的不当行为,作为一种法律途径的公众监督政府行为的方式是有效的,那么这种有效性是否具有领域差别呢?为了验证实证结果的稳健性,本文以2004~2016年的省级动态面板数据进行了实证检验。我们选择了地方政府中最严重的不当行为——腐败行为作为因变量,以人民检察院立案侦查的贪污贿赂等腐败案件的涉案人数来测量,并以“地区总人口”和“地区国有单位就业人员年末人数”来进行标准化,分别构造了“人均腐败率”和“公职人员腐败率”的因变量。行政复议程度和行政诉讼程度分别用“人均行政复议率”和“人均行政诉讼率”来测量。实证回归结果如表4所示。结果表明:无论是采用“人均腐败率”的测量方式，还是采用“公职人员腐败率”的测量方式，行政复议和行政诉讼均能够显著降低地区腐败水平，本文的实证结果具有稳健性。

表 4　行政复议和行政诉讼监督效果的稳健性检验

变量	人均腐败率		公职人员腐败率	
	模型 11	模型 12	模型 13	模型 14
人均行政诉讼	-0.0463^{***} (0.00542)		-0.0000827^{***} (0.0000101)	
人均行政复议		-0.0335^{***} (0.00535)		-0.0000371^{***} (0.00000836)
滞后项等	已控制	已控制	已控制	已控制
AR(1)	0.0008	0.0033	0.0015	0.0038
AR(2)	0.3234	0.3215	0.5731	0.3824
Sargan	0.9992	0.9992	0.9986	0.9985
观测值	360	360	360	360

注：括号内是标准误；$*p<0.05$，$**p<0.01$，$***p<0.001$。

五、总结与讨论

在法治国家建设进程中，公众对政府行为的监督是建立有限政府的必要条件，制度化、法治化的监督途径也是建设法治中国的重要体现。本文聚焦于公众监督政府行为的法治化途径的政策效果，以行政复议和行政诉讼为例，利用国内 26 个省级政府 2004～2016 年的国土资源领域的数据、采用动态面板的系统 GMM 来进行实证检验。研究发现：(1) 作为一种公众监督政府行为的法治化途径，行政复议和行政诉讼能够显著降低地方政府的不当行为，作为一种信息传递机制，行政复议所形成的“公众—复议机关—地方政府”和行政诉讼所形成的“公众—人民法院—地方政府”的治理结构，增加了政府不当行为被问责的概率。(2) 虽然都属于法治化的监督途径，行政复议和行政诉讼不仅有理论上的区别，监督效果的发生机制也并不相同，行政复议的监督效果是通过动员撤诉机制来实现，行政诉讼的监督效果是通过动员撤诉和政府败诉两种机制来发生。(3) 动员撤诉之所以能够成为一种发生机制，就在于动员撤诉的行为只是将政府的不当行为暂时隐藏,但这种动员行为反而提高了该行为被问责的概率。

传统上,我国对政府的监督主要依靠官僚体制内部监督(regulation inside government)来实现,即由法律授权的一个公共部门对另一个公共部门实施的"保持距离型"的控制(arms-length control)。① 一个有效的监督体系的关键是问责者能否有效掌握政府的不当行为的信息,公众由于直接和政府部门发生行政行为,因此获得了巨大的信息优势。从信息传递的角度看,无论是行政复议和行政诉讼等法治化监督途径,还是信访、投诉、网络举报等非法治化监督途径,监督效果之所以发生就在于公众的行为降低了地方政府和上级政府间的信息不对称程度。法治化的监督途径也能够有效传递问责信息,信息传播的程度决定了政策效果。表5展示了行政复议和行政诉讼关于信息传播的区别。从裁判程序上来说,行政诉讼以庭审为原则,虽然也存在简易程序,但简易程序的使用有明确的法律要求;行政复议以书面审理为原则,虽然也存在实地调查的可能,但实地调查的前提是复议机关认为有必要,庭审原则的裁判程序更加有助于地方政府不当行为信息的传播。从行为数量上来看,政府败诉行为只有原来的不当行政行为,公众的撤诉行为则包括原来政府的不当行政行为和政府动员撤诉行为,两个相关联的不当行为更有可能被曝光。

表5　不同情境下的信息传播情况

类别	公众撤诉 (原行政行为+动员撤诉行为)	政府败诉
行政复议(书面审理)	充分传播	不充分传播
行政诉讼(庭审)	充分传播	充分传播

本文的贡献主要有:第一,用实证的方式检验了一直缺乏证据支持的法治化途径的政策效果。实现国家治理能力和治理体系现代化,国家需要不断完善立法、公正司法,公众也需要懂法、守法、用法。党和国家鼓励公众采用规范化、法治化的方式来监督政府行为,但舆论一直认为我国法治的效果不明显。本文验证了当公众对具体的行政行为感到不满意的时候,"走向街头"并非公

① Christopher Hood et al., *Regulation Inside Government: Waste-Watchers, Quality Police, and Sleaze-busters*, Oxford University Press, 1999.

众监督政府行为的唯一有效途径,行政复议或行政诉讼——“走向法庭”——也是一种有效方式。[①] 传统观点认为,由于行政复议和行政诉讼的无效造成的公众“信访而不信法”,[②]但本文的实证结果显示:法治化途径也是有效的,是保护群众利益的达摩克斯剑。

第二,本文深化了对行政复议和行政诉讼的功能的再认识。新时代的行政复议和行政诉讼具有行政纠纷解决功能、行政救济功能和行政监督职能。[③]传统上,我国的行政法律制度建设一直强调行政复议和行政诉讼的解决行政纠纷作用,主张完善行政调解机制、替代性纠纷解决机制。[④] 但本文的观点表明,行政复议和行政诉讼的功能并非简单地解决行政纠纷,更加意义深远的功能在于公众可以通过这种方式达到监督政府、捍卫公民利益的目的。[⑤]

第三,本文探讨了行政诉讼和行政复议的效果差异性的缘由。现有研究认为,行政复议解决纠纷效果不佳的原因在于行政机关和复议机关直接的上下级关系,行政复议成功率很低,公众对复议机关普遍不信任。而本文发现行政复议的成功率低并不是由于复议机关和行政机关的上下级关系,而是由于书面审理的方式造成的,可以通过进一步优化行政复议的程序来提高效率。

当然,本文也存在着一定的不足之处,如数据不全面,土地资源领域的数据并非全国样本,且年度也不一致,这主要是受限于数据的可获得性,为此,本文在稳健性检验部分对这个问题进行了部分补充。此外,本文并没有讨论什么情况下群众选择法治化和非法治化途径等问题,以上这些问题也需要在未来的研究中继续深化。

---

① 管兵:《走向法庭还是走上街头:超越维权困境的一条行动路径》,载《社会》2015 年第 6 期。

② 应星:《作为特殊行政救济的信访救济》,载《法学研究》2004 年第 3 期。

③ 曹鎏:《作为化解行政争议主渠道的行政复议:功能反思及路径优化》,载《中国法学》2020 年第 2 期。

④ 邓刚宏:《论我国行政诉讼功能模式及其理论价值》,载《中国法学》2009 年第 5 期。

⑤ 刘莘、刘红星:《行政纠纷解决机制研究》,载《行政法学研究》2016 年第 4 期。

量化评估与模型建构：影响审查逮捕社会危险性因素的实证分析

刘文涛*

内容摘要：借助 SPSS 统计工具，通过对 1200 份裁判文书进行二元 logistic 回归分析，可以发现影响审查逮捕社会危险性认定的因素和判断逻辑。由交叉分析和卡方检验可知，在单因素背景下，学历、性别、民族、律师、户籍、前科、疾病、自首、坦白、退赔或退赃、被害人谅解、认罪认罚从宽制度、其他从轻情节、其他从重情节和缓刑对社会危险性的认定具有显著性影响。由 logistic 回归分析可知，在综合因素背景下，对社会危险性认定具有显著性影响的因素为学历、户籍、前科、退赔退赃和缓刑；较为显著影响的因素为自首和被害人谅解；其他因素则不具有显著性影响。根据各个变量的回归系数，可以建立社会危险性的量化评估模型，并对被追诉人适用非羁押措施的风险大小做出预测。

关键词：审查逮捕　社会危险性　量化评估　审前羁押

* 刘文涛，四川大学法学院博士研究生。

一、问题、材料与方法

(一)问题的提出

作为逮捕的核心条件,社会危险性的把握一直是司法实践中的难点。由于缺乏系统化、可操作性的统一规范细则,社会危险性大小基本依赖于办案人员的主观判断,客观上阻碍着我国审前羁押率的进一步下降。

从域外看,对犯罪嫌疑人进行审前羁押的社会危险性量化评估成了解决上述难题的有效途径。在美国,联邦地方法院审理的案件中,近90%都接受了PTRA(一种精算风险评估工具)评估。该评估机制由美国联邦拘留事务管理人办公室与AO(一种开发工具)开展的一个项目,具体而言是采取各种多元模型,通过设置11个问题,用以衡量被告的犯罪危险性,即定罪、年龄、学历、就业状况、居住状况、是否吸毒和公民身份,通过问题的回答产生0到15的数值,转换为5个风险类别。通过培训和认证,联邦审前服务官可在不到5分钟内完成评估。在英国,英格兰和威尔士地区"青少年司法委员会"(YJB)于2014年开始逐步推广使用新型审前释放风险评估工具AssetPlus,由"风险要素的收集与描述""行为分析与风险评价""释放后的干预和监管建议"三个模块构成。作为结构性评估,其与PTRA为代表的精算评估最大的不同在于强调对主体风险要素的多元化描述,而非简单的"有或无""0或1",风险评估建立在特定的个人资料背景而非群体资料背景上,有效促进了青少年犯罪的矫治。①

我国地方检察机关也在不断进行量化评估的尝试。一是借助智慧系统实现办案辅助。例如,浙江绍兴启用了辅助办案的羁押必要性审查智慧系统,将羁押必要性审查的相关要素分为"相对固定要素"和"相对可变要素",设定要素后对全部案件进行筛查,使办案人员的精力集中在筛查出来的重点案件之中。② 二是进行量化打分。例如当前开展的审查逮捕听证制度试点

① 参见史立梅、周洋:《刑事司法中的风险调查与评估——以审前释放为视角》,载赵秉志主编:《刑法论丛》第4卷,法律出版社2018年版。

② 参见范跃红:《浙江绍兴:研发羁押必要性审查智慧系统辅助办案》,载正义网,http://news.sina.com.cn/sf/publicity/jcy/2019-07-04/doc-ihytcerm1286992.shtml。

中，检察官邀请人大代表、政协委员、社区工作人员等案外人员进行听证，对犯罪嫌疑人各项表现进行打分，综合得出社会危险性的做法亦可认为是一种较为简化的量化评估方式。

可以说，无论是美国的PTRA，还是检察智慧系统，抑或听证打分，其本质都是将较为原始和模糊的主观判断因素转化为可量化的数据，为社会危险性的评估提供较为明确和统一的参考标准。既可以一定程度上预防办案人员自由裁量权过大导致的司法风险，也可以避免由此产生的地区差异较大的情况，还可以减少司法工作人员的负担，提高诉讼效率。

当前，我国在该方面的研究相对滞后，尚停留在理论层面。由于缺乏有效的统计工具等研究手段，社会危险性量化评估的相关研究难以深入，研究成果尚停留在量化模型的原理等理论层面，需要进一步地实证分析。① 而实践中检察机关采用量化打分方法对影响审查逮捕的风险因素进行综合评估，也需要系统化地优化提升。② 为此，笔者基于统计学方法，结合一定数量的裁判文书开展相关性分析，试图对影响审查逮捕社会危险性的因素进行系统性、科学性的统计分析，最终建立我国的量化评估模型。

（二）研究方法与材料

1. 研究方法

本文主要采用实证分析方法，借助SPSS软件等统计学工具，以随机抽取的1199份判决书为样本，对影响审查逮捕社会危险性的因素进行筛选、分析，最终得出量化评估方程。与传统的因果分析不同，本文侧重于对相关性分析，即考察综合因素下各个影响因子的显著性差异。

主要分为两步：第一步是借助卡方检验，对单因素进行相关性分析，筛选出对社会危险性具有显著影响的几个因素。第二步是将上述筛选出的影响因素进行logistic回归分析，重点考查在多个因素共同影响下，哪几个因素对社会危险性具有显著影响，影响是正向还是负向，影响强度几何。在此基础上，对数据分析结果进行解读、提出建议。

---

① 参见王贞会：《审查逮捕社会危险性评估量化模型的原理与建构》，载《政法论坛》2016年第2期。

② 例如，四川省检察机关出台的《办理羁押必要性审查实施细则》中就制作了《犯罪嫌疑人、被告人羁押必要性审查量化评估计分表》，各类计分项目共80余项；太原市人民检察院制定了《审查逮捕社会危险性评估参考标准（试行）》，把应当逮捕的社会危险性情形细化为23个评估标准，细化至100余项。

2. 数据来源与随机性说明

笔者在 open law 网站上,随机下载了 2019 年 6 月全国一审刑事判决书共 1700 份,抽样比例约为 2.24%。[①] 经过数据清洗后共得到有效样本 1199 份、1224 人。[②] 如表 1 所示,最终适用逮捕的有 653 人,羁押率为 53.35%。而我国 2019 年全部刑事案件审前羁押率为 59.85%。[③] 考虑到被判处十年以上有期徒刑的重罪案件并没有纳入样本,[④]这一比例是合理的。

表 1 强制措施适用情况

强制措施	逮捕	取保	监视居住	逮捕变更取保	逮捕变更监视居住	取保变更逮捕	监视居变更转逮捕	取保变更监视居住	未说明
人数/人	588	419	10	92	1	59	6	2	46
比例/%	48.04	34.23	—	7.51	—	4.82	—	—	3.76

另外,罪名分布也基本符合我国基层法院刑事案件实际情况。其中,危险驾驶罪案件数量最多,共 444 件,占比为 37.3%;其次是盗窃罪 356 件,占比为 29.69%。两罪合计占比高达 66.72%。其他数量较多的罪名有:毒品类犯罪 105 件、诈骗罪 44 件、故意伤害罪 44 件、妨害公务罪 25 件、交通肇事罪 24 件、寻衅滋事罪 17 件等(见图 1)。

从地域分布看,上述判决书涵盖了我国除海南省外的 30 个省、自治区、直辖市,分布地区广泛,使统计结果更加全面,尽可能避免地区差异带来的

① 之所以不选取 2020 年的数据为样本,是因为"新冠肺炎"疫情给案件办理、审判工作均带来了一定影响。诸如常见的危险驾驶罪、盗窃罪、交通肇事罪的案件数量和比例产生了波动,亦给犯罪嫌疑人收押、监管工作带来了不利影响,对数据观察和结论得出造成的干扰较大,故而选取 2019 年数据作为样本。

② 数据的清洗主要针对判决结果在有期徒刑 10 年以上的、不宜在互联网上公开的、未成年人犯罪的、主要信息残缺不完整的以及附带民事诉讼等判决书的。

③ 据《最高人民检察院工作报告》披露,2019 年检察机关共批准逮捕各类犯罪嫌疑人 1,088,490 人、提起公诉 1,818,808 人,逮捕率为 59.85%。参见最高人民检察院网,https://www.spp.gov.cn/spp/gzbg/202006/t20200601_463798.shtml。

④ 根据《刑事诉讼法》第 81 条规定,对有证据证明有犯罪事实,可能判处十年有期徒刑以上刑罚的,应当予以逮捕。

统计误差。①

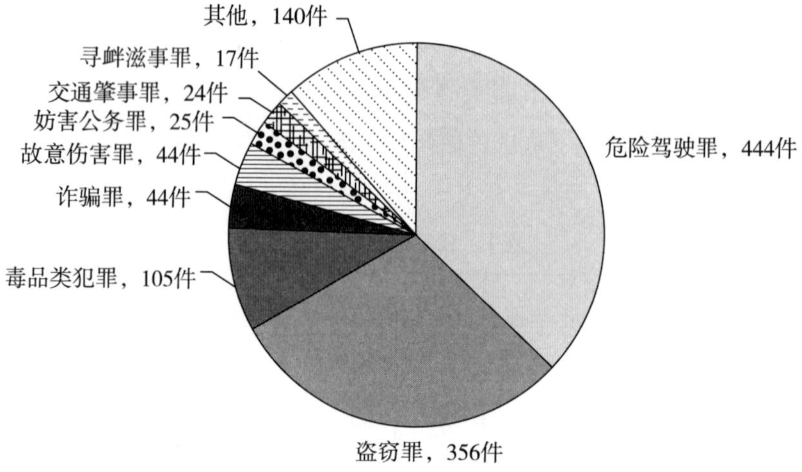

图1　案件罪名分布

当然,logistic 回归分析结果是否可靠仅仅依靠上述判断是远远不够的,需要通过随机检验、卡方检验、霍斯默－莱梅肖检验、拟合优度以及分类表等统计学方法予以综合判断。这些将在下文中予以具体阐述。

需要注意的是,逮捕须满足"可能判处徒刑以上案件",而危险驾驶罪最高刑为拘役。换言之,几乎所有的危险驾驶案件都适用取保候审,取保与否只与罪名一个变量有关。② 考虑到这一点,笔者在后面的统计分析中将危险驾驶案件剔除出去,避免对实验数据造成干扰。

二、模型建立与变量设置

关于模型选择。统计学上利用数学建模的方法有多种,本文拟采用

---

① 有实证研究表明,我国不同地区审前羁押率差异较大。例如,"Z市整体非羁押率为53.81%,其F县基层院,三年非羁押案件占受理案件的61.01%;R县,非羁押案件占比为50.39%,人数占比为57.15%。而在C市,非羁押案件占比为40.55%,基本与全省水平持平。在C市内部,各个基层院差异明显:G区(63.35%)、P县(59.75%)和D县(55.82%)非羁押率高居前三;而J区(26.49%)、D市(27.42%)和C区(29.72%)则远低于平均水平"。参见韩旭、刘文涛:《非羁押诉讼实证研究:困境与出路》,载《南阳师范学院学报》2020年第5期。

② 实践中,确有极少数危险驾驶案件的犯罪嫌疑人被采取逮捕措施。

logistic 回归分析方法作为建立社会危险性量化评估模型的基础,涉及的复杂的数学运算则借助 SPSS 软件予以解决。logistic 回归分析方法在社会学、经济学中得到了广泛的运用,主要用于寻找危险因素、预测和判别,是流行病学和医学上最常用的分析方法。logistic 回归分析方法可以有效研究影响关系,即自变量 X 对于因变量 Y 的影响情况,其数据类型要求为类别数据。从研究目的上看,本文主要分析哪些因素对社会危险性产生影响且影响几何,从而进行量化分析,进而预测犯罪嫌疑人的逮捕必要性。从具体变量而言,诸如前科、学历、自首等因素,彼此之间既非上下包含关系也非互相平行关系,更非线性关系,均为无序类别变量。无论是从研究的目还是具体数据类型而言,logistic 回归分析方法无疑是最恰当的。

关于变量选择。自变量 X 的选择,即影响社会危险性因素的选取是关系到回归模型是否有效的关键。理论上有不同的选取标准。例如,有学者选取了“在校生、严重疾病或孕妇、有保证人、累犯、初犯偶犯、过失犯罪、主犯、犯罪未完成形态、逃避刑事处罚、和解、被害人有过错”11 个因素;①有的学者则从犯罪情况、嫌疑人个人情况、罪后情况和被害人情况四个方面出发,细化到 28 个具体因素;②还有学者提出了再犯罪危险预测因子群,包括违法犯罪史、犯罪危险性、行为危险性、行为人危险性等几个方面;③美国 PTRA 则包含了 26 个子因素。笔者认为,以上分类都具有合理性,但影响司法办案人员社会危险性判断以及作出羁押与否的决定的因素是难以穷尽的,这点从各地检察机关羁押必要性审查计分项动辄百余项就可以看出。即使可以穷尽,变量出现的频数与样本总数也受统计学原理的制约。根据统计学原理,二元 logistic 回归分析中总样本最小数量要达到自变量数量的 15 倍以上(有些甚至要求 50 倍以上),自变量出现的频数也不能过低,否则为偶然事件,丧失统计价值。考虑到这一点,笔者以判决书载明的要素为总括,并借鉴其他研究成果,最终选择了罪名、前科、自首、坦白、怀孕、重大疾病、退赔退赃、被害人谅解、被害人过错、是否适用认罪认罚从宽制度、其他从轻情节、其他从重情节几个影响因素。除了上述“法定”的影响定罪量刑

① 参见王贞会:《审查逮捕社会危险性评估量化模型的原理与建构》,载《政法论坛》2016 年第 2 期。

② 参见杨秀莉、关振海:《逮捕条件中社会危险性评估模式之构建》,载《中国刑事法杂志》2014 年第 1 期。

③ 参见赵兴洪:《缓刑适用的中国图景——基于裁判文书大数据的实证研究》,载《当代法学》2017 年第 2 期。

的因素外,实践中还存在其他重要的考量因素:犯罪嫌疑人的学历高低影响其法律意识以及经济水平;性别也可能对暴力行为的认定产生影响;律师的存在能够更好地保障犯罪嫌疑人的程序性权利。此外,实践中还普遍存在对拟适用缓刑的不予逮捕或者变更为取保,而拟判处实刑的法院收押的情形,以及将外来人口倾向于认定有脱保可能性的情形。对此,一并予以考察。

对因变量Y,即强制措施的适用情况的分类赋值则关系到采取一元、二元还是多元logistic回归分析。笔者认为,由表1可知,实践中逮捕措施的适用、变更情况较为复杂,但是基本集中在逮捕和取保候审,监视居住适用极少。如果对其全部进行分类,某些类别(如监视居住、监视居住变更为取保、取保变更为监视居住等)频数过少,充满偶然性并不具有统计意义,得出的统计结果反而不可靠。如果将其分为"羁押性强制措施"和"非羁押性强制措施",采取二元logistic回归分析则可以较好地对应本文主题是否具有社会危险性的判断,不仅利于统计结果分析,也符合刑事诉讼法关于强制措施分类的理论。事实上,无论是多元logistic回归分析还是二元logistic回归分析,其预测模型都是一致的,假设函数为$h\theta(x)=\frac{1}{1+e^{-\theta^{T}x}}$,其中,$x$是我们的输入,$\theta$为我们要求取的参数。logistic回归模型所做的假设为$P(y=1\mid x;\theta)=g(\theta^{T}x)=\frac{1}{1+e^{-\theta^{T}x}}$,表明在给定$x$和$\theta$的条件下,$y=1$的概率。

关于变量赋值。变量选取好之后还要进行对其转化赋值,以便计算机软件系统识别。以下是笔者设定的变量与赋值说明(见表2)。

表2　变量赋值说明

变量		定义			
Y	强制措施	0=羁押性强制措施		1=非羁押强制措施	
X_1	学历	0=小学以下	1=初中	2=高中以上	3=未知
X_2	性别	0=男		1=女	
X_3	民族	0=汉族		1=少数民族	
X_4	律师	0=无律师		1=有律师	
X_5	户籍	0=本地人口		1=外来人口	
X_6	前科	0=无		1=有	

续表

变量		定义	
X_7	怀孕	0 = 无	1 = 有
X_8	疾病	0 = 无	1 = 有
X_9	自首	0 = 无	1 = 有
X_{10}	坦白	0 = 无	1 = 有
X_{11}	退赔或退赃	0 = 无	1 = 有
X_{12}	被害人谅解	0 = 无	1 = 有
X_{13}	被害人过错	0 = 无	1 = 有
X_{14}	认罪认罚从宽制度	0 = 无	1 = 是
X_{15}	其他从轻情节	0 = 无	1 = 有
X_{16}	其他从重情节	0 = 有	1 = 无
X_{17}	缓刑	0 = 无	1 = 是

三、单因素背景下的变量分析:交叉分析与卡方检验

交叉分析作为描述性统计方式,通过计算单一变量的频数与比例,可以直观感受和判断变量之间的相关性。而卡方检验则为相关性检验,通过复杂的统计运算准确判断出各个自变量与因变量之间是否存在显著相关性。

(一)交叉分析:变量的描述性统计

以下是笔者统计的16个自变量的频数与比例情况。其中,出现怀孕的频数为0,被害人过错出现的频数为4,频数太小不具有统计意义,故而在后面的卡方检验和回归分析中将两者剔除出去。

由表3可见,各个自变量内部赋值不同,其羁押率(非羁押率)亦不同。这种差异越明显,即说明自变量对因变量的影响越明显。关于学历,初中学历的最多,其与小学及以下学历的被采取非羁押性强制措施的比例相当,而高中及以上的人数则明显下降,非羁押率出现上升。关于性别,女性人数比例明显低于男性,而非羁押率显著高于后者。关于民族,少数民族人口的非羁押率略微

高于汉族。关于律师,有律师参与的案件非羁押率高于但并不明显高于没有律师参与的案件。关于户籍,外来人口非羁押率明显低于本地人口。关于前科,有前科的羁押率明显高于没有前科的。关于疾病,身患疾病的人的非羁押率(33.33%)高于健康人群(26.84%),同时也反映出并非所有的患病嫌疑人均被取保或监视居住。关于几个量刑情节,具有自首、坦白、退赔退赃、取得被害人谅解的非羁押率均明显高于没有上述情节的,非羁押率甚至要高出 2 ~ 3 倍。从中也可以看出,司法实践中绝大部分被追诉人持认罪配合态度,不认罪的比例极少。是否适用认罪认罚从宽制度的比例则基本持平。最后可以发现,最终宣告适用缓刑的被告人,其非羁押率高达 86.27%,远超出没有适用缓刑的(12.62%)。

表 3　强制措施变量频数与比例

变量		样本/个	羁押性强制措施		非羁押性强制措施	
			频数	百分比/%	频数	百分比/%
学历	小学以下	206	154	74.76	52	25.24
	初中	276	205	74.28	71	25.72
	高中以上	126	89	70.63	37	29.37
	未知	171	119	69.59	52	30.41
性别	男	686	512	74.64	174	25.36
	女	93	56	60.22	37	39.78
民族	汉族	739	540	73.07	199	26.93
	少数民族	40	28	70.00	12	30.00
律师	有	164	114	69.51	50	30.49
	无	615	454	73.82	161	26.18
外来人口	是	274	222	81.02	52	18.98
	否	505	346	68.51	159	31.49
前科	有	287	255	88.85	32	11.15
	无	492	313	63.62	179	36.38
疾病	是	30	20	66.67	10	33.33
	否	749	548	73.16	201	26.84

续表

变量		样本/个	羁押性强制措施		非羁押性强制措施	
			频数	百分比/%	频数	百分比/%
自首	是	110	53	48.18	57	51.82
	否	669	515	76.98	154	23.02
坦白	是	484	365	75.41	119	24.59
	否	295	203	68.81	92	31.19
退赔退赃	是	288	164	56.94	124	43.06
	否	491	404	82.28	87	17.72
被害人谅解	是	180	72	10.00	108	60.00
	否	599	496	82.80	103	17.20
被害人过错	是	4	3	75.00	1	25.00
	否	775	565	72.90	210	27.10
认罪认罚从宽	是	513	373	72.71	140	27.29
	否	266	195	73.31	71	26.69
其他从轻情节	是	176	117	66.48	59	33.52
	否	603	451	74.79	152	25.21
其他从重情节	是	76	63	82.89	13	17.11
	否	703	505	71.83	198	28.17
缓刑	是	153	21	13.73	132	86.27
	否	626	547	87.38	79	12.62

(二)卡方检验:单因素下的显著性分析

如前所述,本文确定的 15 个自变量和因变量均为无序类别变量,要研究两者之间是否存在影响关系以及影响强度,需要运用双向无序的 RxC 表资料的卡方检验,这也是二元 logistic 回归分析的必需的前置步骤。表 4 是各自变量的卡方检验结果。

表4 卡方检验结果

变量		类别		
		自由度	渐进显著性(皮尔逊卡方)	精确显著性(费希尔精确检验)
X_1	学历	3	0.000	0.000
X_2	性别	1	0.000	0.000
X_3	民族	1	0.000	0.000
X_4	律师	1	0.000	0.000
X_5	户籍	1	0.000	0.000
X_6	前科	1	0.000	0.000
X_8	疾病	1	0.000	0.000
X_9	自首	1	0.000	0.000
X_{10}	坦白	1	0.000	0.000
X_{11}	退赔或退赃	1	0.000	0.000
X_{12}	被害人谅解	1	0.000	0.000
X_{14}	认罪认罚从宽制度	1	0.000	0.000
X_{15}	其他从轻情节	1	0.000	0.000
X_{16}	其他从重情节	1	0.000	0.000
X_{17}	缓刑	1	0.000	0.000

根据统计学原理,显著性水平可以用P值来衡量,代表当原假设正确时得到所观测的数据的概率,常用的显著性水平有$\alpha=0.01$,$\alpha=0.05$,$\alpha=0.1$等,当$P<\alpha$时,分别代表“极其显著”(很强的证据证明)、“充分显著”(适度的证据证明)和“较为显著”(一些证据证明)。统计学一般取$\alpha=0.05$作为通用的风险值。

由表4可见,上述自变量的渐进显著性和精确显著性都为$P=0.000<0.01$,说明与因变量之间的关系极其显著。换言之,单因素下,学历、性别、民族、律师、户籍、前科、疾病、自首、坦白、退赔或退赃、被害人谅解、认罪认罚从宽制度、其他从轻情节、其他从重情节与缓刑对强制措施的适用或对社会危险性的判断均有明显的影响。由此可见,笔者选取的变量是有效的。

四、综合因素下社会危险性的二元 logistic 回归分析

根据交叉分析和卡方检验结果，共筛选出 15 个对强制措施的适用有影响的变量。但是，这些因素仅在单因素环境下得到了检验，在复杂的多因素共同作用的综合背景下，要考量哪些自变量对因变量产生了显著影响以及影响程度几何，则要依赖二元 logistic 回归分析。

（一）拟合优度检验

统计学中，囿于抽样的随机性、代表性和数量的充足性，以及变量设置的科学性，通过样本数据建立的模型、方程并不能直接用于实际情况中的预测、分析，必须要先行检验欲建立模型的可靠性。具体主要综合参照模型系数的 Omnibus 检验、拟合优度检验、霍斯默－莱梅肖检验和分类表等检验方法的结果。以下是各项检验的具体结果：

关于模型系数的 Omnibus 检验。Omnibus 检验是模型系数的综合检验，如果显著性 $P<0.05$，表明本次拟合的模型中，纳入的变量中，至少有一个变量的 OR 值有统计学意义，即模型总体有意义。通过表 5 可以看出，显著性均为 0.000，本文确立的模型整体上是合理的。

表 5　模型系数的 Omnibus 检验

卡方	自由度	显著性
362.698	15	0.000
362.698	15	0.000
362.698	15	0.000

关于拟合优度。与具有最小二乘估计的线性回归不同，二元 logistic 回归没有 R^2 统计量可以解释预测变量所解释的因变量中方差的比例，R^2 指标为伪 R^2。应用目的若为分析研究影响关系，则不太注重这个指标，主要看 HL 检验（霍斯默－莱梅肖检验）。一般而言，伪 $R^2>0.2$ 即可。本文两个伪 R^2 分别为 0.375 和 0.545，均符合要求（见表 6）。

表6 模型摘要

-2对数似然	考克斯-斯奈尔R方	内戈尔科R方
545.867[a]	0.375	0.545

注:a.由于参数估算值的变化不足0.001,因此估算在第5次迭代时终止。

关于HL检验。霍斯默-莱梅肖检验结果是logistic回归中检验模型的拟合优度的重要指标。一般认为,当显著性P值不小于检验水准即P>0.05时,样本中的信息已经被充分提取,模型拟合优度较高。本结果显著性为.563,说明二元logistic回归模型可以很好地反映各个变量之间的关系(见表7)。

表7 霍斯默-莱梅肖检验

卡方	自由度	显著性
6.758	8	0.563

关于分类表预测检验。除霍斯默-莱梅肖检验外,通过分类表中的预测准确率高低观察也能很好地观察方程的拟合程度。可以看出,分类表中,总体预测正确率高达87.3%。也就是说,模型可以准确预测其中87.3%的样本,高于统计学要求的70%,达到了优良水平。在具体分类中,对于逮捕措施(表中赋值为0)的预测,正确率高达96.3%,拟合效果极佳。相比之下,对非羁押措施(表中赋值为1)的预测准确率为62.9%,虽高于50%的分界值,但预测效果不如逮捕措施。经过分析,原因有二:一是样本中剔除了危险驾驶案件后,非羁押措施的样本数量明显小于逮捕措施的样本数量,审前羁押率远高于非羁押率,具体预测正确率出现反差是正常的。如果将二者比例控制在1∶1,得出的统计结果会较为"完美",但这样做严重违背司法实践的真实情况。数据结果的"不完美"反而是真实客观的。① 二是侧面反映出取保候审等非羁押措施的适用标准,相比逮捕更为复杂多变。公安司法人员作出"不具有社会危险性"的认定比"具有社会危险性"的认定更加艰难和犹豫,尤其反映在对部分"可捕可不捕"的案件"一押了之","可变可不变"的案件"一押到底"。可以预见的是,不同地区、不同层级乃至同一机关内部的检察官、法官对同一情形均有不同的主观判断标准,反映到统计结果就是难以准确预测。与此相印证的

① 这一点并不能通过扩大样本数量来得到根本改善,原因在于,除去危险驾驶案件,我国审前羁押率始终是非羁押率的2~3倍,"倍数差"难以改变。

是我国非羁押率呈现明显的地区化差异①(见表8)。

表8　分类

实测		预测		
		强制措施		正确百分比
		0	1	
强制措施	0	548	21	96.3%
	1	78	132	62.9%
总体百分比				87.3%

(二)回归分析下的变量解读

二元 logistic 回归方程中各个变量具有多个回归系数，主要考查显著性 Sig(P 值)、B 与 Exp(B)三项指标值。对于显著性 Sig. 而言，P 值越低越好，通常有 0.01、0.05 和 0.1 三个值，其中 0.05 为统计学中通用的风险概率。但是考虑到司法实践的复杂性，以及社会危险性的判断主观因素较强，笔者将 $P<0.01$认定为影响极为显著，$P<0.05$ 认定为影响显著，$P<0.1$ 认定为影响较为显著。B 值为回归系数，是表示自变量 X 对因变量 Y 影响大小的参数。B 值越大，表明影响越大。B 值为正数，表示正向影响，Y 随着 X 增大而增大；B 为负数，表示负向影响，Y 随着 X 增大而减小。Exp(B)表示优势比或者比值比，表明其他条件不变的情况下，自变量每改变一个单位，事件发生比(odds)的变化率。变化率越高，表明事件发生的概率越大(见表9)。

表9　方程中的变量

因素	B	标准误差	瓦尔德	自由度	显著性	Exp(B)	置信区间(95%)	
							下限	上限
学历	0.248	0.111	4.977	1	0.026	1.282	1.031	1.595
性别	0.415	0.322	1.663	1	0.197	1.514	0.806	2.843
民族	0.691	0.490	1.989	1	0.158	1.996	0.764	5.215

① 参见韩旭、刘文涛：《非羁押诉讼实证研究：困境与出路》，载《南阳师范学院学报》2020 年第 5 期。

续表

因素	B	标准误差	瓦尔德	自由度	显著性	Exp(B)	置信区间(95%)	
							下限	上限
律师	0.071	0.171	0.171	1	0.679	1.073	0.768	1.501
前科	-0.640	0.278	5.290	1	0.021	0.527	0.306	0.910
外来人口	-0.811	0.272	8.886	1	0.003	0.445	0.261	0.758
疾病	0.460	0.528	0.757	1	0.384	1.584	0.562	4.458
自首	0.620	0.377	2.703	1	0.100	1.858	0.888	3.890
坦白	0.214	0.282	0.578	1	0.447	1.239	0.713	2.152
退赔退赃	0.527	0.262	4.054	1	0.044	1.694	1.014	2.831
被害人谅解	0.404	0.310	1.695	1	0.052	0.057	0.003	1.019
认罪认罚从宽	-0.054	0.276	0.039	1	0.844	0.947	0.551	1.627
其他从轻	0.286	0.284	1.015	1	0.314	1.331	0.763	2.320
其他从重	-0.199	0.420	0.225	1	0.635	0.819	0.360	1.866
缓刑	3.423	0.305	126.251	1	0.000	30.651	16.872	55.684
常量	-2.297	0.569	16.310	1	0.000	0.101		

根据表9,分析得出:

第一,对审查逮捕社会危险性具有显著性影响的影响因素为:(1)学历。$P = 0.026 < 0.05$,$B = 0.248$,$Exp(B) = 1.282$,说明学历对非羁押措施的适用具有显著性影响,且为正相关关系,学历越高,取保候审的概率就越大。(2)前科。$P = 0.021 < 0.05$,$B = -0.640$,$Exp(B) = 0.527$,说明前科对非羁押措施的适用具有显著的影响,且B为负数,说明两者呈负相关。(3)外来人口。$P = 0.003 < 0.01$,$B = -0.811$,$Exp(B) = 0.445$,说明外地户籍对非羁押措施的适用具有极为显著的负向影响。且判决书显示,在跨省、跨市、跨区县三个维度中,地域跨越度越大,对取保的负面影响越大。(4)退赔退赃。$P = 0.044 < 0.05$,$B = 0.527$,$Exp(B) = 1.694$,说明被告人退赔退赃对非羁押措施的适用具有显著的促进作用。(5)缓刑。$P = 0.000 < 0.01$,$B = 3.423$,$Exp(B) = 30.651$。说明缓刑对于强制措施的适用具有极为显著的影响。需要指出的是,根据刑事诉讼的流程,缓刑的宣告是在最终的审判阶段而非审前,以此推论出缓刑对取保候审有极其显著的正向作用似乎"本末倒置"。但实践中,审查起诉环节检

察机关提出量刑建议时几乎都会明确是否适用缓刑，法院对量刑建议的采纳率亦很高。实际上，考虑到最终量刑为非监禁刑，检察机关亦会大概率适用非羁押措施。此种情形还包括免于刑事处罚和单处罚金的案例，由于两种情形样本数量不足30，故没有对其分析统计。但对可能适用非监禁刑的考量对非羁押措施的影响是极为巨大的推论无疑是经得起检验的，其Exp(B)高达30.651。

第二，对审查逮捕社会危险性具有较为显著性影响的因素为：(1)自首。P=0.1，B=0.620，Exp(B)=1.858，说明自首对非羁押措施的适用具有较为显著的正向作用。相比之下，与自首极为相似的从轻情节坦白(P=0.447)却不具有显著性。笔者认为原因在于：一是具有坦白情节的人数更为普遍，坦白率高达62.13%，而自首率仅为14.12%。二是坦白更可能是一种"基础性"从轻情节，要认定具有自首、认罪认罚、退赔退赃、取得被害人谅解等从轻情节，都必须"前置性"地要求被告人对所犯犯罪事实"如实供述"。从中也可以看出，我国刑事案件被告人自愿认罪比例是相当高的，坚决不认罪是少数情况。(2)被害人谅解。P=0.052，B=0.404，Exp(B)=0.057，说明被害人谅解对于非羁押措施的适用具有较为显著的促进作用，事实上，被害人谅解的P值已经极其接近0.05，只高出0.002，可以认为其对社会危险性认定的影响是"显著"的。

第三，对审查逮捕社会危险性不具有显著性影响的影响因素分别为：性别、民族、律师、疾病、坦白、认罪认罚从宽制度、其他从轻情节和其他从重情节，其P值均大于0.1。

需要注意的是，不具有显著性影响并不代表没有影响，只是影响力不强。以上8个影响因子均通过了单因素下的卡方检验(证明了一对一情况下，8个自变量均对社会危险性有影响)，从表4也可看出同一变量在不同情况下非羁押率的不同。例如，性别为男性的审前羁押率为74.64%，性别为女性时则下降到60.22%，两者差距较为明显。那么，综合因素下某些自变量对因变量影响不显著或者与理论界普遍共识不一致的原因何在？笔者认为：一是同一自变量赋值后比例差异过大造成的，包括性别、民族、疾病、其他从重情节等。如男、女性人数比为686∶93，比例严重失衡。统计结果显示不显著是正常的。二是某些自变量比例过高，难以突出"独特性"。例如，坦白比例高达62.13%，认罪认罚从宽制度适用率(人数比)高达65.85%，如果加上危险驾驶案件，则更高。三是某些自变量综合因素下影响确实不显著。比如,律师参与可以有效帮助和保障被追诉人行使程序性权利,而审前阶段最重要的是争取被追诉人适用非羁押性强制措施。尤其是认罪认罚从宽制度实施以来,无罪辩护空间压缩,羁押变更成一项重要辩护事项。而数据表明,其P值仅为0.679。没有律师辩护的被告人审前羁押率为73.82%,有律师参与的被告人羁押率为69.51%,下降并不明显。再如自首,自首虽然是法定的从轻、减轻情节,实践中量刑优惠幅度甚至可以高达30%。但是,具有自首情节的被追诉人所犯罪行较为严重(这一点可以从判决书中看出)或者是累犯,那么仅依靠自首是难以消除其社会危险性的。这也是我们对多个自变量在综合因素下进行二元logistic回归分析的必要性所在。

此外,还需特别指出的是,适用认罪认罚从宽制度的回归系数B为负值,这就意味着被追诉人认罪认罚的反而不利于取保候审,很明显违背了司法规律。根据刑事诉讼法和相关司法解释的规定,被追诉人是否认罪认罚是评价其社会危险性的重要因素。那么,统计结果与司法认知不一致的原因何在?笔者认为,这主要是自变量之间的多重共线性导致的。认罪认罚与其他自变量之间存在高度相关关系导致统计结果有偏差。例如,适用认罪认罚从宽制度的前提是被告人确有"认罪"和"认罚"表现,具体表现为被告人自首、坦白、积极退赔退赃等。换言之,被追诉人认罪认罚的同时必定也具有自首或坦白、退赔退赃等从轻量刑情节,认罪认罚与上述因素具有高度关联性,一定程度上具有包含关系。在统计学中,一般将该因素剔除作为降低多重共线性影响的方法。问题在于,认罪认罚是我国法律法规明文规定的独立量刑情节和社会危险性的判断因素,这就决定了不能将其剔除出自变量,这也是本文模型的固有缺陷。

综上所述,在综合因素、在控制其他因素的情形下,对审查逮捕社会危险性具有显著性影响的5个因素为学历、外来人口、前科、退赔退赃、缓刑;具有较为显著性影响的因素为自首、被害人谅解。其他因素则不具有显著性影响。进一步分析,根据各自变量P值大小,对审查逮捕社会危险性的影响强度从大到小排序为:缓刑、外来人口、前科、学历、退赔退赃、被害人谅解、自首。根据B值正负,外来人口和前科具有显著的负向影响,其他则为正向影响。

(三)深度解读:自变量如何对社会危险性的认定产生影响——实践与理论的反差

本文确立了18个自变量,筛选出了15个进入到二元logistic回归方程进行分析,最终计算出各变量的P值。但是,数据仅仅告诉我们自变量对因变量有没有影响以及影响是否显著的结果,而具体如何影响以及数据结果与理论认识的反差则需要我们进一步分析。

关于学历。学历对审查逮捕时社会危险性的认定具有显著的影响,学历越高,犯罪嫌疑人被取保候审的可能性越大,影响强度甚至超过了自首。原因在于,高学历往往意味着高收入或者具有稳定的工作(这也意味着具有稳定的社会关系),尤其是高中以上学历表现得更为明显。根据刑事诉讼法的规定,取保候审可以分为"财保"和"人保"两类。高学历者满足这两类要求的概率较高,既可以向公安机关、检察机关提供足额的保证金,又能提供合格的保证人。实际上,办案过程中高学历者更加容易沟通,更能理解、遵守取保等各项规定,其家属也能予以积极配合,给检察官说理释法工作提供了便利,无形中起到了"加分"作用。实际上,被追诉人的经济条件直接关乎辩护效果,这一点已经被众多研究所证实。① 但在社会危险性相关研究中,则鲜有学者对此进行定量研究。本文则很好地说明了学历或者职业、经济因素在司法实践中起到的作用已经超出了普遍认知,重要性甚至超过了刑诉法规定的几个因素。

关于性别。统计表明,男性被告人非羁押率为25.36%,女性则上升到39.78%。原因在于:一是相比男性,女性力量弱小,暴力型犯罪的可能性较低,人身危险性低。二是女性承担着较为繁重的照顾家庭的责任,如赡养老人、抚养小孩等,更易获得司法人文关怀。考虑到二元logistic回归分析结果显示性别影响并不显著,可以认为:女性相比男性更容易适用非羁押措施,但非决定性因素。

关于民族。我国为了调节和处理少数民族关系,确定了"民族平等、民族团结和民族发展"的三大民族政策,既存在正式的法律渊源(如《宪法》),也存在诸多的非正式的法律渊源。理论上讲,受民族政策的影响,少数民族适用羁押措施比汉族更为谨慎,羁押率也更低。但随着人口流动加快和地区经济发展进一步平衡,两者差异并不明显:据统计,汉族被告人非羁押率为26.93%,少数民族则为30.00%。此外,案件发生地是否为少数民族聚居地亦可能对强制措施的适用产生影响,本文样本对此未作区分,要验证这一点,须进行专门

---

① 参见左卫民、张潋瀚:《刑事辩护率:差异化及其经济因素分析——以四川省2015—2016年一审判决书为样本》,载《法学研究》2019年第3期。

分析。

关于律师。数据表明,有律师提供辩护的被告人非羁押率为30.49%,没有律师的则为26.18%,差异并不明显;回归分析也表明,律师存在与否对审查逮捕社会危险性和羁押变更社会危险性的影响均不显著。这就与律师辩护可以实质性提高被告人程序性权利保障的认识产生了出入。原因在于:一是轻罪案件中辩护率极低。779名被告人(不含危险驾驶案件)中,委托律师的(委托两名律师的)比例不足15%,加上指定辩护也仅为21%,远低于我国刑事案件30%左右的平均辩护率。一方面是经济基础差导致被告人及其家属无力聘请律师。另一方面是大量轻罪案件适用认罪认罚从宽制度,犯罪嫌疑人签署具结书后即得知明确的量刑结果和是否适用缓刑,不会再委托律师进行量刑辩护。以危险驾驶案件为例,445名被告人只有54人委托了律师或获得了法律援助。律师参与率低导致了律师在强制措施适用方面作用发挥不明显。二是聘请律师的案件,罪名或情节普遍偏重,即使申请取保或者羁押变更,也往往无济于事。三是相当一部分被告人及其家属法律知识不足,以为律师只在法庭上发挥作用,案件进入到审理阶段后才聘请律师,错过了申请取保候审的最佳时机。

关于户籍。数据显示,外来人口的非羁押率(18.98%)明显低于本地人口(31.49%),户籍对非羁押措施适用的影响程度甚至超过了前科。这表明,在当前的司法实践中,警察、检察官对外来犯罪嫌疑人取保后“脱保”的可能性存在极大的思想顾虑。原因在于,被追诉人一旦逃窜,再次到案的可能性很低。即使抓获归案,司法机关付出的成本是巨大的。不但案件难以长期办结,办案人员后期还要填写大量说明。在经济发达、外来流动人口较多的大中城市表现得尤为突出。调研也显示,上述地区的公安民警和检察官对于被追诉人的户籍尤为看重。不可否认的是,以被追诉人的户籍作为判断社会危险性的主要依据,无疑是不公正的。可以认为,与学历类似,户籍是社会危险性判断的重要“潜规则”。

关于前科。数据显示,有前科的被追诉人非羁押率只有11.15%,远低于没有前科即初犯的被追诉人(36.38%)。无论是审查逮捕还是羁押变更,前科对社会危险性认定的影响性均是显著的。换言之,一旦被追诉人有前科,对取保的适用几乎是“一票否决”,除非前罪是危险驾驶罪。不难理解,适用取保候审的前提是“不具有社会危险性”或者“社会危险性”小,而具有前科则意味着再犯的可能性很高。

关于疾病、怀孕。根据《刑事诉讼法》第67条和第74条之规定,“患有严重疾病、生活不能自理,怀孕或者正在哺乳自己婴儿的妇女”可以取保候审或者监视居住。[①] 由此可见,出于人道主义关怀,被追诉人具有重病、怀孕等情形的对非羁押措施适用具有明显的影响。而对于“患有严重疾病”但是没有达到“生活不能自理”的情形的,比如听障人士、盲人或者间歇性精神病人,在司法实践中,考虑到生理缺陷导致社会危险性一定程度的下降,依然秉持较为宽容的态度,其非羁押率(33.33%)高于健康人群(26.84%)。当然,在综合因素下,其回归分析结果不具有显著性,毕竟这部分人群出现的比例很低(仅30人),不具有普遍性。

关于自首。据统计,自首的110人中,57人都适用了非羁押强制措施,占比51.82%。而没有自首的669人中,非羁押率仅23.02%。由于自首是犯罪嫌疑人主动投案,将人身主动置于公安机关控制之下,相比较于“被动归案”,其真诚悔罪的可信度高,再犯的可能性较小。实际上,出于犯罪后逃避打击的心理,我国自首率并不高,仅14.12%。[②] 基于此,对自首的犯罪嫌疑人,实体上给予较大的量刑从宽幅度,强制措施上适用较为温和的非羁押措施是正当的。[③] 当然,考虑到综合因素的影响(尤其是罪名和前科),自首因素的回归分析结果是“较为显著”而非“显著”,是正常的。

关于坦白。虽然具有坦白情节的被告人的非羁押率(31.19%)明显高于没有坦白的人(24.59%),但是其回归分析结果却是不显著的。笔者认为,主要是因为坦白的人数较多,是其他从轻情节的“基础性”情节。例如,自首可以认为是特殊的坦白;适用认罪认罚从宽、认罪悔罪、取得被害人谅解等情节的认定,前提都是被追诉人对犯罪事实能够“如实供述”。坦白对社会危险性认定的影响主要体现在基础性、“叠加效应”,不具有决定性。

---

① 《刑事诉讼法》第67条规定:人民法院、人民检察院和公安机关对有下列情形之一的犯罪嫌疑人、被告人,可以取保候审:……(三)患有严重疾病、生活不能自理,怀孕或者正在哺乳自己婴儿的妇女,采取取保候审不致发生社会危险性的。第74条规定:人民法院、人民检察院和公安机关对符合逮捕条件,有下列情形之一的犯罪嫌疑人、被告人,可以监视居住:(一)患有严重疾病、生活不能自理的;(二)怀孕或者正在哺乳自己婴儿的妇女。

② 如果算上危险驾驶案件,1224名被告人自首率为12.83%。

③ 我国《刑法》第67条规定:犯罪以后自动投案,如实供述自己的罪行的,是自首。对于自首的犯罪分子,可以从轻或者减轻处罚。其中,犯罪较轻的,可以免除处罚。

关于退赔退赃、被害人谅解。目前,社会公众和双方当事人普遍存在一种错误的司法认识,即适用取保等于"没事了"。尤其在涉及人身损害赔偿的案件中,如果被害人不予理解,很可能引发司法不公的质疑,甚至演化为上访、闹访,案件久拖不决,为了"息事宁人"就有可能"一捕了之"。这种情形下,犯罪嫌疑人若积极赔偿损失或者退回赃款赃物,甚至取得被害人谅解的,意味着受损的社会关系已经得到了一定程度的修复,社会危险性大幅降低。无论从"社会效果"和"法律效果"相统一还是办案人员承担司法风险的角度来看,这部分案件适用非羁押措施面临的主要障碍已经消除。认罪认罚从宽制度实施后,促成双方当事人达成赔偿协议和和解,已成了律师以及检察官的达成量刑建议的主要突破口之一。数据显示,退赔退赃的被告人非羁押率(43.06%)是没有退赔退赃的被告人的(17.72%)2倍以上;而取得被害人谅解的(60.00%)更是没有取得谅解的(17.20%)3倍以上。回归分析结果也显示,综合因素下两者对社会危险性的认定影响也是显著的。考虑到部分案件不涉及退赔退赃以及被害人谅解(如贩卖毒品罪),两者实际影响强度更大。

关于是否适用认罪认罚从宽制度。"两院三部"《关于适用认罪认罚从宽制度的指导意见》规定:"人民法院、人民检察院、公安机关应当将犯罪嫌疑人、被告人认罪认罚作为其是否具有社会危险性的重要考虑因素。"是否签署认罪认罚具结书成为社会危险性的重要评价标准。当前检察官面临的适用率考核压力较大,积极引导被追诉人适用认罪认罚从宽制度以换取适用非羁押措施成了常见做法。但是,认罪认罚从宽制度适用的普遍性反而降低了对社会危险性影响的显著性。数据显示,单因素下适用该制度的非羁押率(27.29%)与没有适用的非羁押率(26.69%)基本持平。综合因素下回归分析也显示其P值远大于0.1。此外,相比"程序从轻",被告人可能更为关心"量刑结果从轻",这也是显著性不高的一个重要原因。

关于其他从轻情节。本文所指其他从轻情节,包括认罪悔罪态度、未遂、偶犯初犯等,主要包括认罪悔罪态度。根据回归分析结果,认罪悔罪对审查逮捕社会危险性的认定上影响并不显著,$P=0.314$;而在羁押必要性审查时,对社会危险性的认定则影响显著,$P=0.048$。[①] 笔者认为,这种前后变化是符合

① 被最终采取逮捕措施的653人中,逮捕后变更为取保候审的92人,逮捕后变更为监视居住的1人。笔者以此为样本,采取同样的步骤,回归分析了羁押必要性审查时影响社会危险性的因素。数据表明,"其他从轻情节"的$P=0.048$。

司法规律和司法实践的。犯罪嫌疑人归案后,其学历、自首、户籍和前科等因素实际上已经“定型”,经过第一轮的审查逮捕,以上因素社会危险性大小业已固定下来,基本不会发生改变。当被追诉人及其近亲属、律师申请羁押变更,检察官或法官进行第二轮乃至第三轮社会危险性认定时,被追诉人的认罪、悔罪态度就成了重要的“变数”。实际上,刑事诉讼是一个动态过程,被追诉人的认罪悔罪态度(可以从口供的稳定性等方面反映出来)也是一个动态过程,只有经过长时间的考察(这也解释了为何审查逮捕时认罪悔罪态度的影响并不显著),确属真诚认罪悔罪的,才可以考虑予以变更羁押。

关于其他从重情节。与其他从轻情节不同,综合因素背景下,其他从重情节无论是对审查逮捕还是羁押变更均没有显著影响。原因可能是样本中出现的频数少,仅 76 人;而具有前科的人数为 287 人。换言之,其他从重情节分布零散化,其影响力本身不足。但是,单因素下,其统计结果差异则很明显:在具有其他从重情节的 76 人中,非羁押率仅 17.11%,远低于不具有其他从重情节的人的非羁押率(28.17%)。

关于缓刑。数据显示,最终宣告适用缓刑的被告人,非羁押率高达 86.27%,远超出没有适用缓刑的(12.62%)。缓刑之所以对逮捕的适用起到“后发制人”的作用,原因主要有以下几个方面:一是 2012 年《刑事诉讼法》确定羁押必要性审查制度以后,各级检察机关内部设立了逮捕瑕疵考核指标,如果被告人最终判处有期徒刑以下刑罚的,办案检察官会被问责,影响其绩效考核。根据比例原则的要求,将作为最严厉的限制人身自由的强制措施适用于判处非监禁刑的被告人身上,无疑是极为不当的。事实也证明,通过这种行政化手段降低审前羁押起到的作用要远大于各种致力于逮捕司法化改造的努力。① 二是出于收监需要,法院认为被告人不适宜缓刑而适用非羁押措施的,进入审理阶段后变更为逮捕。反之,则可能逮捕变更为取保候审。数据显示,法院决定逮捕的 50 人中,最终全部判处实体刑;法院决定取保候审的,则全部判处缓刑。

① 参见马静华:《逮捕率变化的影响因素研究——以新〈刑事诉讼法〉的实施为背景》,载《现代法学》2015 年第 3 期。

五、社会危险性量化评估模型的建立

根据二元 logistic 回归分析的假设函数 $h\theta(x)=\frac{1}{1+e^{-\theta^T x}}$($x$ 是我们的输入,θ 为我们要求取的参数),logistic 回归模型所做的假设为 $P(y=1 \mid x;\theta)=g(\theta^T x)=\frac{1}{1+e^{-\theta^T x}}$,表明在给定 x 和 θ 的条件下,y = 1 的概率。再依据 SPSS 回归分析结果中的回归系数,我们可以得出本文的预测方程为:

$P=1/(1+e\hat{}(-1*(-2.496+0.248X_1+0.415X_2+0.691X_3+0.071X_4-0.811X_5-0.64X_6+0.46X_8+0.62X_9+0.214X_{10}+0.527X_{11}+0.404X_{12}-0.054X_{14}+0.286X_{15}-0.199X_{16}+3.423X_{17})))$。方程中,e 为自然对数的底,等于 2.718282;$X_1 \sim X_{17}$指的是本文确定的各个自变量。如果某个变量不存在,则计作 0,如果存在,则计作 1,将个案中的具体情形代入方程计算,即可得到结果。P 值越接近 1,意味着社会危险性越低,越容易被取保。这样就可以计算在特定的变量下,犯罪嫌疑人适用非羁押强制措施的概率大小,反之说明了对犯罪嫌疑人适用取保后的风险大小。

一般来说,风险高低采用五分类法,即将 Y 值最大值和最小值五等分,分别确立为极低风险、低风险、中风险、高风险和极高风险。本文的风险位阶具体值如表 10 所示。

表 10　风险位阶值

项目	数值	
审前风险最小值	0.014774032	
审前风险最大值	1	
5 个风险位阶对应的百分位点	20(取保可能性极低)	0.050834882
	40(取保可能性低)	0.083554767
	60(取保可能性高)	0.142950164
	80(取保可能性极高)	0.799472381

将个案的自变量值代入公式后得出 P 值,再比对 P 值位于上表哪个区间

即可预测风险值。由于本文预测的是取保候审的概率，因此 P 值越大，取保候审的概率越大，出现不到案、毁灭证据、串翻供等妨碍诉讼顺利进行行为的风险越低。具体而言，若 P 值小于 20% 风险位点值即 0.0508，则取保候审的概率极低，反之说明了社会危险性极高；若 P 值小于 40% 风险位阶值即 0.0836. 则取保候审概率很低，社会危险性较高；若 P 值位于 40% ～60% 区间值之间（0.0836～0.1430），这说明取保危险性处于中间水平；若 P 值大于 60% 风险位阶即 0.1430 的，取保概率较高，社会危险性较低；若 P 值大于 0.7995，说明取保的概率极高，社会危险性极低。理论上，P 值位于 60% 以上区域（具有较高概率），即 $P > 0.14295$ 时就应当适用取保。在实际操作中，若 P 值位于极低风险、低风险、高风险或者极高风险区间的，做出取保与否的决定较为明确。若处于中风险区，尤其是 50% 上下的，则需要更为谨慎地判断。在本文 779 名被告人中，210 人适用非羁押措施，实际风险值为 0.28, 414，明显高于理论值，这说明实践中审前羁押率过高。

作为对比，美国联邦司法部提出的犯罪嫌疑人审前风险的评估模型是：

$P2 = 1/(1 + e(-1 * (-4.295927 - 0.192627X_1 + 0.574686X_2 + 0.073198X_3 + 0.413158X_4 + 0.576092X_5 + 0.479341X_6 + 0.049754X_7 + 0.208549X_8 + 0.334963X_9 + 0.117116X_{10} + 0.187130X_{11} + 0.758612X_{12} + 0.391476X_{13} + 0.552084X_{14} + 0.499456X_{15} + 0.192049X_{16} + 0.199966X_{17} + 0.299147X_{18} + 0.321848X_{19} + 0.197955X_{20} + 0.527241X_{21} + 0.462293X_{22} + 0.369623X_{23} + 0.276433X_{24} + 0.123880X_{25} + 0.182050X_{26}))$，其审前评估风险位阶表如表 11 所示。①

① X_1 指代“当前的指控为其他犯罪”，X_2 指代“当前的指控为违反移民法律”，X_3 指代“当前的指控为暴力犯罪”；X_4 指代“当前的指控为武器犯罪”；X_5 指代“当前的指控为毒品犯罪”，X_6 指代“当前的指控为重罪”，X_7 指代“滥用其他毒品”，X_8 指代“滥用大麻”，X_9 指代“滥用麻醉药品”，X_{10} 指代“滥用兴奋剂”，X_{11} 指代“酗酒”，X_{12} 指代“没有住宅/地点可住”，X_{13} 指代“其他住宅”，X_{14} 指代“没有对住宅在经济上作出贡献”，X_{15} 指代“租赁住宅”，X_{16} 指代“失业”，X_{17} 指代“有一次不出庭的经历”，X_{18} 指代“有两次或两次以上不出庭的经历”，X_{19} 指代“有两次或两次以上重罪逮捕经历”，X_{20} 指代“有一次重罪逮捕经历”，X_{21} 指代“有五次或五次以上轻罪逮捕经历”，X_{22} 指代“有四次轻罪逮捕经历”，X_{23} 指代“有三次轻罪逮捕经历”，X_{24} 指代“有两次轻罪逮捕经历”，X_{25} 指代“有一次轻罪逮捕经历”，X_{26} 指代“待审的指控”。参见张吉喜、梁小华：《美国司法部审前风险评估模型及其对我国的启示》，载《中国刑事法杂志》2010 年第 7 期。

表 11　美国审前评估风险位阶值

审前风险最小值	0. 01111	
审前风险最大值	0. 34874	
5 个风险位阶对应的百分位点	20	0. 0418634
	40	0. 0672659
	60	0. 0964634
	80	0. 1409890

由此可见,两者之间并没有根本区别,主要是自变量的不同导致方程参数不同。

六、余论:不足与展望

(一)本文的不足之处

本文虽然初步建立了量化评估的基本预测模型,但仅仅依据该方程预测所有刑事案件的社会危险性大小或者建立量化评估模型是远远不够的,或者说是有失偏颇的。主要缺陷有:

第一,应然与实然的差距,"是这样"并不等于"应该是这样"。本文通过统计分析筛选出的对评价社会危险性大小具有影响或者显著性影响的几个因素,只是反映了当下的司法实践的现状,并不能保证完全符合刑事诉讼司法理念和价值取向。以户籍为例,犯罪嫌疑人是不是外来人口对社会危险性认定的影响强度仅次于缓刑,甚至要高于前科这种"法定"的判断再犯可能性的因素。实际上这是一种歧视和偏见,或者是办案人员对承担司法责任的逃避。如果要进一步降低审前羁押率,则外来人口的影响强度要人为下调。

第二,选取样本的有限性。首先是数量的有限性。虽然本文中样本来源于 30 个省、自治区和直辖市,地域广泛,但是相比我国每年一百余万的刑事案件数量,样本数量依旧是远远不足的。此外,相当数量的裁判文书并不在互联网公布,即使依靠"爬虫"等专业工具,获取的样本依旧有限。其次是信息内容的有限性。一方面,检察机关公开的检察文书数量和信息量相当匮乏,且没有提供下载服务,而审查逮捕和羁押变更主要发生在审查起诉阶段,实际上,影响检察官社会危险性判断的关键信息依旧难以获取。即使获取了某一地区的检察文书,仍存在地域偏差问题。另一方面,法院公布的裁判文书也有繁有简,整体上更加侧重犯罪事实的查明和证据的认定,关于被告人身份信息和庭前事宜仅一笔带过且不少存在疏漏。最后是案件类型和罪名的有限性。本文虽然涵盖了最常见和常发的几类犯罪,如盗窃、危险驾驶、故意伤害等,但我国刑法毕竟规定了四百余项罪名,绝大部分罪名并没有被统计进去。这些不常见罪名大多也不是重罪,依旧普遍符合取保候审的标准。

第三,统计方法和统计工具的局限性。一方面,对于海量数据的处理和信息识别需要借助高度智能化的统计工具和计算软件。作为基本的统计分析工具,SPSS 可以胜任的任务有限,更加复杂的运算则需要借助更加高端的统计工具。另一方面,预测模型的构建需要更为严格的统计学方法,任何疏忽和遗漏都可能导致分析结果的偏差。例如,自变量的选取就是一项极为复杂的工程。笔者虽然选取了 15 个自变量,但是实践中情况更为复杂多变,考虑到的因素更多。然而,一个回归模型并不是考虑的自变量越多越好。在建立回归模型时,选择自变量的指导思想是少而精。① 问题在于,丢掉对因变量 Y 有影响的自变量后,所付出的代价是估计量有了偏差性,在两者之间如何把握微妙平衡是一个难题。此外,自变量之间存在多重共线性会对回归结果产生重要影响,自变量的取舍需要更为严密的逻辑论证和数据计算。

(二)展望:量化评估机制模型应当如何构建

尽管本文结论存在一定缺陷,但是统计过程和统计结果已经证明,借助统计学、数学等建立社会危险性量化评估机制是完全可行的。根据二元 logistic 回归结果以及司法现状,笔者认为,未来量化评估机制模型即预测模型的构建应当遵循以下几个原则:

一是合理确定自变量。一方面基于海量司法大数据,参考近五年甚至十年数百万份乃至上千万份检察文书,将常见的、不常见的、法定的各种自变量全部筛选出来,最大限度地避免样本偏差。另一方面基于调查问卷等方式,将法律法规未明确规定但实践中发挥了“潜规则”作用的因素筛选出来。最后结合司法实践中各自变量影响强度的大小即显著性大小确定一定数量的影响因素。

---

① 何晓群、刘文卿:《应用回归分析》,中国人民大学出版社 2019 年版,第 130 页。

二是分类处理原则。确定好基本模型和各项参数后,要根据不同地区、不同案件类型进行二次分类和赋值,经过不同维度的统计分析后,得到较为可靠的预测结果。例如,有些地区非羁押率高,“脱保”发生的概率小,则该地区户籍的权重必然要低于一般地区。再如,是否取得被害人谅解和赔偿被害人损失在交通肇事、邻里纠纷犯罪案件中对量刑和强制措施的适用影响极大,权重可以适当提高;而部分案件诸如贩毒,可能根本不存在被害人谅解和退赔退赃。

三是赋予办案人员一定自由裁量权。一方面,社会危险性的判断本身充满了主观性和偶然性,尤其是作出没有社会危险性的认定过程更为“犹豫”。数据结果归根到底只是辅助方法,检察官和犯罪嫌疑人才是真正主体。司法实践的复杂性决定了模型的难以穷尽性,一些复杂、疑难和新型案件最终要经过检察官、检察官会议甚至检委会讨论才能决定。另一方面,数据结果某些时候并不显著,依然需要人作出决定。例如,计算结果处于40%~60%之间尤其概率在50%左右的案件则显得较为模糊,“信与不信”之间需要谨慎处理。

他山之石

基于裁判文书的实证研究与法经济学范式的应用

宁静波　马晓金*

内容摘要：法学实证研究的兴起为跨学科发展搭建了新的沟通桥梁，其中法经济学作为经济学和法学相结合的交叉学科，在这一潮流中同样获益良多。裁判文书网上公开制度的实施和广泛应用，为法学实证研究带来了大量直接数据资料，裁判文书的实证量化研究对于法经济学发展起到了一定的推动作用，而经济学范式的应用同样为中国法学实证研究开辟了新的道路。二者相互作用，相互融合。基于经济学范式的应用与裁判文书法学实证研究之间的契合性，二者已经初步实现了协同化发展，但是仍有较大的提升空间，法学研究范式下对经济学范式的应用尚存有方法论、经济研究工作以及学习成本方面的困惑亟待回应，对于未来的法经济学发展而言，基于大数据的实证分析是其重要的选择方向。

关键词：裁判文书　法经济学、法学实证研究　经济学　研究范式

中国裁判文书网络公开始于2010年实施的《关于全省法院裁判文书网络公开工作的规定(试行)》，2013年

---

* 宁静波，山东师范大学经济学院教授；马晓金，山东师范大学法学院硕士研究生。

最高人民法院出台了《关于推进司法公开三大平台建设的若干意见》和《关于人民法院在互联网公布裁判文书的规定》,用以进一步规范完善裁判文书上网,推进司法公开平台的建设,2014年《关于人民法院在互联网公布裁判文书的规定》正式实施,截至2019年年底,各类裁判文书已经超过8700万份。裁判文书的公开不仅对司法实践水平的提升有着重要的推动作用,也对法学研究产生了深远的影响。近年来,一些学者通过对海量的裁判文书进行筛选、细化,以裁判文书为样本进行实证研究,对中国法律的运作进行探究与解析。在此背景下,对裁判文书的法学实证研究成为一个值得专门研究的课题。

基于此,通过对裁判文书法学实证研究进行分析,不仅能够对法学实证研究的发展起到积极的作用,也推动了经济学分析范式的应用,以裁判文书实证研究为桥梁,反映法学与经济学之间如何取长补短,实现良性交叉融合发展,进而为中国法经济学未来的发展指明方向。

一、中国的法学实证研究概况

法学实证研究,即以法律现象作为客观事实,通过定性或定量方法发现其中存在的法律事实,进而通过对这些事实进行归纳总结,阐述其特征,挖掘事实之间的关联性,实现对其发生机制的研究。① 法学实证研究与经济学以及其他社会科学实证研究的发展密不可分,其中,法经济学的兴起与发展对法学实证研究起到了重要的推动作用,而法学的实证研究也拓展到了法经济学研究的领域之中,二者在一定程度上实现了交叉发展。20世纪80年代初,法经济学的概念引入中国,21世纪中国法经济学逐步兴起,并在研究议题、实证分析、分析范式等方面呈现本土化的趋势。② 由此观之,中国法学实证研究中经济学分析范式的应用,不仅影响着中国法经济学未来的发展,同时研究中国法学实证研究与经济学分析范式的融合方式与路径对于中国当下法学

---

① 参见程金华:《当代中国的法律实证研究》,载《中国法学》2015年第6期。程金华教授对法律实证研究进行定义的过程中,提出学者们对法律实证研究有不同的定义,主要争议点在于法律实证研究是只包括定量研究,还是同时包括定性和定量研究。对于这一问题参见张永健、程金华《法律实证研究的方法坐标》,载《中国法律评论》2018年第6期。本文对法律实证研究中定性与定量两种方法的异同进行了系统区分,笔者认为值得借鉴。

② 参见魏建、宁静波:《法经济学在中国:引入与本土化》,载《中国经济问题》2019年第4期。

和经济学的研究均具有重要意义。

1897年,美国霍姆斯大法官便提出:"对于法律的理性研究而言,现在的主流是对法律进行'白纸黑字'的解读,但将来必定属于那些精通统计学和经济学的人",他以此对法律实证研究的思想进行了预测。① 然而无论是新学科、新理论还是新的研究方法出现,必然会经历一段曲折的发展过程,因此,即使是美国的实证研究,也不过兴起于20世纪中叶,于法经济学以及"法律与社会"运动的潮流之中崭露头角,而真正实现定量研究的应用距今仅有20年左右。然而,在很短的时期内,美国法学实证研究的地位便得到了大幅提升。虽然中国的法学实证研究起步较晚,但近些年,法学实证研究在我国法学界的地位同样有所提升并呈现如火如荼的发展态势。

中国法学实证研究于改革开放之初出现,主要表现形式为实地调查的研究报告,此时法学实证研究尚未进入理论解释层面,学术研究问题意识较为缺乏。② 1990年初,中国法学实证研究以农村田野调查为基础展开,通过问卷或访谈的形式,对所获数据进行分析,同时自改革开放以来,苏力掀起了中国法学实证研究的浪潮,在"直觉"的基础上进行个案的实证研究。与此同时,在美国正处于繁荣发展时期的法经济学引起了理论法学领域学者们的关注。紧接着,2004年北京大学白建军教授出版的《罪刑均衡实证研究》拉开了法学定量研究的序幕,自此以后,中国法学实证研究呈现出多元化发展的格局,定性与定量研究协同发展。③ 中国法经济学的发展也随之进入兴起与本土化阶段。与西方相比,在21世纪之前,实证研究对于中国法学界而言仍然属于陌生领域。以新世纪为"分水岭",法学实证研究以一种学术时尚的形象在中国得以发展。④ 赵骏(2013)指出法学实证研究的发展在学术变迁方面提供了动力,为搭建学术交流平台作出了贡献。⑤ 程金华(2015)指出,法学实证研究已经在目前中国法学界获得了一席之地,同时问题意识已经覆盖法学研究的多个

---

① Oliver Wendell Holmes, *The Path of the Law*, Harvard Law Review, Vol. 110:991, p. 991 – 1009(1997).

② 参见曹子东:《关于广东省南海、顺德两县推行治安承包责任制的调查报告》,载《中国法学》1985年第1期。

③ 参见陈柏峰:《法律实证研究的兴起与分化》,载《中国法学》2018年第3期。

④ 参见程金华:《奢侈的学术时尚:法律实证研究》,载《中国社会科学报》2012年5月9日,第7版。

⑤ 参见赵骏:《中国法律实证研究的回归与超越》,载《政法论坛》2013年第2期。

领域,影响范围也处于不断扩大之中,知识的供给和需求对法学实证研究的兴起发挥着一定的推动作用。虽然在发展过程中出现了许多问题,例如,陈柏峰(2018)提出法学实证研究发展中出现了分化倾向,在不同学科中分布不均衡的问题。[①] 程金华(2015)通过对 1979—2015 年法学实证研究论文的分析,指出法学实证研究面临着"有了更多的方法论武器,有了更多的论著产量,但没有产出更多的知识"此类"知识泡沫"问题。[②] 程金华(2018)指出当前中国法律实证研究在迈向科学的过程中,面临着论题、理论、论据以及结论等方面的"瓶颈"问题。[③] 由此可见,虽然现阶段法学实证研究已经取得了一定的成果,但是仍然存在较大的发展空间。整体而言,法学实证研究方兴未艾。

近年来,中国法学实证研究迎来了最好的时代。实证研究的核心,在于经验数据的选用,而中国的法学实证研究,普遍存在量化数据不足的问题。[④] 现如今法律数据如雨后春笋般层出不穷,尤其是裁判文书网上公开制度的实施,不仅推动了"法律大数据"产业的发展,更为法学实证研究带来了极其丰富的数据资料,推动中国的法学实证研究进入了新的高潮期,以新的方法与视角审视法律问题。在裁判文书实证研究发展的同时,对经济学材料、经济学方法亦进行了广泛应用,[⑤]在推动法学实证研究发展的同时,也为法经济学的未来发展开辟了新道路,由此可见,法学与经济学之间以裁判文书实证研究为桥梁,进一步实现了相互作用、相互融合。

总而言之,法学实证研究的兴起,不仅将法学研究的重心由法律规范本身转向法律事实问题,为其在体系外检验体系的效果提供了新的研究方法与视角,成为学术变迁的动力之一,同时也成为学术交流的重要桥梁。而裁判文书实证研究能够融洽地连接法学与经济学等其他社会科学,由于基于裁判文书的法学实证研究主要表现为归纳研究和经验研究,因此对于检验逻辑以及研究程序方面的要求较高,经济学范式的应用成为重要的分析工具,推动

---

① 参见陈柏峰:《法律实证研究的兴起与分化》,载《中国法学》2018 年第 3 期。

② 参见程金华:《当代中国的法律实证研究》,载《中国法学》2015 年第 6 期。

③ 参见程金华:《迈向科学的法律实证研究》,载《清华法学》2018 年第 4 期。

④ 参见程金华:《迈向科学的法律实证研究》,载《清华法学》2018 年第 4 期。

⑤ 林少伟等指出:"我国商法学实证研究是广泛援引经济学材料、运用法经济学方法,探讨经济学与商法学交叉问题而展开的定性研究。"在裁判文书实证研究文章中,应用经济学方法进行分析的文章小有规模,在此恕不赘述。参见林少伟、林斯韦:《中国商法学实证研究测评——基于 2000 年至 2015 年的法学核心期刊论文》,载《法学》2018 年第 1 期。

了法经济学和法学实证研究的相辅相成。经济学为法学实证研究提供共通的方法论,法学实证研究则进一步对法经济学的应用发展提供新的平台与视角,二者之间的相互作用得以彰显。现阶段已经有部分法律或经济学者展开此类跨学科对话,为我国经济学与法律实证之间的合作提供新的发展机遇,中国法学实证研究以及法经济学发展将双双迎来新局面。但是现阶段法学与经济学的融合程度如何,尚需要进行深入研究。

二、基于裁判文书的实证研究的文献分析

(一)文献选取范围

为了探究裁判文书实证研究中经济学范式应用的现状,本文从中国知网学术文献总库进行文献的收集。数据检索方法如下:以“裁判文书”为主题进行高级检索,来源为 CSSCI 期刊,文献分类目录选择“哲学与人文科学、社会科学Ⅰ辑、社会科学Ⅱ辑、经济与管理科学”,经过进一步的筛选和整理,逐篇阅读,确定 104 篇学术论文作为研究对象。

根据法学实证研究介入程度的差异性,可以从三个方面进行区分:一是纯粹意义的法学实证研究,即通过调查获取数据,在数据处理分析(包括模型、数据分析软件的应用)的基础上得出结论的过程;二是法学实证研究介入程度略低,即通过数据进行描述性分析等基本分析;三是介入程度最浅的经验分析,往往通过引用经验数据来实现。以上这三个方面,明确了法学实证研究的边界所在。① 因此,本文在选择裁判文书法学实证论文时标准相对宽松,只要研究主题涉及裁判文书实证研究,在论文中使用了数据统计分析的均纳入研究范围。

(二)相关研究的整体概况

1. 论文发表数量

裁判文书的实证研究作为法学实证研究的重要组成部分,已经取得了一定的成果,无论是法学界还是经济学界,均得到了一定的认可。其中发表于

① Shari Seidman Diamond & Pam Mueller, *Empirical Legal Scholarship in Law Reviews*, Annual Review of Law and Social Science, Vol. 6:581, p. 581 – 599(2010).

法学类期刊的此类文章数量高于经济学类期刊,在学报、社会科学期刊或其他综合类期刊中,同样存在针对裁判文书进行实证研究的文章,且数量处于经济学类期刊与法学类期刊文章数量之间。由此可见,经济学类期刊对裁判文书实证研究的认可度以及应用程度相对而言低于法学界。

表 1　按期刊分类的裁判文书实证论文发表数量

项目	学报	经济学类期刊	社会科学期刊	法学类期刊	其他综合类
数量/篇	24	7	12	46	15

2. 论文发表数趋势

通过图 1 的观察可以发现,不同年份对裁判文书进行实证研究的文章数量有所差异。从整体趋势来看,在 2014 年之前,对裁判文书的实证研究文章数量较少且保持相对稳定,该研究此时尚未受到较多关注,自 2015 年开始,进入文献产出高峰,对裁判文书的实证研究呈现出大幅上升的情形,至 2018 年达到最大值 37 篇。由此可见,2014 年实施的裁判文书上网规定发挥了较大的推动作用,因此在 2014 年之后,裁判文书的实证研究得到了较大的发展,而在 2019 年,针对裁判文书的研究文章数量有所下降。

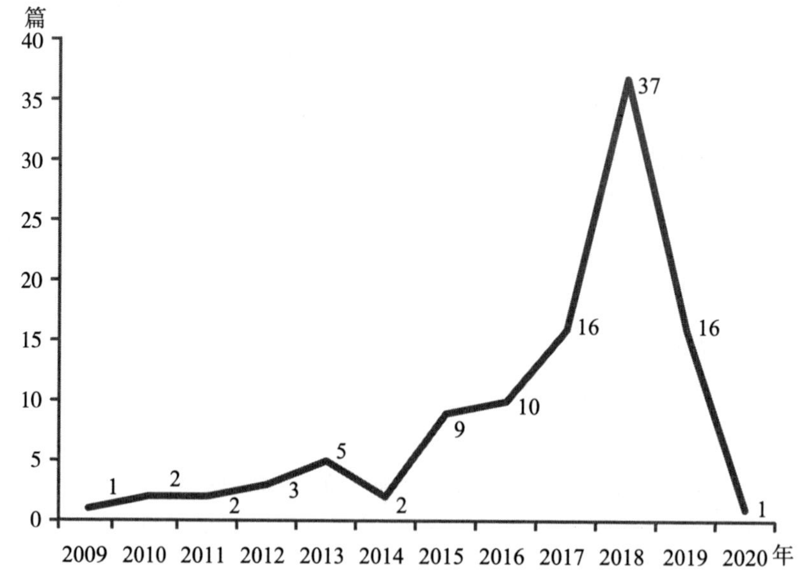

图 1　2009 ~ 2020 年裁判文书实证研究论文发表数量

3. 论文发表的期刊层次

基于上述分析可得，裁判文书实证研究文章于2019年在数量方面有所下降。究其原因，主要体现在两个方面：一方面存在部分文献尚未公布于中国知网的可能；另一方面对于核心权威期刊而言，发文数量往往与立法热点呈正相关，例如2014年、2016年政策制度出台实施，而2019年处于裁判文书公开制度5年之后，已经逐渐度过最初的热度，而转入冷静期的思考。这一观点通过法学权威期刊的论文数量得以印证，通过对法学权威期刊裁判文书论文年发表数量及比例整理分析发现，虽然与2018年相比数量大幅降低，但发表于法学权威期刊的文章占年发表论文总数比与2018年基本持平。① 如表2所示，其中不乏发表于《环球法律评论》《法学研究》《法学》②等权威期刊的文章，同时亦有发表于经济学权威期刊的高质量文章。③ 由此可见，虽然2019年基于裁判文书的实证研究在数量方面有所下降，但在质量方面有所提升。

表2　裁判文书实证研究论文法学权威期刊发表数量及比例

项目	2014	2015	2016	2017	2018	2019
数量/篇	1	2	7	4	14	6
占年发表论文总数比/%	50	22.2	70	25	37.8	37.5

4. 所涉裁判文书的来源

进行实证研究的裁判文书源主要以2014年作为转折点。2014年之后的91篇论文所应用的裁判文书多源于中国裁判文书网，在文中明确说明裁判文书来源的54篇文章范围中，裁判文书源于中国裁判文书网的占比达到67%，其他的裁判文书来源有无讼案例、聚法案例、open law及威科先行等，相较2014

---

① 对法学权威期刊的认定标准根据其影响力指数及影响因子排名确定，其中涵盖2020年中国法学核心科研评价来源期刊（CLSCI）中24家正式成员。本文仅选取发表于法学权威期刊的文章进行分析，与经济学期刊或其他综合类期刊相比，发表于法学权威期刊中裁判文书实证研究的论文在数量方面具有优势，因此以此分析具有一定的代表性。

② 分别参见崔建远：《不可抗力条款及其解释》，载《环球法律评论》2019年第1期；胡铭：《电子数据在刑事证据体系中的定位与审查判断规则——基于网络假货犯罪案件裁判文书的分析》，载《法学研究》2019年第2期；陈运生：《规范性文件附带审查的启动要件——基于1738份裁判文书样本的实证考察》，载《法学》2019年第11期。2019年发表的裁判文书实证研究高质量文章小有规模，恕不一一列举。

③ 参见魏建、彭康、田燕梅：《版权弱司法保护的经济分析——理论解释和实证证据》，载《中国经济问题》2019年第1期。

年之前而言,来源较为集中,同时对于中国裁判文书网而言,作为最权威、最全面的裁判文书网站(见表3),能够保障第一手资料来源的准确性、有效性以及权威性。

表3　2014年之后裁判文书来源

项目	中国裁判文书网	其他
数量/篇	36	18
占比/%	67	33

而2014年之前裁判文书的来源则呈现一定的多样化,主要源于中国法院网、北大法意网,中国重要报纸全文数据库、中华人民共和国最高人民法院公报、北大法律信息网等,2014年之前裁判文书上网并不普及,因此为了得到有效资料数据,部分学者采用实地调研等方法获得裁判文书,需要耗费大量的人力、物力以及时间成本,以保障获得一手资料。总体而言,2014年之前实证研究所应用的裁判文书来源并不集中。由此可见,中国裁判文书网作为裁判文书网上公布的官方平台,为裁判文书的实证研究提供了优质的一手资料,降低了资料的收集难度,同时为我国裁判文书的法学实证研究起到了较大的推动作用,也为法与经济学的进一步融合搭建了深入合作的桥梁。

5. 所涉裁判文书的数量

在样本中,26篇文章没有提及用于实证研究的裁判文书数量,78篇对应用的裁判文书数量进行了不同程度的说明,本文将裁判文书数量划分为六个区间,即"1000篇以下、1001～2000篇、2001～3000篇、3001～4000篇、4001～5000篇、5001篇以上",具体统计数据见表4。通过分析可以得知,在裁判文书实证研究中所选取的裁判文书数量多集中于1000以下,事实上,这一数据已经具有一定的代表性,能够对某一问题进行具体的认识,数据越充分,研究结果的可靠性越强,因此,对于数据进行较为充分的分析,以得到反映客观现实的准确结果,也是经济学努力的方向。然而,由于不同地区法官的特点不同,导致在裁判文书的撰写上存在差异,无形中增加了对裁判文书进行整理的工作量,进而在数据收集的过程中耗费的时间较长,为了保持效率,理论界往往仅抽取一部分代表性文书进行分析,在数据收集之后的处理阶段,多为描述性的数据分析,对于因果关系或相关性的分析仅能通过传统的推测性演绎来实现。但是同样存在样本容量为5000份以上的论文,通过论文整理,发现这一部分论文中经济学分析范式发挥了重要作用,①通过一定的量化技巧与数据分析工具的适用,不仅降低了数据整理的成本,同时对结果的完整性及准确性有所保证,对相关性和因果关系进行了更加准确的探索,以此实现了法经济学研究的目标,即以最小的投入得到最多且最准确的结果。②

表4 裁判文书数量

项目	1000篇以下	1001~2000篇	2001~3000篇	3001~4000篇	4001~5000篇	5001篇以上
论文数量/篇	56	8	4	2	0	8
占比/%	71.7	10.3	5.1	2.6	0	10.3

6. 所涉裁判文书的时间范围

所选样本中,60篇提到所应用裁判文书的跨度,根据统计,几个月到几年。如表5所示,对裁判文书进行的实证研究文章中,其中裁判文书的跨度多为2~10年,占比达到70%,20年以上占比为7%。裁判文书的跨度与所研究的问题以及所选取的样本量有关。由此可见,对于一个法学问题的实证研究而言,往往为了获取足够有效的数据,会跨度较大,因此也进一步说明了裁判文书的实证研究能够对长期以来没有准确定论的法律问题发挥更加显著的作用。同时,随着"爬虫"等大数据抓取与数据分析工具的不断改进,学者搜集裁判文书的手段和抓取信息的能力也不断提升,进而可以更大范围地收集样本。这也是近些年研究所涉样本数量不断增加的原因所在。

表5 裁判文书跨度

项目	1年以下	2~10年	11~20年	21年以上
数量/篇	9	42	5	4
占比/%	15	70	8	7

(三)研究主题:多样化与热点化

通过对裁判文书实证研究的具体空间布局进行分析,进而对学术界在裁

① 分别参见李本森:《刑事速裁程序试点实效检验——基于12666份速裁案件裁判文书的实证分析》,载《法学研究》2017年第5期;田燕梅、魏建、白彩全:《原告诉求金额影响法院判决金额吗——基于著作权一审判决书的实证研究》,载《广东财经大学学报》2018年第5期。

② 参见宁静波:《法官与法院的产出效率:问题与对策——基于基层法院的实证分析》,载《山东师范大学学报(人文社会科学版)》2013年第3期。

判文书实证研究中经济学范式的运用方面的具体拓展路径进行明晰,根据本文所收集论文,按照具体标准,对裁判文书实证研究不同主题的大致分布如表6所示。①

表6 裁判文书实证研究论文主题

研究主题	数量/篇	占比/%
刑事	17	15
民商事	32	28
行政	13	11
环境	5	4
司法	9	8
指导性案例	7	6
诉讼	12	10
说理研究	6	5
制度	14	12
其他	1	1

在裁判文书实证研究中,可以看出裁判文书在我国学者的实证研究中已经得到了应用,并且涵盖的研究范围较广,涉及多个方面,主要集中在民商事、刑事和行政三大实体法以及诉讼法和制度研究方面,其中,对于裁判文书制度的研究占比为12%,仅次于民商事和刑事;然而通过对论文的统计分析,对裁判文书制度的研究无一例外均为裁判文书公开制度,随着这一制度的贯彻实施,在未来的研究中继续成为研究重点的可能性极小。

在早期的法学实证研究中,诉讼法和民商法等传统领域占据较大的比例,②然而经过一定的发展,民商法仍然占据较大的比例,诉讼法的地位有所下

---

① 本文将裁判文书实证研究分为裁判文书制度研究以及裁判文书内容研究,关于制度与内容的具体划分参见李振贤:《我国司法判例研究状况的实证分析》,载《甘肃政法学院学报》2018年第4期。本文在借鉴上述文章分类方法基础上,结合研究对象特性进行变通以确定分类标准。通过统计整理发现,对于裁判文书制度的研究集中于裁判文书公开这一制度的功能以及运用;对于裁判文书内容的研究则范围较广,进一步细化区分,分为裁判文书的说理研究和针对某一具体法律问题进行的研究,具体法律问题按照不同部门法或问题再次划分,涉及学科交叉的问题,按照所涉学科分别计入。

② 参见赵骏:《中国法律实证研究的回归与超越》,载《政法论坛》2013年第2期。

降,而基于环境法这一近几年的新兴热点的实证研究业已崭露头角,出现了许多基于裁判文书对环境法问题进行实证分析的文章。① 其中吕忠梅(2014)通过收集1970—2009年数千件裁判文书对环境司法进行了一定的分析,得出了现阶段环境司法在中国并未发挥足够作用的结论,对其中的重要原因进行了具体分析,并针对性地提出了建议对策,同时对环境行政司法的现状进行了评价,得到了案件少、裁判难的研究结果。张忠民(2014)同样通过裁判文书对环境法相关问题进行探究,通过收集河南省2009—2011年公开的裁判文书,根据所收集的裁判文书类型所体现的单一、数量稀少以及典型案件贫乏等特征,说明了司法在应对环境与健康案件时存在乏力,导致这一困境的主要原因在于现行环境与健康类案件在案由方面规定不明确,在案件审理难度方面较高以及学理与立法的分野,最后提出了对这一困境的突破之策,即对环境与健康类案件的案由进行适度修改,对已经确立的司法准则在举证责任倒置方面的规定进行落实等。由此可见,在法学实证研究中,以新兴选题为导向的特征已有所显现。同时,在研究主题中对于指导性案例以及司法问题等方面的研究也占据了一定的比例,整体而言,呈现出覆盖面广却不均衡的状态。

1. 民商事领域的研究

民商事领域的研究,主要集中在"三农"问题、知识产权以及涉外侵权方面。如表7所示,知识产权方面的问题占比达到28%。其中唐仪萱、聂亚平(2018)对专利无效宣告请求中止侵权诉讼的问题与对策应用2946份民事裁判文书进行了实证分析,以此指出专利无效宣告请求导致专利侵权案件诉讼时效中止的情况,存在被告请求略呈下降趋势、诉讼效率保障措施存在"死区"空间以及诉讼效率降低的问题。王一璠(2019)则通过398份裁判文书对著作权权利"兜底"条款进行解释适用,提出这一兜底条款并不是法律的漏洞,而是留给法官自由裁量的空间,然而在实践过程中对于这一条款的适用存在一定的矛盾与混乱,因此从认识论角度,基于裁判文书对该兜底条款进行了重构,从"应然权利"的角度,将其理解为法官在个案中予以保护的利益,进而有助于平衡著作权自然权利和法定权利之属性,同时防止对《反不正当竞争法》一般

① 分别参见吕忠梅:《环境行政司法:问题与对策——以实证分析为视角》,载《法律适用》2014年第4期;张忠民:《环境与健康诉讼的困境与突破——以河南省高院公开的裁判文书(2009—2011)为样本》,载《甘肃社会科学》2014年第6期。

条款的逃逸。①

表7　民商事研究问题

项目	"三农"	知识产权	涉外	其他
数量/份	7	9	2	14
占比/%	22	28	6	44

"三农"方面的研究文献占比达到22%。其中,江晓华(2017)基于372份裁判文书对农村集体经济组织成员资格的司法认定进行了研究,通过分析指出集体经济组织成员资格案件中法院是否认定成员资格的司法态度时,呈现了明显的冲突,而法院拒绝认定的理由包括资格认定不是平等民事主体间的纠纷、资格争议应由行政机关处理等,并提出了一系列问题,最后提出了一定的完善路径。②

此外,涉外问题占比仅为6%。其中,学者主要关注的问题在于涉外法律的适用。郭文利(2010)以757份裁判文书对我国涉外民商事审判中存在的问题进行了实证分析,指出我国法院在涉外民商事审判中仍存在诸多问题,尤其是在管辖权依据方面的适用规定不明,进而产生了一定的消极影响。③ 宋连斌、张溪瑨(2018)通过93份裁判文书对我国涉外一般侵权法律适用的现状、特点及改进建议进行了探讨,指出我国涉外一般侵权案件呈现出逐年递增的趋势,但是仍存在法院对一般侵权规则与特殊侵权规则、一般法与特别法之间的关系未进行正确处理等情形,进而导致了法律适用错误,裁判文书说理不充分,法律推理错误等问题。④ 以上这三类研究问题占比达到56%,超过一半,而其他类中的研究问题较为分散,如股权让与、显失公平条款等,通过对民商事研究问题的分布情况可知,"三农"问题与知识产权问题仍然是裁判文书进行

① 分别参见唐仪萱、聂亚平:《专利无效宣告请求中止侵权诉讼的问题与对策——基于2946份民事裁判文书的实证分析》,载《四川师范大学学报》2018年第2期;王一璠:《著作权权利"兜底"条款的解释适用——基于398份裁判文书的类型化》,载《中国出版》2019年第23期。

② 分别参见江晓华:《农村集体经济组织成员资格的司法认定——基于372份裁判文书的整理与研究》,载《中国农村观察》2017年第6期;李广德:《农地流转纠纷的类型构造与司法治理——基于承包经营权纠纷案件的实证展开》,载《山东社会科学》2017年第4期。

③ 参见郭文利:《我国涉外民商事审判存在问题实证研究》,载《时代法学》2010年第5期。

④ 参见宋连斌、张溪瑨:《我国涉外一般侵权法律适用的现状、特点及改进建议——基于93份裁判文书的实证分析》,载《江西社会科学》2018年第2期。

实证研究的热点内容。

2. 刑事领域的研究

对于刑事案件的研究，主要集中在网络犯罪、腐败犯罪以及著作权犯罪，具体分布如表8所示。在刑事方面问题的研究中，涉及网络犯罪的研究占比为24%。其中，近年兴起的P2P网贷平台犯罪情况成了重点关注内容，李永生、胡冬阳(2016)，叶良芳(2018)等对P2P网络借贷的刑法规制问题进行了研究，叶良芳(2018)以104份刑事裁判文书为样本，对P2P网贷平台刑法规制进行了实证分析，指出在司法实践中，非法集资类犯罪的P2P网贷平台往往存在虚假宣传、承诺还本高息以获取投资人信任的情形，然而在此类犯罪判决中，平台所触犯罪名的区分多以资金用途和投资人损失比例为标准，平台的虚假宣传在司法实践中并没有得到相应的重视，平台形成资金池后在支配使用构罪与否方面存在界限不清以及法条竞合等问题亟待解决。①

表8　刑事研究问题

项目	著作权犯罪	腐败犯罪	网络犯罪	其他
数量/篇	2	4	4	7
占比/%	12	23	24	41

腐败犯罪的研究占比为23%。较有代表性的是褚红丽、孙圣民、魏建(2018)基于2014年中国法院公布的受贿罪一审刑事判决书，对受贿主体职务级别、法律制度设计和腐败惩罚之间的关系进行了探讨，该文指出“高管轻惩”只是外在表象，仅仅是在刑法修改之前“刚性受贿金额决定量刑”这一惩罚规则掩盖下的假象。文中在考虑法律制度设计特征、控制腐败惩罚的边际递减效应后，得出了高级别贪官腐败惩罚更重的结论，并经过进一步的分析表明，腐败惩罚扭曲表象主要是刑法调整滞后性所导致，并不是“刑不上大夫”的现代复活。②

涉及著作权犯罪的研究占比为12%。其中，值得注意的是徐宏、陈颖(2019)以上海市近5年的裁判文书为分析样本，对侵犯著作权罪进行了实证研究，指出

① 参见叶良芳：《P2P网贷平台刑法规制的实证分析——以104份刑事裁判文书为样本》，载《辽宁大学学报》2018年第1期。

② 参见褚红丽、孙圣民、魏建：《职务级别、法律制度设计与腐败惩罚扭曲》，载《经济学》2018年第3期。

现阶段刑事司法理念存在偏差,立法较为滞后、被害人处于边缘化地位等问题,对侵犯著作权罪的实际规制效果产生了消极影响,基于此提出了进一步提高刑事立法的前瞻性与统一性,建立多元化的事实查明机制,完善刑罚结构体系,重视被害人的权利保护,并加强对著作权保护的社会培育等建议。①

以上三类占比达到59%,其他类中较为分散的研究问题有刑事重典的遏制作用、抽逃出资罪等方面。由此可见,互联网时代的到来,对刑法的发展同样产生了较大的影响。在刑事问题的研究中,网络犯罪成为重要的研究内容,腐败犯罪、著作权犯罪同样处于重要的研究地位。由此可见,我国在著作权相关法律方面的立法与应用仍需要进一步完善与发展。

在行政方面的研究主题呈现出较为分散的状态,其中,朱春华(2013)、黄启辉(2013)通过行政裁判文书实证分析对行政诉讼一审、二审审判情况进行了研究,陈运生(2018)则重点关注于裁判文书中对行政性规范文件的审查问题。整体而言,在行政研究方面并无明显集中哪几个方面的倾向,文章数量占比较大,在简政放权、权力下放的行政体制改革大背景之下,行政领域的研究仍占据着重要的地位。

3. 诉讼领域的研究

如表9所示,在诉讼问题的研究方面,主要集中在行政诉讼和民商事诉讼两个方面。综上所述,朱春华、黄启辉作为行政诉讼法的代表性研究学者,基于裁判文书对其中的诉讼问题进行了探究。朱春华(2013)通过8家法院3980份裁判文书对行政诉讼二审审判状况进行了研究,并通过多变量分析,对案件如经复议和有第三人时,与有利被告裁判率和维持原具体行政行为的判决比例之间的关联性进行了分析;黄启辉(2013)以40家法院2767份裁判文书为样本,对行政诉讼一审审判状况进行了研究,得到了非对抗权力型诉讼多、行政诉讼当事人复杂、判与诉不一致等结论。② 而唐雯(2017)则基于裁判文书对民诉中的知识产权侵权诉讼中侵权人获利的证明进行了探究。③ 由于诉讼研究

---

① 参见徐宏、陈颖:《侵犯著作权罪实证研究——以上海市近5年的裁判文书为分析样本》,载《中国出版》2019年第2期。

② 分别参见朱春华:《行政诉讼二审审判状况研究——基于8家法院3980份裁判文书的统计分析》,载《清华法学》2013年第4期;黄启辉:《行政诉讼一审审判状况研究——基于对40家法院2767份裁判文书的统计分析》,载《清华法学》2013年第4期。

③ 参见唐雯:《知识产权侵权诉讼中侵权人获利的证明——基于裁判文书的实证分析》,载《大连理工大学学报》2017年第4期。

的内容天然地与案例、裁判文书紧密联系,因而诉讼领域的实证研究居于先导地位,然而,随着其他部门法实证研究的兴起,诉讼法领域的研究优势不再那么明显,未来还需要进一步开拓。

表 9 诉讼研究问题

项目	民商事诉讼	行政诉讼	环境公益诉讼	其他
数量/篇	5	5	1	1
占比/%	42	42	8	8

最后,需要注意的是对于指导性案例的研究。指导性案例的研究在裁判文书的实证研究中,占比达到6%,虽然占比较低,但是仍然是不可忽视的一部分。2014 年以前的指导性案例研究与 2014 年裁判文书公开以后在数据的获取方面有所区别,现阶段,采用裁判文书实证研究对指导性案例的应用进行研究已经得到了部分学者的认可并取得了一定的成果。其中顾培东(2018)在《判例自发性运用现象的生成与效应》一文中指出判例自发性运用现象对法学理论研究的转型与深化,对法律规范体系及法律规范生成机制的改善,能够产生重要影响;彭中礼(2017)在《司法判决中的指导性案例》一文中指出从未来发展的角度看,增强指导性案例的实效,需要从程序、方法和理念等层面着手,实现案例指导制度的中国化和本土化。①

(四)研究方法:经济学分析方法的简单运用

1. 经济学范式应用的主题分布

在裁判文书实证研究中,运用经济学范式分析的论文同样呈现研究主题多样化的特征,同时在分布方面表现出一定的不均衡性。在学科分布方面与整体裁判文书实证研究论文基本保持一致,在一定程度上可以说明法学学者与经济学者在研究主题的选择关注方面具有一致性。其中刑事、民商事、行政、诉讼方面的研究仍占据了较大的比例,对于司法本身问题的研究与诉讼方面的问题研究占比相同,另外,还涉及指导性案例和环境方面的研究见表 10。

① 分别参见顾培东:《判例自发性运用现象的生成与效应》,载《法学研究》2018 年第 2 期;彭中礼:《司法判决中的指导性案例》,载《中国法学》2017 年第 6 期。

表10　经济学范式应用的主题分布

经济学范式应用主题	数量/篇	占比/%
刑事	7	28
民商事	5	20
行政	4	16
诉讼	3	12
指导性案例	2	8
环境	1	4
司法	3	12

其中,胡昌明(2018)将经济学范式应用至刑事研究领域,以1060份刑事判决书为样本,通过"标准比值法"来编制刑罚强度的综合评级指数,以此对被告人身份差异对量刑的影响进行了分析,得到了这种影响的程度与当事人的社会结构差异相关的结论;①魏建、彭康、田燕梅(2019)对版权弱司法保护进行了经济分析,通过采用左右限的Tobit模型进行回归,发现原告得到赔偿的金额通常比较低,且随着诉求金额的提高,法院判决比不断下降,同时原告、被告的讨价还价能力对自身诉讼的成败产生了较大的影响,较低的赔偿额并没有给版权所有者提供足够的保护,亦没有对侵权者形成足够的威慑;②乔仕彤、毛文峥(2018)等学者依托裁判文书实证分析将经济学范式应用至行政法研究领域,他们通过对各高级法院裁判文书的收集,探究行政征收的司法控制之道,应用回归模型对征收案件公共利益、合理补偿以及正当程序三个要素在约束地方政府权力方面的作用进行比较分析,发现各省高级人民法院主要关注征收行为程序的合法性,征收项目合理审查则极少,基于此,文中为未来该领域的实证研究进行了理论框架的建构。③ 由此可见,虽然应用经济学范式进行裁判文书实证研究的论文数量较少,然而研究所涉及的法学问题多样化与

---

① 参见胡昌明:《被告人身份差异对量刑的影响:基于1060份刑事判决的实证分析》,载《清华法学》2018年第4期。

② 参见魏建、彭康、田燕梅:《版权弱司法保护的经济分析——理论解释和实证证据》,载《中国经济问题》2019年第1期。

③ 参见乔仕彤、毛文峥:《行政征收的司法控制之道:基于各高级法院裁判文书的分析》,载《清华法学》2018年第4期。

热点化趋势显著,一定程度上能够说明经济学范式对法学问题的适用性较强。

2. 经济学范式应用的程度

法经济学的发展过程经历了范式提出、接受与质疑等多个阶段,其分析范式体现为法经济学所使用的经济学分析方法。① 而此种经济学分析方法主要包括成本—收益分析、效率分析、计量回归分析等借助模型或数据分析软件等对数据进行深入挖掘的内容,而通过简单的数据统计分析并不归属于经济学分析范式。因此针对上述文章,将论文研究中所用数据分析方法进行了区分,同时这一区分标准亦与上文中所提到的法学实证研究边界的划分相一致。

由表11可以看出,在裁判文书的实证研究中,应用经济学分析方法进行实证研究的文章占比仅为21%,其中所运用的研究方法包括SPSS、交叉分析、量化函数以及计量回归分析等,大多数学者仍然仅使用简单的数据统计分析方法进行。由此可见,经济学分析方法作为一种分析工具,已经得到了一定的应用,但是其应用程度仍然处于较低的水平。

表11　经济学分析范式的使用情况

项目	经济学分析方法	简单数据统计分析	经验研究
占比/%	21	76	3

(五)研究者:经济学者更偏向合作

1. 论文作者专业背景

通过对论文的整理统计,针对裁判文书的实证研究的文章作者包括经济学专业背景的学者和法学专业背景学者,其中法学专业背景的学者占比达到91%,经济学专业背景的学者仅占9%(见表12),其中主要为魏建、褚红丽、田燕梅等法经济学背景的研究学者,但是也包括为数不多的其他学科经济学背景学者。② 由此可见,在裁判文书法学实证研究中,经济学学者发挥的作用微乎其微。法经济学作为法学和经济学交叉发展的学科,在推动二者融合的过程中发挥了巨大的作用,然而由于具备经济学和法学交叉背景的复合型人才

① 参见魏建:《当代西方法经济学的分析范式研究》,西北大学2001年博士学位论文,第3页。

② 本文在统计作者背景时,对于同一作者署名两人以上的情况,仅统计第一作者,以发表文章上所列单位为准,如经济学院归属于经济学背景,法学院归属于法学背景。

培养难度较大,所以对于法经济学的研究会产生一定的消极影响,同时对于两个学科范式之间存在的必然冲突,如何找到二者相容的节点,仍然是现阶段法学与经济学跨学科发展亟待解决的难题。

表12　论文作者专业背景

项目	法学专业背景	经济学专业背景
数量/篇	95	9
占比/%	91	9

2. 论文署名情况

通过表13可以发现,经济学界更讲求合作,非独作占比达到89%,而法学界则倾向于独著,非独作占比仅为37%。通过合作能够充分发挥不同专业以及不同年龄段人员的优势,进而实现优势互补,提高效率,这对于强调分工、专业细化的经济学而言更为明显。而这一现象出现的原因也在于法学学者在进行实证分析时,由于经济学知识的匮乏,仅能够对少量数据进行简单的统计分析,因此仅凭一人之力便可完成,而对于经济学学者而言,已经熟练掌握经济学分析范式的应用,能够对大量数据借助多种经济学分析方法进行更加深入的挖掘,因此在大量数据的获取与整理方面,通过合作提升研究效率不失为明智之举。

表13　论文独著或合著情况

项目	独立作者论文数/篇	非独立作者论文数/篇	非独作占比/%
经济学背景	1	8	89
法学背景	60	35	37

(六)小结

综上所述,通过对现有裁判文书的法学实证研究的统计分析,发现存在以下特征。第一,从研究主题方面看,呈现多样化与热点化,运用经济学范式进行的裁判文书实证研究与整体研究均以国内或国际热点为导向,表现出多样化且分布不均的特征,由此可见,经济学范式的运用与法学实证研究有一定的契合性。第二,从经济学范式的使用情况来看,现阶段,经济学范式在裁判文书实证研究中已经得到了一定的应用,已经实现了统计分析的简单运用,但是仍处于较低的水平,在法学与经济学的交叉互动方面有所欠缺。第三,从研究者方面来看,在专业背景上,由于探究问题为法律问题,在裁判文书实证研究中仍然以法学学者居多,经济学学者发挥的作用微乎其微。无论是法学学者还是经济学学者,在研究中仍然主要遵循本专业的研究范式,法学和经济学交叉复合型人才并未成为主流,法经济学作为法学与经济学交叉发展的学科,在推动法学实证研究中,对经济学范式的运用发挥了重要的作用,为中国法学发展的大环境发展与法学以及经济学学科内部发展的小环境发展均提供了新的途径。第四,从论文署名情况来看,经济学背景的学者更注重合作,而法学学者则与之相反,由于双方的互动程度较低,在一定程度上对法经济学的发展产生了一定的消极影响。由此可知,法学与经济学两大学科还有待进一步融合。

三、对法学实证研究中经济学范式应用的思考

通过上文的分析,可以发现虽然基于裁判文书的法学实证研究中经济学范式已经有了一定的应用,但是仍处于较浅的层次,存在一定的不足之处,主要体现在经济学范式的使用情况方面,仅仅得到了简单应用,在基于裁判文书的法学实证研究中对数据的分析方法多数处于初级阶段,尤其是对于法学背景学者而言,并没有经济学等学科的相关知识,熟练掌握数理统计等方法,通过构建模型进行定量分析更是难上加难,而经济学范式则是进行因果性以及相关性研究,对法律运作过程的规律性进行揭示的必备工具,而现阶段对于因果关系或相关性的分析仅能通过传统的推测性演绎来实现,缺乏一定的客观性与准确性。同时,法学学者与经济学学者之间的合作甚微,裁判文书实证研究这一瓶颈期问题亟待解决。为何产生上述问题?笔者认为,主要原因在于法学研究范式下对经济学范式应用的困惑。

(一)法学研究范式下对经济学范式应用的困惑

现阶段基于裁判文书的实证研究无异于为法经济学的研究开辟了新大陆,而对于法学学者而言,由于受到自身法学研究范式的束缚,对于经济学范式的应用产生了一定的困惑与怀疑,进而使法学界对于法经济学发展的前景持有并不乐观的态度。这种困惑主要体现在三个方面:

第一,方法论。法学界对于方法论方面的困惑,主要体现在经济学分析范式对共性的追求以及经济学分析工具的使用。经济学注重探究大样本的共性

问题,裁判文书大数据的存在,为研究提供了非常好的素材。对于法学研究来说,可能不经意间忽视的特定事实便会直接影响定罪量刑,因此细致入微的个体特征才能够深入探究当下法律的适用性。经济学范式对样本个体特征的忽略,让法学家难以接受。同时,法学界对于经济学分析工具的使用同样存在疑虑。在采用计量分析时,通常情况下会先进行理论假设,例如回归方程,通过假设线性或非线性关系,进而对假设进行验证,这对于法学界而言匪夷所思。同时经济分析工具的发展,往往具有一定的阶段性,工具发展的滞后性同样成为法学家困惑的原因。

第二,研究的路径。法学界对于经济学家进行的经济研究路径同样存在诸多困惑,主要体现在研究价值、理论套用以及结论的不稳定三个方面。对于经济学家而言,多应用经济工具来证明已有结论,对于法学家而言价值过低,并不能有新的发现。在应用裁判文书数据的同时,经济学家往往通过套用经济理论框架来进行研究,将经济学理论套用至已有观点进行验证,法学界认为并无创新性可言。由于经济学者对法学知识掌握的不足,因此在裁判文书数据的选取可能存在一定的问题,进而使应用经济学范式得到的结论存在区别,甚至可能出现完全相反的结论,而对于法学界而言,此种情况较为鲜见,结论的不稳定性令法学学者难以接受。

第三,学习成本。法学家思考是否应用经济学范式时,需要考虑学习和使用经济学分析工具的成本收益。对于多数法学家来说,并没有接受过系统经济学或数学统计等课程的学习,学习起来需要投入大量的时间、金钱成本,经过学习之后能够熟练应用同样尚不可知,同时经济学分析工具不断推陈出新并趋于复杂化,因此探索这一领域是否值得,也成了法学学者抉择的重要内容。

(二)回应:经济学研究范式对于当下法学实证研究的价值

法学界对经济学研究范式的应用存在的诸多质疑,给予了经济学界一次直接审视自我的机会。针对以上三点困惑,作出以下回应:

第一,对方法论的回应。经济学对于普适性规律的追求与法学研究的目的在一定程度上而言并不相悖,法律具有普遍适用性,为了实现这一普遍适用性,法学家才致力于研究个性特征,以消除差异实现共性。二者仅仅在选择途径上有所差异,法学界为个性到共性,而经济学则是通过追求共性,检验共性。而对于裁判文书法学实证研究而言,正是这样基于大样本寻找普适性规律的过程,这一点与经济学相吻合。对于经济学的分析工具来说,通过假设,排除不可控因素,设置相应变量,能够对不同的现象进行比较,进而增强结论的普适性,而这一寻求共性的过程,需要付出忽略个性的代价。对于所忽视的异常特征,随着经济学的发展,同样努力探索解决之道并取得了一定的进步,如后验概率、非线性分析等,已经可以弥补部分不足。

第二,对经济研究路径的回应。经济学基于假设对多数人的行为进行判断与预测,而以人为研究对象的法学同样适用。经济学家偏好经济理论的套用与估算,然而由于各类现象的复杂性,经济学家只能在众多现象中选择一个或多个规律进行分析,在此基础上,通过规律的叠加以解释现象,通过不同可能性结果之间的比较,寻求最优状态,而应用到法学研究中,则是为法学的未来发展设立既定目标。同时,经济理论与分析工具之间的关系密不可分,在经济理论这一框架的指导下,数量分析的技巧作为经济学家工具箱中的法宝而存在,只有在理论的指导下,经济学家才能实现复杂现象的变繁为简,转化为可控的逻辑推导,此为经济学家的优势所在,而这同样也是裁判文书法学实证研究中,对数据的处理所需要的。① 随着经济理论对现象研究的日益深入,倒逼经济学分析工具更新发展,此时通过借鉴吸收数学或统计学的最新成果,以实现对最新经济理论的验证,在这一过程中,便会导致结论的不断变化,进而呈现结论的不稳定性,使法学家产生了经济学家只是为了达到既定数据,而非寻找规律与真相的怀疑,事实上,此为理论与工具进步的结果。

第三,对学习成本的回应。法学与经济学之间知识结构的差异性引发了对成本收益问题的思考。对于法学知识来说,为了适应社会的发展,会进行修改完善,但是由于法律具有稳定性,仅限于小范围内变动,极少出现知识更新换代、旧知识推翻新知识的情形,然而由于科目众多,在掌握以及灵活运用方面存在一定的难度,因此需要在实践中不断积累以实现灵活应用,基于此,中老年学者对于法律思维的成熟性、看待法律问题的深刻性及发现问题的敏感性方面要优于青壮年,在合作研究方面的要求并不高。而对于经济学而言,由于技术性知识日新月异,极易老化,因此对于经济学者而言,继续学习成本较高,因此在学术方面往往通过以青年的技术,结合中年的思想,二者合作完成

① 参见孙圣民:《对国内经济史研究中经济学范式应用的思考》,载《历史研究》2016 年第 1 期。

学术研究。中国法学与经济学有一共同点,即均为“舶来品”,法律多借鉴德日,而法经济学的研究范式也是来自西方,二者在研究中,往往通过与国外数据相比较,因此在这一方面二者有一定的契合性。而对于法学实证研究而言,尤其是对基于裁判文书的实证研究而言,裁判文书属于“中国化”产物,体现着“中国化”问题,此为国外学者所不了解。法学家与经济学家之间可以以此为契机实现合作,凭借法学家对法律知识的积累与熟练运用,应用经济学理论与分析工具,以此为素材推进中国法经济学的研究,进而推进中国法经济学分析范式的形成。

(三)小结

对于裁判文书大数据研究来说,与简单数据统计的经验式研究存在一定的差异,缺乏深度的事实性描述与脱离抽象理论的数据调查、乏味的调查报告并没有太大的区别,这也并非学术研究所追求的内容。基于此,应对裁判文书的数据与理论研究之间的张力进行重新思考。基于裁判文书这一大数据的研究作为法学实证研究的新思路,与传统的实证研究相比具有其独特的意义,其具有的信息量大、连续性、中立性以及权威性等特征,为法学实证研究创造了更加广阔的发展空间,同时也开拓了法学研究最前沿的问题域。裁判文书的公开使法学大数据规模空前,提供了新的研究对象与素材,为稀有事件的研究与细微差异的发现创造了新的研究条件,因此通过对未来大数据的应用,我们可以对现实中的新问题进行挖掘,而并非局限于以既有问题为起点或直接对研究结论进行预设。基于此,对于裁判文书而言,倘若能够通过适当的方式为研究者所用,通过其数据所得到的结果,在一定程度上极大可能实现对客观世界中隐藏规律的揭露,现有的理论可能因此而被验证或推翻,进而在经验事实基础上实现新的理论突破,而这一过程的实现,与法经济学自然是密不可分的。

职业放贷人名录的法经济分析
——基于419份职业放贷人判决书的实证研究*

冯 博 赵 博**

内容摘要：为了规范民间借贷，避免金融风险，《九民纪要》和《新借贷规定》在法律上将具有营利性、反复性、不特定性且没有合法放贷资格的放贷群体认定为职业放贷人。虽然浙江省等地建立了职业放贷人名录，但在具体认定中存在认定标准不一，认定条件混乱的情况。本文通过查阅浙江省419份法律文书，提取放贷次数、进入诉讼次数、对象是否特定、营利性、是否存在套路贷手段、资金来源、格式条款、是否加入职业放贷人名录等指标，用计量模型来对放贷人是否为职业放贷人进行认定，并从法律经济学的视角对放贷行为的营利性、反复性与不特定性以及对象的不特定等标准进行分析。

关键词：民间借贷　职业放贷人　借贷利率

2019年11月8日，《全国法院民商事审判工作会议纪要》（以下简称《九民纪要》）发布，2020年12月29日，

---

* 本文系中华人民共和国司法部国家法治与法学理论研究项目，项目编号：19SFB2049。

** 冯博，天津财经大学法学院教授；赵博，天津财经大学法学院硕士研究生。

《最高人民法院关于审理民间借贷案件适用法律若干问题的规定》(以下简称《新借贷规定》)公布。在法律上正式将具有营利性、反复性、不特定性且没有合法放贷资格的放贷群体认定为职业放贷人。但在司法实践中,普遍存在认定标准不一、认定条件混乱的问题。为了减少司法成本,维护正常的民间借贷秩序,浙江省、河南省、江苏省等地建立"疑似职业放贷人名录"制度。但在建立后,出现仅仅以名录为依据,并没有适用《新借贷规定》对放贷人进行认定的问题,影响司法判决的权威性和一致性。

一、职业放贷人的法律规定与实践争议

(一)职业放贷人的法律规定

2019年《九民纪要》首次对职业放贷人及其签署的合同效力进行规定,特别在原则上规定了职业放贷人的认定标准。2020年《新借贷规定》第13条增加了职业放贷人之间的合同无效的规定。①

根据上述文件可知,职业放贷人的认定标准如下:①以营利为目的:通常以高于国家规定的利率红线(36%)来认定;②不特定对象;③在一定时间内多次从事民间借贷,②具体要求如表1所示。

表1　职业放贷人认定标准

类型	同一基层人民法院	同一中级人民法院及辖区各基层人民法院
同一或关联原告在同一年内	10	15
同一或关联原告在三年内	20	20

浙江省高级人民法院等6部门印发的《关于依法严厉打击与民间借贷相关的刑事犯罪强化民间借贷协同治理的会议纪要》(以下简称《会议纪要》)从放贷人的放贷次数、借条条款和进入诉讼程序次数等方面规定了纳入名录的一般条件。

---

① 《新借贷规定》第13条的规定,未依法取得放贷资格的出借人,以营利为目的向社会不特定对象提供借款的民间借贷合同无效。

② 根据《会议纪要》整理得出。

《九民纪要》等规范性法律文件在解决职业放贷人无认定标准的问题上起了一定程度的引导作用,但仍存在各地法院认定标准不一,认定条件混乱的现象,法院在实际判决中更是很少说明其认定标准,致使借款人无法很好地保护自己的合法权益。本文通过法律经济学方法对职业放贷人进行定量分析,建立职业放贷人的认定模型,进而快速准确地识别职业放贷人,并优化认定标准,促进法律实践的公平和效率。

(二)职业放贷人的司法争议

通过查阅全国关于职业放贷人案件后,发现各地法院对职业放贷人的认定仍然存在模糊性和不确定性,为了解决上述问题,浙江省、河南省、江苏省纷纷建立"疑似职业放贷人名录",但各地的"疑似职业放贷人名录"的标准同样存在不确定性,主要争议有:

1. 是否可以通过放贷的次数或进入诉讼程序的次数对职业放贷人进行认定。《九民纪要》强调了放贷人的多次、反复性,但在实际判决中,虽然借款人已经举证证明放贷人具有多次、反复从事民间借贷的行为,但地方法院认为最高人民法院未对职业放贷人的放贷次数作出明确规定,或者放贷人并没有出现在当地的"疑似职业放贷人名录",因此不适用《会议纪要》关于职业放贷人放贷次数的认定标准。

2. 职业放贷人的认定是否可以将具有营利性、放贷对象不特定作为辅助条件。《新借贷规定》强调营利性以及不特定性是作为认定职业放贷人的标准之一,但在法律实践中,这种认定标准比较模糊,缺乏操作性。是否应结合出借资金来源、交付、利率、还款等因素,进行综合认定,还有待考虑,不能对职业放贷人做出简单的全面否定的消极处理。

3. 是否可以通过设定职业放贷人名录来认定。通过查询公开报道,据不完全统计,目前浙江省、河南省和江苏省三个地区建立"疑似职业放贷人名录"。其标准是根据各地的实际情况来界定认定的案件数量,加入职业放贷人名录是否可以更有效地维护借贷双方的利益有待探讨。

4. "疑似职业放贷人名录"的认定标准不一。其中,浙江省和江苏省对职业放贷人的涉案数量进行了明确的规定(见前文),但是两省份的案件数量标准相差甚远,河南省的放贷人名录对借款人的相对关系进行了进一步的规定,但是并没有对涉案数量进行规定,如表 2 所示。那么这两个认定指标在认定过程中孰轻孰重、是否相互呼应又引起了新的问题。

表2　江苏省、浙江省、河南省“疑似职业放贷人名录”区别

省份	案件数量	格式条款	利率	进入诉讼程序次数	套路贷手段	对象是否特定	资金来源
江苏省	√	√	√		√		
浙江省	√	√				√	√
河南省		√					

二、职业放贷人认定指标的分析

(一)反复性与营利性的认定

根据《新借贷规定》判断放贷人是否具有营利性的最重要指标是利率,利率的高低代表着收益的高低。根据经济学的理性人假说,个人将做出使自己利益最大化的选择,那高额利润是促使民间借贷产生和发展的根源。2015年9月1日起施行的《最高人民法院关于审理民间借贷案件适用法律若干问题的规定》对借贷利率划定了“两线三区”,①具体见图1。

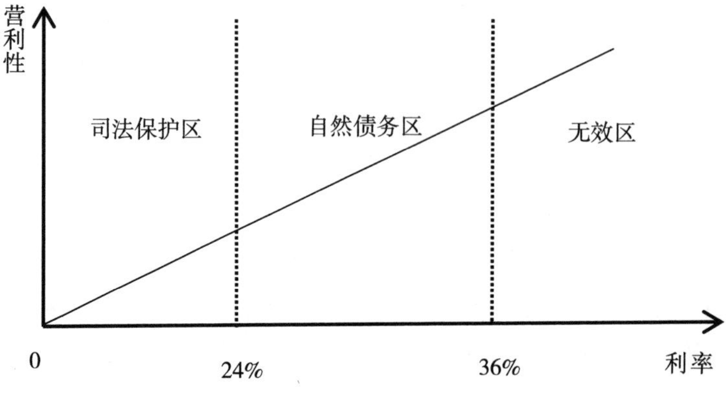

图1　借贷利率“两线三区”示意

第一区域为“司法保护区”,即放贷利率未超过24%,放贷人并没有明显的营利性,利率带来的利润可以增加民间借贷供给,促进资金的流通,促进个体

① 于立、王玥:《“跳单问题”的研究范式与理论成果》,载《经济与管理研究》2019年第6期。

经济和私营经济的快速增长。

第二区域为“自然债务区”,即放贷利率处于24%与36%之间,放贷人的营利性需要进一步分析。法院在认定时需加入对象是否特定、放贷次数这两个指标来综合考虑,即是否借贷人是通过不特定对象的多次反复放贷行为来增加自己的利润。

第三区域为“无效区”,即放贷利率超过36%。只要放贷规模足够大,放贷人就可以从中获取巨额的利润,这时可以认定放贷人具有营利性。

1978年,学者卡罗尔应用得失模型研究犯罪人的犯罪决策活动。[①] 认为犯罪人在进行犯罪决策时,主要考虑4个方面的因素:第一,收益的必然性;第二,收益的数量;第三,刑罚的必然性;第四,刑罚的严厉性。按照这个结论,法律并不是影响人们是否犯罪的唯一因素,甚至根本不是主要因素。[②]

基于学者卡罗尔的得失模型,在此通过成本收益分析来研究职业放贷人。通过放贷次数,利率以及刑法的严厉性(概率)来对职业放贷人提出以下两个假设:第一,当放贷人处于自然债务区可以通过放贷次数和对象的不特定来认定放贷人是职业放贷人;第二,当放贷人处于无效区时放贷人本身就具有获取巨额收益的目的性。另假设放贷人的民间借贷合同均需要法院判决强制执行才能收回本金利息来获取利润。

设 P 为法院判决民间借贷合同无效的概率;$(1-P)$ 为法院判决合同有效的概率;N 为放贷人放贷次数;R 为利率,$R_1=26\%$(处于自然债务区);$R_2=38\%$(处于无效区)。

1. 当放贷人处于自然债务区时放贷人的期望收益为:

$$E_1 = P \times N \times R_1 + (1-P) \times N \times R_1 = 0.26N$$

结论表明当放贷人收取的利息处于自然债务区时,通过放贷获取的利润取决于其放贷的次数 N,即放贷次数越多所获取的利润越多。所以,当放贷人利率处于自然债务区时,法院在认定职业放贷人时应该结合放贷次数、利率、对象是否特定来综合考虑。

---

① 白建军:《金融犯罪研究》,法律出版社2000年版,第132~215页。

② 吴宗宪:《西方犯罪学史》,警官教育出版社1997年版,第111~112页。

2. 当放贷人处于无效区时放贷人的期望收益为:

$$E_2 = P \times R_2 \times N \times 0 + (1 - P) \times N \times R_2$$
$$= 0.38 \times (1 - P) \times N$$

此时放贷人的利润取决于两个部分:一部分为放贷次数 N;另一部分为法院判决放贷人为职业放贷人导致民间借贷合同无效的概率。当放贷次数越多、法院在认定合同无效的概率越低,职业放贷人的收益越大;当放贷次数越低,法院在认定合同无效的概率越高,此时职业放贷人的收益越低。所以当放贷人处于无效区时,法院可以根据利率的高低来加以辅佐认定放贷人是否为职业放贷人。

(二)不特定对象的认定

职业放贷人具有二重性,一方面存在扰乱正常金融秩序的风险,另一方面可以促进金融深化。① 特定群体之间的借贷行为,可以节省时间成本,减少交易成本,提高资金的流通速度,不仅提高了借款方和放贷方的个人福利水平,对社会福利水平都有明显的提升。② 此时实现了帕累托最优,而不是实现希克斯最优,即一个人的福利水平的提升不是以另一个人福利的损失为前提。而当放贷人的借贷群体不特定时,互助性功能减弱,营利性功能增加。随着资金链条的延长,极易产生“庞氏骗局”,民间借贷的负外部性越发严重。

由于放贷对象为不特定主体,借贷双方不是熟人社会成员,不存在声誉约束,缺乏私力救济渠道,信息不对称问题凸显。放贷人会利用信息不对称,与借款人签订“霸王合同”或欺诈性质的合同。除此以外,放贷人为了规避政府规制,通过签订“阴阳合同”来逃避“36%利率红线”。因此,在认定职业放贷人时,必须审查放贷人的放贷对象,避免普通金融消费者利益受损。③

(三)资金来源的认定

法院在认定职业放贷人时,将资金来源作为重要因素。进而甄别出借人在放贷过程中是否存在套路贷行为或者非法吸收公众存款行为。如果放贷人

---

① 管斌、张天真:《论我国企业间借贷合同效力的制度变革》,载《中国矿业大学学报(社会科学版)》2015年第5期。

② 吴中辉:《民间借贷的法理分析与规制建议》,湖南大学2005年硕士学位论文,第16~17页。

③ 韩宝、徐畅行:《多层次借贷市场中职业放贷人法律监管的不足与完善》,载《合肥工业大学学报(社会科学版)》2019年第3期。

的资金仅为自有资金，当借款人无法偿还时，其导致福利水平损失仅为个人。当放贷人的资金并非自有，而是通过银行贷款，或通过从第三方借款再转借给自己的债务人，或更复杂的拆借行为时，一旦某一环的资金链条断裂，整个借款链将会断裂，这会导致更大的福利损失，个人的福利、社会总福利水平都会大幅度降低。如果借款人在放贷前知道或应当知道以非自有资金放贷会导致借贷合同无效，那么就会将资金投入到其他方向，避免机会成本，提高社会福利。

（四）格式条款的认定

在探讨格式条款对职业放贷人的认定时，可以参考产业经济学中的 SCP 范式，即格式条款判定放贷人放贷的专业性、放贷行为的专业性从而认定放贷人为职业放贷人。是否为职业放贷人可以从放贷人的放贷手段来考量。职业放贷人是通过对不特定对象的反复借贷行为来谋生。因为正常的民间借贷往往是为了应对突然的资金短缺而进行的资金流通。放贷人不会为这种突然的借贷行为进行过多的沉没投资，如事前准备较标准统一化的借贷合同，有较多的放贷方式和利率收取方式（砍头息）。

（五）套路贷的认定

“套路贷”往往是以非法占有为目的，而职业放贷人而是以营利为目的，两者之间存在概念上的不同。[①] 职业放贷人从某种程度上会引起“套路贷”问题，但“套路贷”是不是可以成为认定职业放贷人的主要条件有待探讨。

（六）“职业放贷人名录”的认定

由于涉及职业放贷人的案件剧增，并且由于标准不一等问题，导致了司法效率的降低，各地纷纷建立“疑似职业放贷人名录”制度，试图寻找一条“快速”通道来减少在认定时的司法成本。各地的“疑似职业放贷人标准”根据各地的实际情况有着不同的区别，具体分析见上文实践争议。

三、职业放贷人的实证分析

（一）数据来源

通过无讼网站以“职业放贷人”为关键词收集了 2008 ~ 2021 年浙江省

① 李有星、潘政：《“套路贷”相关司法问题与对策研究》，载《法律适用》2019 年第 21 期。

地区的一审判决书,共计520份。通过对520份职业放贷人的判决书或裁定逐一研读,剔除了101份无效的判决书,筛选整理出419份案例。在419份案例中提取了放贷次数、进入诉讼次数、对象是否特定、营利性、是否存在套路贷手段、资金来源、格式条款、是否加入职业放贷人名录等指标来进行认定。①

进入诉讼程序的次数是用放贷人的名字在中国裁判文书上检索结果来判断;营利性是以借贷双方在借贷合同上约定的利息来判断;格式条款是指放贷者在借款给借款人时提供给借款人签字的格式借条、收条、借款来源、借款交付等;对象是否特定是通过判断放贷人的放贷对象是否具有特定性;是否加入职业放贷人名录是通过检索放贷人是否存在于高级人民法院、中级人民法院或基层法院的"疑似职业放贷人名录"中来认定。

(二)指标设计

1. 被解释变量:是否认定为职业放贷人,此变量为二分类变量,变量设置1为职业放贷人;0为非职业放贷人。

2. 核心解释变量:其中放贷次数、进入诉讼程序次数、营利性均为标度变量;对象是否特定为二分类变量(1为对象特定,0为对象不特定);是否存在套路贷手段为二分类变量(1为存在套路贷手段,0为不存在套路贷手段);资金来源为二分类变量(1为自有资金,0为非自有资金);格式条款为二分类变量(1为有格式条款,0为没有格式条款);是否录入职业放贷人名录为二分类变量(1为录入职业放贷人名录,0为没有录入职业放贷人名录)。

(三)模型假设

根据《九民纪要》和《新借贷规定》中对职业放贷人的认定,结合法律文书,提取放贷次数、进入诉讼程序次数、对象是否特定、营利性、是否存在套路贷手段、资金来源作为解释变量。以"是否认定为职业放贷人"为被解释变量 *Affirm*;以对象是否特定为解释变量 *Object*;以借款次数为解释变量 *Loantime*;以利率为解释变量 *Rate*;以资金来源为解释变量 *Source*;以进入诉讼程序次数为解释变量 *Prosecutetime*;以是否存在套路贷手段为解释变量 *Tool*;以是否录入职业放贷人名录为解释变量 *Direct*;以是否具有格式条款为解释变量 *Terms*。分析模型对认定职业放贷人的适用度。是否可以通过设立模型对职业放贷人

---

① 边仁君:《专利侵权损害赔偿规则的标准、困境与重构》,载《知识产权》2021年第3期。

进行认定,从而减少自由裁量的差异性。于此提出假设:

假设1:可以建立模型,根据被解释变量:放贷次数、进入诉讼程序次数、对象是否特定、营利性、是否存在套路贷手段、是否自有资金、是否被录入职业放贷人名录、是否具有格式条款,来对被解释变量 *Affirm* 解释,从而综合认定放贷人是否为职业放贷人。

根据《九民纪要》《新借贷规定》以及各地职业放贷人名录标准。① 职业放贷人的认定需具备以下条件:

1. 营利性,通常以利息高低来认定,高额的利息是放贷人获取利润的主要手段。

2. 放贷次数,职业放贷人是以放贷为业的群体,其放贷次数一定多于正常生活交往的资金借贷。

3. 进入诉讼程序次数,放贷人在与借款人签订合同时,往往会约定砍头息等套路贷手段,当在借款人无法偿还借款时往往还会利用司法手段,来对借款人进行强制执行。因此,进入诉讼程序的次数可以作为认定职业放贷人的条件。

4. 对象是不特定的,只有当放贷人的放贷对象是面向不特定群体且容易产生负外部效应时,才能认定放贷人为职业放贷人。

5. 非自有资金,放贷人通常有非法吸收公共存款或者通过利息差进行套贷行为的可能性,以自有资金进行借贷风险性较小。

6. 格式条款,结合放贷人提供给借款人签字的格式借条、收条、借款来源、借款交付等综合判断,来决定是否判断为职业放贷人。

7. 套路贷的手段,结合套路贷手段的运用来综合判断放贷人是否为职业放贷人。

根据以上假设运用 SPSS 软件建立了 logistic 模型(以下简称模型1),来判断是否可以根据以上变量来对职业放贷人进行认定。

模型1:

$$\text{logit}(Affirm) = \beta_1 Terms + \beta_2 Object + \beta_3 Loantime + \beta_4 Rate + \beta_5 Tool + \beta_6 Source + \beta_7 \text{Protime} + \mu$$

① 浙江省、河南省、江苏省三地制作了《疑似职业放贷人名录》。文献来源:浙江省高级人民法院《关于建立疑似职业放贷人名录制度的意见(试行)》;江苏省高级人民法院《关于建立疑似职业放贷人名录制度的意见(试行)》;河南省高级人民法院《关于加强职业放贷人审查工作的指导意见(试行)》。

假设2:“职业放贷人名录”制度设立的入参对模型的拟合优度有所提高,可以更好地认定职业放贷人。

根据以上假设运用SPSS软件建立了logistic模型(以下简称模型2),分析各个解释变量对被解释变量的影响程度。

模型2:

$$\log(\text{Affirm}) = \alpha + \beta_1 Terms + \beta_2 Object + \beta_3 Loantime + \beta_4 Rate + \beta_5 Tool + \beta_6 Source + \beta_7 Protime + \beta_8 Direct + \mu$$

(四)描述性统计与检验结果

在520份判决中,去除残缺数据101份,共计419份有效数据。

1. 模型有效。

如表3所示,内戈尔科 R^2(Nagelkerke - R^2)检验整体模型的有效性,值最大取到1,当值大于0.2表示可接受,值大于0.4表示模型较好,值大于0.5表示模型非常好,即值越大模型的有效性越好。假设1的内戈尔科 R^2 为0.52,模型拟合度较好。如表4所示在霍斯默-莱梅肖检验中显著性值小于0.05,表明本次建立的模型和真实数据拟合度不好。

表3　步骤1 模型摘要

步骤	-2对数似然	考克斯-斯奈尔 R^2	内戈尔科 R^2
1	368.522[a]	0.388	0.520

注:a. 由于参数估算值的变化不足0.001,因此估算在第6次迭代时终止。

表4　步骤1 霍斯默-莱梅肖检验

步骤	卡方	自由度	显著性
1	39.996	8	0.000

如表5所示,假设1的回归结果表示:*Terms*、*Object*、*Loantime*、*Soure*、*Protime* 的显著性均小于0.05(在95%的置信区间),表示对职业放贷人的认定具有显著影响。而 *Rate*、*Tool* 的显著性均大于0.05(不在95%的置信区间),表示对职业放贷人的认定无影响。

表5　步骤1 logistic 回归结果

步骤1[a]	B	标准误差	瓦尔德	自由度	显著性	Exp(B)	EXP(B)的95%置信区间	
							下限	上限
Terms(1)	-0.568	0.299	3.594	1	0.058	0.567	0.315	1.019
Object(1)	-3.228	0.465	48.103	1	0.000	0.040	0.016	0.099
Loantime	-0.243	0.106	5.274	1	0.022	0.784	0.637	0.965
Rate	-0.003	0.003	1.662	1	0.197	0.997	0.991	1.002
Tool(1)	0.205	0.356	0.330	1	0.566	1.227	0.610	2.468
Source(1)	1.653	0.958	2.978	1	0.084	5.225	0.799	34.171
Protime	0.340	0.104	10.776	1	0.001	1.405	1.147	1.722
常量	-1.106	0.995	1.235	1	0.266	0.331		

注：a. 在步骤1输入的变量：x1、x2、x3、x4、x5、x6、x7。

2. "疑似职业放贷人名录"可以提高模型的拟合优度。

如表6所示，内戈尔科 R^2(Nagelkerke - R^2)检验整体模型的有效性，值最大取到1，当值大于0.2表示可接受，值大于0.4表示模型较好，值大于0.5表示模型非常好，即值越大模型的有效性越好。假设1中的内戈尔科 R^2为0.656，模型拟合度非常好。如表7所示，在霍斯默-莱梅肖检验中显著性值为0.264大于0.05，表明本次建立的模型和真实数据拟合度状况良好。相对于假设1，在加入"疑似职业放贷人名录"后实证结果的拟合优度以及与真实数据的拟合度都有明显提高。检验结果表明在法律实践中可以利用该模型去处理对职业放贷人的认定问题。

表6　模型摘要

步骤	-2对数似然	考克斯-斯奈尔 R^2	内戈尔科 R^2
1	292.710[a]	0.489	0.656

注：a. 由于参数估算值的变化不足0.001，因此估算在第6次迭代时终止。

表7　霍斯默-莱梅肖检验

步骤	卡方	自由度	显著性
1	10.011	8	0.264

在表 8 的回归结果中,*Terms* 具有显著性。格式条款与是否认定为职业放贷人具有相关性。在 520 份浙江省法律判决书中,有 9 份判决书仅根据放贷人的提供给借款人签字的格式借条、收条、借款来源、借款交付,来认定放贷人为职业放贷人。

表 8 logistic 回归结果

步骤 1[a]	B	标准误差	瓦尔德	自由度	显著性	Exp(B)	EXP(B)的 95%置信区间	
							下限	上限
Terms(1)	-0.767	0.320	5.749	1	0.016	0.464	0.248	0.869
Object(1)	-3.177	0.534	35.409	1	0.000	0.042	0.015	0.119
Loantime	-0.102	0.080	1.638	1	0.201	0.903	0.772	1.056
Rate	-0.002	0.003	0.394	1	0.530	0.998	0.993	1.004
Tool(1)	0.216	0.404	0.287	1	0.592	1.241	0.563	2.738
Source(1)	2.966	1.121	7.002	1	0.008	19.411	2.158	174.629
Protime	0.190	0.082	5.426	1	0.020	1.209	1.031	1.419
Direct(1)	3.178	0.475	44.718	1	0.000	24.003	9.456	60.928
常量	-3.086	1.196	6.663	1	0.010	0.046		

注:a. 在步骤 1 输入的变量:*Terms*,*Object*,*Loantime*,*Rate*,*Tool*,*Source*,*Protime*,*Direct*。

Object 具有显著性,对象不特定等同于放贷群体的多元性、规模性。或者从另一个角度出发,表明放贷者是有目的、有意图地寻找目标群体放贷来获取利润。

Loantime 不具有显著性,显著性结果表明放贷人在一定期间的放贷次数对放贷人的认定没有显著影响。

Rate 不具有显著性,表明利率与职业放贷人认定不具有显著的相关性。在模型 2 中,解释变量放贷次数、利率、套路贷手段对认定职业放贷人没有影响。前文所述在利率的两线三区中,当利率高于 36% 时处于无效区,此时放贷者易被法官认定为高利贷,并不与职业放贷人画等号。

Tool 不具有显著性,表明存在套路贷手段与职业放贷人认定没有相关性。当含有套路贷行为时,一般可以认为放贷人具有一定的放贷经验和收取本息的特殊手段,可以认定为职业放贷人。而当存在套路贷手段时,此时放贷的性

质发生变化，放贷人是以非法占有为目的而不是以营利性为目的，已经涉嫌构成虚假诉讼罪、妨害作证罪或诈骗罪，应当依法移送刑事审查，①同样与职业放贷人是有所区别。

Source 具有显著性，表明放贷人的资金是非自有资金与职业放贷人认定具有相关性，即放贷人资金来源为非自有资金时认定为职业放贷人，放贷人的放贷资金为自有资金时放贷人与借款人之间的合同多为有效的民间借贷合同，符合预期假设。

Protime 具有显著性，表明进入诉讼程序次数与职业放贷人认定具有显著的相关性。进入诉讼程序的次数，表明放贷人利用司法程序来对借款人强制执行收回本息的次数。次数越多表明放贷人的职业性和营利性越强。

Direct 具有显著性，回归结果表明当放贷人出现在各地法院的疑似职业放贷人名录时，大概率会被法院认定为职业放贷人。

（五）稳健性检验

对模型的显著性进行进一步的分析和确认，用 *probit* 模型（以下简称模型3）分析各个解释变量对被解释变量的影响程度。

模型 3：

$$probit(Affirm) = \mu + \delta_1 Terms + \delta_2 Object + \delta_3 Loantime + \delta_4 Rate + \delta_5 Tool + \delta_6 Source + \partial_7 Protime + \partial_8 Direct + \varepsilon$$

Probit 的回归结果如图 2，*Terms* 的显著性水平小于 0.05 具有显著性；*Object* 的显著性水平小于 0.05 具有显著性；*Loantime* 的显著性水平大于 0.05 没有显著性；*Rate* 的显著性水平大于 0.05 没有显著性；*Tool* 的显著性水平大于 0.05 没有显著性；*Source* 的显著性水平小于 0.05 具有显著性；*Protime* 的显著性水平小于 0.05 具有显著性；*Direct* 的显著性水平小于 0.05 具有显著性。各个被解释变量对解释变量的显著性与 *logistic* 模型回归结果的显著性一致。两个模型的伪 R^2 均表明该模型具有较好的拟合性，该模型是有效的模型。

① 李有星、潘政：《"套路贷"相关司法问题与对策研究》，载《法律适用》2019 年第 21 期。

Ordered probit regression　　Number of obs = 419

LR chi2(8) = 280.46

Prob> chi2 = 0.0000

Log likelihood = -146.83927　　Pseudo R^2 = 0.4885

affirm	Coef.	Std. Err.	z	P>|z|	[95% Conf. Interval]	
Terms	0.3876741	0.18401	2.11	0.035	0.0270211	0.7483271
Object	1.650571	0.2496579	6.61	0.000	1.16125	2.139891
Loantime	-0.0495591	0.0421161	-1.18	0.239	-0.132105	0.0329869
Rate	-0.0014288	0.0016215	-0.88	0.378	-0.0046068	0.0017492
Tool	-0.0904909	0.2363399	-0.38	0.702	-0.5537087	0.3727269
Source	-1.626444	0.6712791	-2.42	0.015	-2.942127	-0.3107617
Protime	0.0996344	0.0430764	2.31	0.021	0.0152062	0.1840627
Direct	1.771611	0.2354448	7.52	0.000	1.310147	2.233074
/cut1	2.026414	0.2423498			1.551417	2.501411

图 2　probit 回归结果

注:连续变量与其他连续变量可能存在多重共线性,但其组合或单个变量是被接受变量的重要预测变量。

(六)结论

1. 通过模型对职业放贷人进行认定。

关于实证的一面,波斯纳曾明确指出,法律中缺乏的是严格的理论假说、精密的测试设备、精确的语言、对实证研究和规范性研究的明确分辨、资料的数量化,等等。① 白建军教授在《论法律实证分析》一文中指出法律的价值实践离不开科学认识的指导。

在认定职业放贷人上,为了消除个人的常识性观念,可以通过这些客观因素对职业放贷人进行认定。《新借贷规定》对职业放贷人营利性、反复性、不特定性的界定没有也无法做出明确的界定,因此就可以根据大量的实证分析来确定一个合适的标准来对放贷人进行认定,以此来做到一个客观的认定标准。

2. 建立“疑似职业放贷人名录”制度对模型的有效性的提高。

根据各个变量对认定的影响程度以及模型的伪 R^2 表明,该模型是有效的

① [美]理查德 · A. 波斯纳:《法律的经济分析》,蒋兆康译,中国大百科全书出版社 1997 年版,第 26 ~ 27 页。

模型,可以通过该模型对职业放贷人进行认定。模型 2 与模型 1 相比,在加入“疑似职业放贷人名录”这一解释变量后整体模型的有效性由 0.52 提升到 0.626。说明加入“疑似职业放贷人名录”制度后会减少司法成本,降低司法的不确定性,能够更好地维护借贷双方的利益。

3.“疑似职业放贷人名录”制度的建立对放贷次数的反向影响。

在模型 1 中没有加入“疑似职业放贷人名录”这一解释变量,回归结果(见表 3)表示,放贷次数对职业放贷人的认定有显著影响。在加入“疑似职业放贷人名录”之后,回归结果(见表 6)放贷次数对认定职业放贷人却没有显著影响。这一结果表明“疑似职业放贷人名录”制度的建立起了一定的反作用。这会使一些法院为了减少司法成本、减少对职业放贷人认定的难度,而不去自行判断,即使放贷次数已经达到《新借贷规定》的标准次数仍作出无效判决。例如在《浙江宝业建设集团有限公司与陶和平民间借贷纠纷一审民事判决书》[①]中,借款人提供的清单一份、民事判决书打印件八份、民事裁定书打印件二份,民事判决书及裁定书真实性由法院认定。按照《新借贷规定》放贷人已经具备营利性、不特定、反复性等特征,应当被认定为职业放贷人,但法院认为放贷人目前尚未被列入职业放贷人名录,并不能认定为职业放贷人。致使借款人的利益受损。

四、启示

因为法律语言具有多义性和模糊性以及社会生活的复杂性,立法者对一些情况无法做些明确具体的规定。个人、组织以及国家机关有义务对法律规范内容作出说明或者法律推理。虽然《九民纪要》和《新借贷规定》从法律层面对职业放贷进行定义,但为了维护有序的金融秩序,促进民营经济以及中小企业的蓬勃发展,相关机关应当依据最高院发布的规定来对职业放贷人加以规范。[②] 因此从两个方面提出几点建议:

1. 根据放贷人的放贷次数、进入诉讼程序次数、对象是否特定、营利性、是

① 浙江省绍兴市柯桥区人民法院民事判决书,(2018)浙 0726 民初 8263 号。

② 赵菲:《民间借贷借款利率上限法律规则适用问题探讨》,载《西安财经学院学报》2016 年第 6 期。

否存在套路贷手段、资金来源的非法性、格式条款、职业放贷人名录建立认定模型来认定放贷人是否为职业放贷人。以此来减少法院判决的差异性和界定标准的不明确、不统一问题。

2. 根据各地的实际情况建立自己的职业放贷人名录。根据上诉实证分析,可以证明,建立"疑似职业放贷人名录"有助于提高认定的有效性,减少司法认定中的不确定性,以及主观因素。各地法院可以检索当地法律文书,将在民间借贷纠纷执行案件中申请执行人为同一人的、多起案件中原被告为同一人的以及根据上诉其他条件将其录入名录,来以此减少诉讼成本,提高执法效率,规范借贷行为,维护正常的金融秩序。

本文通过成本收益分析、社会福利分析以及实证分析等法律经济学的研究方法,对认定职业放贷人的各个解释变量进行分析和研究,最终通过计量模型对职业放贷人进行认定,以此助力司法判决,提高司法判决的精准性和高效性。

本文所采用的此类研究方法同样可以应用到反垄断的后继诉讼研究之中,以此来智能提取事实、证据及分析,明晰后继诉讼的功能定位,增加司法判决过程中的客观性,促进"人工智能+司法办案"相结合,来助推提升司法办案质量和效率。

困境企业破产的制度选择及其经济增长效应研究

徐淑丹*

内容摘要：破产制度通过清算和重整为困境企业提供市场化退出方式和“重新开始”的机会。我国破产制度起步较晚，对困境企业的救助效果和司法实践的经济效应尚存争议。本文利用 2007～2018 年省际面板数据和固定效应模型，实证研究破产制度的增长效应及其影响因素，并利用 2006～2019 年上市公司数据分析“僵尸企业”的行业特点，为困境企业破产制度选择提出政策建议。结果表明：破产清算的市场化环境良好，破产重整虽受政府干预而降低经济效益，但整体仍能改善经营环境；重整制度能够稳定社会就业，而政府干预准破产企业申请重整将不利于形成增长效应；困境企业破产主要为中小微企业，原因多是低效益企业的退出，较少是产业的创造性破坏；“僵尸企业”的非国有占比增加、房地产业风险增加和年龄结构年轻化等趋势表明，产业优化升级需要企业重整和退出计划的改革和创新。

关键词：破产制度　经济增长　困境企业　政府干预机制

---

* 徐淑丹，中国政法大学法与经济学研究院助理教授。

一、引言

2020年新冠肺炎疫情给全球经济带来严重冲击,作为生产经济活动主力的制造业和服务业,由于居民出行和开工率的骤降,面临停工停产和需求不足的困境。尤其是服务业和中小型制造业企业受制于自身规模和负债能力,在此次危机中运营举步维艰,甚至存在较高的破产倒闭风险。为了挽救大量的困境企业,我国市场监管总局等6部门于2020年2月发布《关于应对疫情影响加大对个体工商户扶持力度的指导意见》,工业和信息化部发布《支持中小企业应对新冠肺炎疫情政策指引》等文件,以应对新冠肺炎疫情对企业生存和行业存续的破坏性影响,其后各地方政府也相继出台扶持中小企业政策。为应对新冠肺炎疫情,美国同样出台了拯救困境企业和个人的《新冠病毒援助、救济和经济安全法案》(Coronavirus Aid, Relief, and Economic Security Act,以下简称"CARES法案"),对符合一定资产状况的中小型企业进行援助,其后英国、德国、日本和澳大利亚等国家也推出类似的紧急财政救助政策,以阻止潜在的经济衰退。然而2008年的金融危机及各个国家出台的各类政府援助计划的经验表明,紧急财政救助的实施效果可能并不如援引破产法和破产保护更为合意。① 诸如重整和并购等破产保护措施更能有效利用市场力量疏解企业财务困境,引导恢复生产和促进经济有序运行,而政府援助则容易产生道德风险等问题,扭曲市场环境及其良性复苏。②

企业困境或危机时期,破产制度相较于财政干预,为企业提供了三种市场化的退出方式,即破产清算、破产重整和破产和解。其中,前二者对经济的积极影响最为明显。破产清算有助于低效益企业快速退出市场,有效激发市场新的生产和创新能力;破产重整能够帮助困境企业改善生产经营状况,获

① *See* Edward R. Morrison & Andrea C. Saavedra, *Bankruptcy's Role in the COVID-19 Crisis*, in Law in the Time of COVID-19, Katharina Pistor ed., Columbia Law and Economics Working Paper No. 624, Columbia Law School, 2020.

② *See* Kenneth M. Ayotte & David A. Skeel Jr., *Bankruptcy or Bailouts*, The Journal of Corporation Law, Vol. 35:469, p. 469-498 (2010).

得“重新出发”的机会。此外，破产重整作为破产保护的主要方式，还具有显著的社会价值，即通过重整企业而留住具有长期发展潜力的新兴行业，防止重要的国民经济行业的缺失，同时阻止可能的大规模失业以维护社会稳定。这些正外部性赋予了破产制度重要的经济意义，使其在我国的发展和普及势在必行。《企业破产法》(以下简称《破产法》)于2007年6月1日起实施，而我国首部地方性个人破产法规《深圳经济特区个人破产条例》于2021年3月1日起实施。①

我国破产法起步较晚，受限于破产申请和受理量以及司法信息公开程度的不足，与破产制度本身相关的宏观经济研究较少。已有研究主要关注微观企业的破产成本、债权人保护、政府干预和预重整程序建设等问题。然而，随着破产制度的不断发展，对其宏观经济效应的政策评价需求也不断增加。首先，破产法的实施效果和经济效益是否与理论预期一致，不同破产制度的影响力高低、制度间联系和经济效益差异如何？通过研究破产制度的经济效应，以期理解我国破产法对当前困境企业退出或救助的制度效果和经济发展的作用，对未来破产制度的改善和发展具有较强的现实意义。其次，在破产制度的司法实践中可能存在行政干预问题，这将如何影响破产重整的经济和社会效益，同样是值得思考的问题。最后，通过评估企业破产法的经济效益，对于预测和改进个人破产法的经济效益也具有启示。

首先，本文利用经济增长分析框架和固定效应模型，通过引入破产制度变量，从全国和省际层面实证研究破产制度的增长效应和不同制度类型的影响因素，考察破产重整的社会福利效应，为已有研究补充破产制度的宏观经济分析视角。其次，本文利用上市公司数据，通过对僵尸企业的判定和行业分析，为破产制度的实践问题提供微观依据。最后，为困境企业破产的制度选择和改进提出政策建议。

① 本文所引的《破产法》仅指我国《企业破产法》。

二、破产制度的司法与市场效率之优势

2008 年的金融危机和后危机时代的经济复苏,为破产保护和以紧急财政救助为代表的政府干预政策提供了充足的事后研究和评价环境。《破产法》和破产保护相较于政府干预,因具有维护困境企业市场价值和经济效率的优势而被发达资本市场所接受,无论市场是遭受金融危机抑或是新冠肺炎疫情的冲击,政府干预至少应建立在破产保护对困境企业和个人救助的经济效应之上,作为补充而非替代。① 支持破产制度有利于经济环境建设和发展的观点,主要来自发达国家资本市场的两方面优势。一是较早建立且发展成熟的破产制度,二是主张自由竞争且发达的资本市场足以支撑有效市场假说。早在 20 世纪 80 年代美国由垃圾债券构筑的高杠杆泡沫破裂引致金融危机,使金融业者们反思和重视企业价值和破产之间的关系。该类研究以 MM 定理为代表从公司财务治理出发,早期认为企业价值和资本结构无关,②其后修正并认为破产成本是资本结构的重要组成,而企业价值需要考虑破产成本。③ 由于该阶段的泡沫危机仅是大型金融企业的偶发现象,因此破产经济效益的相关研究较多与投资和估值相关。2008 年的金融危机带来大量大型企业破产的连环效应和挤兑现象,使破产保护再次受到重视,越来越多的国外研究开始关注企业破产行为本身,比如市场对破产清算企业或破产重整企业的定价能力,债权人、债务结构和破产的关系,破产企业的挑选法庭(forum shopping)行为和法官经验对企业破产

---

① *See* Dylan Dellisanti & Richard E. Wagner, *Bankruptcies, Bailouts, and Some Political Economy of Corporate Reorganization*, Journal of Institutional Economics, Vol. 14:1, p. 1 – 19 (2018).

② *See* Franco Modigliani & Merton H. Miller, *The Cost of Capital, Corporation Finance and the Theory of Investment*, The American Economic Review, Vol. 48:261, p. 261 – 297 (1958).

③ *See* Nevins D. Baxter, *Leverage, Risk of Ruin and the Cost of Capital*, Journal of Finance, Vol. 22:395, p. 395 – 403 (1967); Michael Jensen, *The Eclipse of the Public Corporation*, Harvard Business Review, Vol. 5:61, p. 61 – 74 (1989); Gregor Andrade & Steven N. Kaplan, *How Costly is Financial (Not Economic) Distress? Evidence from Highly Leveraged Transactions that Became Distressed*, Journal of Finance, Vol. 53:1443, p. 1443 – 1493 (1998).

选择的影响。[①] 由于美国破产法具有绝对优先原则对债权人权利的保障,因此相关研究在破产参与主体方面更关注债务人所受的影响,尤其是企业管理者的破产行为激励及其经济效应。

我国破产法的起步时间较晚、发展相对落后,制约了破产法及其经济效应的评析。我国《破产法》实施以来,随着市场发展和司法实践问题的变化,在改进中不断前行。早期研究主要关注破产主体关系、企业价值、破产成本和制度因素等问题,由于存在破产管理人选择、就业人员安置和企业绩效等政府干预,制度的市场化影响不足,实践表现为破产法实施后破产案件受理数量不增反降。[②] 破产法学研究还关注债权人保护问题,部分 ST 上市公司的实证研究表明我国破产重整制度对债权人的保护不足,影响企业对破产清算或重整制度的选择激励。[③] 此外,由于上市公司的存续可能影响当地政府绩效,当上市公司破产时,可能存在行政干预影响其对破产重整和清算的选择。金融领域研究更关注企业价值和破产成本之间的关系,多考虑债务人或企业管理人的行为特点。比如,在债权人保护较弱的法制条件下,非金融上市公司截面数据的实证研究表明政府干预和企业债务期限结构正相关,影响企业价值和资本结构。[④] 政府干预使企业陷入财务困境时,因具有较小的破产威胁效应而有动机持有长期债务,[⑤]基于 2000 ~ 2015 年上市公司数据的实证研究支持了该结论。[⑥] 随着 2012 ~ 2016 年"僵尸企

---

① *See* Cem Demiroglu, Julian Franks & Ryan Lewis, *Do Market Prices Improve the Accuracy of Court Valuations in Chapter* 11?, Finance Down Under 2017 Building on the Best from the Cellars of Finance, Finance Working Paper No. 655/2020, European Corporate Governance Institute, 2018; Bae Kee-Hong & Vidhan K. Goyal, *Creditor Rights, Enforcement, and Bank Loans*, Journal of Finance, Vol. 64:823, p. 823 – 860 (2009); Jared A. Ellias, *What Drives Bankruptcy Forum Shopping? Evidence from Market Data*, The Journal of Legal Studies, Vol. 47:119, p. 119 – 149 (2018).

② 参见李曙光、王佐发:《中国破产法实施的法律经济分析》,载《政法论坛(中国政法大学学报)》2007 年第 1 期;李曙光、王佐发:《中国〈破产法〉实施三年的实证分析——立法预期与司法实践的差距及其解决路径》,载《中国政法大学学报》2011 年第 2 期。

③ 参见齐明、郭瑶:《破产重整计划强制批准制度的反思与完善——基于上市公司破产重整案件的实证分析》,载《广西大学学报(哲学社会科学版)》2018 年第 2 期。

④ 参见肖作平、廖理:《大股东、债权人保护和公司债务期限结构选择——来自中国上市公司的经验证据》,载《管理世界》2007 年第 10 期。

⑤ 参见刘淑莲、周雪峰:《产权性质、债务融资与破产威胁效应——来自中国上市公司的经验证据》,载《财贸研究》2011 年第 5 期。

⑥ 参见刘晓光、刘元春:《杠杆率、短债长用与企业表现》,载《经济研究》2019 年第 7 期。

业”问题的增加,破产研究主要围绕国有企业改制和重整问题。比如,通过杠杆率标准来识别准破产和“僵尸企业”以分析其经济负效应,但是对破产制度之于破产企业的影响讨论较少。① 司法制度研究方面,随着最高人民法院于2018年3月发布的《全国法院破产审判工作会议纪要》提出建设预重整制度的计划,有关预重整制度的灵活性、司法成本节约性、司法程序设计等相关研究不断增加。②

综上所述,国内外对于破产制度的研究主要集中于微观企业层面。其中,破产制度的金融研究利用破产成本评估企业价值和识别“僵尸企业”,并通过债务结构研究政府干预的大小;破产制度的法学研究关注破产参与主体的权利义务分配和程序设计,其中国外研究关注债务人破产制度选择的激励条件,国内研究关注债权人保护问题。上述研究较少从宏观经济层面研究破产制度的增长效应,对于具有成熟资本市场和较先进产业结构的发达国家而言,破产保护主要作为经济危机的缓冲而非增长机制,缓解大量困境企业破产引致的多米诺效应和债权人挤兑效应。相比而言,我国处于经济发展和产业结构调整的关键时期,破产制度的建设和完善对于我国产业结构变迁和经济增长具有更强的现实意义。由于我国破产制度起步较晚,相比于企业注销和吊销等退出方式,破产案件的数量较少、相关司法信息公开不足,制约了破产制度的增长效应研究,使国内研究有关困境企业的救助效果和司法实践的经济效应尚存争议。本文通过搜集和对比主要破产信息公开平台的相关数据,为破产制度的增长效应提供宏观经济视角和实证依据,以补充已有研究的不足。通过研究破产制度的影响因素,分析破产清算和重整在司法实践和经济发展中的制度差异,并通过研究上市公司僵尸企业的主体结构、行业风险和年龄结构,为破产制度的实践和增长效应提供微观依据。

---

① 参见黄少卿、陈彦:《中国僵尸企业的分布特征与分类处置》,载《中国工业经济》2017年第3期。

② 参见季奎明:《论困境企业的预先重整》,载《上海财经大学学报(哲学社会科学版)》2013年第4期;龚家慧、胡晓敏:《破产拯救的金融思维——以实质合并预重整为研究对象》,载《上海商学院学报》2019年第6期。

三、破产制度的增长效应：基于全国和省际面板数据的实证分析

（一）我国破产制度的构成和发展现状

我国《破产法》实施早期，曾出现企业破产数量不增反降的情形。随着2010年后我国经济步入高质量发展需求，产业结构调整和"三去一补"等措施驱使"僵尸企业"和部分国有企业加速退出市场或者转型。而破产法作为困境企业最有效的制度选择，受到越来越多的重视，其制度建设和司法信息公开度不断加强，如我国最高人民法院（以下简称最高法）于2016年8月1日开通破产专题"全国企业破产重整案件信息网"，成为获取企业破产信息的有效途径。本文获取全国破产案件数量的公开数据来源有三，分别为《全国法院司法统计公报》、"全国企业破产重整案件信息网"和"威科先行法律信息库"[①]（以下分别简称司法公报、破产信息网和威科信息库）。2001～2015年综合年度和2016～2020年历年全国破产案件和破产申请总数量的对比结果如表1所示，尽管司法公报是最高法发布的最权威数据，但仅公布了2017年和2018年的破产案件总数，缺少破产清算、重整和和解数等细分；破产信息网公布自2016年起的破产文书等信息，缺少2015年以前的信息。同时，对比表1破产信息网和威科信息库的公开文书数，2017～2019年后者的文书数明显高于前者，表明破产信息网作为官方发布信息渠道，其信息公开程度仍然不足。[②] 对比三个平台2017年和2018年的破产案件数发现，来自威科信息库的统计结果与司法公报更接近，表现出一定的可靠性。破产申请方面，由于司法公报缺少该值，本文对比破产信息网和威科信息库的统计结果，2016～2020年二者差异率的绝对值分别为0.27%、210.53%、61.80%、41.62%和29.37%，即2016年差异不大、2017年差异较大、2018～2020年的差异逐年减小。基于2017年以前威科信息库的破产申请公开数较高，且在

---

① "威科先行法律信息库"是第三方服务机构提供的司法文书公开库，相似的信息库还有"中国裁判文书网"和"北大法宝"等，笔者通过对比破产公开文书情况，选取更新较为及时且文书量较为充分的"威科先行法律信息库"。

② 本文2020年破产信息数据的搜寻时间截至2020年10月18日。司法公报的数据来自最高法，破产信息网和威科信息库的数据由笔者搜集和整理。

破产案件数上相比于破产信息网的可靠性更佳,因此,在缺乏破产案件总量的公开信息下,本文使用从威科信息库搜集的破产申请总量、破产清算、重整和和解申请数,并将这些数据进行汇总。其中,破产清算、重整和和解申请数的破产信息网和威科信息库的公布量对比如表2所示,后者表现出较高的信息披露程度。

表1　三大破产案件信息公开平台的破产案件和破产申请数量对比

年份	破产案件数量			破产申请数量	
	司法公报	破产信息网	威科信息库	破产信息网	威科信息库
2001~2015	—	—	14,912	—	6802
2016	—	7684	8345	4139	4128
2017	10,963	6433	13,048	2697	8375
2018	22,211	20,917	22,265	9122	14,759
2019	—	33,566	28,757	12,615	17,865
2020	—	48,656	20,439	18,021	12,729

注:司法公报公布破产案件数的项目名称为"破产案件收案数",同时公布了结案和未结案数。本文主要分析破产申请和受理等事前行为,不考虑事后审执结结果。破产信息网的破产案件数根据网站公布的破产案件文书数进行统计,笔者对破产申请总数,清算、重整和和解申请数等信息,分别加总"破产……申请"和"申请……破产"的文书数;威科信息库的破产申请数,按照"破产……申请"和"受理"的条件进行统计,并扣除破产申请的撤回数和通知书类型的文书数。

表2　两大破产案件信息公开平台的破产清算、重整和和解申请数量对比

年份	破产信息网			威科信息库		
	破产清算	破产重整	破产和解	破产清算	破产重整	破产和解
2001~2015	—	—	—	5433	1049	320
2016	3853	283	3	3110	735	283
2017	2472	220	5	6319	1667	389
2018	8138	970	14	11,106	2720	933
2019	11,608	977	30	12,405	4077	1383
2020	16,985	1007	29	9489	2406	834

2002~2019年我国各类案件审理和破产申请数的变化情况如图1所示,其中主坐标轴对应各类案件数,次坐标轴对应破产申请数,实线表示各类案件

审理数,虚线表示各类案件审执结数,点线表示破产申请数。① 首先,从主、次坐标轴的量级来看,我国破产申请数相比于案件审理总数而言仍然较小,表明破产制度的推广和使用力度仍有较大发展空间,需要进一步加强制度建设。其次,从变化趋势来看,我国案件总量整体随着时间不断增加,且自2012年以来破产申请数的年均增速(62.5%)超过案件审理总量46.5%,表明司法机构和困境企业对破产制度的重视和利用度大幅提升,破产制度的推广取得良好效果。②

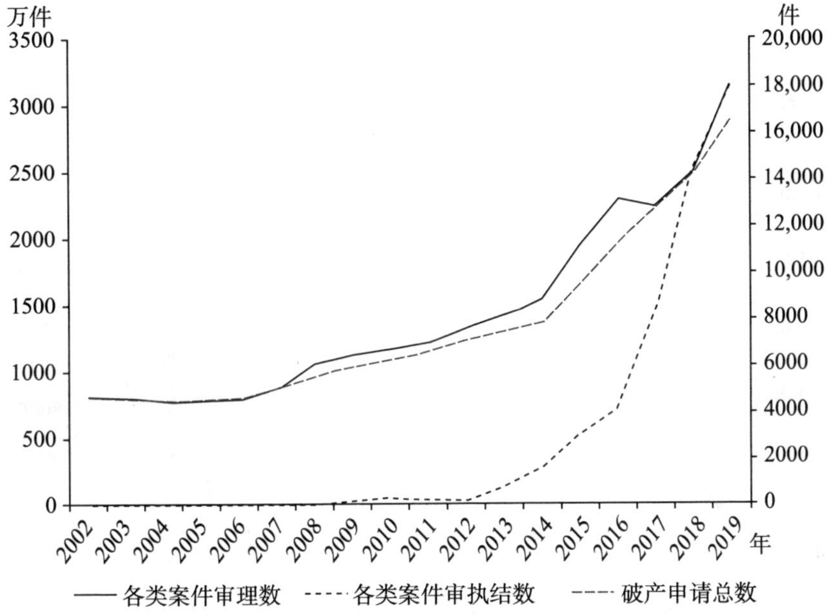

图1　2002~2019年我国各类案件审理和破产申请数的变化情况

从三种破产制度的划分来看,2002~2019年破产清算、重整和和解申请数及其占案件审理总量的比重如图2所示。其中,主坐标轴对应破产申请占各类案件审理总数的比重(以下简称破产申请占比),次坐标轴对应破产申请绝对数。图2破产申请占比较小,表明破产实践的数量较少,可能使该制度不足以

① 数据来自相应年份的司法公报。

② 本文破产申请数来自对威科信息网公开文书的统计,受早期破产文书公开度的影响,2007~2009年的申请数低于李曙光和王佐发(2010)公布的相应数值,但是本文2007~2012年破产申请数的先增后降趋势与已有研究一致。

形成理论上应有的积极的经济和社会效应,该结果与图1一致。三种破产制度的结构表明,破产清算是困境企业最主要的申请方向,2007~2019年平均占比为73.8%,其次为重整申请(19.8%)及和解申请(6.3%)。对困境企业而言,破产重整能够保留经营控制权,增加其"重新开始"的机会,然而现实申请重整的企业较少。究其原因有三,一是破产重整制度尚在推广和施行的起步阶段,二是该制度对债权人保护不足,扭曲了困境企业对破产制度选择的激励,三是政府干预阻碍了困境企业市场化重整的方式。值得注意的是,图2表明自2016年起我国破产重整申请的增速显著高于破产清算申请,二者的替代关系逐渐明显。

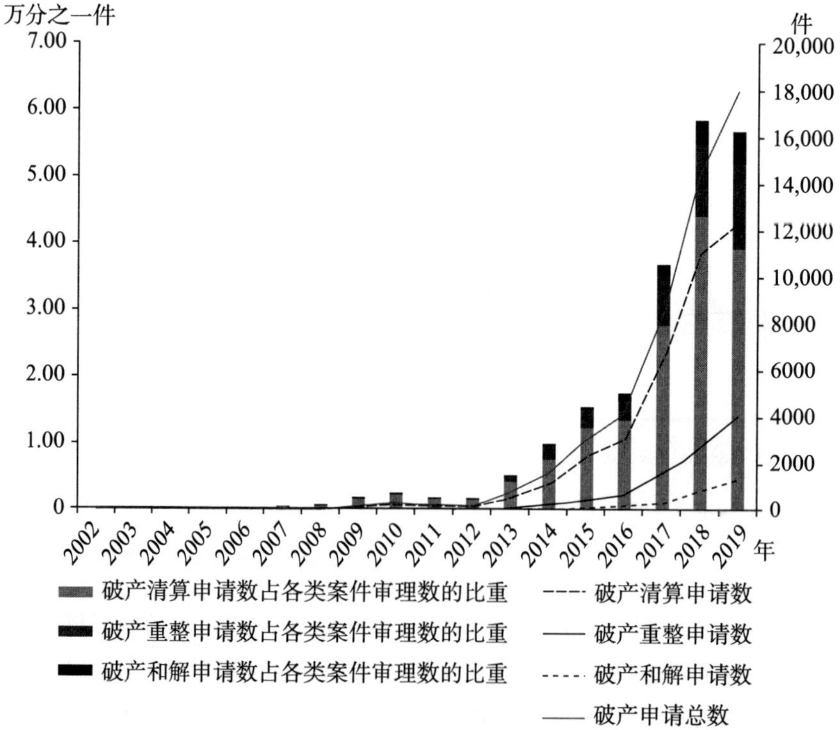

图2　2002~2019年三种破产制度申请的数及其占案件审理总量的比重情况

(二)模型设定和回归结果

基于上述我国破产申请现状,本节利用2002~2018年全国宏观经济数据和引入破产制度变量进行对数线性回归分析,初步研究破产制度的经济效应。

本文基于Cobb-Douglas生产函数构建经典增长理论的对数线性回归模型

(1)式。其中,$agdp_t$ 表示第 t 期人均国内生产总值(人均 GDP),代表经济增长水平;k_t 表示第 t 期人均固定资本投资;α 表示回归系数,ε_t 表示扰动项。本文引入破产申请占比作为破产制度变量,其中 re_{jt} 表示第 t 期第 j 种类型的破产申请占比,$j=1,2,3$ 时分别代表破产清算、重整和和解申请占比。本文使用公共财政支出中的公检法司支出占 GDP 的比重(fc_t)作为政府干预的代理变量,公检法司的公共财政支出越大,表明政府行政干预越强。为进一步考察政府干预如何影响破产申请的经济效应,本文构造公检法司支出和破产申请比重对数项的交叉项。① 主要变量的描述性统计如表 3 所示,回归结果如表 4 所示。

$$lnagdp_t = \alpha_0 + \alpha_1 ln\mathrm{k}_t + \alpha_2 ln\mathrm{re}_{jt} + \alpha_3 ln\mathrm{fc}_t + \alpha_4\, lnre_{jt} \times ln\mathrm{fc}_t + \varepsilon_t \qquad (1)$$

表 3　主要变量的描述性统计

变量	缩写	观测数	平均值	标准差	最小值	最大值
人均 GDP	*agdp*	17	319. 29	176. 82	94. 49	628. 12
人均固定资本投资	*k*	17	38, 476	28, 571	4843	81, 927
破产申请占比	*re*	17	0. 9229	1. 6059	0. 0074	5. 8908
破产清算申请占比	*re*1	17	0. 7086	1. 2061	0. 0074	4. 4328
破产重整申请占比	*re*2	17	0. 1629	0. 3061	0. 0000	1. 0856
破产和解申请占比	*re*3	17	0. 0514	0. 0958	0. 0000	0. 3724
公检法司支出占 GDP 的比重	*fc*	17	39. 29	48. 66	0. 01	106. 85
就业人员数	*emp*	17	75, 962	1418	73, 280	77, 640
产业结构比	*inds*	17	0. 99	0. 14	0. 75	1. 14
律师占就业人员比重	*lawr*	17	2. 91	1. 08	1. 87	5. 46

表 4 对数固定资产投资对对数人均 GDP 的影响显著为正,符合增长模型的一般结果。R^2 值表明模型的拟合程度较好,破产制度和政府干预变量的加入具有经济意义。具体来看,模型(1)中破产制度变量 $ln(re)$ 系数显著为正,表明破产制度能够促进整体经济增长,而政府干预 $ln(fc)$ 的影响不显著。模型(2)通过加入破产制度和政府干预的交互项表明,政府干预虽通过影响破产制

① 除破产数据外,本节其余数据来自国家和地方统计年鉴。人均 GDP 和固定资本投资额以 2000 年为基期使用平减指数和物价指数进行平减。

度而阻碍经济增长,但是该作用不显著。理论上,完全竞争市场中的企业破产申请增加,意味着运营不善的企业增加,经济环境式微。然而,实证表明我国破产制度有利于增长,这可能源自破产清算使僵尸企业有效退出市场,促进产业创新和活力,抑或是破产重整改善了困境企业的运营方式,促进经济增长。为探明具体原因,模型(3)细化三种破产制度的影响。此时,不干预破产的公检法司支出,在维护社会稳定和治安方面的正外部性有效发挥作用。制度方面,破产清算和重整对经济增长具有相反影响。其中,破产清算的增加显著降低经济增长,这和完全竞争市场的理论预期一致,表明我国破产清算的市场化程度良好;破产重整的增加显著促进经济增长,能够有效发挥改善企业经营绩效的功能,但是交叉项表明该经济效益将因政府干预而降低。

表4 破产制度对经济增长影响的对数线性模型回归结果(2002~2018年)

变量	(1)人均GDP	(2)人均GDP	(3)人均GDP	(4)就业量	(5)就业量
$ln(k)$	0.6325*** (8.69)	0.6657*** (8.45)	0.5809*** (6.57)		
$ln(fc)$	0.0015 (0.34)	0.0137 (0.93)	1.6682** (3.17)	-0.0007 (-1.39)	-0.0014** (-2.61)
$ln(re)$	0.0485** (2.21)	0.0549** (2.25)		0.0065*** (6.36)	
$ln(re1)$			-0.8954* (-2.72)		-0.0022 (-0.48)
$ln(re2)$			0.5884** (2.86)		0.0084*** (4.10)
$ln(re3)$			-0.3008** (-2.94)		-0.0033 (-0.86)
$ln(re)*ln(fc)$		-0.0025 (-0.73)			
$ln(re1)*ln(fc)$			0.2089** (3.03)		
$ln(re2)*ln(fc)$			-0.1399** (-3.09)		
$ln(re3)*ln(fc)$			0.0811** (3.24)		
截距项	7.7429*** (20.61)	7.8262*** (20.17)	1.3004 (0.53)	11.2072*** (1236.24)	11.2928*** (1188.42)
观测数	17	17	17	17	17

续表

变量	(1)人均 GDP	(2)人均 GDP	(3)人均 GDP	(4)就业量	(5)就业量
调整的 R^2	99.62%	99.64%	99.94%	93.85%	95.07%
F 统计量	907	635	24,696	83	37

注：＊＊＊、＊＊和＊分别表示1%、5%和10%的显著水平，括号中的数值代表系数的 t 值，后文表格同。

破产重整的社会价值还表现在稳定社会就业上，将模型(1)因变量替换为全社会就业量以构建模型(2)研究破产制度和政府干预对就业的社会效益，回归结果如表4模型(4)和(5)所示。① 模型(4)表明破产制度能够显著促进就业量增加，即破产申请越多，社会就业量越大。模型(5)表明该促进作用仅显著来自破产重整，而清算和和解为不显著的负向影响，即重整制度能够通过拯救困境企业实现维持就业稳定的目标，其社会效益和正外部性得到了全国层面的实证支持。

$$lnemp_t = \beta_0 + \beta_1 lnre_{jt} + \beta_2 lnfc_t + \varepsilon_t \tag{2}$$

(三)困境企业破产制度选择的影响因素

通过研究三种破产制度的影响因素和三者之间的相关性，能够为破产制度的改进提出合理建议，以提高其增长效应。对数线性回归模型如(3)所示，其中 *inds* 表示第二产业和第三产业增加值的比例，代表产业结构变化；*lawr* 表示全国律师数和全社会就业人员数的比值，代表律师的相对数量，回归结果如表5所示。

$$lnre_{jt} = a_0 + a_1 lnre_{-jt} + a_2 lnfc_t + a_3 inds_t + a_4 lawr + \varepsilon_t \tag{3}$$

首先，从破产申请总量模型(6)来看，政府干预将显著减少破产申请数，但是从三类破产回归模型(7)~模型(9)来看，政府干预将分别减少清算、增加重整、对和解申请无影响。其次，逐步向服务业转型的产业结构，对破产清算、重整和和解的影响不显著，表明我国困境企业的破产原因并非由产业创新或创造性毁灭导致，而更多地来自已有低效益企业的退出。再次，律师人数的提高能够显著增加破产清算和和解申请，但是对重整申请无影响，这与政府干预的影响相反，进一步表明破产重整受政府干预较强。最后，三类破产制度之间的关系表明，重整和和解申请对清算具有不显著的正向影响，但是清算对重整具有显著的正向影响。从破产程序来看，破产重整和和解转为破产清算是单行

① 由于模型(2)破产制度和政府干预的交互效应不显著，因此不考虑交互项。

道,而实证的逆向结果表明,准破产清算企业易在政府干预的情况下转为重整申请,使本应退出市场的困境企业存续,从侧面解释了破产制度增长效应中政府干预对破产重整的负面影响。

表5 破产制度的影响因素回归结果(2002~2018年)

变量	(6)破产申请	(7)破产清算申请	(8)破产重整申请	(9)破产和解申请
ln(fc)	-0.069* (-1.86)	-0.0640* (-1.93)	0.1114** (2.62)	-0.0091 (-0.14)
inds	-5.6799** (-2.56)	-3.2340 (-1.55)	-2.9375 (-0.71)	-3.5257 (-1.29)
lawr	1.3917*** (5.16)	1.2446*** (5.51)	0.1355 (0.28)	1.0711** (2.62)
ln(re1)			0.8477* (2.44)	0.0821 (0.12)
ln(re2)		0.3254 (1.22)		0.4215 (0.95)
ln(re3)		0.0357 (0.906)	0.4774 (1.69)	
截距项	19.7532*** (5.68)	-0.5759 (-0.17)	9.3492* (2.39)	-8.5157** (-2.55)
观测数	17	17	17	17
调整的 R^2	97.73%	98.68%	98.21%	96.98%
F统计量	220.15	103.22	397.25	104.43

(四)破产制度的区域经济效应和区位影响

本节利用2007~2018年29个省(自治区、直辖市)面板数据研究破产制度的地区增长效应,一方面为上文实证研究提供更为可靠的论据,另一方面通过对比地区间的制度发展,研究管辖地破产案件受理经验对企业破产制度选择的影响。① 本节以(1)式作为基准模型,仅将下标 t 修改为 it,代表第 i 个地区第 t 期的变量水平,省际面板数据的主要变量描述性统计如表6所示,时间和地区双固定效应模型的回归结果如表7所示。②

---

① 由于无法获得部分地区各类案件审理数和审执结数,故为29个省(自治区、直辖市)。

② 所有变量均通过单位根检验,在LLC、ADF和PP检验中表现出良好的平稳性。因篇幅所限,平稳性检验结果不再列示。

表 6　主要变量的描述性统计

变量	缩写	观测数	平均值	标准差	最小值	最大值
人均 GDP	*agdp*	348	442	254	73	1382
人均固定资本投资	*k*	348	370	185	59	996
破产申请占比	*re*	348	0.9989	1.8665	0.0000	14.0045
破产清算申请占比	*re*1	348	0.7681	1.4503	0.0000	11.8609
破产重整申请占比	*re*2	348	0.1757	0.4152	0.0000	3.5088
破产和解申请占比	*re*3	348	0.0550	0.1279	0.0000	1.1782
公检法司支出占 GDP 的比重	*fc*	348	20.27	48.96	0.01	266.13
就业人员数	*emp*	348	2656	1739	299	6767
产业结构比	*inds*	348	1.1200	0.3583	0.1991	2.0016
律师占就业人员比重	*lawr*	348	3.8649	4.0858	0.8459	26.0284

表 7　破产制度的区域增长效应：固定效应面板回归结果（2007～2018 年）

变量	(1)人均 GDP	(2)人均 GDP	(3)人均 GDP	(4)就业量	(5)就业量
ln(*k*)	0.1980*** (6.74)	0.3702*** (4.04)	0.1654*** (4.17)		
ln(*fc*)	0.1764 (1.64)	-0.1932*** (-3.61)	0.2180 (1.36)	-0.0632 (-0.59)	-0.0546 (-0.39)
ln(*re*1)	-0.0029 (-0.44)			-0.0025 (-0.46)	
ln(*re*2)		0.0840*** (4.87)			0.0001 (0.04)
ln(*re*3)			-0.0059 (-0.97)		
ln(*re*1)***ln*(*fc*)	-0.0042 (-1.52)		—	-0.0030* (-1.86)	
ln(*re*2)***ln*(*fc*)		-0.0124*** (-3.01)	—		-0.0076*** (-4.78)
ln(*re*3)***ln*(*fc*)			-0.0026 (-0.49)		
截距项	4.1740*** (4.25)	8.3958*** (55.32)	3.8260** (2.57)	7.8299*** (8.39)	7.3014*** (6.33)
省际固定效应	有	有	有	有	有

续表

变量	(1)人均GDP	(2)人均GDP	(3)人均GDP	(4)就业量	(5)就业量
时间固定效应	有	有	有	有	有
观测数	348	348	348	348	348
调整的 R^2	97.48%	96.54%	96.48%	55.83%	61.32%
F统计量	300	203	221	6.54	48.92
Hausman检验值	78.26***	23.82***	9.78*	34.54***	32.36***

表7模型(1)~模型(3)表明在区域层面,破产重整虽受政府干预影响,但仍能显著促进经济增长,而破产清算和和解的作用不显著,该结果与全国回归结果一致。从破产制度对就业的影响来看,破产清算和重整对区域就业没有显著效果,且政府通过干预企业重整对就业产生显著的负效应。[①] 表明政府通过干预准清算企业进行重整,虽然维持了这些企业内部的就业稳定,但同时也降低了该地区其他企业和行业发展的活力,使非重整企业的就业人员无法获得新的工作机会,即以牺牲潜在多数人员的就业机会来保护相对少数的特定人员就业,从而降低社会就业量。总之,破产制度在区域尚未充分发挥其增长效应,仍需继续在地方推广和完善。

本节使用模型(3)的面板形式分析省际水平破产制度选择的影响因素,结果如表8所示。[②] 该结果与上文一致表现出政府对企业破产制度选择的干预。通过考察省际固定效应的显著性以判断不同地区破产制度的有效性:地区破产申请增长越显著,则该地区司法机构越具有破产案件审理经验。地区固定效应结果表明,从破产申请总量来看,上海市和浙江省表现出较好的破产经验水平;细分来看,北京市和上海市在破产清算、重整和和解上表现出较好的经验水平;浙江省和重庆市在破产重整、广东省和海南省在破产和解上分别表现出较好的经验水平。该结果涉及地区与我国早期五大破产法庭的建设地相近,表明我国区域间的破产司法经验具有差异,破产制度在区域间需要更加平衡的发展。[③]

---

① 破产和解对区域就业影响不显著,本文不再列示。

② 由于各省破产和解申请数较少,一方面可能导致回归结果无效,另一方面相比于清算和重整,企业选择破产和解的可能性较小,因此表8不列示破产和解申请的结果。因篇幅所限,包含固定效应的完整回归结果不再列示。

③ 截至2015年最高法公布全国5家清算与破产审判庭,分别位于北京市、上海市、浙江省和广东省。2019年最高法先后批准在深圳、北京、上海、天津、广州和温州等六城市设立破产法庭。

表8 破产制度选择的影响因素回归结果(2002~2018年)

变量	(6)破产清算申请	(7)破产重整申请
ln(fc)	-0.0061 (-0.24)	0.1801*** (6.06)
inds	-1.3802* (-1.98)	-0.3556 (-0.63)
lawr	3.1787*** (6.99)	2.4059*** (2.99)
ln(re1)		0.5455*** (4.37)
ln(re2)	0.2531*** (4.11)	
截距项	-12.9582*** (-11.15)	-9.2800*** (-3.70)
省际固定效应	有	有
时间固定效应	有	有
观测数	348	348
调整的 R^2	62.71%	65.72%
F统计量	40.35	55.13
Hausman检验值	18.96***	10.41**

四、破产制度实践的微观主体结构及其特点

破产制度的增长效应离不开实践的微观基础,且微观主体具有更强的信息披露程度。本节利用2006~2019年我国3887家上市公司数据研究破产制度增长效应背后的市场环境和企业结构。①

2000~2019年我国所有上市公司披露进入破产、重整或重组程序的数量如图3所示,其中主坐标轴对应虚线所代表的上市公司破产累计数,次坐标轴对应实线所代表的上市公司破产占比。图3表明,尽管进入破产程序的上市公

① 本文上市公司是指上交所、深交所和港交所上市的所有股份有限公司。其中,3887家企业于2006~2019年存续且关键财务数据无缺失。选择2006年为起始年份,而非《破产法》实施的2007年,是因为本节分析方法包含 $t-1$ 年。

司累计数均匀增加(年均增速约为6.63%),但破产企业的相对占比在20年间并没有增加,而是围绕约0.45%的均值上下波动,且波动区间较小。另外,由于我国首部个人破产法规于2021年3月1日施行,表明截至2019年的破产案件均属企业破产。将图2全国破产申请数分别除以全国市场主体和实有企业数量,得到图4虚线和实线。① 图2从司法层面显示2002~2019年破产案件的绝对数和相对占比都是增加的,而图4从市场层面表明破产案件相对于企业总量而言也是增加的,从实有企业来看,破产占比从0‰增加到约0.46‰。企业破产占比得到快速增长的时点与政策的实际发展一致,即《破产法》2007年颁布、2012年推广和2016年破产重整的推广。对比上市公司较为稳定而所有企业不断上升的破产占比趋势,表明非上市公司,尤其中小微企业是当前企业破产的主力军。随着破产法的推进,该趋势仍将保持,而在新冠肺炎疫情的冲击下,该趋势有可能加剧。本节使用2006~2019年上市公司的财务数据,通过判定僵尸企业特征来评估上市公司潜在的破产可能性及其较为稳定的破产趋势是否将持续。

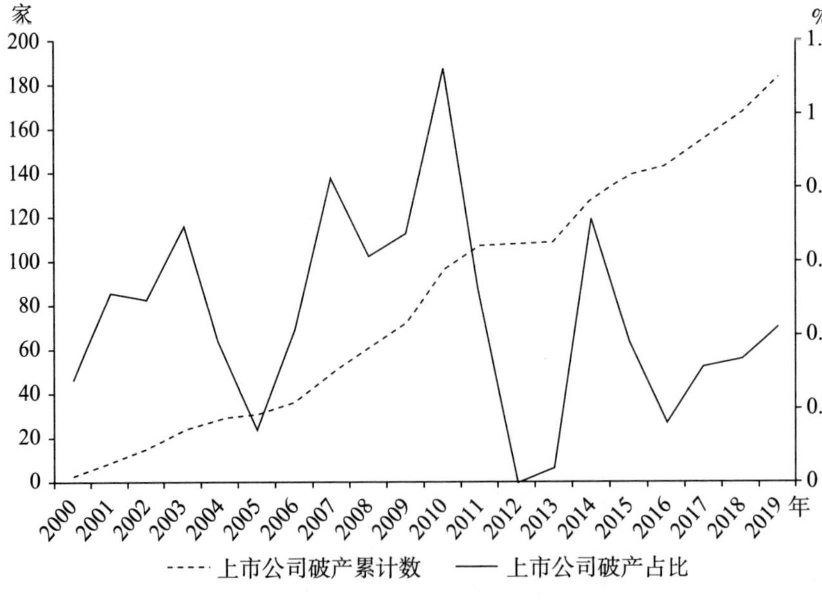

图3 上市公司破产数量及其占比

① 企业总数来自国家市场监督管理总局(2018年以前为国家工商行政管理总局,后文简称工商总局)公布的市场主体和实有企业数量,其中市场主体包括实有企业、个体工商户和农民专业合作社。

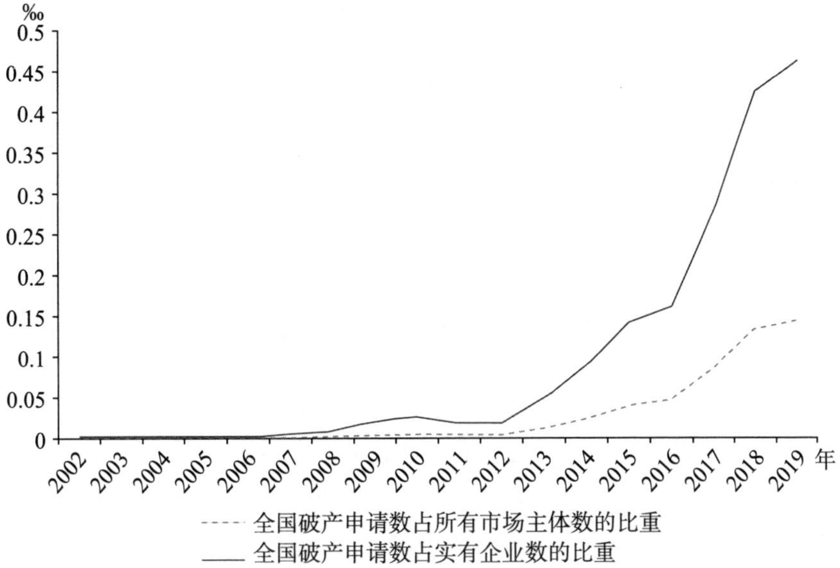

图 4　全国企业破产数量占比

"僵尸企业"通常指经营亏损、资不抵债、一旦失去救助则较难存活的企业,可视为准破产企业。"僵尸企业"的判定方式主要有三种:其一为Caballero、Hoshi 和 Kashyap 于 2008 年提出的 CHK 方法,以银企间的信贷关系为基准,但对现代轻资产或初创企业可能存在误判;①其二为 Fukuda 和Nakamura(2011)改进的 FN-CHK 方法,并于 2013 年进一步增加企业负债因素;②其三为 Imai(2012)、朱舜楠和陈琛(2016)以及聂辉华等(2016)的连续年份满足 FN－CHK 条件的判定方法,该修改主要是为了防止高估僵尸企业数量。③ 本文僵尸企业的判定情形为:第一,基于 CHK 方法,利用模型(5)计算第

① *See* Ricardo J. Caballero, Takeo Hoshi & Anil K. Kashyap, *Zombie Lending and Depressed Restructuring in Japan*, American Economic Review, Vol. 98:1943, p. 1943－1977 (2008).

② *See* Shin-ichi Fukuda & Jun-ichi Nakamura, *Why Did "Zombie" Firms Recover in Japan*, World Economy, Vol. 34:1124, p. 1124－1137 (2011); Jun-ichi Nakamura & Shin-ichi Fukuda, *What Happened to "Zombie" Firms in Japan?: Reexamination for the Lost Two Decades*, Global Journal of Economics, Vol. 2:13500071, p. 13500071－135000718 (2013).

③ *See* Masami Imai, *Local Economic Effects of a Government-owned Depository Institution: Evidence from a Natural Experiment in Japan*, Journal of Financial Intermediation, Vol. 21:1, p. 1－22 (2012); 朱舜楠、陈琛:《"僵尸企业"诱因与处置方略》,载《改革》2016 年第 3 期;聂辉华、江艇、张雨潇、方明月:《我国僵尸企业的现状、原因与对策》,载《宏观经济管理》2016 年第 9 期。

i个企业在第t年的最低应付利息,其中短期负债为流动负债,利用模型(6)计算企业的实际利息支出,其中利息收入采用王贤彬和许婷君(2020)的计算方法,再利用模型(6)减去模型(5)得到利息差,如果利息差it小于零,则判定为僵尸企业;[①]第二,基于FN-CHK(2011)方法,在CHK判定的"僵尸企业"内,如果息税前利润(EBIT)高于最低应付利息,或者净资产连续3年增加,则判定为正常企业;第三,基于FN-CHK(2013)方法,在CHK未判定为"僵尸企业"内,如果资产负债率高于50%且负债连续两年增加,则判定为"僵尸企业";第四,分别将连续2年满足FN-CHK(2011)和FN-CHK(2013)条件的企业判定为"僵尸企业";第五,为保证僵尸企业判定结果的可靠性,本文使用上市公司公布的ST和*ST(以下简称"ST类")企业数作为对比。

$$最低应付利息_{it} = 短期最低贷款利率_t \times 短期负债_{it-1} + 长期最低贷款利率_t \times 长期负债_{it-1} \quad (5)$$

$$实际利息支出_{it} = 利息净支出_{it} + 利息收入_{it} \quad (6)$$

$$其中,利息收入_{it} = 企业存款_{it-1} \times 短期存款利率_t$$

$$企业存款_{it-1} = 流动资产_{it-1} - 应收账款_{it-1} - 存货_{it-1}$$

上述方法得到上市公司"僵尸企业"占比的变化趋势和对比结果如图5所示。从方法来看,CHK方法将较多的上市公司判定为"僵尸企业",其次为FN-CHK(2013)和FN-CHK(2011)方法,ST类上市公司数明显低于判定的"僵尸企业"数。从变化趋势来看,除2009年外五种方法的结果基本一致,即上

---

① 参见王贤彬、许婷君:《外商直接投资与僵尸企业——来自中国工业企业的微观证据》,载《国际经贸探索》2020年第9期。短期存款利率来自中国人民银行(以下简称央行)公布的活期、3个月、6个月和1年期金融机构法定存款利率。首先各利率按照央行公布的调息日,利用时间加权计算实际年化率。其次将年化率转化为当期利率,使用复利转化为1年期利率。最后算术平均得到短期存款利率。短期最低贷款利率来自央行公布的6个月、6个月至1年期金融机构法定贷款利率,长期最低贷款利率来自1~3年、3~5年和5年以上法定贷款利率。处理方法与短期存款利率相同。2015年10月24日起央行不再进行调息,2016年起本文使用19家主要商业银行公布的活期、3个月、6个月和1年期存款利率分别进行算术平均,再按照2002~2015年相同算法得到短期存款利率。本文假设储户在完全竞争市场中对储蓄银行的选择概率相等而使用算术平均,不按照银行资产规模加权。贷款利率方面,我国自2019年8月20日起使用LPR报价利率形成机制,本文2019年的长、短期最低贷款利率分别按时间加权计入1年和5年期的LPR,再按照2002~2018年相同算法得到数值。本文估算长期最低贷款利率与黄少卿和陈彦(2017,以下简称黄陈文)结果一致,但是黄陈文的短期最低贷款利率最高值与央行公布最低值偏差约1.77%,而本文估值与央行数据更为接近。本文算法不采用已有研究的简单算术平均,而是先用复利将短期利率转为等价利率后再进行算术平均。笔者同样计算了简单算术平均的结果,对比两种方法的结果差异不大,存贷利率的平均差异仅为0.77%和3.40%。

市公司全体、非金融机构和房地产业的“僵尸企业”数于2011～2015年缓慢增加,2015～2017年减少,2017年以来反弹,而国有股权“僵尸企业”占比全期显著下降。2015～2017年的总体下降和2008年以来的国有企业全期下降趋势都是去“僵尸企业”政策得到有效实施的体现,同时表明更多非国有企业成为“僵尸企业”。从行业来看,制造业是非金融机构“僵尸企业”的主要来源,但是对比各行业“僵尸企业”占比,房地产的数值最高。该结果与近年房地产业破产数逐渐增加的事实一致,需要警惕房地产业的破产风险和处置问题。图5(c)FN－CHK(2011)和FN－CHK(2013)结果差异较大,表明房地产业负债程度较高。自2010年以来,CHK方法显示房地产业“僵尸企业”比例平均比所有上市公司高出6.68%,比非金融机构上市公司高出5.49%;FN－CHK(2013)显示房地产业“僵尸企业”比例平均比所有上市公司高出27.27%,比非金融机构上市公司高出27.63%。房地产业不仅拥有较高的“僵尸企业”比例,而且具有更明显的上升趋势,即该行业的破产风险不仅较大,而且高于其他行业。

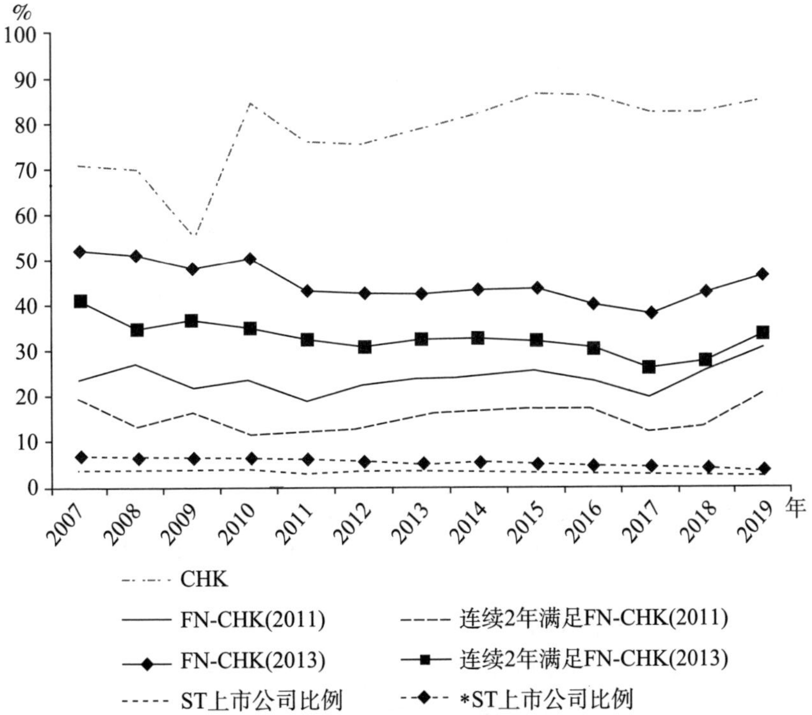

(a)所有上市公司

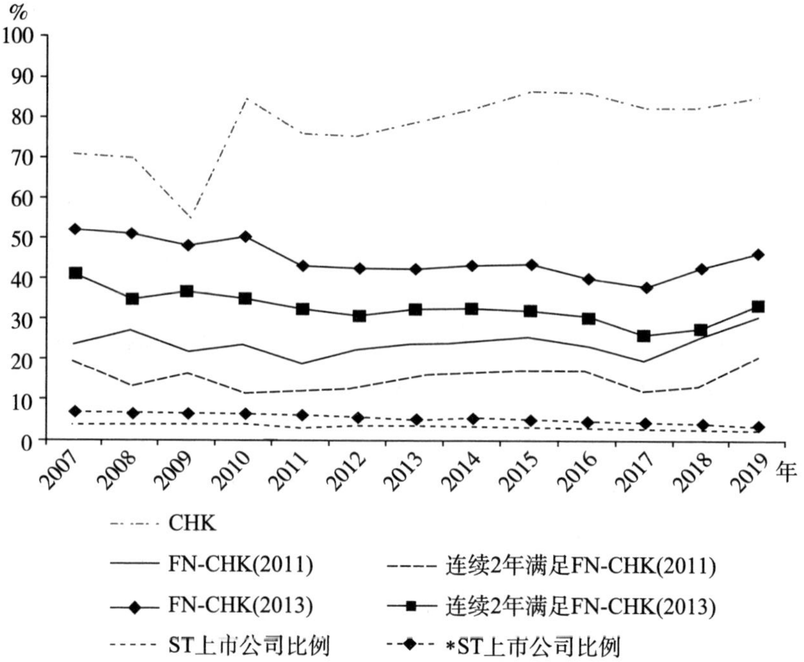

（b）非金融机构

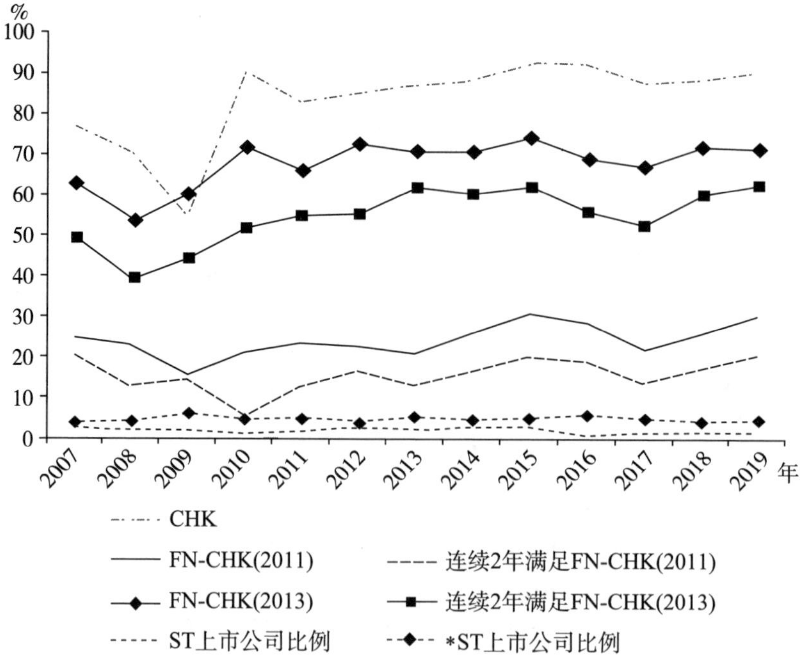

（c）房地产业

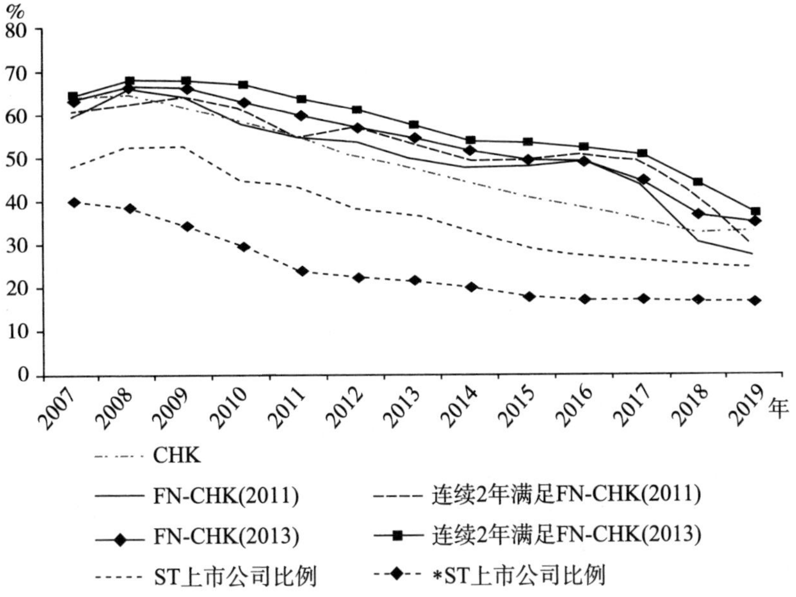

(d)国有股权

图5　上市公司中“僵尸企业”占比的变化趋势

“僵尸企业”比例与ST类企业比例的相关性检验结果如表9所示。所有上市公司和非金融机构上市公司的CHK、FN－CHK(2013)及连续两年判定的“僵尸企业”比例变化趋势与ST企业比例的相关性显著,而FN－CHK(2011)及连续两年的判定结果与ST企业比例的相关性不显著;房地产“僵尸企业”比例与ST企业比例的相关性不显著,而国有股权结果与ST企业比例的相关性高度显著。房地产和国有股权的“僵尸企业”比例与ST类企业比例的相关性显著程度完全相反,一方面表明国有企业在减少“僵尸企业”和增强信息披露等方面取得了较好成果,另一方面表明房地产业中的非国有企业逐渐成为“僵尸企业”增长的主要来源之一,同时该行业的信息披露和绩效评价标准都有待改进。

表9　上市公司“僵尸企业”比例与ST类企业比例的相关性检验结果

上市公司	僵尸企业判定方法	ST上市公司	*ST上市公司
所有类型	CHK	-0.60**	-0.66**
	FN－CHK(2011)	-0.29	-0.35
	FN－CHK(2013)	0.69**	0.68**
	连续2年满足FN－CHK(2011)	-0.07	-0.14
	连续2年满足FN－CHK(2013)	0.77**	0.75**

续表

上市公司	僵尸企业判定方法	ST上市公司	*ST上市公司
非金融机构	CHK	-0.63**	-0.67**
	FN-CHK(2011)	-0.30	-0.37
	FN-CHK(2013)	0.73**	0.72**
	连续2年满足FN-CHK(2011)	-0.09	-0.16
	连续2年满足FN-CHK(2013)	0.79**	0.78**
房地产业	CHK	-0.20	-0.19
	FN-CHK(2011)	-0.01	-0.24
	FN-CHK(2013)	-0.03	-0.11
	连续2年满足FN-CHK(2011)	0.20	-0.11
	连续2年满足FN-CHK(2013)	-0.03	0.02
国有股权	CHK	0.99***	0.94***
	FN-CHK(2011)	0.90***	0.80***
	FN-CHK(2013)	0.95***	0.85***
	连续2年满足FN-CHK(2011)	0.87***	0.77***
	连续2年满足FN-CHK(2013)	0.93***	0.80***

本文将所有“僵尸企业”数按企业年龄排序得到分布如图6所示,其中2007年、2010年和2015年的企业年龄分别进行12年、9年和4年的向右平移,使其与2019年可比。对比2007年点线、2010年虚线和2015年阴影,在2015年“僵尸企业”年龄分布的阴影内,成立24年以上的企业数与2007年和2010年基本重合,而成立24年以内的企业数呈逐年被包含的关系,表明2015年存续时间较久的“僵尸企业”几乎没有退出市场,且越来越多的年轻企业成为“僵尸企业”。对比2019年实线和2015年阴影,2019年“僵尸企业”年龄分布比2015年整体左移且曲线向外大幅扩张,表明存续时间较久的“僵尸企业”大部分退出市场,但同时更多的年轻企业成为“僵尸企业”。

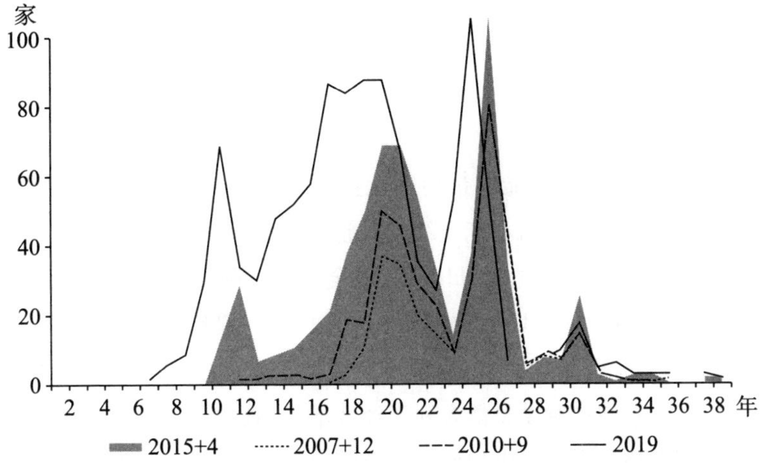

图 6　上市公司破产数量及其占比

图 6 表明,虽然近年我国因对“僵尸企业”存续问题的重视而设计各种市场退出机制,在老“僵尸企业”的退出和重整上取得了较好的政策效果,但是“僵尸企业”的年龄结构逐渐年轻化,总量上的新旧替代使“僵尸企业”的减少似乎没有取得实质效果。第一种原因可能来自新企业的进入或旧企业的重整并没有改变已有的经营发展方式,行业内仍较多参考老“僵尸企业”的发展路径,比如企业重整的导向较为保守,破产管理人的市场化计划专业性不足,政府参与救助扶持过多等。第二种原因可能在于“僵尸企业”的判定标准与当前企业的发展模式不相适应,比如高科技和轻资产企业通常在创业初期存在高负债低利润情形,如果该时期因技术条件或市场环境等因素而相对延长,也将增加对“僵尸企业”的误判。结合破产制度增长效应的实证结果判断两种原因孰优,可知第一种原因的可能性较大,而第二种较为乐观的原因还需审慎分析。

综上所述,首先,随着破产制度的推广和市场接纳程度的提高,上市公司“僵尸企业”数将成为未来企业破产重整数量的潜在来源,将对我国破产制度的实践提出更多的挑战。其次,我国企业无论是生产经营还是重整或退出方式,都需要积极转变旧有低效的发展路径;在供给侧结构性改革和产业优化升级的政策引导下,不仅需要生产技术创新,也需要综合考虑企业生命周期,合理创新优化企业重整和退出计划,使其与行业创新发展相协调;这样才能取得积极的政策效果,才能有效发挥破产制度优势,才能有利于高质量发展,而这些仍需企业及相关制度设计付出长期持续的努力。

五、结语

破产清算和重整制度能够帮助困境企业有效退出市场或改善经营状况,对我国经济发展、行业创新和产业结构调整具有积极作用。首先,本文通过引入破产制度变量和利用面板回归模型,从全国和省际层面实证研究破产制度的增长效应。其次,本文利用我国上市公司数据和“僵尸企业”判定方法,研究增长效应背后的企业结构特征,为破产制度的实践问题提供微观依据。本文的实证结果表明:破产制度整体有利于经济增长,其中破产清算的市场化环境良好,而破产重整虽受政府干预而降低经济效益,但仍能有效发挥改善企业经营的作用;重整制度对社会就业具有显著正效应,能够通过拯救困境企业来实现稳定就业的目标,而政府干预通过使准破产清算企业申请重整而不利于经济增长;从产业结构变迁角度来看,我国困境企业破产的整体原因多为低效益企业退出市场,而较少为产业创新和创造性破坏。

就地区破产制度的实践而言,该制度发展不平衡表现为个别地区经验突出;地方对于未成文法规的态度基本比较保守,只有经济较为发达的省份才有可能采取些许试验性政策,因而尽管地方政府意识到破产清算和重整的积极意义,但是实际施行却较为困难。如何促进困境企业有效进入破产重整或退出程序,以发挥其经济和社会效益,首先,要重视相关规章制度的建设,让不发达地区有法可依,才会激励受理申请。其次,要重视破产法官和律师相关经验的培养。由于缺失地方法官数,本文以律师数代表司法从业人员数,实证结果表明律师数增加能够促进破产清算和重整数的增加。一方面律师出于自利因素推动破产清算重整,另一方面越来越多困境企业选择破产制度。国外研究表明,如果破产制度和市场环境较为完善,那么理性企业能够形成正确预期,选择在破产制度和法官经验较好的地区设厂,通过节约破产成本来增加企业价值。因而破产制度的建设不仅能够从企业生命周期的终点促进地区经济发展,也能够延伸至周期的起点。

微观主体的实证研究进一步支持了上述结论,来自上市公司数据分析的结果表明当前企业破产主要为中小微企业。虽然上市公司破产率趋于稳定,但是随着破产制度和去“僵尸企业”政策的推行,该趋势在未来或将改变。各种市场退出机制的建设在减少国有股权“僵尸企业”、增强信息披露及老“僵尸企业”的重整和退出等方面取得了较好成效，但同时也带来非国有股权“僵尸企业”占比增加、房地产业风险增加及其信息披露和绩效评价标准不足、“僵尸企业”年龄结构年轻化等新问题。这表明，我国产业优化升级不仅需要改进生产方式，也需要相应改进企业破产重整和退出机制，这样才能有效发挥破产制度优势以满足高质量发展的需求。

发明专利审查制度研究

——以中美区块链授权周期为视角

刘 星 姜 南*

内容摘要：当前，中美针对新兴的区块链技术展开战略制高点的争夺，对专利审查周期制度可以更好地帮助中国企业进行国际专利布局。本文采用生存模型对2009～2019年中美区块链技术发明专利从申请到授权审查周期的影响因素进行了分析。中国对本土区块链专利没有加速审查，相反，美国专利局给予本土申请人更快的审查速度，以加速本国申请人在区块链技术的竞争优势。此外，中美两国对高质量的区块链技术专利的审查周期相对较短。这反映了中美两国在新兴技术上的专利审查机制的差异和相同点，也对我国发明专利审查制度提供了有益借鉴。

关键词：区块链技术　发明专利　审查周期　中美对比

一、引言

区块链技术起源于化名“中本聪”(Satoshi Nakamoto)的学者在2008年发表的奠基性论文《比特币：一种点对点

---

* 刘星，同济大学上海国际知识产权学院博士研究生；姜南，同济大学上海国际知识产权学院副院长、副教授。

的电子现金系统》。作为分布式数据存储、点对点传输、共识机制、加密算法等技术的集成应用，区块链技术被认为是继大型机、个人电脑、互联网之后计算模式的颠覆式创新，被称为是彻底改变业务乃至机构运作方式的重大突破性技术，很可能在全球范围内引起一场新的技术革命和产业变革。

中国和美国是世界上最大的两个经济体，在推广和采用最新技术（如人工智能、5G/6G 通信技术、大数据和区块链技术等）方面走在世界前列。中美两国都极为重视区块链技术：在中国，2016 年 12 月，区块链首次被写入《国务院关于印发"十三五"国家信息化规划的通知》。2019 年 10 月，中共中央总书记习近平在主持中央政治局第十八次集体学习时强调，要把区块链作为核心技术自主创新的重要突破口，加快推动区块链技术和产业创新发展。在美国，2016 年 12 月，美联储发布首份区块链研究白皮书《支付、清算与结算中的分布式账本技术》，推进开放的区块链和金融科技发展。2018 年 9 月，美国国会成立了国会区块链核心小组，特朗普总统对新兴的区块链技术的重要性给予认可。2018 年 11 月，美国证券交易委员会（SEC）发布了《关于数字资产证券发行与交易的声明》，强调市场参与者在处理区块链等技术创新时，必须遵守完善、运作良好的联邦证券法框架。2019 年 7 月 9 日，美国参议院商业、科学和交通委员会批准了《区块链促进法案》，其目的是防止区块链定义在州级层面的碎片化，并为未来的技术监管设置框架。

中美两国未来展开的区块链技术制高点争夺战势必体现为以专利技术为代表的知识产权竞赛。正如很多学者研究指出的，专利审查是国家保护本国优势产业的战略手段之一，国家经济利益取决于国内公司更快地比国外公司取得研究成果的专利权。① 根据世界知识产权组织（WIPO）的数据，2017 年仅有 406 项关于区块链技术的专利向 WIPO 提出申请，②而根据最新的"2019 年全球区块链企业发明专利排行榜（TOP100）"，较之 2017 年和 2018 年，2019 年企业整体发明专利申请量增长明显。入榜前 100 名企业主要来自

① A. B. Jaffe & M. Trajtenberg, *Patents, Citations & Innovations: A Window on the Knowledge Economy*, MIT Press, 2002, p. 84；张古鹏、王崇锋：《保护性专利审查机制与中外企业的专利战略选择——基于专利授权和条件寿命期的视角》，载《科研管理》2014 年第 5 期。

② China Leads Blockchain Patent Applications, Financial Times, https://www.ft.com/content/197db4c8-2e92-11e8-9b4b-bc4b9f08f381.

10个国家和地区,中国占比为63%,美国占比为19%,日本占比为7%。① 因此开展中美区块链专利审查周期的对比研究具有十分紧迫的意义,这可能将决定两国在未来的区块链技术中谁更有优势。同时,对区块链企业也有重要参考意义,区块链技术属于较新的技术,在审查实践中的"可专利性"及实质审查标准方面还面临着诸多挑战。② 专利是否能够被授权以及何时能够被授权对企业的全球专利战略管理和投资策略尤为重要。③ 对区块链技术审查周期展开专门研究,可以指导企业对全球技术竞争战略作出新的考量。

二、相关研究

在中国知网CSSCI期刊里以"区块链"为主题进行检索,共检索文献466篇,2015年以前(含2015年)仅为2篇,2016年为31篇,2017年为65篇,2018年为176篇,2019年为192篇。在web of science网站上以"block chain"为研究主题对SSCI核心集合库进行检索,共检索到文献2671篇,其中,2015年以前(含2015年)为12篇,2016年为56篇,2017年为261篇,2018年为737篇,2019年为721篇。由此可知,中外趋势基本一致,区块链受到国内外人文社会科学的关注主要在区块链进阶到2.0阶段(2016年)前后,相关主题如"网络学习、通证经济、版权管理、图书馆信息、智能合约"等都有若干探讨。在专利技术方面,王玲、李倩和王金晓(2019)从区块链专利发展现状、专利申请/公开数量变化趋势、典型机构的专利情况以及IPC技术分类对我国区块链行业以及典型机构进行了专利地图分析。④ 石超和余晓春(2019)从区块链在现行知识产权制度保护框架下的保护方式进行了研究,提出了知识产权

① 参见《2019年全球区块链企业发明专利排行榜(TOP100)》,载IPRdaily中文网,http://www.iprdaily.cn/news_23016.html。

② 张雪凌、刘庆琳:《区块链专利申请审查标准研究》,载《知识产权》2020年第2期。

③ Tong T. W. et al., *What Determines the Duration of Patent Examination in China? An Outcome-specific Duration Analysis of Invention Patent Applications at SIPO*, Research Policy, Vol. 47: 583, p. 583 – 591 (2018).

④ 王玲、李倩、王金晓:《我国区块链行业及典型机构专利地图分析》,载《科技管理研究》2019年第20期。

国际化布局、人才培养、知识产权公共服务等七大战略布局策略。[①] 商琦和陈洪梅(2019)认为区块链技术领域的热点集中于数字签名、安全访问和系统交易等领域,而中国在该技术领域专利的核心创新竞争力与美国存在一定差距。[②] 除了对区块链领域的本身专利和知识产权分析,亦有学者指出应当将区块链技术与知识产权管理相融合,从而更好地推动战略性新兴产业的发展。[③] 区块链还可以运用于知识产权审查工作,例如商标案件中的"混淆可能性"评估或发明专利"三性审查"中的"创造性步骤"评估,可借助区块链联合人工智能软件执行完成。[④] 在版权方面,区块链通过控制数字化复制和为"二手"数字内容创建市场来增强版权所有权链上透明度,通过加密货币支付和智能合约增强了应用的简便性。[⑤]

三、中美区块链技术发明专利授权的现状分析

(一)数据来源和检索式

根据对相关文献的广泛阅读,构建检索式如表1所示。

表1 区块链专利检索式

区块链	Blockchain
加密货币	Cryptocurrency
数字货币	Digiccy
智能合约	Smart Contract
工作量证明	Proof of Work
专利 IPC 分类号	H04、G06、G09

① 石超、余晓春:《区块链的知识产权保护模式与战略布局研究》,载《科技与法律》2019年第4期。

② 商琦、陈洪梅:《区块链技术创新态势专利情报实证》,载《情报杂志》2019年第4期。

③ 滕锐、周鸿焕:《工业4.0时代专利成果外生性风险的政府治理》,载《知识产权》2019年第1期;张路蓬、周源、薛澜:《基于区块链技术的战略性新兴产业知识产权管理及政策研究》,载《中国科技论坛》2018年第12期。

④ Gürkaynak G. et al., *Intellectual Property Law and Practice in the Blockchain Realm*, Computer Law & Security Review, Vol. 34:847, p. 847 – 862(2018).

⑤ Alexander S., *Copyright in the Blockchain Era: Promises and Challenges*, Computer Law & Security Review, Vol. 34:550, p. 550 – 561(2018).

(二)中美区块链专利现状

本研究选取起始时间为2009年,主要是因为2009年年初比特币正式出现,区块链进入快速发展的区块链1.0阶段,通过检索,得到2009~2019年美国区块链技术发明专利授权件数共3233件,中国区块链技术发明专利授权件数共924件,经过人工阅读标题和摘要以及主要内容手动去除与主题不符合的相关专利,得到美国授权发明专利共3108件;中国授权发明专利共897件。美国和中国区块链技术授权发明专利现状如图1和图2所示。

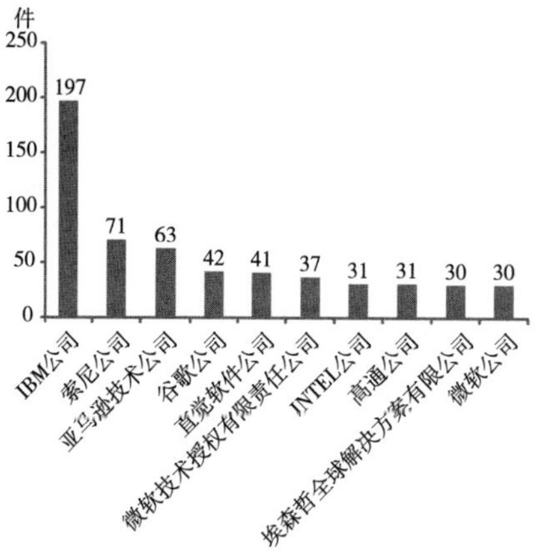

(a)美国区块链发明专利授权量前10名企业

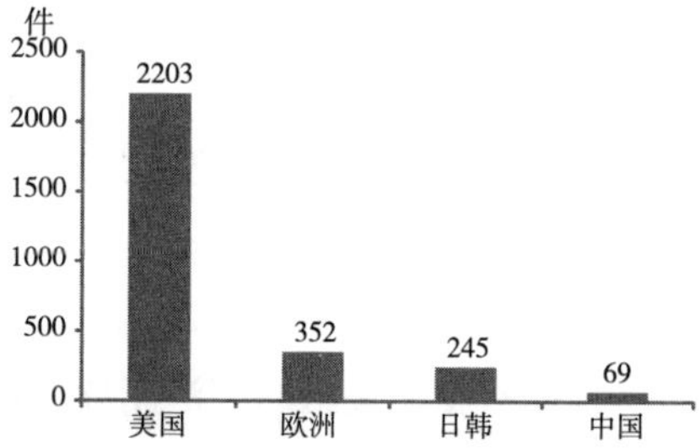

(b)专利权人来自美国和其他国家(地区)的相关情况

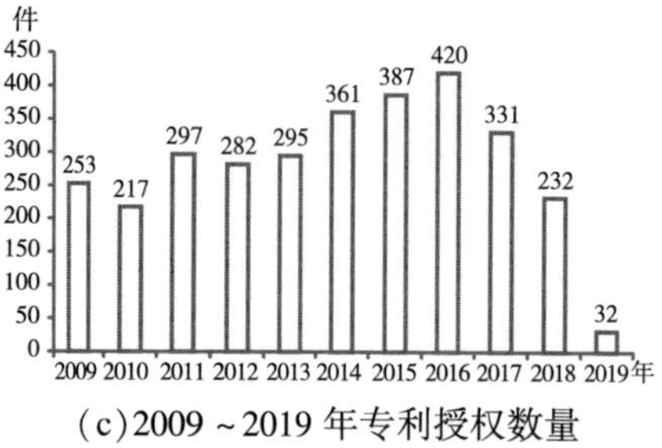

(c)2009~2019年专利授权数量

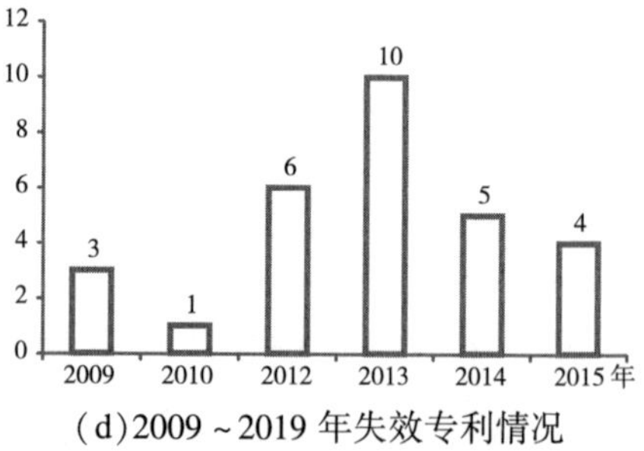

(d)2009~2019年失效专利情况

图1 美国情况

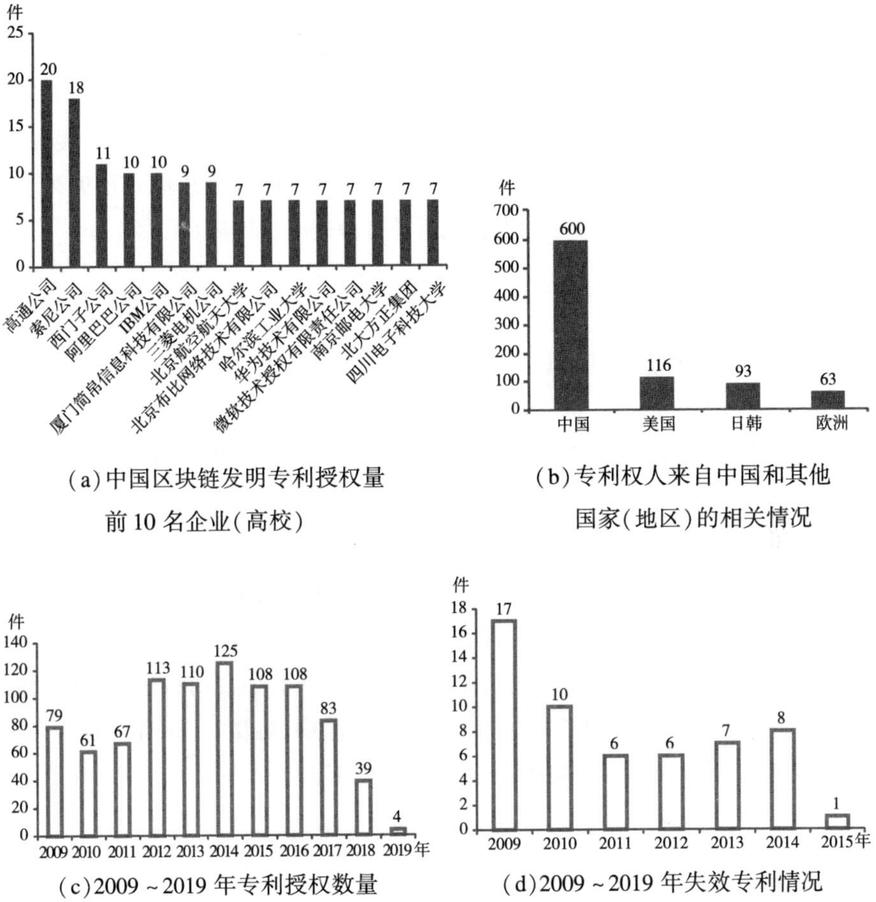

(a)中国区块链发明专利授权量前10名企业(高校)

(b)专利权人来自中国和其他国家(地区)的相关情况

(c)2009~2019年专利授权数量

(d)2009~2019年失效专利情况

图2 中国情况

从中美两国情况来看,美国区块链发明专利授权量前十名均为企业,其中有9家美国公司,1家日本公司,前十名公司的公司授权总量为573件,在全体授权专利3108件中占比18.44%;中国区块链发明专利授权量前十名中(共计15家,有8家并列为第10名)既有企业又有高校,其中有9家中国公司(高校),6家外国公司。前十名(实为15家)的发明授权专利总量为143件,在全体授权专利897件中占比15.94%,权利人集中度不如美国高。在美国授权专利的各个国家中,中国为69件,占总量的2.22%,在中国授权专利的各个国家中,美国为116件,占总量的12.93%,可见中国在美国区块链技术的布局较为薄弱。在中美各个年度的授权专利量中,美国的峰值授权年度为2016年,授权件数为 420 件,中国的授权峰值年度为 2014 年,授权件数为 125 件,这可能与两国的审查时间不同,经统计,美国区块链专利的平均审查时间为 30. 51 个月,中国区块链专利的平均审查时间为 40. 64 个月。从已经失效的专利情况来看,中国已经失效的发明专利为 55 件,占已授权发明专利总量的 6. 13% ,美国到目前为止已经失效的发明专利为 29 件,占已授权发明专利总量的 0. 93% ,从这一点来说,中国区块链技术的专利质量还有待进一步提高。

四、中美区块链专利审查周期的影响因素研究

专利审查周期有可能受到制度差异、审查机制、专利质量、技术领域等宏观因素的影响,还有可能受到专利特性等微观因素的影响,①表 2 对中外相关学者聚焦专利特性影响因素的研究进行了综述。除了对全产业样本的专利审查时间展开研究,亦有学者聚焦单一的新兴产业,Regibeau P. 和 Rockett K. (2003)选取美国转基因作物领域的专利进行研究,原因是可以对新技术完整的生命周期进行分析。本文通过对区块链技术发展的婴儿期和快速发展期展开研究,②探讨影响区块链技术的专利审查时间的影响要素,从而增加中美两国在特定领域的审查机制和制度上对比的实证依据。

表 2　已有研究和主要观点综述

作者	选取样本	研究方法	因变量	导致审查周期变长的要素	导致审查周期变短的要素
Regibeau P. , Rockett K. (2003)①	1983 ~ 1999 年美国转基因作物专利	回归分析和生存模型	专利授权的审查时间	在生命周期早期和新兴技术	较为重要的技术
Popp D. , Johnson D. K. N. (2004)②	1976 ~ 1996 年美国专利	回归分析	专利授权的审查时间	较新和较复杂的技术、本国专利申请	申请人为企业

① S. Blount, *The use of Delaying Tactics to Obtain Submarine Patents and Amend Around a Patent That a Competitor Has Designed around*, Journal of the Patent and Trademark Office Society, Vol. 81:11, p. 11 - 32(1999).

② 刘星、单晓光、姜南:《基于专利信息的中美区块链技术竞争态势分析》,载《科技进步与对策》2020 年第 18 期。

续表

作者	选取样本	研究方法	因变量	导致审查周期变长的要素	导致审查周期变短的要素
Xie Y., Giles D.E. (2011)③	1963～1999年美国发明专利	生存模型	专利授权的审查时间	电脑和通信领域、外国专利申请、权利要求数、专利引用数	机械领域、申请人为企业
Yang D. L. (2008)④	1985～2002年中美专利	滞后回归分析	专利授权的审查时间	—	本国专利申请(在中国)
Harhoff D., Wagner S. (2009)⑤	1982～1998年欧专局专利申请	加速失效时间模型	专利授权、拒绝、撤销的审查时间	专利引用数、专利被引用数、权利要求数、复杂性和原创性较强的专利、PCT申请	申请专利数较多的企业、同族专利数
Liegsalz J., Wagner S. (2013)⑥	1990～2002年中国专利申请	生存分析模型	专利授权的审查时间	外国专利申请、专利引用数、专利被引用数、新技术、PCT申请、IPC分类数	专利家族数、积极专利申请人、专注中国市场的企业、技术具有优势地位
文家春、卢炳克(2016)⑦	2001～2010年中、美、日三国申请并授权的专利	两水平模型	专利授权的审查时间	权利要求数、新技术领域、PCT申请	传统技术领域、专利引用数
卢娣(2017)⑧	2003年中国发明专利申请	生存分析法	专利授权的审查时间	IPC分类数、专利引用数、外国专利申请	权利要求数

注：①Katharine Rockett & Pierre Regibeau, *Are More Important Patents Approved more Slowly and should they be?*, Research Gate(Dec. 6, 2019), https://www.researchgate.net/publication/5009956.

②David Popp, Ted Juhl & David K. N. Johnson, *Time in Purgatory: Determinants of the Grant lag for U. S.*, Patent Applications, National Bureau of Economic Research (Jun. 25, 2020), http://www.nber.org/papers/w9518.

③Ying Xie & David E. Giles, *A Survival Analysis of the Approval of US Patent Applications*, Applied Economics, Vol. 43:1375, p. 1375－1384(2011).

④D. Yang, *Pendency and Grant Ratios of Invention Patents: A Comparative Study of the US and China*, Research Policy, Vol. 37:1035, p. 1035－1046(2008).

⑤Dietmar Harhoff & Stefan Wagner, *The Duration of Patent Examination at the European Patent office*, Management Science, Vol. 55:1969, p. 1969－1984(2009).

⑥Johannes Liegsalz & Stefan Wagner, *Patent Examination at the State Intellectual Property Office in China*, Research Policy, Vol. 42:552, p. 552－563(2013).

⑦文家春、卢炳克：《专利实质审查周期的影响因素》，载《中国科技论坛》2016年第12期。

⑧卢娣：《我国发明专利审查周期的影响因素探析》，载《科研管理》2017年第7期。

(一)研究变量

基于本文研究的需要,在参考 Harhoff D. 和 Wagner S.(2009)等人研究的基础上,将研究因素分为三类,分别是申请人因素、专利自身特征和审查任务的复杂性。这三类因素下面又包括子指标,子指标的选取依据是表2相关研究中选取过的指标。结合本文研究目的,下面对这些指标分别进行解释。

(1)申请人因素。

第一,申请人来源国。专利申请人来源国可以分为来自本国还是来自外国。在各个国家的专利审查中,加快本国申请人的授权速度,延缓来自其他国家的申请人的授权速度,正成为一个全球现象。

这样可以防止外国专利权人为本国产业发展设置过多专利排他权障碍,从而给本国新兴产业发展留出更多的弯道超车机会,日本的集成电路产业的发展史也证明了这一点。①

第二,专利权人数。这表明不同专利权人共同合作进行专利申请,通常说明技术复杂性高,专利质量较好。但从专利审查角度来说,较为复杂的技术花费的审查时间也越长。本文通过这一指标表示申请人之间合作和沟通的复杂度。

第三,专利申请主体。主要衡量专利申请主体是否为企业。企业较个人、政府等主体通常获得专利授权的时间更短,这是因为企业通常有更强的法律能力和专利申请资源。

(2)专利自身特征。

第一,PCT 专利申请。PCT 是《专利合作条约》的英文缩写,专利申请人可以通过 PCT 途径向多个国家申请专利,目前正逐渐成为专利国际申请的主要途径。第二,专利被引用数。对于专利技术重要性的测度来说,专利被其他专利引用的次数越多,说明其代表的技术和知识扩散的越广阔,专利属于核心专利,原始创新性较强,专利技术的重要性或专利价值越大。第三,同族专利数。同族专利的概念首次出现在1883年的《保护工业产权巴黎公约》,指的是如一项发明在不同国家多次申请或公开,要求相同的优先权,则称这些专利为同族专利。

---

① 肖志远:《解读专利制度的产业政策蕴含》,载《法学杂志》2009年第11期。

(3)审查任务的复杂性。

第一，专利引用数。专利引文数据是较好的测度方法，可以利用技术的关联性指标衡量技术创新的重要性和价值，亦可以将技术与知识之间的无形流动转化为有形的过程。[①] 表2表明，专利引用数对专利审查周期的影响作用不一。一方面，较多的专利引用数增加了专利审查员的审查时间，导致审查的时间变长。另一方面，专利引用标识清楚，又可以降低审查时间。

第二，权利要求数。近年来我国专利权利要求数逐渐增多，过多的权利要求可能包含不必要的说明，使得发明专利披露不清晰，从而导致专利授权时间变长，增加专利维持的成本。

第三，技术跨度。专利IPC分类号跨度情况可以用来表示技术跨度和多样性，[②]专利技术多样性越高，对于专利检索和专利审查提出了更高的要求，[③]从而导致不授权的可能性增加。

(二)研究方法

生存分析是将事件的结果和出现这一结果所经历的时间结合起来分析的一种统计分析方法。

生存分析中有两个重要的函数：生存函数和风险函数。生存函数(survival function)又称为累积生存率，记作$S(t)$，是指个体生存时间超过t的概率。风险函数(hazard function)又称瞬时死亡率，记做$h(t)$，是指在t时刻存活的个体，在$t+\Delta t$时刻死亡的概率。

用T表示个体生存时间，t表示观测时间，可以用下式描述两个函数：

$$S(t) = Pr(T \geqslant t) \tag{1}$$

$$h(t) = \lim_{\Delta t \to 0} \frac{P(t \leqslant T \leqslant t + \Delta t)}{\Delta t} \tag{2}$$

专利授权周期的生存分析中需分析对生存时间有影响的协变量的作用。Cox(1972)半参数模型可以解决这一问题。它假定风险由两部分构成：基准风

① Adam B. Jaffe, *Technological Opportunity and Spillovers of R & D: Evidence from Firms' Patents, Profits, and Market Value*, The American Economic Review, Vol. 76: 984, p. 984 - 999 (1986).

② 郗建红、彭爱东：《专利被引频次与专利分类跨领域相关性研究——以中国在美国授权专利为例》，载《情报杂志》2016年第4期。

③ 刘凤朝、张淑慧、朱姗姗：《技术知识多样性的双重作用：专利受理及创新影响——基于对象—过程视角的研究》，载《中国软科学》2018年第9期。

险函数和协变量线性组合的指数。① Cox 半参数模型又分为独立协变量比例风险模型和时间相依性协变量比例风险模型两种。Cox 独立协变量比例风险模型可以写成如下形式：

$$h\{(t),(z_1,z_2,\ldots,z_m)\} = h_0(t)\exp(\beta_1 z_1 + \beta_2 z_2 + \ldots + \beta_m z_m) \quad (3)$$

式中，$z_1,z_2,\ldots,z_m$ 为协变量，与时间无关，$\beta_1,\beta_2,\ldots,\beta_m$ 为对应协变量的未知参数。$h_0(t)$ 是基准风险函数，是当所有协变量的值为0时在 t 时刻风险函数的值。随着连续协变量的变化，风险率代表每一协变量增加一个单位值带来的特定时间失败率的变化。当多个协变量合并在同一个模型，风险率衡量的是一段时间内的故障风险。

(三)数据处理和分析结果

通过德温特数据库可以查询到授权专利的基本信息，包括权利要求数、专利申请人信息、PCT 申请号、IPC 分类情况、引用的专利数、被引用专利数、专利申请人来源国、同族专利情况、申请日期、法律状态等信息。通过 excel 文本处理可以设置虚拟变量：将来源国(地区)分为申请人来自本国(设为1)和其他国家(设为0)；统计得到专利权利人数；判断权利人是否为企业(来自企业设为1，其他情况设为0)；是否进行 PCT 申请(有 PCT 申请号设为1，相反则设为0)；统计得到同族专利数；选取国际专利分类号小类(IPC 四位编码)的数量表征技术跨度。本文借鉴 Hanhoff D 和 Wagner S(2009)研究中对因变量审查时间的计算方式，选取的时间段为申请日到授权日之间的年数并取对数。相关各变量统计情况参见表3所示。

表3　各变量的统计情况

一级指标	二级指标	美国			中国		
		最小值	最大值	均值	最小值	最大值	均值
申请人因素	申请人来自本国	0	1	0.71	0	1	0.67
	专利权人数	1	11	2.4	1	4	1.10
	权利人是否为企业	0	1	0.67	0	1	0.69

① D. R. Cox, *Regression models and life-tables*, Journal of the Royal Statistical Society: Series B (Methodological), Vol. 34:187, p. 187-202(1972).

续表

一级指标	二级指标	美国			中国		
		最小值	最大值	均值	最小值	最大值	均值
专利自身特征	是否进行 PCT 申请	0	1	0.08	0	1	0.21
	专利被引用数	0	304	3.44	0	2	0.02
	同族专利数	1	98	5.72	2	48	5.11
审查任务复杂性	专利引用数	0	1033	43.59	0	20	4.53
	权利要求数	1	131	19.84	0	112	11.73
	技术跨度	1	13	2.00	1	5	1.44
因变量	专利授权的审查时间	0.48	1.56	1.41	0.30	1.99	1.57

表4展示了中美两国影响因素的 Cox 分析对比结果,分析如下:

(1)申请人因素中,美国申请人来自本国的系数为0.16(在1%水平下显著),表示美国本土申请人较其他国家的申请人的审查速度要快,而中国申请人来自本国的系数为-0.35(在1%水平下显著),表示中国本土申请人较其他国家的申请人的审查速度要慢。中国专利权人数的系数为-0.12(在1%水平下显著),表示专利权人越多,在中国的审查速度越慢,原因可能一是专利较为复杂,二是相关专利人在回复专利审查员的询问时需要协调,所以拖延了审查时间,但美国该因素的系数并不显著。美国和中国的权利人为企业的系数均为正数(在1%水平下显著),企业主体较非企业主体的专利申请系统更成熟、专利质量更高,因此相应的审查时间较短。

(2)专利自身特征中,在中国,是否进行 PCT 申请的系数为0.31(在1%水平下显著),进行 PCT 申请包括外国 PCT 专利进入中国实质审查阶段以及中国本土的 PCT 专利,总体来看,进行 PCT 申请的专利审查时间要长于其他专利,可能的原因是 PCT 专利在诸多程序上起到了拖延审查时间的作用,但这一点在美国并不明显。在中美两国,专利被引用数越高(系数分别为0.61和0.02),专利审查时间越短。这说明重要和核心的专利在两国的审查速度都比较快。

表4　中美两国专利审查周期各变量的Cox分析结果

自变量		美国		中国	
		系数	标准差	系数	标准差
申请人因素	申请人来自本国	0.16***	0.04	-0.35***	0.11
	专利权人数	0.01	0.03	-0.12***	0.02
	权利人是否为企业	0.01**	0.02	0.02**	0.06
专利自身特征	是否进行PCT申请	0.05	0.03	0.31***	0.12
	专利被引用数	0.02***	0.00	0.61***	0.22
	同族专利数	-0.00	0.01	0.08	0.03
审查任务复杂性	专利引用数	-0.00**	0.00	0.00	0.01
	权利要求数	0.01	0.03	-0.01**	0.00
	技术跨度	0.02	0.03	0.01	0.02
-2对数似然值		31,356.27		6989.79	
卡方		165.11		76.76	
观测值		3108		897	

注:***表示在1%水平下显著;**表示在5%水平下显著;*表示在10%水平下显著。

(3)审查任务复杂性中,美国的专利引用数系数为负数,其绝对值虽然不高,但是在5%水平下显著,而中国的这一要素则不明显,原因可能是因为美国实施严格的申请人信息披露义务,美国专利实施细则1.56条(a)款规定:“与专利申请的递交和准备有关的任何人对专利商标局负有坦白和诚实的义务,若获悉与专利申请相关的可专利性方面的重要信息,则需要向专利局进行披露”。因此,美国的专利披露较为全面,专利审查员据此进行的审查周期相对较长。而中国则没有严格的专利信息披露准则,专利引用数与审查时间关联度不强。在中国,权利要求数的系数为-0.01(在5%水平下显著),说明权利要求数较多,审查员需要花费的时间越长。

(四)稳健性检验

为了检验该结果,本文采用了Heckman二阶段选择模型进行了检验:第一阶段采用Probit回归,检验申请人的申请最后是否给予授权,根据前述检索式分别统计了2009~2019年在美国申请的7748项专利以及在中国申请的

10,689项专利;第二阶段,审查时间采用了Heckman二阶段的线性回归模型进行分析,线性回归估计参数大于0即意味着更长的审查周期(与Cox分析相反),分析结果见表5所示,分析结果较好地对应了表4的Cox回归结果,证明本研究采用的研究方法和研究结果较为稳健。

表5 Heckman二阶段的回归分析结果

自变量		美国		中国	
		系数	标准差	系数	标准差
申请人因素	申请人来自本国	-0.29***	0.06	0.10***	0.24
	专利权人数	0.16	0.12	0.17**	0.10
	权利人是否为企业	-0.02**	0.34	-0.03**	0.19
专利自身特征	是否进行PCT申请	-0.19	0.07	0.26**	0.59
	专利被引用数	-0.23**	0.00	-0.36*	0.29
	同族专利数	-0.00	0.00	-0.05	0.01
审查任务复杂性	专利引用数	0.02*	0.00	0.03	0.02
	权利要求数	-0.00	0.00	0.11**	0.09
	技术跨度	0.08	0.13	-0.07	0.07
年度虚拟变量		显著	—	显著	—
似然值		20,853.74		5011.38	
卡方		1883.04		312.33	
观测值		3108		897	

注:***表示在1%水平下显著;**表示在5%水平下显著;*表示在10%水平下显著。

五、结论

(一)对专利政策的启示

尽管各国都在某种程度上实施保护性专利审查制度,即对本土申请人的专利加速审查,在中国目前大力提升专利质量的导向下,区块链技术是否体现了中国的保护性专利审查制度,仍需要实证研究的支撑。该文的结果在区块链领域不认同美国较中国提供了更自由、更广泛和更平等的专利审查程序。本文印证了大多数新技术如中国本土(区块链)专利申请是首次申请,因此需要对专利技术的新颖性和创造性进行彻底的审查,可能需要更多的时间。

这项研究也为中美之间区块链的技术竞争和专利策略研究增加了新的内容,它能有助于识别两国之间在区块链战略和专利制度的差距和差异。本文的比较研究得出如下结论,国际专利制度推动各国的专利审查体系日趋标准化和达到国际水平,但各国在具体技术的审查程序仍然可以拥有自由裁量权。研究结论表明,美国需进一步调整对国外申请人有偏见的审查待遇,尤其是新兴和具有重大战略意义的技术领域。

(二)对区块链企业的启示

第一,具有国际化视野的区块链企业必须熟悉不同国家的专利审查制度,特别是审慎对待与本国专利制度存在差异的国家。第二,申请外国专利时,企业必须事先考虑到可能碰到的障碍以及获得专利权的阻碍要素,尤其是要确定相关风险因素是否可以提前解决。第三,企业必须确保发明在外国专利申请和授权方面处于有利地位。根据本文的研究,更有价值的专利技术和更高质量的专利申请,可以有助于区块链技术专利更快地在美国被授权。

(三)局限性和研究方向

本文的研究还具有一定的局限性。第一,有必要继续充实区块链技术专利审查周期的理论依据。区块链技术仍处于快速发展时期,因此本文选取的周期还不够完整;此外,除了本文已经分析的微观影响因素,其他若干原因也会导致区块链技术专利审查时间的差异,应进一步进行追踪研究,完善研究结论。第二,本文的研究只对比了中美两国,还需要考虑日本、欧盟等国家或地区的实际经验,特别是要考虑一些发展中国家,多国对比将扩大本文研究的经验范围。同理,深入的定性研究,如案例研究和专利审查员访谈,也是进一步研究的方向。第三,研究表明,技术类型和复杂性是延长专利审查时间的主要因素,①需进一步对较复杂和较简单的区块链技术,以及将区块链技术与计算机、电气、机械、生物医药、化工等领域的技术进行对比,增强研究结论的可比性和科学性。

---

① Florian Berger, Knut Blind & Nikolaus Thumm, *Filing Behaviour Regarding Essential Patents in Industry Standards*, Research Policy, Vol. 41:216, p. 216 – 225(2012).

人才新政对城市宜居程度的影响

——基于准自然实验的考察*

魏欣宇　胡荣才**

内容摘要：本文聚焦中国2017年展开城市人才争夺战这一准自然实验，利用253个城市2014～2018年的面板数据建立城市宜居程度评价指标体系，基于双重差分方法评估城市施行人才新政对城市宜居程度的影响，并进一步考察政策效应的传导机制和异质性。研究表明：第一，人才新政对城市整体宜居程度为正向影响；其中城市经济发展、社会保障和生态环境得到显著改善，而城市公共服务则趋于短缺。第二，实施人才新政的城市可以通过扩大人口规模、提高科学教育水平、升级产业结构等途径影响城市宜居程度。第三，人才新政的效果存在个体差异，西部地区和经济水平低的城市宜居程度的改善更为显著。本文的政策启示是城市积极采取人才引进政策能够提高城市宜居程度，实现可持续发展道路，从而提升区域竞争力、缓解区域发展不平衡。

关键词：人才新政　城市宜居程度　政策效应评估　双重差分

---

* 基金项目：国家社会科学基金项目（17BTJ040）。

** 魏欣宇，湖南大学金融与统计学院2018级本科生；胡荣才，湖南大学金融与统计学院副教授。

一、引言

人力资源是推进社会发展与改革创新的关键性力量,人才是促进区域经济发展的战略资源。从2003年中共中央召开第一次人才工作会议,到2010年《国家中长期人才发展规划纲要(2010—2020年)》的印发,再到2012年中共十八大提出加快确定人才优先发展战略布局,“人才强国”战略逐渐提上日程。2016年《关于深化人才发展体制机制改革的意见》颁布,指出要破除人才流动障碍,实行更积极、开放、有效的人才引进政策。此后,从国家到地区相继出台了一系列人才政策,“城市人才争夺战”也拉开帷幕。

国家层面上,2016～2019年,国家发布具体人才政策70余条。2016年,国家共出台12项人才政策,以中共中央颁布的《关于深入推进国家高技能人才振兴计划的通知》为代表,重点关注人才队伍与经济发展的配套问题、高技能人才的培养、鼓励创新创业以及优化学术思想与环境。2017年发布人才政策多达30余条,涉及范围进一步扩大,除了以科技部印发的《“十三五”国家科技人才发展规划》为代表的科技人才培养政策之外,还完善了各类人才的培养、选拔、激励制度,以贯彻党的十九大报告指出的“坚持党管人才原则,聚天下英才而用之”。2018～2019年,国家发布20余条人才政策,重点关注基层人才与党政人才,如中共中央办公厅、国务院办公厅印发《关于提高技术工人待遇的意见》、国务院印发《国家职业教育改革实施方案》①。综合来看,国家人才政策主要呈现三个特征:一是政策对象被提及次数最多的是科技人才、专家、高层次人才,二是重点关注第三产业的发展,三是国家的人才政策与社会经济发展趋势协调配套。

地区层面上,自2017年年初,地方政府出台的一系列“人才新政”掀起了“抢人大战”;如武汉的“百万大学生留汉创业就业计划”、天津的“海河英才”行动计划、长沙的人才新政22条等,一、二、三、四线城市均有政策出

① 人才政策数量信息来源于李文静:《基于内容分析法的“十三五”国家人才政策研究》,载《大众标准化》2019年第14期。

台，重点关注学历型人才以及年轻人口，给予其宽松落户、住房优惠、资金补贴和生活配套等优惠政策。2017 年共 12 个城市施行人才新政并取得明显成效。武汉市统计局公布的数据显示，2017 年大学生留汉人数 30.1 万人，是 2016 年的 3.1 倍；大学生在武汉新落户 14.2 万人，是 2016 年的 9.6 倍；据成都统计局数据，成都 2017 年户籍人口增加了 36.4 万人，同比增长 2.6%，户籍增加量排名全国第三位。2018 年西安、杭州、成都、郑州、长沙、武汉、济南、南京等地区常住人口增长均超过 10 万人，成都、武汉、西安、郑州、杭州、南京、济南、厦门、大连、沈阳等地区生产总值增长率超过 5%。据不完全统计，截至 2019 年年底，全国有 230 多个城市（包括直辖市及地级市）颁布人才专项政策文件，①"抢人大战"愈演愈烈。

然而，人才新政不仅对人口增加与经济进步的作用显著，也从各个方面影响着城市的整体环境与综合发展。随着人们生活水平的不断提高，人们在追求经济效益的同时，对生活环境与生活质量的要求也越来越高，导致人们更加关心居住环境与个人生存状态。2005 年国务院常务会议原则通过的《北京城市总体规划（2004—2020 年）》引发了人们对"宜居城市"概念的关注；2007 年，建设部科技司组织专家对由中国城市科学研究会等单位承担的建设部科技计划项目《宜居城市科学评价指标体系研究》进行了验收并同意通过，文中从"社会文明、经济富裕、环境优美、资源承载、生活便宜、公共安全"六个方面评判城市宜居程度。因此，人才政策不应只关注经济效益，更应该考虑其对城市宜居程度的综合影响。首先，人才新政尽管能促使人才流入，却也形成了人口集聚。人口集聚在促进经济的发展的同时，也可能造成城市拥挤、环境污染、资源挤压等一系列问题。其次，目前的人才政策主要靠落户和补贴来吸引人才，但是这种物质刺激只有短期吸引力而难能长久，同时政府将大量资源投入人才政策也可能导致在公共服务、城市建设等方面的投入相应缩减。城市宜居程度决定人才迁移定居的意愿，人口聚集又对城市宜居程度造成影响。深入探讨人才新政对城市宜居程度的影响，并进一步完善其配套政策以提高人才引进政策的长效性，有助于促进城市经济进步与可持续发展。

---

① 此数据源自陈新明、萧鸣政、张睿超：《城市"抢人大战"的政策特征、效力测度及优化建议》，载《中国人力资源开发》2020 年第 5 期。

目前,有许多学者针对宜居城市的概念、评价及影响因素进行了研究,Salzano(1997)①、Asami(2001)②、Evans(2002)③等阐述了城市宜居程度的概念;张文忠(2007)④、谌丽等(2008)⑤、聂春霞等(2012)⑥和崔凤琪等(2018)⑦从各个角度构建城市宜居程度评价指标体系;智慧城市建设(赵蔡晶和吴柏钧,2020)⑧、城市化建设(张远军,2014⑨;郭晨和张卫东,2018⑩)以及对外开放水平、固定资产投资水平、财政支出水平(贾中华和梁柱,2014⑪;王珏帅,2018⑫;李光龙和范贤贤,2019⑬;梁志霞和毕胜,2020⑭)是影响城市经济增长与发展质量的重要因素。也有大量文献研究人才政策对城市人口规模和科学教育水平(孙文浩,2020)⑮、产业转型升级与结构改革(喻修远和

---

① E. Salzano, *Seven Aims for the Livable City in Lennard*, in S. H. Lennard, S von Ungern-Sternberg & H. L. Lennard, eds., Making Cities Livable. International Making Cities Livable Conferences, California, USA: Gondolier Press, 1997.

② Y. Asami, *Residential Environment: Methods and Theory for Evaluation*, University of Tokyo Press, 2001.

③ P. Evans, *Livable Cities? Urban Struggles for Livelihood and Sustainability*, University of California Press, 2002.

④ 参见张文忠:《宜居城市的内涵及评价指标体系探讨》,载《城市规划学刊》2007年第3期。

⑤ 参见谌丽、张文忠、李业锦:《大连居民的城市宜居性评价》,载《地理学报》2008年第10期。

⑥ 参见聂春霞、孙慧、唐飞:《中国30个主要城市的宜居性及其差异》,载《山西财经大学学报》2012年第11期。

⑦ 参见崔凤琪、唐海萍、张钦:《京津冀地区城市宜居性评价及影响因素分析:基于2010—2016年面板数据的实证研究》,载《北京师范大学学报(自然科学版)》2018年第5期。

⑧ 参见赵蔡晶、吴柏钧:《智慧城市建设促进了城市发展质量提升吗?——基于多期DID方法的政策效应评估》,载《经济经纬》2020年第6期。

⑨ 参见张远军:《城市化与中国省际经济增长:1987~2012——基于贸易开放的视角》,载《金融研究》2014年第7期。

⑩ 参见郭晨、张卫东:《产业结构升级背景下新型城镇化建设对区域经济发展质量的影响——基于PSM-DID经验证据》,载《产业经济研究》2018年第5期。

⑪ 参见贾中华、梁柱:《贸易开放与经济增长——基于不同模型设定和工具变量策略的考察》,载《国际贸易问题》2014年第4期。

⑫ 参见王珏帅:《我国各省份对外开放与经济增长关系的门槛效应研究》,载《当代经济科学》2018年第1期。

⑬ 参见李光龙、范贤贤:《财政支出、科技创新与经济高质量发展——基于长江经济带108个城市的实证检验》,载《上海经济研究》2019年第10期。

⑭ 参见梁志霞、毕胜:《基于城市功能的城市发展质量及其影响因素研究——以京津冀城市群为例》,载《经济问题》2020年第1期。

⑮ 参见孙文浩:《城市抢"人"大战与企业创新》,载《山西财经大学学报》2020年第9期。

王凯伟,2019)[1]、新旧动能转换与区域经济发展(孙文浩和张益丰,2019)[2]、创新能力(毛丰付等,2019)[3]的影响,并提出目前人才新政存在政策趋同、加剧地区间人才失衡、降低现有人才积极性与人才资源配置效率(李蕾,2018[4];喻修远和王凯伟,2019)等问题。但是到目前为止鲜有文献系统研究过人才新政与城市宜居程度的关系以及其影响机制。

本文利用2014～2018年《中国城市统计年鉴》和各地政府官网的数据,基于熵权法从经济发展、社会保障、生态环境、公共服务四个方面构建城市宜居程度评价指标体系,并建立双重差分模型对人才新政与城市宜居程度的关系进行了系统全面的实证分析。分析结果表明:第一,人才新政对城市整体宜居程度为正向影响;其中城市经济发展、社会保障和生态环境得到显著改善,而城市公共服务则趋于短缺。第二,城市施行人才新政后,可以通过扩大人口规模、提高科学教育水平、升级产业结构的机制影响城市宜居程度。第三,通过平行趋势检验、安慰剂检验以及更换为随机效应模型和固定效应模型后,本文的结论依然稳健。第四,通过异质性分析,本文发现西部地区和经济水平低的城市施行人才新政更能显著影响城市宜居程度,这一发现为人力、自然资源、资本和市场均处于劣势的西部地区城市和经济水平低的城市寻求发展提供了现实指引。

本文在以下方面有所创新:首先,基于2014～2018年中国253个地级市与直辖市的数据,使用熵权法建立了城市宜居程度评价指标体系。其次,本文创新性地提出研究城市施行人才新政对城市宜居程度的影响,将城市施行人才新政视为准自然实验,将城市分为施行人才新政的实验组和未施行人才新政的控制组,采用双重差分方法以便准确评估政策效应。最后,本文对城市施行人才新政对城市宜居程度的影响机制进行了识别,并考察人才新政在不同地区和不同经济水平的城市施行效果的异质性,为城市改进人才政策、

---

① 参见喻修远、王凯伟:《城市人才争夺:问题生成、利弊博弈与化解策略》,载《中国行政管理》2019年第3期。

② 参见孙文浩、张益丰:《城市抢“人”大战有利于地区新旧动能转换吗?》,载《科学学研究》2019年第7期。

③ 参见毛丰付、郑芳、何慧竹:《“以房抢人”提高了城市创新能力吗》,载《财经科学》2019年第7期。

④ 参见李蕾:《城市人才引进政策的潜在风险与优化策略》,载《中国行政管理》2018年第9期。

促进经济进步与可持续发展提供了思路。

本文余下部分为:第二部分对现有人才新政和城市宜居程度的文献进行梳理总结,提出本文的研究假设;第三部分介绍了数据来源、计量模型以及相关指标的测度方法;第四部分为基准实证结果及分析;第五部分为稳健性检验;第六部分为中介机制检验;第七部分为异质性分析;最后为结论和政策建议。

二、文献综述与研究假设

(一)文献综述

1. 城市宜居程度

城市整体环境与综合发展情况可以用城市宜居程度来衡量,目前有许多学者针对宜居城市的概念与评价进行了研究。城市宜居性这一概念最早由David L. Smith在19世纪所著的《宜居与城市规划》提出,主要从物质和环境角度定义了宜居性的内涵;世界卫生组织在1961年提出了宜居环境的概念;Salzano(1997)、Asami(2001)、Evans(2002)等也从不同角度论述了宜居性的含义。张文忠(2007)、谌丽等(2008)从居住安全性、生活方便性、居住舒适性、出行便利性和环境健康性等方面构建宜居城市评价指标体系。部分文献在构建综合指标体系的基础上利用真实数据对城市宜居程度进行了实证分析,如聂春霞等(2012)使用熵权法构建城市宜居性的评价指标体系并实证分析了中国30个城市的宜居性及差异,崔凤琪等(2018)基于层次分析法和熵权法研究京津冀地区宜居性水平。

目前已有部分文献研究了城市发展质量与宜居程度的影响因素,智慧城市建设显著增强了城市发展质量,提升了居民生活质量和获得感(赵蔡晶和吴柏钧,2020);城市化建设可以通过改善公共设施水平、提高固定资产投资水平、促进就业结构转型、健全社会保障体系提升局域经济发展质量(张远军,2014;郭晨和张卫东,2018);对外开放水平、固定资产投资水平、财政支出水平也是影响城市经济增长与发展质量的重要因素(贾中华和梁柱,2014;王珏帅,2018;李光龙和范贤贤,2019;梁志霞和毕胜,2020)。

2. 人才新政

2012 年,党的十八大提出人才强国战略,指出要广开进贤之路,广纳天下英才。2017 年,由于人口红利的衰减、房地产市场的压力以及经济结构调整的需求(喻修远和王凯伟,2019),地方政府纷纷追随国家战略精神,出台了一系列以宽松落户和发放补贴为最大特点的"人才新政",着力于建立人才的选拔、引进、培养、激励、保障的综合体系。本文选取 2017 年发布人才新政并确保政策落实的 12 个城市,对其政府网站发布的有关人才新政的政策文件进行整理,如表 1 所示,发现各地人才新政主要包括宽松落户、住房优惠、资金补贴、生活配套和其他特色政策五个方面,然而各地政策同质化现象严重,缺少地方特色政策。李蕾(2018)、喻修远和王凯伟(2019)等认为当前各城市人才政策趋同,缺乏公共服务配套政策使其只有短期吸引力,而盲目地引入人才也会加剧地区间人才失衡,降低现有人才积极性与人才资源配置效率。

表 1　2017 年 12 个城市人才新政

政策类型	具体政策	成都市	长沙市	武汉市	西安市	郑州市	天津市
宽松落户	学历人才宽松落户	√	√	√	√	√	√
	技能人才落户	√			√	√	√
	特色政策			大学生通过"湖北政务服务网",可24小时网上申请落户	放宽设立单位集体户口条件、降低投资纳税落户条件		资格型、创业型、急需型人才落户
住房优惠	购房优惠或补贴	√	√	√	√	√	√
	租房优惠或补贴	√	√	√	√	√	√
资金补贴	创新创业扶持	√	√		√	√	√
	生活补贴	√	√		√	√	√
	校企合作补贴	√	√		√		
	科研经费支持		√		√		√
	人才奖励补贴	√	√		√	√	√

续表

政策类型	具体政策	成都市	长沙市	武汉市	西安市	郑州市	天津市
资金补贴	企业引才育才奖励	√	√		√	√	√
	毕业生见习补贴		√				
	税收补贴						
生活配套	提升医疗保障水平	√	√		√	√	√
	子女入学和配偶、父母随迁	√	√	√	√	√	√
	社会保险			√	√		
	公共服务便利	√			√		√
其他特色政策		提供全民免费技术技能培训		制定大学毕业生工作的指导性最低年薪标准	创新薪酬绩效机制		

政策类型	具体政策	杭州市	南京市	济南市	厦门市	大连市	沈阳市
宽松落户	学历人才落户	√	√	√	√	√	√
	技能人才落户	√		√		√	√
	特色政策					积分落户	
住房优惠	购房优惠或补贴	√	√	√	√	√	√
	租房优惠或补贴	√	√	√	√	√	√
资金补贴	创新创业扶持	√	√	√	√	√	√
	生活补贴	√	√	√	√	√	√
	校企合作补贴						
	科研经费支持	√	√	√	√	√	√
	人才奖励补贴	√	√	√	√	√	√
	企业引才育才奖励	√	√				√
	毕业生见习补贴		√				√
	税收补贴	√					

续表

政策类型	具体政策	杭州市	南京市	济南市	厦门市	大连市	沈阳市
生活配套	提升医疗保障水平	√		√	√	√	√
	子女入学和配偶、父母随迁	√	√	√		√	√
	社会保险	√	√	√		√	√
	公共服务便利	√					
其他特色政策					给予我国台湾地区人才特别优惠	紧缺型人才引进与补贴	紧缺人才和军民融合人才引进与补贴

3. 人才新政对城市宜居程度的影响

目前,已有许多文献研究了人才新政对城市人口规模、科教水平、产业结构等方面的影响。首先,人才新政吸引大量人才流入,可以显著增加人口规模,形成人口聚集(孙文浩,2020),也增加了城市经济聚集效应与拥挤效应。① 其次,部分城市对人才子女的教育、医疗等方面提供优惠性政策,有些甚至出现"抢老师"的现象,②从而提高了当地的基础教育师资水平;同时,鼓励科技创新也是人才新政的一大着力点,各地政府纷纷引进高科技人才,鼓励自主创新创业,并增加科技支出。最后,高质量人才的引入带来了人力与技术,推动城市由第二产业向第三产业转型,促进产业结构改革与产业升级(喻修远和王凯伟,2019)。此外,也有部分文献研究了人才新政对新旧动能转换与区域经济发展(孙文浩和张益丰,2019)等方面的影响。

人才政策通过形成人口聚集、提高科学教育水平和升级产业结构对城市整体环境与综合发展产生了影响。第一,人口规模扩大既产生了经济聚集效

① 参见杨东亮、任志超、李朋骜:《中国省会城市人口密度对人才集聚的影响研究》,载《人口学刊》2020年第4期。

② 参见熊志:《抢人大战之后,一二线城市为何疯狂抢老师?》,载《中国经营报》2019年11月4日,第3版。

应又产生了拥挤效应,人口聚集能提升城市人力资本和劳动生产率(Ciccone A.等,1996①;杨东亮等,2020),带来规模经济并促进城市经济增长②,提升城市竞争力。③ 但也会增加城市运行压力,产生公共产品供给障碍,造成资源短缺、土地占用、交通拥挤等一系列问题(刘永旺等,2019)。人口和产业聚集也会产生环境污染④,徐伟平等(2018)实证研究发现人口聚集的环境效应与人口聚集程度有关,人口聚集度较低时环境效应为正,超过临界点后环境效应为负。⑤ 第二,增加科技创新投入(李光龙和范贤贤,2019)和提高教育水平(黄燕萍等,2013)⑥能够促进城市高质量经济发展。第三,由于第三产业的高就业吸纳能力与高经济创造能力,产业结构升级一定程度上能促进经济增长,但过度服务化倾向会造成经济结构性减速(周建军等,2020)。⑦ 同时,随着产业结构的重心从第一、二产业转向第三产业,城市的空气质量得到改善,环境污染程度降低,生态效率提高。⑧

(二)研究假设

通过对过往文献进行分析和总结,可以发现目前有文献研究过人才新政

---

① Antonio Ciccone & Robert E. Hall, *Productivity and the Density of Economic Activity*, American Economic Review, Vol. 86:54, p. 54 – 70(1996).

② Antonio Ciccone, *Agglomeration Effects in Europe*, European Economic Review, Vol. 46:213, p. 213 – 227(2002). Gianmarco I. P. Ottaviano & Dino Pinelli. *Market Potential and Productivity: Evidence from Finnish Regions*, Regional Science and Urban Economics, Vol. 36: 636, p. 636 – 657(2006). 参见杨东亮、任浩锋:《中国人口集聚对区域经济发展的影响研究》,载《人口学刊》2018年第3期。参见陈乐、李郇等:《人口集聚对中国城市经济增长的影响分析》,载《地理学报》2018年第6期。参见刘永旺、马晓钰、杨瑞瑞:《人口集聚、经济集聚与环境污染交互影响关系——基于面板协整和PECM模型的分析》,载《人口研究》2019年第3期。

③ 参见王胜今、衣尚锦:《基于人口集聚的东北地区城市竞争力的实证研究》,载《人口学刊》2018年第3期。

④ 参见王兴杰、谢高地、岳书平:《经济增长和人口集聚对城市环境空气质量的影响及区域分异——以第一阶段实施新空气质量标准的74个城市为例》,载《经济地理》2015年第2期。

⑤ 参见徐伟平、江宏、李义稳:《中国人口集聚和经济集聚的环境效应差异研究——基于省域面板数据分析》,载《生态经济》2018年第1期。

⑥ 参见黄燕萍、刘榆等:《中国地区经济增长差异:基于分级教育的效应》,载《经济研究》2013年第4期。

⑦ 参见周建军、孙倩倩、鞠方:《产业结构变迁、房价波动及其经济增长效应》,载《中国软科学》2020年第7期。

⑧ 参见韩永辉、黄亮雄、王贤彬:《产业结构优化升级改进生态效率了吗?》,载《数量经济技术经济研究》2016年第4期。参见宋弘、孙雅洁、陈登科:《政府空气污染治理效应评估——来自中国"低碳城市"建设的经验研究》,载《管理世界》2019年第6期。

对城市人口规模、科教水平、产业结构等变量的影响，也有文献研究这些变量对城市宜居程度各个方面的作用，但是鲜有文献系统研究过人才新政对城市宜居程度的影响，因此本文拟通过理论分析和模型实证，具体分析人才新政的政策效应，并进一步研究其传导机制和异质性，具体研究路线如图 1 所示，其中①为人才新政对城市宜居程度的影响，②和③为传导机制，即人才新政通过影响人口规模、科教水平和产业结构对城市宜居程度的各个方面产生影响。

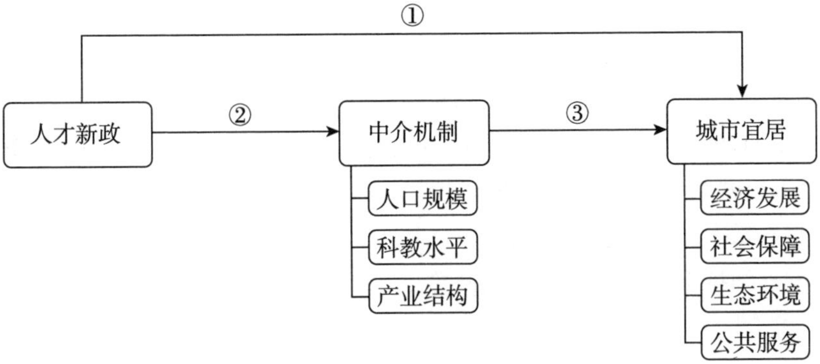

图 1　研究路线

1. 人才新政对城市宜居程度的影响

第一，经济发展方面。人才新政通过引入大量人才扩大了人口规模，人口聚集能提升城市人力资本和劳动生产率（Ciccone A.，1996；杨东亮等，2020），进而产生经济聚集效应，促进城市经济增长（Ciccone A.，2002；Ottaviano G.，2006；杨东亮和任浩锋，2018；陈乐等，2018；刘永旺等，2019）；高质量人才的引入带来了人力与技术，促进城市的产业结构改革与产业升级（喻修远和王凯伟，2019），并推动经济进步（周建军等，2020）；施行人才新政的城市通过增加科技创新投入（李光龙和范贤贤，2019）和提高教育水平（黄燕萍等，2013）促进城市高质量经济发展。但是，产业升级过度会产生过快服务化与过度资本深化的问题，造成经济结构性减速（周建军等，2020），而且第三产业自身劳动生产率偏低，使产业结构变迁对经济增长的贡献逐渐降低。①

第二,社会保障方面。加强补贴与保障是城市人才新政的特点之一,各市政策涵盖工作保障、住房保障、医疗保障等各个方面,以满足人才对于生活保障的需要,达到城市吸引人才的目的。但是,由于资源有限,政府在人才政策补贴方面投入过多可能影响原有居民的社会保障支出,而且人口规模扩大也会形成社保资源挤压。②

第三,生态环境方面。人才政策通过扩大人口规模提高了人口密度,人口聚集与产业聚集程度过高会造成环境污染(王兴杰等,2015)。但随着产业结构的重心从制造业转向服务业和高新技术行业,城市的空气质量得到改善,环境污染程度降低,生态效率提高(韩永辉等,2016;宋弘等,2019)。

第四,公共服务方面。人口聚集通过提高人口密度提升了规模经济,有利于降低公共服务成本,发挥公共支出的效率。③ 但是,人口规模扩大可能产生拥挤效应,增加城市运行压力,产生公共产品供给障碍,造成资源短缺、土地占用、交通拥挤等一系列问题(刘永旺等,2019)。

综合以上分析,本文提出假设:

$H1_a$:城市施行人才新政对经济发展水平、社会保障程度、生态环境情况、公共服务水平产生了显著影响,并在整体上提高了城市宜居程度。

$H1_b$:城市施行人才新政对经济发展水平、社会保障程度、生态环境情况、公共服务水平产生了显著影响,并在整体上降低了城市宜居程度。

2. 人才新政对城市宜居程度影响的作用机制

第一,此次人才争夺战的最大特征是宽松落户,其本质为各市人才资源的争夺,人才新政吸引大量人才流入,扩大人口规模,提升人口密度(孙文浩,2020)。人口聚集带来规模经济并促进城市经济发展,但也会产生拥挤效应,降低社会保障程度与公共服务供给水平,也会产生环境污染。因此,本文提出假设:

---

① 参见刘伟、张辉:《中国经济增长中的产业结构变迁和技术进步》,载《经济研究》2008年第11期。

② 参见杨刚强、李梦琴、孟霞:《人口流动规模、财政分权与基本公共服务资源配置研究——基于286个城市面板数据空间计量检验》,载《中国软科学》2017年第6期。参见张文武、欧习、徐嘉婕:《城市规模、社会保障与农业转移人口市民化意愿》,载《农业经济问题》2018年第9期。

③ 参见王伟同、魏胜广:《人口向小城市集聚更节约公共成本吗》,载《财贸经济》2016年第6期。

H2:城市施行人才新政能够提高人口规模,进而对城市宜居程度产生显著影响。

第二,部分城市对人才子女的教育、医疗等方面提供优惠性政策,有些甚至出现“抢老师”的现象,从而提高了当地的基础教育师资水平。同时,鼓励科技创新也是人才新政的一大着力点,各地政府纷纷引进高科技人才,鼓励自主创新创业,并增加科技支出。提高城市科学教育水平能够促进城市经济发展。因此,本文提出假设:

H3:城市施行人才新政能够提升科教水平,进而对城市宜居程度产生显著影响。

第三,人才新政在引进人才时一定程度上需要配合产业发展与转型的需求,高质量人才的引入带来了人力与技术,拥有更高的劳动生产率(杨东亮等,2020),推动二线城市由第二产业向第三产业和高新技术行业转型,促进城市的产业结构改革与产业升级(喻修远和王凯伟,2019)。产业结构升级一定程度上能促进经济增长,但过度服务化倾向会造成经济结构性减速(周建军等,2020),同时改善产业结构也会降低环境污染。因此,本文提出假设:

H4:城市施行人才新政能够改善产业结构,进而对城市宜居程度产生显著影响。

三、模型设定与数据说明

(一)城市宜居程度评价指标体系建立

本文基于建设部的科技计划项目《宜居城市科学评价指标体系研究》,考虑到数据可得性与政策时效性,参考聂春霞等(2012)、崔凤琪等(2018)、刘金凤和魏后凯(2019)①、陈企业等(2020)②的做法,构建城市宜居程度评价指标体系(见表2):从经济发展、社会保障、生态环境、公共服务四个方面构建二级

① 刘金凤、魏后凯:《城市公共服务对流动人口永久迁移意愿的影响》,载《经济管理》2019年第11期。

② 陈企业、沈开艳等:《城市宜居性评估研究——基于评价方法和“What-if”模拟分析的探讨》,载《上海经济研究》2020年第6期。

指标,综合衡量城市宜居程度;在三级指标的选取中,考虑到政策颁布时间较短,因此选择一年内可发生明显变化的短期指标。

通过评价指标的原始数据标准化处理对三级指标打分,并用熵权法计算其权重①,从而计算出各二级指标:经济发展(*economic*)、社会保障(*social*)、生态环境(*ecological*)、公共服务(*public*)的最终得分。参考崔凤琪等(2018)的做法,认为二级指标同等重要并赋予其相等的权重,即城市宜居程度(*total*)的得分为四个二级指标得分的算数平均数。

表2　城市宜居程度评价指标体系

一级指标	二级指标	三级指标	权重/%
城市宜居程度	经济发展(25%)	职工平均工资	9.89
		人均地区生产总值	90.11
	社会保障(25%)	城镇职工基本养老保险参保覆盖率	26.71
		城镇职工基本医疗保险参保覆盖率	33.75
		城镇职工失业保险参保覆盖率	39.54
	生态环境(25%)	建成区绿化覆盖率	69.11
		工业二氧化硫排放量	19.63
		工业氮氧化物排放量	5.61
		工业烟尘粉尘排放量	5.65
	公共服务(25%)	人均公共图书馆藏书	26.05
		万人拥有医院、卫生院数	18.48
		万人拥有公共营运汽电车数	27.57
		万人拥有出租汽车数	27.90

(二)模型设定和变量说明

双重差分方法②(DID)通过构造"实验组"(实施政策)和"控制组"(未实施政策),比较两组前后的结果差异,可以有效地解决由于非随机性和遗漏变

① 熵权法计算权重过程可参见章穗、张梅、迟国泰:《基于熵权法的科学技术评价模型及其实证研究》,载《管理学报》2010年第1期。

② 双重差分方法原理可参见叶芳、王燕:《双重差分模型介绍及其应用》,载《中国卫生统计》2013年第1期。

量等因素带来的内生性问题,方便准确识别政策净效应,因此被广泛应用于政策评估研究中。本文以全国297个城市(包括直辖市和地级市)作为全体研究样本,其中包括4个直辖市和293个地级市。由于"抢人大战"从2017年开始,而截至2019年年底全国有230多个城市(包括直辖市及地级市)都颁布了人才专项政策文件,为了便于分析实验组和控制组的政策效应差异,本文选取2017年为政策实施时间,分析2014~2018年的数据。本文将全体样本中2017年发布人才新政并确保政策落实的12个城市作为实验组,在其余样本中删掉数据缺失过多的44个城市,余下的241个城市作为控制组,实验组与数据缺失组城市名单如表3所示。原始数据来自2014~2018年《中国城市统计年鉴》和各地政府官网,缺失数据用插值法补齐。

表3　实验组与数据缺失组城市名单

组别	城市名单
实验组(12个)	成都市、长沙市、武汉市、西安市、郑州市、天津市、杭州市、南京市、济南市、厦门市、大连市、沈阳市
数据缺失组(44个)	山西省:太原市、运城市、临汾市 辽宁省:抚顺市 黑龙江省:哈尔滨市、齐齐哈尔市、鸡西市、鹤岗市、双鸭山市、黑河市、绥化市 山东省:潍坊市 广东省:江门市、茂名市、惠州市、梅州市、河源市、清远市、东莞市、中山市、潮州市 海南省:儋州市 四川省:攀枝花市、南充市、眉山市、达州市、巴中市、资阳市 贵州省:贵阳市、遵义市、毕节市、铜仁市 西藏自治区:拉萨市、那曲市、昌都市、山南市、日喀则市、林芝市 陕西省:汉中市 甘肃省:嘉峪关市 青海省:西宁市、海东市 新疆维吾尔自治区:吐鲁番市、哈密市

参考赵蔡晶和吴柏钧(2020)、陈晨和张广胜(2020)、王巧和余硕(2020)的做法,设置如下基本双重差分模型(1):

$$Y_{i,t} = \alpha_0 + \alpha_1 policy_i + \alpha_2 time_t + \alpha_3 policy_i \times time_t + \varepsilon_{i,t} \qquad (1)$$

其中,$policy_i$ 为分组虚拟变量,若个体 i 为实验组,则对应的 $policy_i$ 取1,表示该城市受政策实施的影响;若个体 i 为控制组,则对应的 $policy_i$ 取0,表示该城市不受政策实施的影响。$time_t$ 为政策虚拟变量,本文设置政策实施时间为 2017 年,政策实施之前($t<2017$) $time_t$ 取值为 0,政策实施之后($t\geqslant 2017$) $time_t$ 取值为 1。$policy_i \times time_t$ 为分组虚拟变量与政策虚拟变量的交乘项,若城市 i 在第 t 年施行了人才新政则取值为 1,否则为 0,根据表 4 和图 2 可知系数 α_3 反映了政策实施的净效应。

表 4　人才新政施行效果双重差分求解

组别	政策实施前 ($time_t = 0$)	政策实施后 ($time_t = 1$)	*Difference*
实验组 ($policy_i = 1$)	$\alpha_0 + \alpha_1$	$\alpha_0 + \alpha_1 + \alpha_2 + \alpha_3$	$\alpha_2 + \alpha_3$
控制组 ($policy_i = 0$)	α_0	$\alpha_0 + \alpha_2$	α_2
Difference	α_1	$\alpha_1 + \alpha_3$	α_3

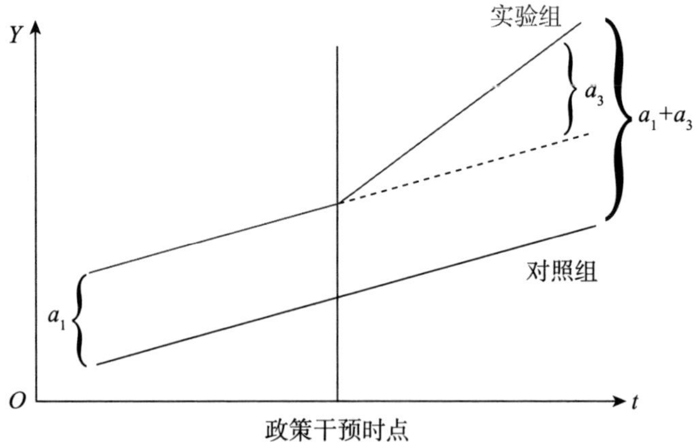

图 2　双重差分方法原理

为了进一步完善模型,用个体固定效应 μ_i 代替粗糙的分组变量 $policy_i$,以更精确地反映个体特征;用时间固定效应 γ_t 代替粗糙的政策实施变量 $time_t$,更精确地反映时间特征;用 $did_{i,t}$ 代替分组虚拟变量与政策虚拟变量的交乘项。同时为了控制其他因素的影响,引入控制变量 $Control_{i,t}$,得到模型(2)。

$$Y_{i,t} = \beta_0 + \beta_1 \mathrm{did}_{i,t} + \lambda \mathrm{Control}_{i,t} + \gamma_t + \mu_i + \varepsilon_{i,t} \tag{2}$$

$$did_{i,t} = time_t \times policy_i \tag{3}$$

被解释变量($Y_{i,t}$):衡量城市宜居程度,由上文熵权法建立城市宜居程度评价指标体系中计算得出,分别为经济发展(*economic*)、社会保障(*social*)、生态环境（*ecological*）、公共服务（*public*）和城市宜居程度（*total*）的得分，其中下标 i 表示城市，t 指代年份。

解释变量（$did_{i,t}$）：代表分组虚拟变量与政策虚拟变量的交乘项，若城市 i 在第 t 年施行了人才新政则取值为 1，否则为 0。

控制变量（$Control_{i,t}$）：参考赵蔡晶和吴柏钧（2020）、褚敏和踪家峰（2018）①、王巧和佘硕（2020）②、陈晨和张广胜（2020）③的做法选取控制变量，其中政府干预程度（*gov*）用财政支出与地区生产总值之比表示，城市化水平（*urban*）以城市年末城镇人口占总人口的比重来衡量。

其他变量：γ_t 为时间固定效应，μ_i 表示个体固定效应，$\varepsilon_{i,t}$ 表示随机干扰项。

机制检验变量：为了进一步检验人才新政对城市宜居程度影响的机制，根据上文研究假设，本文选取如表 5 所示 9 个变量作为机制检验变量，检验城市施行人才新政是否能够提高人口规模，提升科学教育水平，改善产业结构，进而对经济发展水平、社会保障程度、生态环境情况、公共服务水平产生显著影响，并在整体上影响城市宜居程度。为了避免量纲的影响，在实证分析中年末总人口、人口密度、科学技术支出、普通中学专任教师数、普通小学专任教师数和产业聚集程度 6 个变量取对数。

表 5　机制检验变量

机制	变量	符号	解释
人口规模	年末总人口	*Pop*	—
	人口自然增长率	*PopGrowth*	一年内人口自然增长数与平均人口数之比
	人口密度	*PopDensity*	年末总住人口数与土地面积之比
科教水平	科学技术支出	*TecExpend*	—
	普通中学专任教师数	*MidTeach*	—
	普通小学专任教师数	*PriTeach*	—

① 褚敏、踪家峰：《政府干预、金融深化与经济结构转型——基于"新东北现象"的考察》，载《中国软科学》2018 年第 1 期。

② 王巧、佘硕：《城市异质性视角下中国低碳试点政策的绿色增长效应评估》，载《软科学》2020 年第 9 期。

③ 陈晨、张广胜：《国家创新型城市对属地创新能力影响效应评估——政策动态过程与政企互动视角》，载《科技进步与对策》2020 年第 11 期。

续表

机制	变量	符号	解释
产业结构	第二产业从业人员比重	*SeInd*	第二产业从业人员数与全部从业人员之比
	第三产业从业人员比重	*ThInd*	第三产业从业人员数与全部从业人员之比
	产业聚集程度	*IndCluster*	当年地区生产总值与土地面积之比,即经济密度

四、基准实证结果

(一)描述性统计

表 6 为城市施行人才新政相关内容与影响效果相关数据的描述性统计,包括城市宜居程度指标、是否施行人才新政与时间的交乘项、控制变量和机制变量的数据。253 个城市 2014 ~ 2018 年的数据共 1265 个样本,经济发展(*economic*)、社会保障(*social*)、生态环境(*ecological*)、公共服务(*public*)和城市宜居程度(*total*)的得分最大值分别为 0.984、0.926、0.997、0.660 和 0.774,而最小值分别为 0.109、0.045、0.597、0.048 和 0.202,标准差为 0.024、0.012、0.311、0.013 和 0.111,表明不同城市宜居程度得分有较大差异。人才新政与时间的交乘项 *did* 的均值为 0.019,说明有 1.9% 的样本施行了人才新政,总体来说,我国城市施行人才新政的比例并不高,城市施行人才新政对城市宜居程度的影响有待通过实证分析进行进一步检验和探讨。

表 6 描述性统计

类别	变量	变量解释	样本量	均值	中位数	标准差	最小值	最大值
Panel A 被解释变量	*economic*	经济发展	1265	0.138	0.098	0.024	0.109	0.984
	social	社会保障	1265	0.066	0.073	0.012	0.045	0.926
	ecological	生态环境	1265	0.589	0.052	0.311	0.597	0.997
	public	公共服务	1265	0.073	0.068	0.013	0.048	0.660
	total	城市宜居程度	1265	0.216	0.059	0.111	0.202	0.774
Panel B 解释变量	*did*	交乘项	1265	0.019	0.136	0.000	0.000	1.000

续表

类别	变量	变量解释	样本量	均值	中位数	标准差	最小值	最大值
Panel C 控制变量	*gov*	政府干预程度	1265	0.128	0.094	0.011	0.104	0.794
	urban	城市化水平	1265	0.371	0.237	0.047	0.308	1.000
Panel D 机制检验变量	*lnPop*	年末总人口的对数	1265	5.902	0.688	3.400	5.943	8.133
	Pop Growth	人口自然增长率/%	1265	6.272	6.195	-16.640	6.040	38.800
	lnPop Density	人口密度的对数	1265	5.772	0.927	1.746	5.930	7.882
	lnTec Expend	科学技术支出的对数	1265	11.823	1.263	7.330	11.810	16.082
	lnMid Teach	普通中学专任教师数对数	1265	9.556	0.661	7.223	9.572	11.671
	lnPri Teach	普通小学专任教师数对数	1265	9.580	0.697	7.401	9.576	11.748
	SeInd	第二产业从业人员比重/%	1265	45.173	14.147	7.530	45.620	83.310
	ThInd	第三产业从业人员比重/%	1265	52.961	13.247	16.570	53.090	90.060
	lnInd Cluster	产业聚集程度的对数	1265	10.599	0.811	7.537	10.593	13.185

(二)基准回归结果

本文通过 Stata 软件,采用双重差分模型(DID)分析了我国人才新政对城市宜居程度的影响,表 7 为基准回归结果。在控制了时间固定效应和城市固定效应后,回归模型(1)~模型(5)表示未加入控制变量的估计结果,回归模型(6)~模型(10)表示加入控制变量后的估计结果。由回归模型(6)~模型(10)可知人才新政(*did*)对城市宜居程度各项指标(*economic*、*public*、*social*、*ecological*、*total*)均具有显著影响,且对经济发展(*economic*)、社会保障(*social*)、生态环境(*ecological*)以及城市宜居程度(*total*)的系数为正,而对公共服务(*public*)的系数为负但系数较小。表明人才新政对城市整体宜居程度为正向影响;其中城市经济发展、社会保障和生态环境得到显著改善,而城市公共服务则趋于短缺,验证了本文的假设$H1_a$。

表7　城市施行人才新政对城市宜居程度影响的双重差分模型（DID）基准回归结果

变量	(1)	(2)	(3)	(4)	(5)	(6)	(7)	(8)	(9)	(10)
	economic	*social*	*ecological*	*public*	*total*	*economic*	*social*	*ecological*	*public*	*total*
did	0.029***	0.022*	0.002	−0.006*	0.012***	0.018**	0.022*	0.012**	−0.008**	0.011***
	(3.62)	(1.83)	(0.35)	(−1.71)	(4.45)	(2.32)	(1.76)	(2.03)	(−2.09)	(3.73)
gov						−0.080***	0.009	0.051	−0.004	−0.006
						(−4.93)	(1.39)	(1.42)	(−0.35)	(−0.59)
urban						0.048**	0.012	−0.087*	0.026	−0.000
						(2.04)	(0.70)	(−1.87)	(1.65)	(−0.02)
Year Effects	Yes	Yes	Yes	Yes	Yes	Yes	Yes	Yes	Yes	Yes
City Effects	Yes	Yes	Yes	Yes	Yes	Yes	Yes	Yes	Yes	Yes
Constant	0.130***	0.079***	0.579***	0.075***	0.216***	0.119***	0.074***	0.606***	0.066***	0.216***
	(142.81)	(70.50)	(219.69)	(79.03)	(280.72)	(14.21)	(12.00)	(34.91)	(12.19)	(36.23)
N	1265	1265	1265	1265	1265	1265	1265	1265	1265	1265
Adj. R^2	0.508	0.280	0.131	0.141	0.293	0.534	0.281	0.142	0.143	0.293

注：*、**、***分别表示10%、5%、1%统计意义上的显著。括号内为t值。*Year Effects* 表示控制年度效应，*City Effects* 表示控制城市个体效应。以下各表同。

五、稳健性检验

（一）平行趋势检验

为了保证实验组和控制组在政策前具有可比性，本文进一步检验双重差分方法的共同趋势，参考 Jacobson 等（1993）①、Beck 等（2010）②、Li 等（2016）③、赵蔡晶和吴柏钧（2020）、宋弘等（2019）、王巧和佘硕（2020）的做法进行平行趋势检验。将政策实施前后的系数显著性进行综合分析，可验证城市宜居程度的改变是否确实由人才新政带来。为了避免完全共线性的问题，

---

① Louis S. Jacobson, Robert J. LaLonde & Daniel G. Sullivan, *Earnings Losses of Displaced Workers*, American Economic Review, Vol. 83:685, p. 685 – 709（1993）.

② Thorsten Beck, Ross Levine & Alexey Levkov, *Big Bad Banks? The Winners and Losers from Bank Deregulation in the United States*, Journal of Finance, Vol. 65:1637, p. 1637 – 1667（2010）.

③ Pei Li, Yi Lu & Jin Wang, *Does Fattening Government Improve Economic Performance? Evidence from China*, Journal of Development Economics, Vol. 123:18, p. 18 – 37（2016）.

参考 Jin Wang(2013)①、罗知等(2015)②的做法,选择政策实施前一期作为基准组。图 3 为系数走势图,横轴为年份,纵轴为估计值,政策实施前实验组和控制组变量的变化趋势没有显著差异,政策实施后经济发展(*economic*)、社会保障(*social*)以及城市宜居程度(*total*)的系数显著为正,公共服务(*public*)的系数显著为负,进一步说明人才新政对经济发展、社会保障以及整体城市宜居程度有显著提升作用,而对城市公共服务有显著负向影响。而生态环境(*ecological*)的结果不够显著,其原因可能为近年来我国加大环境保护的力度对生态环境产生了其他影响。

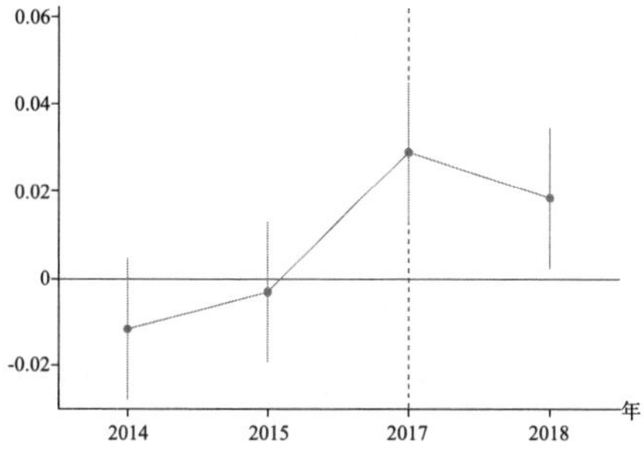

(a) *economic*

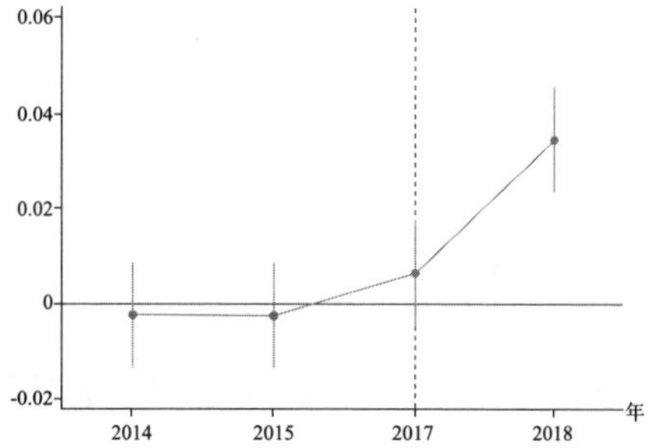

(b) *social*

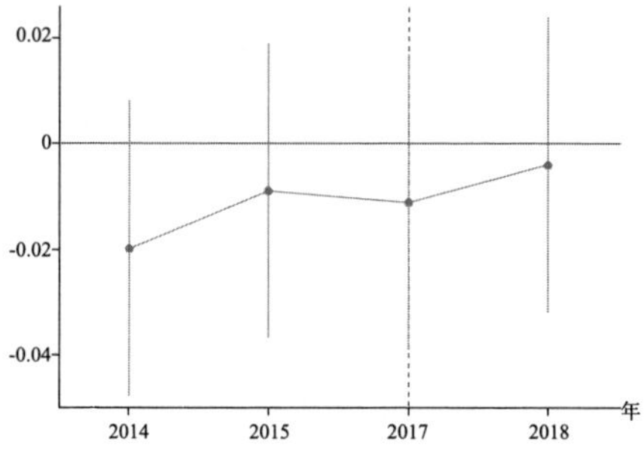

(c) *ecological*

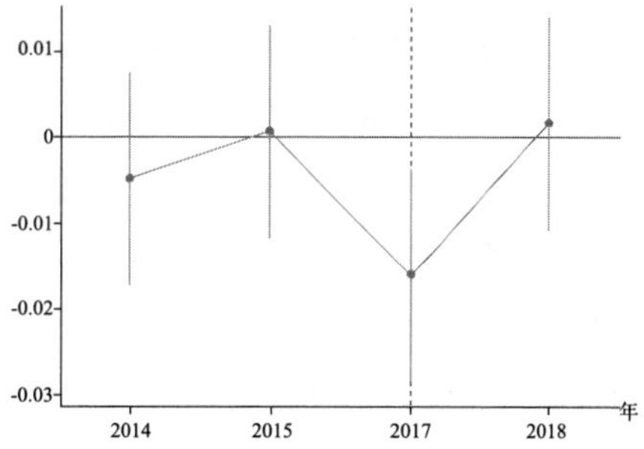

(d) *public*

---

① Jin Wang, *The Economic Impact of Special Economic Zones: Evidence from Chinese Municipalities*, Journal of Development Economics, Vol. 101:133, p. 133－147(2013).

② 罗知、赵奇伟、严兵:《约束机制和激励机制对国有企业长期投资的影响》,载《中国工业经济》2015 年第 10 期。

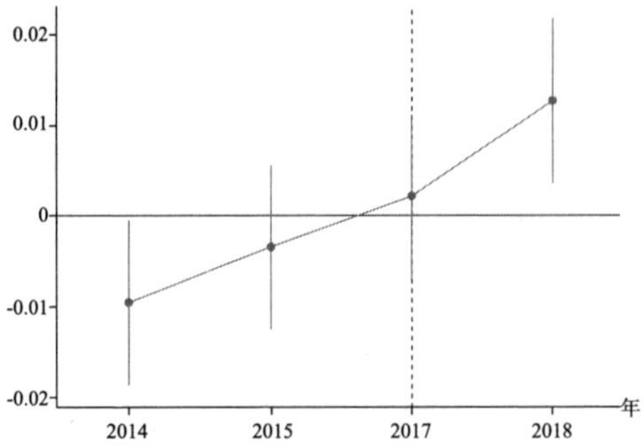

(e) *total*

图3　系数走势

由于以政策时点前的第1期作为基准组,因此图中没有2016年的数据。

(二)安慰剂检验

尽管在基准回归中已经加入控制变量,并且加入了时间固定效应和城市固定效应,但仍然可能存在一些非观测变量对估计结果产生干扰。本文借鉴赵蔡晶和吴柏钧(2020)的做法,通过随机生成实验组的方式进行安慰剂检验,以判断政策效应是否由其他随机因素引起。具体来说,根据样本中城市施行人才新政(*did*)与总样本的分布比例,随机地将城市施行人才新政(*did*)赋值为0和1,但仍保持变量分布比例和回归的其余变量不变,以此模拟整个研究样本,然后与基准模型进行一致回归分析。为了提高安慰剂检验的可识别能力,本文进行了1000次的模拟,*did*模拟系数的p值如图4所示。可以看出,模拟系数不显著,峰值集中在0附近且呈正态分布,此外与顶峰对应的数值和基准回归系数的直线明显区分,即真实政策效应与安慰剂检验结果显著不同。说明按照城市施行人才新政的样本比例随机设立的虚拟变量并不能对城市宜居程度产生显著影响,基准回归结果可靠。

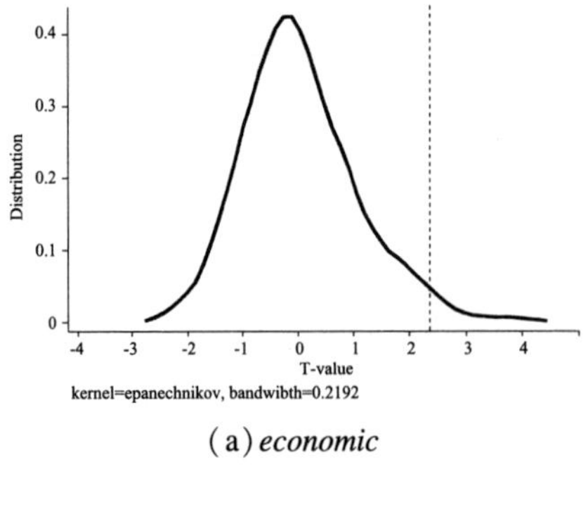

(a) *economic*

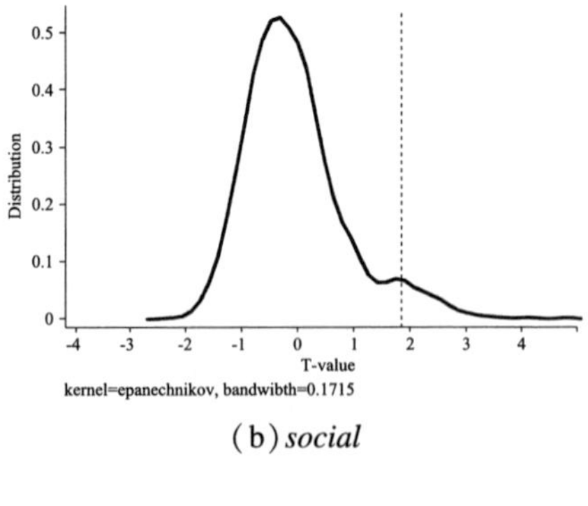

(b) *social*

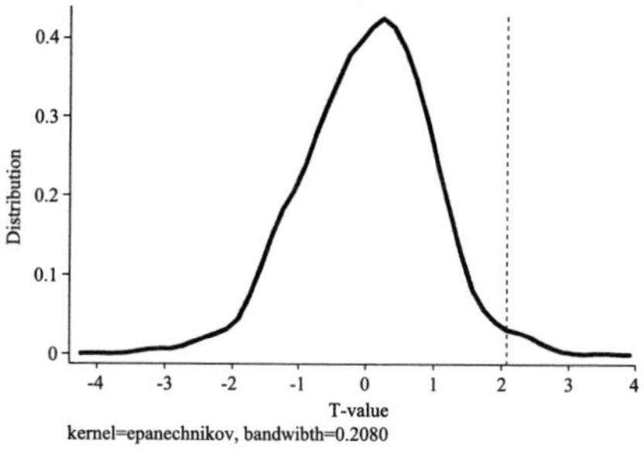

(c) *ecological*

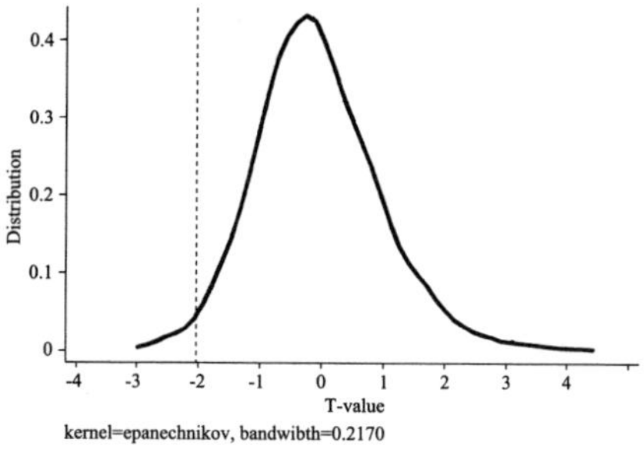

(d) *public*

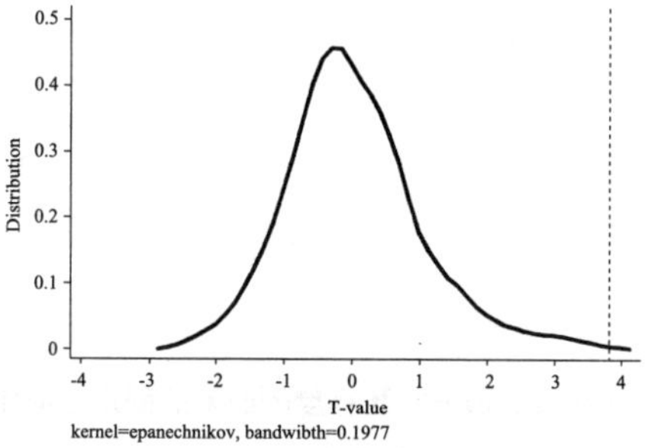

(e) *total*

图 4　安慰剂检验

(三) 更换模型

参考王巧和佘硕(2020)的做法,采用随机效应模型(RE)和固定效应模型(FE)进行回归,表 8 和表 9 结果显示,无论是否加入控制变量、是否引入时间或城市固定效应,人才新政(*did*)对城市宜居程度(*economic*、*public*、*social*、*ecological*、*total*)均具有显著影响,由表 8 和表 9 模型(6) ~ 模型(10)可知人才新政对经济发展(*economic*)、社会保障(*social*)、生态环境(*ecological*)、城市宜居程度(*total*)的系数为正,而对公共服务(*public*)的系数为负,与双重差分模型(DID)得出的结论相同。进一步说明人才新政对城市整体宜居程度为正向影响;其中城市经济发展、社会保障和生态环境得到显著改善,而城市公共服务趋于短缺的结论显著。

表 8　城市施行人才新政对城市宜居程度的影响的随机效应模型（RE）回归结果

变量	(1)	(2)	(3)	(4)	(5)	(6)	(7)	(8)	(9)	(10)
	economic	*social*	*ecological*	*public*	*total*	*economic*	*social*	*ecological*	*public*	*total*
did	0.033***	0.020***	0.022**	−0.013***	0.016***	0.017**	0.015***	0.017*	−0.022***	0.008**
	(4.52)	(4.82)	(2.37)	(−2.98)	(4.53)	(2.27)	(3.45)	(1.83)	(−4.85)	(2.24)
gov						−0.018*	−0.020***	0.106***	−0.047***	0.011**
						(−1.75)	(−3.32)	(8.51)	(−7.74)	(2.24)
urban						0.194***	0.069***	0.016	0.124***	0.089***
						(12.93)	(6.50)	(1.59)	(13.04)	(10.82)
Year Effects	No	No	No	No	No	No	No	No	No	No
City Effects	No	No	No	No	No	No	No	No	No	No
Constant	0.138***	0.065***	0.589***	0.073***	0.216***	0.068***	0.042***	0.569***	0.033***	0.182***
	(24.10)	(14.94)	(231.27)	(18.05)	(61.77)	(9.70)	(7.91)	(123.66)	(7.19)	(45.06)
N	1265	1265	1265	1265	1265	1265	1265	1265	1265	1265

注：随机效应模型于 Stata 软件中未计算出 Adj. R^2。

表 9　城市施行人才新政对城市宜居程度的影响的固定效应模型（FE）回归结果

变量	(1)	(2)	(3)	(4)	(5)	(6)	(7)	(8)	(9)	(10)
	economic	*social*	*ecological*	*public*	*total*	*economic*	*social*	*ecological*	*public*	*total*
did	0.030***	0.019	0.024***	−0.015***	0.014***	0.023***	0.021*	0.024***	−0.015***	0.013***
	(3.87)	(1.58)	(4.55)	(−4.70)	(5.78)	(2.97)	(1.72)	(4.12)	(−4.13)	(4.66)
gov						−0.003	−0.012***	0.132***	−0.041***	0.019***
						(−0.29)	(−3.08)	(5.59)	(−6.31)	(2.84)
urban						0.082***	−0.024	−0.048	0.018	0.007
						(3.08)	(−1.19)	(−0.97)	(1.16)	(0.44)
Year Effects	No	No	No	No	No	No	No	No	No	No
City Effects	Yes	Yes	Yes	Yes	Yes	Yes	Yes	Yes	Yes	Yes
Constant	0.138***	0.065***	0.589***	0.073***	0.216***	0.108***	0.076***	0.589***	0.071***	0.211***
	(943.54)	(287.06)	(5924.88)	(1221.63)	(4554.71)	(11.27)	(10.61)	(33.45)	(12.94)	(36.11)
N	1265	1265	1265	1265	1265	1265	1265	1265	1265	1265
Adj. R^2	0.015	0.019	0.005	0.011	0.016	0.025	0.026	0.098	0.054	0.032

六、中介机制检验

基于前文的研究结果，本文进一步考察人才新政对城市宜居程度的影响机制。由第二部分的文献综述与研究假设可知，城市施行人才新政可以扩大人口规模、提高科学教育水平和升级产业结构。因此，本文将从人口规模、科教水平、产业结构三个方面进一步分析人才新政对城市宜居程度的影响机制。

（一）人口规模

人才政策可以增加人口规模形成人口聚集，人口规模扩大既产生了经济聚集效应又产生了拥挤效应，从而对城市的各个方面产生影响。本文参考年猛和王垚（2016）①、刘永旺等（2019）的做法，选取了年末总人口的对数（*lnPop*）、人口自然增长率（*PopGrowth*）、人口密度的对数（*lnPopDensity*）来衡量人口规模。表10结果显示，人才新政促进人口的流入，对总人口数、人口自然增长率以及人口密度都具有显著正向影响，对总人口数的影响系数为0.058且在1%水平下显著，对人口自然增长率的影响系数较大为1.893，说明城市施行人才新政能够提高人口规模。

表10　城市施行人才新政对人口规模的影响

变量	(1)	(2)	(3)
	lnPop	*PopGrowth*	*lnPopDensity*
did	0.058***	1.893*	0.022**
	(3.27)	(1.86)	(2.04)
gov	-0.075***	-4.072**	-0.010
	(-2.72)	(-2.03)	(-0.51)
urban	-0.246	-2.835	0.150*
	(-1.34)	(-0.80)	(1.92)

① 年猛、王垚：《行政等级与大城市拥挤之困——冲破户籍限制的城市人口增长》，载《财贸经济》2016年第11期。

续表

变量	(1)	(2)	(3)
	lnPop	*PopGrowth*	*lnPopDensity*
Year Effects	Yes	Yes	Yes
City Effects	Yes	Yes	Yes
Constant	5.989***	9.937***	5.718***
	(93.00)	(7.53)	(209.07)
N	1265	1265	1265
Adj. R^2	0.093	0.337	0.067

表 11 结果显示，三个指标均对城市宜居程度有一定影响，其中年末总人口（*lnPop*）影响最大，对社会保障（*social*）、公共服务（*public*）以及城市宜居程度（*total*）的系数均为负且在 1% 水平下显著，而人口自然增长率（*PopGrowth*）对社会保障（*social*）影响为负面，对生态环境（*ecological*）影响为正面，但系数较小；人口密度（*lnPopDensity*）对经济发展（*economic*）有显著正向作用。综合来看人口规模的扩大会产生资源挤压的问题，却也在一定程度上促进了经济发展改善了生态环境，验证了假设 H2。

表 11　人口规模对城市宜居程度的影响

变量	(1)	(2)	(3)	(4)	(5)
	economic	*social*	*ecological*	*public*	*total*
did	0.019**	0.027**	0.011*	−0.001	0.014***
	(2.44)	(2.15)	(1.72)	(−0.26)	(4.89)
lnPop	−0.049	−0.078***	−0.020	−0.086***	−0.058***
	(−1.58)	(−5.94)	(−1.08)	(−4.97)	(−4.42)
PopGrowth	0.000	−0.000*	0.001**	−0.000	0.000
	(0.42)	(−1.90)	(2.11)	(−0.46)	(1.07)
lnPopDensity	0.070*	−0.012	0.052	−0.078	0.008
	(1.70)	(−0.44)	(1.23)	(−1.64)	(0.36)
gov	−0.083***	0.002	0.052	−0.011	−0.010
	(−4.99)	(0.42)	(1.45)	(−1.20)	(−0.97)

续表

变量	(1)	(2)	(3)	(4)	(5)
	economic	*social*	*ecological*	*public*	*total*
urban	0.025	-0.006	-0.098*	0.016*	-0.015
	(1.30)	(-0.49)	(-1.91)	(1.66)	(-1.20)
Year Effects	Yes	Yes	Yes	Yes	Yes
City Effects	Yes	Yes	Yes	Yes	Yes
Constant	0.011	0.612***	0.424*	1.026***	0.518***
	(0.04)	(3.07)	(1.67)	(2.85)	(3.39)
N	1265	1265	1265	1265	1265
Adj. R^2	0.540	0.321	0.145	0.214	0.321

(二)科教水平

城市施行人才新政会鼓励科技创新、提高基础教育投入,科技创新投入和教育水平影响着城市经济进步和发展潜力。本文参考林崇建和毛丰付(2012)①的做法,用科学技术支出的对数(*lnTecExpend*)、普通中学专任教师数对数(*lnMidTeach*)、普通小学专任教师数对数(*lnPriTeach*)来衡量科学教育水平。表12显示了城市施行人才新政对科教水平的影响,体现了人才新政对地区科技支出和中小学教师数量均有显著的提升作用,且对科技支出的提升程度最大,其系数为0.165并在5%水平下显著,说明城市施行人才新政能够提高科学教育水平。

表12　城市施行人才新政对科教水平的影响

变量	(1)	(2)
	lnTecExpend	*lnMidTeach*
did	0.165**	0.042**
	(2.01)	(2.54)
gov	0.009	-0.080*
	(0.03)	(-1.85)

① 林崇建、毛丰付:《财政投入与城市治理绩效分析——以江浙城市群比较为例》,载《财贸经济》2012年第12期。

续表

变量	(1)	(2)
	lnTecExpend	*lnMidTeach*
urban	1.541***	-0.176
	(3.23)	(-1.08)
Year Effects	Yes	Yes
City Effects	Yes	Yes
Constant	11.348***	9.604***
	(65.64)	(166.91)
N	1265	1265
Adj. R^2	0.638	0.116

表 13 结果显示,科学技术支出(*lnTecExpend*)在 1% 水平下显著促进经济发展(*economic*),并能提高城市宜居程度(*total*),普通小学专任教师数(*lnPriTeach*)的增加在 1% 水平下显著降低了社会保障水平(*social*),验证了假设 H3。

表 13 科教水平对城市宜居程度的影响

变量	(1)	(2)	(3)	(4)	(5)
	economic	*social*	*ecological*	*public*	*total*
did	0.017**	0.025*	0.013*	-0.006	0.012***
	(2.26)	(1.94)	(1.90)	(-1.54)	(3.92)
lnTecExpend	0.008***	-0.000	-0.003	-0.000	0.001*
	(7.37)	(-0.42)	(-1.21)	(-0.37)	(1.68)
lnMidTeach	0.001	-0.004	-0.027	-0.015	-0.011
	(0.05)	(-0.38)	(-1.55)	(-1.39)	(-1.34)
lnPriTeach	-0.010	-0.027***	0.014	-0.011	-0.008
	(-0.67)	(-2.73)	(0.63)	(-0.98)	(-1.00)
gov	-0.082***	0.005	0.051	-0.007	-0.008
	(-4.79)	(0.81)	(1.46)	(-0.64)	(-0.82)

续表

变量	(1)	(2)	(3)	(4)	(5)
	economic	*social*	*ecological*	*public*	*total*
urban	0.035*	0.012	-0.087*	0.023*	-0.004
	(1.66)	(0.81)	(-1.83)	(1.92)	(-0.30)
Year Effects	Yes	Yes	Yes	Yes	Yes
City Effects	Yes	Yes	Yes	Yes	Yes
Constant	0.113	0.372**	0.761***	0.322*	0.392***
	(0.51)	(2.39)	(2.88)	(1.96)	(2.84)
N	1265	1265	1265	1265	1265
Adj. R^2	0.551	0.293	0.144	0.149	0.299

(三)产业结构

城市施行人才新政引入大量高质量人才,推动城市由第二产业向第三产业转型,促进城市的产业结构改革与转型升级,进而影响城市经济发展和生态环境。本文参考林崇建和毛丰付(2012)、刘永旺等(2019)学者的做法,用第二产业从业人员比重(*SeInd*)、第三产业从业人员比重(*ThInd*)、产业聚集程度的对数(*lnIndCluster*)来衡量产业结构。表14反映了城市施行人才新政对产业结构的影响,人才新政对第二产业从业人员比重的影响系数为负、对第三产业从业人员比重的影响系数为正且均在5%水平下显著,而对产业聚集程度的影响系数为正并在1%下显著,表明人才新政推动人口从第二产业流向第三产业和提升产业聚集程度。人才新政引入的人才多数从事第三产业,有利于推动地区产业结构升级,促进城市经济发展,说明城市施行人才新政能够改善产业结构促进产业升级。

表14 城市施行人才新政对产业结构的影响

变量	(1)	(2)	(3)
	SeInd	*ThInd*	*lnIndCluster*
did	-1.896**	1.739**	0.201***
	(-2.19)	(2.05)	(4.55)

续表

变量	(1)	(2)	(3)
	SeInd	*ThInd*	*lnIndCluster*
gov	-3.539	3.276	-1.366***
	(-1.54)	(1.43)	(-5.99)
urban	3.418	-2.859	0.286
	(1.37)	(-1.20)	(0.93)
Year Effects	Yes	Yes	Yes
City Effects	Yes	Yes	Yes
Constant	46.811***	51.102***	10.662***
	(52.89)	(60.99)	(96.87)
N	1265	1265	1265
Adj. R^2	0.350	0.349	0.714

表 15 结果显示,产业结构指标主要对城市经济发展(*economic*)产生正向影响,其中产业聚集程度(*lnIndCluster*)影响最大,其系数为 0.034 且在 1% 水平下显著,验证了假设 H4。

表 15 产业结构对城市宜居程度的影响

变量	(1)	(2)	(3)	(4)	(5)
	economic	*social*	*ecological*	*public*	*total*
did	0.011*	0.023*	0.014**	-0.007*	0.010***
	(1.66)	(1.75)	(2.14)	(-1.69)	(3.23)
SeInd	0.001**	0.000*	0.001	0.000	0.001**
	(2.48)	(1.92)	(0.87)	(0.80)	(2.28)
ThInd	0.001**	0.000*	0.000	-0.000	0.000
	(2.25)	(1.69)	(0.39)	(-0.06)	(1.38)
lnIndCluster	0.034***	-0.002	-0.001	-0.004	0.007***
	(6.04)	(-0.75)	(-0.19)	(-1.34)	(3.26)

续表

变量	(1)	(2)	(3)	(4)	(5)
	economic	*social*	*ecological*	*public*	*total*
gov	-0.034***	0.007	0.051	-0.008	0.004
	(-3.01)	(1.10)	(1.38)	(-0.75)	(0.40)
urban	0.037*	0.013	-0.088*	0.026	-0.003
	(1.96)	(0.72)	(-1.92)	(1.64)	(-0.20)
Year Effects	Yes	Yes	Yes	Yes	Yes
City Effects	Yes	Yes	Yes	Yes	Yes
Constant	-0.297***	0.060	0.556***	0.094**	0.103***
	(-4.84)	(1.63)	(5.15)	(2.45)	(3.15)
N	1265	1265	1265	1265	1265
Adj. R^2	0.609	0.280	0.142	0.145	0.310

七、异质性分析

前文已经证实了城市施行人才新政，通过扩大人口规模、提高科学教育水平和升级产业结构的机制对城市宜居程度产生显著影响，为了更全面地分析与了解城市施行人才新政对城市宜居程度的影响特点与作用机制，本部分将考察不同地区和不同经济水平的城市施行人才新政的效果。

（一）东、中、西部地区异质性

考虑到我国地区发展的不平衡性，特别是东部地区在地理位置、资金、技术、人才、市场等方面占有优势，经济发展水平优于中部和西部地区，因此城市人才新政在不同地区产生的效果是否有差异有待验证。本文参考王巧和佘硕（2020）、赵蔡晶和吴柏钧（2020）的做法，将样本分为东部、中部、西部三个地区进行实证分析。东部、中部、西部的划分参考国家统计局 2017 年的方法，划分结果及实验组情况如表 16 所示。

表 16 东部、中部、西部划分

地区	省级行政区	实验组城市
东部	北京、天津、辽宁、上海、山东、浙江、江苏、广东、福建、海南、河北	天津市、杭州市、南京市、济南市、厦门市、大连市、沈阳市
中部	黑龙江、吉林、江西、湖北、湖南、河南、山西、安徽	长沙市、武汉市、郑州市
西部	内蒙古、新疆、重庆、四川、云南、青海、宁夏、陕西、西藏、广西、甘肃、贵州	成都市、西安市

表 17 结果表明,人才新政对东部地区的生态环境(*ecological*)、中部地区的经济发展(*economic*)、西部地区的经济发展(*economic*)和社会保障(*social*)具有显著正向影响,对西部地区公共服务(*public*)具有显著负向影响,总体而言对西部地区的影响更大,其原因可能为西部地区经济发展程度相对较低,处于人才不足的状态,而人才新政更能吸引人才流入,对城市宜居程度影响的效果显著。①

表 17 东中西部地区异质性

地区	变量	(1)	(2)	(3)	(4)	(5)
		economic	*social*	*ecological*	*public*	*total*
东部地区	*did*	0.014	0.029	0.018**	−0.007	0.013***
		(1.19)	(1.29)	(2.12)	(−1.26)	(2.84)
	gov	−0.189***	0.018	−0.029	0.000	−0.050***
		(−5.71)	(0.61)	(−0.60)	(0.01)	(−2.77)
	urban	0.007	0.025	−0.090	0.029**	−0.007
		(0.24)	(1.25)	(−1.01)	(2.27)	(−0.34)
	Year Effects	Yes	Yes	Yes	Yes	Yes
	City Effects	Yes	Yes	Yes	Yes	Yes

① 参见谭静、张建华:《国家高新区推动城市全要素生产率增长了吗?——基于 277 个城市的"准自然实验"分析》,载《经济与管理研究》2018 年第 9 期。

续表

地区	变量	(1) economic	(2) social	(3) ecological	(4) public	(5) total
东部地区	*Constant*	0.182***	0.110***	0.638***	0.078***	0.252***
		(14.74)	(13.18)	(15.73)	(13.54)	(25.67)
	N	450	450	450	450	450
	Adj. R^2	0.579	0.279	0.091	0.219	0.383
中部地区	*did*	0.017**	0.010	0.003	−0.001	0.007
		(2.08)	(1.63)	(0.34)	(−0.08)	(1.57)
	gov	−0.055***	0.008	0.016	0.020	−0.003
		(−3.57)	(0.88)	(0.37)	(1.19)	(−0.20)
	urban	0.087**	0.048	−0.058*	0.025	0.025
		(2.28)	(1.35)	(−1.83)	(0.71)	(0.91)
	Year Effects	Yes	Yes	Yes	Yes	Yes
	City Effects	Yes	Yes	Yes	Yes	Yes
	Constant	0.081***	0.041***	0.597***	0.049***	0.192***
		(7.26)	(4.11)	(53.82)	(4.81)	(23.52)
	N	450	450	450	450	450
	Adj. R^2	0.737	0.419	0.191	0.254	0.359
西部地区	*did*	0.013**	0.018**	−0.005	−0.019***	0.002
		(2.43)	(2.29)	(−0.37)	(−5.44)	(0.41)
	gov	−0.045	−0.001	0.070	−0.025	−0.000
		(−1.45)	(−0.19)	(1.20)	(−1.63)	(−0.01)
	urban	0.075**	−0.035	−0.057	0.015	−0.000
		(2.33)	(−1.34)	(−0.57)	(0.51)	(−0.01)
	Year Effects	Yes	Yes	Yes	Yes	Yes
	City Effects	Yes	Yes	Yes	Yes	Yes

续表

地区	变量	(1) economic	(2) social	(3) ecological	(4) public	(5) total
西部地区	*Constant*	0. 089 ***	0. 069 ***	0. 566 ***	0. 073 ***	0. 199 ***
		(7. 76)	(7. 13)	(16. 95)	(7. 55)	(22. 07)
	N	365	365	365	365	365
	Adj. R^2	0. 366	0. 334	0. 158	0. 084	0. 223

(二)经济水平异质性

参考赵蔡晶和吴柏钧(2020)的做法,本文按样本中城市 2017 年地区生产总值的中位数将 253 个城市分为两组,分组情况如表 18 所示。

表 18 经济水平分组

分组	数量	实验组城市
经济水平高	127	大连市、沈阳市、济南市、西安市、郑州市、长沙市
经济水平低	126	南京市、厦门市、天津市、成都市、杭州市、武汉市

表 19 模型(6) ~ 模型(10)显示,人才新政对经济水平低的城市宜居程度各个指标都有显著影响,且符号与上文基准回归结果相同,而经济水平高的城市影响较小,其原因可能为经济水平低的城市在人力资源不具备优势的情况下,才会更加积极地招揽人才,使人才新政对城市宜居程度影响的效果更加显著。

表 19 经济水平异质性

变量	经济水平高					经济水平低				
	(1)	(2)	(3)	(4)	(5)	(6)	(7)	(8)	(9)	(10)
	economic	*social*	*ecological*	*public*	*total*	*economic*	*social*	*ecological*	*public*	*total*
did	−0. 002	0. 034	0. 004	−0. 003	0. 008	0. 039 ***	0. 010 *	0. 020 *	−0. 013 **	0. 014 ***
	(−0. 26)	(1. 42)	(0. 57)	(−0. 63)	(1. 45)	(4. 62)	(1. 85)	(1. 96)	(−2. 48)	(4. 66)
gov	−0. 076 ***	0. 012	0. 010	−0. 003	−0. 014	−0. 084 ***	0. 005	0. 073	−0. 006	−0. 003
	(−4. 00)	(1. 06)	(0. 33)	(−0. 31)	(−1. 59)	(−3. 50)	(0. 65)	(1. 37)	(−0. 33)	(−0. 19)
urban	0. 093 ***	0. 026	−0. 037	0. 043	0. 031	−0. 003	0. 002	−0. 129	0. 010	−0. 030
	(2. 66)	(0. 83)	(−1. 08)	(1. 61)	(1. 34)	(−0. 12)	(0. 12)	(−1. 52)	(0. 87)	(−1. 49)
Year Effects	Yes	Yes	Yes	Yes	Yes	Yes	Yes	Yes	Yes	Yes

续表

变量	经济水平高					经济水平低				
	(1)	(2)	(3)	(4)	(5)	(6)	(7)	(8)	(9)	(10)
	economic	*social*	*ecological*	*public*	*total*	*economic*	*social*	*ecological*	*public*	*total*
City Effects	Yes	Yes	Yes	Yes	Yes	Yes	Yes	Yes	Yes	Yes
Constant	0.098***	0.064***	0.590***	0.052***	0.201***	0.144***	0.084***	0.621***	0.080***	0.232***
	(8.53)	(6.27)	(50.65)	(5.98)	(26.26)	(16.11)	(15.17)	(18.28)	(17.63)	(28.92)
N	634	634	634	634	634	631	631	631	631	631
Adj. R^2	0.591	0.236	0.193	0.215	0.347	0.500	0.383	0.124	0.117	0.268

八、结论及建议

本文聚焦中国2017年展开城市人才争夺战这一准自然实验,利用2014~2018年《中国城市统计年鉴》和各地政府官网的面板数据,基于熵权法从经济发展、社会保障、生态环境、公共服务四个方面建立城市宜居程度评价指标体系,并基于双重差分方法评估城市施行人才新政对城市宜居程度的影响。结果发现:首先,人才新政对城市整体宜居程度为正向影响;其中城市经济发展、社会保障和生态环境得到显著改善,而城市公共服务则趋于短缺,这一结论在多项稳健性检验后依然成立。其次,城市施行人才新政后,可以通过扩大人口规模、提高科学教育水平和升级产业结构的机制影响城市宜居程度。最后,通过异质性分析,本文发现西部地区和经济水平低的城市施行人才新政更能显著影响城市宜居程度。基于以上结论,本文提出以下政策建议:

第一,坚定不移觅人才。本文实证结果表明,施行人才新政可以有效促进城市经济发展,提高社会保障程度,改善生态环境。因此,地方政府要加大人才引进力度,把"择天下英才而用"的人才观和"人才是第一资源"的战略思维落到实处,采取更加强有力的措施,颁布系统完善、政策优惠、操作性强的人才引进政策,并抓好各项政策落实。政府应为人才的引进和培养提供坚实的财政支撑,坚定不移地推进引才聚智,为城市高质量发展打下基础。

第二,因地制宜引人才。异质性分析结果表明人才新政的施行效果在地区间存在差异,因此各地应根据国家和地区的战略目标以及自身情况制定有针对性的人才政策。首先,明确城市自身的战略定位与比较优势,推出具有城市特色的人才政策,利用如地理位置、自然环境、产业结构、文化特色、城市建设等优势提高城市吸引力,实现人才政策与产业结构、经济发展战略的精准对接,提高政策效率。尤其是西部地区与经济水平低的城市更要充分挖掘自身优势,制定差异化人才引进政策,弥补自身在地理位置、资金、技术、人才、市场等方面的劣势,促进经济进步与城市发展。另外,施行有针对性的人才政策,可以将人口规模控制在合理范围内,避免盲目引入大量人才,造成人口聚集程度过高,形成公共产品供给障碍、基础设施不足等问题,也能防范环境污染的风险。

第三,城市宜居留人才。物质激励与经济发展程度短时期能够吸引大量人才流入,但长期来看会增加地方政府财政压力,影响公共服务、生态环境等方面的投入。要想留住人才,还要全面提高城市宜居程度,提升综合竞争力。本文实证结果表明,人才新政的施行将降低城市公共服务水平,因此要着重于提高公共服务供给能力,加强对基础教育、医疗服务、公共设施等方面的建设。其次,完善人才培养体系与保障机制,创建有利于人才发展的环境。在引进人才的同时注重本地人才培养,尤其是在教育与科研方面给予更多政府支持,加大对人才培育、激励与保障政策的投入,实施科教兴国与人才发展战略。最后,重视保护城市环境,加强环境治理,提升绿化水平,防范环境污染的风险。

智慧法治与中国之治

第六届中国法律实证研究年会开场沙龙

——智慧法治与中国之治*

屈茂辉　左卫民　魏　建　马铁丰　王禄生

王禄生：尊敬的各位领导、来宾，大家上午好。下面进入开场沙龙环节。主办方为我们带来了一个兼具理论性与实践性的话题——智慧法治与中国之治。我们知道，最近几年在“两高一部”即最高法、最高检跟司法部的大力推动之下，中国在智慧法院、智慧检务与智慧司法行政方面都取得了非常显著的进步，也形成了在我们看来叫作智慧法治的态势。不知大家是否关注到这样一种讨论，有人说，中国的智慧法治已经处于世界领先位置，并已成为法治中国的一张亮丽名片，这是一种比较正面、积极的评价。与之对应，也有人认为智慧应用其实远未达到我们期待的目标，大数据、人工智能技术在法律领域的应用并没有真正展开。所以这就给我们提出了一系列比较有趣的问题：究竟这样一个声势浩大、方兴未艾的智慧法治建设有没有达到我们的预期成效？是否像有些媒体表达的那样一下达到了世界领先的位置？在智慧法治建设过程中，有没有形成一些独特的中国经验？法学院又能在智慧法治中扮演何种角色？本次沙龙便是围绕这些话题展开相关讨论。

正式研讨之前，作为主持人，我先简单介绍一下与谈

---

* 四川大学法学院2020级博士研究生官胜男负责本次整理工作。

嘉宾和研讨规则。主办方给我们做了精心安排,与谈嘉宾中,有两位来自法学圈内的专家,两位来自法学圈外的专家。首先向大家介绍的第一位法学专家是长江学者特聘教授、全国十大中青年法学家、四川大学法学院院长左卫民教授。左教授是法律实证研究的领军人物,近些年在法律实证领域和智慧法治领域取得了非常丰硕的成果。第二位专家是湖南大学法学院院长屈茂辉教授。最近几年,湖南大学法学院在屈院长的带领之下,在智慧法治领域有了十分显著的发展,并已成为计算法学领域一支新兴崛起的重要力量。第三位专家是《山东大学学报(哲学社会科学版)》的主编魏建教授,魏教授是国内法经济学领域的领军人物。第四位专家是西南财经大学统计学院的马铁丰教授,他采用统计学的经典工具,产出了一系列法律实证研究方面的成果。请大家以热烈的掌声欢迎四位与谈人！我本人是来自东南大学法学院的王禄生,最近几年一直在做大数据、人工智能法学研究。作为主持人,我再多说一下沙龙的规则。为了聚拢研讨主题,我在主持环节会穿插各种提问与交流,希望每位与谈专家能够控制时间,针对我抛出的每个选题,凝练话语,用大概三分钟的时间作出最简短、最准确的表达。如果我发现咱们的讨论过于发散,可能会非常不好意思地打断一下。下面我们进入正式研讨环节。

首先,我想请教一下左卫民教授,作为国内智慧法治领域最重要的观察者,您觉得整体而言,中国的智慧法治在哪些领域取得了突出成绩？整体成效如何？能否做个简单的评估？谢谢。

左卫民:这是个好问题。我个人感觉这个问题非常重要,但也非常难回答。一方面,这是顶层至少是政法高层很关注的问题;另一方面,学术界甚至包括司法一线可能在有些时候并不真正关心,或者说看到了相关成效。我个人判断,要说成绩的话:第一,中国真正重视。第二,投入了不少资源。国家重大研发计划投入了相当多的钱进去,以前从未在司法智能方面投入那么多钱,现在是一期、二期、三期,并且还在往下走。第三,取得了部分成效,如法庭记录的效果。另外,也做了其他一些尝试,如类案类判的推进,这是好的方面。但是,大家可能明显感觉到,我说好的方面实际上说得不够具体,为什么不够具体？坦率地说,我对司法人工智能在中国的现有发展不够满意,甚至有所怀疑。我之前写过一篇题为《热与冷:中国法律人工智能的再思考》的文章,当时的观点是,中国法律人工智能的发展处于过热状态,或者叫作冷热不均。更准确地说,顶层热实践不够热;业务部门相对热,理论部门不太热,所以我个人认为冷热不均。以类案类判为例,有多少法官在用?他们在用哪一个系统?普通案件在用吗?判疑难、复杂案件时在用吗?对疑难案件、复杂案件关键性的东西发挥作用了吗?都没有。我个人通过调研发现,中国司法人工智能到目前为止处于过热状态,过热但效果不好,这是一点。今天我补充一个新的判断,不仅过热,还过虚。前面是过热,现在是过虚。没有。我们没有一个拳头产品,不像科大讯飞,制作出一个产品再把它卖了,而且卖的效果还不错。现在法律领域没有一个真正能够得到普遍使用且效果好的产品,所以虚。包括所谓的科技研发计划,到底谁研发出了让我们眼前一亮,且被大面积投入使用的产品?也没有。至少我现在还没看到一个。所以简单地说,一方面是过热,另一方面是过虚,过热加过虚是当前司法人工智能的一个问题。国家大笔经费的使用效果怎么样真是不敢说。

王禄生:好的,感谢左老师。左老师实际上对智慧法治持较为批判的态度。我读过左老师很多文章,有个精确总结,那就是"上热下冷",顶层很热,下面很冷;"内热外冷",司法系统很热,但是外面很冷。今天左老师又加了一个新的论法:"过虚"。就这个问题我想问一下屈教授,您是智慧法治领域的重要参与者,跟省高院有很多合作,您同意左老师的判断吗?这是第一个问题。第二个问题,您有没有观察到最高法、最高检跟司法部在智慧法治投入方面的区别?如果有的话您也可以展开来讲一讲。

屈茂辉:谢谢禄生教授,这是一个很好的问题。对于卫民教授刚才的观点,绝大部分我是赞同的。但我们讲的这个热其实热得不够,冷热不均,可能这个热是虚热。"两高一部"希望通过信息化建设把人工智能技术、智慧法治相关技术应用起来,但正如卫民教授讲的,这个应用现在还处于特别初步的阶段。"两高一部"几个单位,应该是最高法相对来说做得好一点。但是真正来讲智慧法治的话,要往前推进,实际状况是我们讲的社会主义法治的五大体系,都应该将智慧技术用上去,但现在都还处于初步探索阶段。尤其是我们在科技部的支持下所做的科技重大研发计划,目的也是推动智慧法治建设技术上的进步,但这个推进尚处研发阶段,还未到示范阶段,仍处在探索中,这是我的评价。整体来讲,智慧法治是可以期待的,但是需要全体同人的不懈努力。

王禄生:我听说您实际上在跟省高院合作,或者是跟湖南大学计算机学院合作。上次咱们一起申报了重点研发计划项目,请问有没有在实践中投入一些智慧应用,并且您觉得效果还不错的?比如,回应一下左老师,左老师说效果不好,您觉得挺好的,有没有这方面的应用?

屈茂辉:我们现在做得更多的是技术化处理公开的裁判文书。现在要重点研发的技术应当是能够尽量分析电子卷宗里的信息。比如,我们正在做的是涉及毒品犯罪的案件,在这类案件中找到各种现象以及现象背后的规律性,再来揭示涉毒犯罪当中的社会管理、社会治理方面的问题,最后实际上是从整个治理体系和治理能力的现代化上提供技术上的支持。

王禄生:实际上就是通过OCR来识别卷宗里的关键要素,然后发现社会治理方面的问题。您觉得其实效果还可以是吧?

屈茂辉:应该来说是可以实现的。但是要做起来确实需要技术与法学的完美结合。既需要技术人员对司法过程有精准了解,也需要法治或是法学专业人员对技术有很好的了解。所以这是一个需要交叉或者说融合的领域。

王禄生:谢谢屈院长。大家有没有关注到,屈院长讲了最高法、最高检跟司法部对智慧法治的投入其实不一样,认为智慧法院可能相对要好一些,智慧检务跟智慧司法行政可能相对处于后发阶段。

接下来我想请教一下两位来自法学领域之外的专家。首先想请教魏教授,您作为某种程度上的局外观察者,这几年是怎么观察中国智慧法治建设的?给您留下了什么印象?是不是跟左老师一样的印象?是觉得过热、过虚还是有其他的看法?

魏　建:王禄生教授一脚把我从法学圈里踢了出去,我对此表示强烈抗议(笑)。刚才左老师、屈老师把正反话都说了,我都没话可说了。一个批判、一个肯定,我能说啥呢?不过我还想说点肯定的话,因为我感觉从法学界之外的人士来看法学和法律改革,在中国有一条道路值得重视,即以技术进步来推动制度改革。这也可能是不得不的选择或者是必需的选择。这几年通过人工智能技术、通过各种技术改革来推进司法效率的提高,取得了很好的进展和绩效。从整个社会治理的角度来看,我们引入了更多的技术手段,比如说无处不在的人脸识别技术、无处不在的摄像头,这使整个犯罪都发生了很大的结构性变化,现金窃取已经基本不存在了,但网络诈骗却越来越新,越来越猖獗,这就带来了很大的变化。我们利用技术来推进整个治理效率的提升,我觉得这个大方向是对的。尽管在推进过程中会有很多困难,包括上面很积极,下面比较冷漠。但是迟早有一天基层凡是冷漠对待技术引入的就可能下岗，或者叫被淘汰。从技术进步到技术落地实施也同时有一个理念的推进过程。在这个过程中我们能看到，技术本身也在进步。尽管刚才左老师批判说，至今还不存在让大家用着觉得很合适的成熟技术和产品，如像同案同判技术到现在也没做出来，这就需要技术再进步，进步到一定程度后，它就会给我们带来相应的推进。同时，推进过程中也可能面临很多问题，比如说人脸识别技术到底在什么层面上是合法使用？什么层面上是过度使用、非法使用？这是需要进一步讨论的。因此，技术对整个法治理念、对整个在智慧技术为前提条件下的治理以及法理基础、法律的构成等都可能产生全方位的挑战。如财产的概念、外延、内涵、具体表现形式会发生重大变化。相应地，技术对民法、刑法等各个领域都会带来重大挑战，这就需要我们做更多的研究。而这个研究过程中，我感觉现在从事实证研究正当其时，因为你弄不清楚现实发生的问题，你就弄不清楚要用什么样的理论来解释它、推进它、进一步地发展它，所以说法律的实证研究走在了前列，我们现在已经开始起步了，我对此有信心。在中国特色社会主义法治道路上，智慧法治领先推进一定是一个重要的组成部分，再加上跟传统法治思想的结合，可能就有一种很好的、有预期的明天。尽管它很困难，我们依然要坚持努力，砥砺前行。

王禄生：谢谢魏主编，不好意思，魏主编其实既是法学专家又是经济学专家，我修改一下。其实就这个问题我还想问一下马铁丰教授，马教授肯定也是横跨两个领域的观察者，我想追问一个问题，您怎么观察这么多年来智慧法治建设的发展情况？另外，我想让您比较一下您可能相对熟悉的智慧金融也好，其他领域的智慧治理也好，我们的智慧法治处于什么样的水平？比如我们是100分，他们是80分；他们80分，我们100分。

马铁丰：谢谢禄生教授。我确实是个外行，但我这几年在积极地融入法律圈子，很高兴有这样一个学习机会。我非常赞同前面几位专家的观点，智慧法院的建设任重道远。其实现在很多做法离我们的预期还差得很远，但可能跟我们这个领域本身有关系。和金融相比，司法做得肯定不如金融那么好。比如在金融领域，有一个非常有名的人叫西蒙斯，他用数学模型做量化交易，年化收益率比巴菲特还要高，所以他是最有钱的数学家。在金融这块，我们的量化交易、数理方法用得非常好。但是司法这块，我觉得不仅存在机器的问题。关于智慧法院这个概念，它不是机器的进步，而是人的进步；不是机器的智慧，而是人的智慧。我们每个人发一个笔记本电脑，智慧法院是建不成的,而是每一个电脑前面坐一个法律人,这样的话智慧法院就建成了。也就是说,如果人的素质跟不上的话,光把硬件做出来是没有意义的,所以主要还是在人,这一点是不一样的。金融这一块你把算法写好后跑就行了,这中间有技术人员调整即可。但是我们司法实务必须靠每一位法官、每一位工作人员真真正正地去把东西做透,很多数据不像金融就是数字,信息反映都在数字上。我们很多信息都是文字,文字我们可以抓取它的关键词,我们能理解它的意思。就像我说我是外行,大家觉得我是自认为我是外行,我还是把我当成内行。这句话大家怎么理解?当然有人可能认为我是谦虚,有人可能认为我说的实话,我真的就是个外行,所以这一块你让机器去理解,它就感受不到我们的人情世故。

王禄生:我追问一下,整体上您的判断是,在技术领域,智慧金融等其他领域其实是比智慧法治更超前对不对?

马铁丰:至少在效果上是。

王禄生:您觉得如果满分100分的话,我们智慧法治能得几分?

马铁丰:现在硬件上我觉得80分应该是可以的。

魏　建:这也不能比,因为金融领域标准化的产品居多,而咱们法治领域没有什么标准化的东西,所以你这个比是不靠谱的。

马铁丰:差不多就这个意思。昨天我参加了一个开题,一位博士后做商务调解课题。有老师提出,把商务调解全放在商会组织,那么他们的法律素养很重要,如果商会会长、秘书长没有任何法律背景,没有通过司考,你让他去做调解,做出的东西让法院来确认的话,法院还要再看一遍对吧?法院不放心,这便需要两倍的劳动量,其实这并非更为高效的方式,反而降低效率。

王禄生:好的,感谢。其实第一轮我们讨论的话题大致是智慧法治处于什么样的位置,它跟其他领域相比处于什么样的位置,以及智慧法治之内不同的机关处于什么位置。我们大致能够梳理一下四位教授的核心观点。尽管左老师和其他几位老师可能有不一样的观点,但整体上大家的思路是智慧法治建设前景非常光明,但现在可能面临非常大的技术难题,没有很多实际的技术落地。在横向比较中,我们认为智慧法院可能稍微好一些。我们把智慧法治与其他领域相比较,智慧法治在发展上可能不如某些特定的领域,这是第一轮讨论的大致结果。

下面第二轮我想把视野从域内转向域外。我曾在不同场合看过一些报道，说美国联邦最高法院首席大法官罗伯茨曾经讲过一句话，说法院要像执着的乌龟一样对待前沿技术。他实际上认为司法领域或者法治领域对待前沿技术应该持比较谨慎的态度。与之对应的是，有人问，像中国智慧法院这样一日千里，怎么看待这个问题？罗伯茨说了一个很有趣的寓言，我不知道大家有没有听过。他说，有个知名寓言叫龟兔赛跑，兔子虽然跑得快，但最后赢的却是执着的乌龟。他的意思是，虽然中国智慧法院跑得快，但最后赢的还是没有搞这些东西的人，他可能是这个意思。但我不太确定他是不是这样一种表达，所以我想抛出第一个问题，请教屈教授，您能不能来给我们先梳理一下，就您观察，中外对智慧法治有没有什么非常明确的差异？还是您觉得其实都一样？

屈茂辉：好，谢谢禄生教授。就我的观察来讲，其实中外对这个问题虽然在态度上可能略有差异，比如说对人脸识别、法律文书公开等问题可能在态度上有所区别，但对技术的追求与运用，所有的国家，特别是发达国家以及我们这类向现代化国家进军的国家都是一样的，只是应用技术的程度不一样。如果讲到智慧法治或者智慧司法这一层面，无非就是针对部分技术中一些的问题，比如实体法对个人隐私等方面的保护。在具体应用上面，比如通过统计或者其他数量法学的方法达到同案同判，以实现更多的公平正义，在这一点上是一致的。从这个意义上来讲，像美国这样的发达国家，甚至像荷兰这样的国家的法院实际上比我们做得还要更加先进一些。而我们才刚刚起步。龟兔赛跑的故事所揭示的经验和教训，当然值得我们认真吸取。相对于发达国家，我们在技术应用上要更加激进或者应用得更多，他们可能用得更少一点。但在这个过程中，我相信，按照中国人的智慧，不会犯龟兔赛跑的错误，这是我的观点，谢谢大家。

王禄生：您刚才说发达国家其实对智慧法治非常认同，您觉得按照现有的发展趋势，到底谁是乌龟？谁是兔子？

屈茂辉：应该分情况来说，如果从基于司法的定量分析来看，发达国家是兔子，我们是乌龟；在新技术的应用方面，我们现在可能比他们用得更多一点；从推动信息化技术的发展来看，我们应该是兔子，他们可能用得慢一点。但此消彼长，可能还要拭目以待。

王禄生：好，谢谢。这个问题我也想请教左老师，您怎么观察？屈院长的观察是没有什么区别，或者说中外都一样。您觉得中外在智慧法院、智慧法治上有没有差异?这种差异是技术层面还是文化层面的?

左卫民:首先,我要补充一个观点,就像魏建教授说的,我觉得任何国家都不排斥,或者都应该通过技术进步来推动治理或者国家能力的提高,这是一个基本观点。我不反对技术在司法领域中的应用。其次,就刚才禄生说的问题,我的看法是:第一,正如茂辉教授所言,从人工智能应用的基础即定量的实证研究来说,域外尤其是北美做得比其他区域都要领先。因为我是美国实证法律研究协会的会员,最近5~6年,除了去年跟今年受疫情影响无法参会以外,我几乎每年都到现场去开美国实证法律研究年会。我发现他们在数据链的运用、统计学甚至机器学习的方法应用上比中国做得好多了,他们的基础性比中国好。第二,在人工智能产品方面,他们虽然很少,但是一旦用起来,不仅实用,效果还不错。最突出的例子就是COMPAS软件在量刑辅助方面的运用。美国若干州都用类似产品决定是否假释、保释等。域外有现实的、成熟的个别产品在应用。因此,域外在这一方面也比中国做得好。第三,就普遍性的顶层设计、全方位的大资源投入、力求多点开花甚至全面开花而言,中国投入力度声势最为浩大。但就像刚才说的,实际效果还有差异。因此问题就来了:为什么基础能力较强的国家没有大面积推广人工智能,而基础条件严重不足的国家却在大面积投钱去发展司法人工智能?我觉得这是个问题。比如我们做实证研究的人都是研究了十年、二十年甚至几十年的数据,马铁丰教授肯定在读统计学学位时就开始研究数据,这些人很少在人工智能方面做领先性的研究。但是从没做过实证研究、没有搞过统计学方法应用的人,现在都说要做人工智能,而且一做就能做得很好,这就是问题所在。没有实证研究,没有统计学的运用,就不可能有基于机器学习和计算机应用的真正好的人工智能应用和相关产品,这就是中国的问题。

王禄生:感谢左老师。虽然我也做实证研究与人工智能研究,但我才意识到原来实证研究对法律人工智能这么重要。那么就这个问题同样想请教魏教授,您有没有观察过中外智慧法治方面的差异?您会否觉得法学圈的担忧是不必要的?

魏　建:我觉得禄生教授善于挖坑,非得弄个乌龟和兔子(笑)。就这个问题,刚才左老师提的问题很重要,为什么我们基础设施这么薄弱,司法还有很多不足的时候就匆匆忙忙启动了大规模的、全方位的、全体系的智慧法治建设。刚才也讲到,“两高一部”中最高法特别积极,法院系统特别积极,这跟现实有关,那就是人少案多,法院都急得不行,某种程度上一定要通过技术手段来解决这一问题。而检察院与司法部好像需求不是那么强烈,这是一个现实。但刚才我也讲到,整体来看,制度推进、制度改革过程中,中国向来有一个传统,当"硬骨头"很难啃时,我们需要绕个路来啃一下这块"硬骨头"。智慧法治就是通过绕路来推进改革的典型路径。正因为它有绕路的潜话语在里边,所以出现困难、出现波折、出现冷热不均是必然的。因为它的接受度不一样,认识度也不一样,包括技术的成熟度也不一样。尽管美国的实证研究好像跑得很快,学者很热,但他们的法律体系、司法体系跟咱们完全不一样。一个县法院采取的技术手段不具有任何可推广到全美的可能性,甚至会被当事人质疑、起诉,认为法院采用的技术手段对其不公平,所以在美国一家法院使用了新技术,另外的法院可能却觉得不合适,需要重新再来一遍,这产生的挑战更大。在我国具有从上到下的推进优势,不会产生美国的情况。我们现在特别想通过智慧法治来推进司法透明度的提高,司法透明度提高之后,大家觉得它的公正度相应地也有了提高。包括刚才提到的文书电子化、庭审直播,等等,这都是推进司法改革的重要切入点。我觉得中国的这种推进,现实跑在了理论研究的前面。我们理论研究现在还不是很多,尤其是法学教育,很多法学家的思维方式仍然相对封闭,所以新文科的重要突破领域与突破点要打破樊篱,首先应从法学界做起。

王禄生:谢谢魏老师。魏老师作了很有趣的解读,认为中国这么大面积地推智慧法治有点曲线救国的意味。同样,就这个问题想请教马老师,您有没有观察中外的差别?比如,中外智慧法治有没有差别?或者您所关注的智慧金融等领域,中外会不会有差别?在技术的应用上有没有太大差异?

马铁丰:我个人的体会是,差异肯定有,但是我觉得不是文化也不是制度的问题,主要是教育问题。刚才魏老师也提到了几点。我们国家划分文理科,我一直认为,数学是文科,法学是理科。我上课时经常给学生们讲,这公式你要记错了,考试肯定得不到分。数学要背,因为应试,你必须背,但是法律的很多东西你背下来后可以适当发挥,可以关联。所以说文理科的划分其实对思维方式产生了很强烈的影响,导致学理科的对文史哲一窍不通,学文史哲的对机器、计算、数理也一窍不通,这就麻烦了。软件开发和实务对接起来就很麻烦,就会出现问题。我看过一些国外的研究,像社会学,我觉得国际上做得比较好的应该是麻省理工,它完全是一个理工科学校,但社会学做得非常好,从事研究的人员绝对具有很强的计算机背景,绝对不是所谓的文科生,也不是简单的理科生,没有文理科一说,就是研究人员。我们分文理科后就很麻烦,社科联天天办书画展,办书法比赛,没听说办人工智能大赛的,计算机学院也没有说去办诗歌朗诵的,而是办算法大赛。

魏　建:我们数学学院院长是著名书法家。

马铁丰:很少,这完全是个人的突破,我们整体上会给他划界限。

王禄生:您提出了一个很有趣的现象,就是说中外有差别,但其实不是技术,不是文化,而是教育层面的差别。这个话题我很感兴趣,我想再追问一下。因为东南大学在做新文科,我们跟非常多的学科交流过,无论是艺术学科还是什么学科,我惊讶地发现,这些文科都自认为是最后被人工智能攻克的领域。我们法律人认为法律应该是最后被人工智能攻克的领域。但艺术家则认为艺术学应该是被人工智能最后攻克的领域。所以我想追问的在于,是不是每个领域都有特别的自豪感,觉得自己是最后被攻克的领域?左教授、屈教授,您二位觉得在法律领域有没有足够的特殊性让我们对待智慧技术需要跟其他领域不同?左老师您先。

魏　建:我先申请发言。刚才你讲的美国人的判断,说他们是乌龟,他们最后会赢得胜利,我不知道他们哪来的自信。实际上技术永远是技术。智慧法治,前面是形容词,后面的法治是什么?这点最核心、最关键。我们是通过技术来进一步推进法治。我们的法治,包括刚才讲的透明化、信息的均匀分布,等等。我们实际上仅仅是围绕着法治的核心,把对弱者的保护、整个保护的效率、保护的直接性等再做进一步提高。只要把这些做到了,什么龟、什么兔,我们是千里马,我们是一飞冲天。

王禄生:好的,请左老师先就刚才的话题稍微展开一下。

左卫民:法律领域会不会被人工智能攻克?每个领域都认为自己不会。围棋选手当初就认为围棋太过复杂,不会被人工智能攻克,结果李世石、古力惨败给机器。所以说,各领域会否被别人取代,不是自我判断的问题,而是一种社会判断,尤其是想来攻克的人会不会去尝试并且努力实现的问题。当然,有可能实现,也有可能不会实现。总的来说,有没有特殊性或者多大程度上会变成特殊的、不被人工智能攻克的领域取决于一系列复杂的因素。现在都是推测性的判断,关键在于,当机器能够总结出本质规律时,奇点就到来了,AI就会在某个领域取代人类。但若整个领域是非标化的,本质规律没办法被机器总结，甚至没办法被人类自己总结，机器总结的背后是人类总结，如果人类自身无法穷尽自己的现在与未来，那么 AI 就不会取代人类。所以法律领域能否被取代就在于它的非标化情况，包括它未来发展的无穷可能性，以及这种无穷可能性会不会有终结性的规律；如果没有，人工智能就无法取代法律，所以这个结论是开放性的。

王禄生：这个问题我想进一步问下屈教授，法律领域有没有什么特殊性，让有些技术在其他领域可以用，而法律领域不能用？有没有这么大的特殊性能够竖起我们领域的障碍？

屈茂辉：这个问题其实很难，我们大家一起思考。实际上刚才左老师提出的命题也可以叫作卫民猜想。这里面还有一个更深的问题，就是关于人的主体性的重大哲学问题。我们应该想到，为什么曾经著名的科学家最后都走向了神学？可能这也是我们在探讨未来人工智能发展时的一个重要问题。基于人的主体性，人工智能仅可居于辅助地位。在具体技术上，是不是可以做到只有法学能用，别的领域不能用？当技术发展到一定程度时，这个技术界限可能较小，或者说很难存在。对技术人员来说这没有多大难度。在法律领域中，法律语言、自然语言应当是法学本身的独立性所在。我们追求的正义是终极目标。如果将效率也视为正义的一种类型，效率还是属于正义也是要追求的。这应该是法律特有的一个方面。当然，在人工智能上到底怎么运用，我们拭目以待。

王禄生：屈老师整体的观点是，法律有一定的特殊性，我们要有一定的自豪感，对不对？我们可能较晚才会被取代。第二轮我们探讨了中外的区别等一系列问题，又对此进行了展开。下面进入第三轮话题。我们刚才已经梳理了中外智慧法治的差异性，包括智慧法治中国各方面的特色。所以我想接着聊的话题是，在智慧法治建设中，法学院应该承担什么角色？这个问题我首先想请教一下魏建老师，山东大学是国内新文科的顶级高校，也是最早做新文科的阵地，从您的角度出发，您觉得现在法学院在智慧法治建设方面能做什么？或者说您觉得法学现在还差什么？

魏　建：法治教育面临很多问题、很多挑战。不过现在大家也都基本接受了这种观念，即开放的法学要与其他学科进行交叉与对接，要求学生学习更多的非法学方面的知识与专业，增加社会经验与历练。这点我觉得很重要，因为通过更多学科的训练和社会经历，学生才能更深刻地理解什么是法治,为什么要实行法治。我问过很多法学毕业生“什么是法治?法治的内涵是什么?”他们回答说“就是拿法律来治你”。我反问“法律治我可以,治你行不行?”如果学生们对此没有深刻体会,一毕业就去做法官、检察官、公诉人或者警察,他们的思维方式就是固定的。如果没有社会底层或者很痛苦的经历,一毕业就成了法官,其思维方式往往就是有罪推定的方式,在案件办理过程中就会将注意力全部放到寻找当事人到底哪里有罪,这是基本的思维方式;如果你做过律师或者做过其他法律服务者、援助者,或者是跟比较强势的工作对象相处过,你就会发现你的思维方式慢慢就会向无罪推定方向转变。这可能也有助于理解为什么一些国家对法官有很多的前置要求。对法治的理解关键不在于你接受了多少技术性的教育,而在于本质性的关于法律人格、性格、品格的教育。关于新文科的突破点或者它的核心要旨,现在有争议。有人认为,新文科是要求高等教育要改革,人才培养方面要改革。但也有人主张,不应该局限于教育和培养的改革,科学的科研方式、思维方式也要进行改革。往哪靠拢?习总书记提出了三大体系建设,要向这个方面靠拢,这才是新文科的本质含义。我觉得两方面都应该做,对法学来讲,首先是要打破教育的各种边界,更重要的还是老师们要不断地灌输什么是法治、什么是法律人应当有的品格和性格,这可能才是法治教育的核心内容。

王禄生:所以您觉得智慧法治的核心其实不一定是技术,它实际上可能还是法学传统理论。

魏　建:这叫万变不离其宗,你没有这个“宗”了,没这个核心了,就容易把自己转晕了。

王禄生:这个问题我想请教马铁丰教授,在您看来,我们未来建设智慧法治,中国法学院的教育还有没有什么缺陷?比如,我们不学数学还是什么原因?会不会因为这个导致智慧法治建设不下去了,都是一些不懂技术的人在建设?

马铁丰:关于这个我想提一下计算机里的图灵测试。为什么有这个感觉?最近几年每到学生毕业时就看各种论文,现在看论文的感受越来越深刻。有些学生写的论文语句不通。法院办案时,法官有没有感觉到部分律师写的文书和诉状也语句不通?我们看网站新闻时,会不会觉得新闻整个语序都是错乱的?这类新闻有些是机器写的,有些是人写的。如果我现在做一下图灵测试,请一些人来判断机器制造的文书和人写的文书,能够判断出哪个是机器做的、哪个是人做的，那就说明我们能够识别；如果判断不出来，是说明机器进步了还是人类退化了？我觉得现在的学生应试化考上来后，知识都是碎片化的。就像魏老师说的，没有核。我们自己的一亩三分地都没搞好便急着去做别的，这肯定不行。也并非一定得让法学生去证明数学公式，而是有数学思维即可。所以，这个事情真的急不得，它需要慢慢地去论，需要学科之间互相走近，我觉得这一点很重要。我们需要更多的交流，不是技术上的碰撞，而是思想上的。

王禄生：大家发现一个很有趣的现象没？前两位教授的意思是，法律别太着急，技术的事情法律少碰，法律把自个的事做好就可以了，大致是这个思路。但之前周强院长到东南大学考察，专门问了我们大数据基地一个问题：你们大数据基地有多少学生是本科学计算机，硕士、博士学法学的？他认为智慧法治建设，包括计算法学的发展，没有这样一批人的话，智慧法治建设可能不会得到较好的成效。所以，我想首先就这个问题请教左老师，据您观察，现阶段法学院校在智慧法治领域的参与度如何？是纯理论？还是介入技术？或是两者都有？

左卫民：正如你刚才提的问题所隐含的前提，中国的法学缺乏技术含量。法学院校的参与只是一种方向性的、指挥性的、浅表性的、有限性的参与。法学院去搞重大科技研发计划，没法在技术上具体指挥，所以经常打不过技术团队技术挂帅，原因就在这，这是其一。其二，我们的革命，就像马老师说的，还很漫长，需要具备两种知识。举一个例子，美国实证法律研究最近二十年的起源与发展跟康奈尔大学的托德教授紧密相关。我曾去康奈尔拜访过他，他本科学的数学，硕士、博士学的统计学，之后到康奈尔法学院任教，并推动康奈尔法学院成为美国实证法律研究的重镇。美国实证法律研究杂志以及美国实证法律年会，就是他推动建立起来的。因此，只有既懂法律又懂技术，才可能将技术与法治结合起来。否则一帮人懂技术，一帮人懂法律，双方鸡同鸭讲，或者慢慢地鸡理解鸭、鸭理解鸡，这是一个漫长又充满误读的过程。

王禄生：感谢左老师。左老师的态度是两方面都要有，既要懂技术又要懂法律。今天的最后一个问题留给屈教授，您是压轴出场。我想追问一下，左老师说两者都需要，像湖南大学也在研究计算法学，您觉得未来咱们法学院在交叉学科领域培养可以做些什么？有人说我们要培养大量的法律知识工程师，既懂法律又懂计算机，您同意这个观点吗？

屈茂辉:谢谢。进行到这个阶段,我想在座的我们都有各种各样的想法,特别是我跟左老师,作为现任法学院院长,都在参与新文科建设。我们今年申报的新文科建设项目也是计算加法学,这一项目已通过湖南省的评审,并报至教育部。铁丰教授讲得很对,很多教育问题值得大家特别关注。高等法学教育问题是在座的每位都深有同感的问题。所以我们首先应该培养法科生的科学素养。文理分科确实带来了严重问题,但是要培养大量的计算法学或者说工程类的人可能还不现实。其实这也孵化了中国学位制度的改革,需要形成交叉融合的学位制度,但现在很难。当然,我们现在的尝试也是希望能够培养这种计算加法学的人才。其实我们有一个很好的方向或者说路径,那就是法律硕士学位,但法律硕士学位培养的目标主要限于法律职业人才,这一块需要我们共同探索。我觉得培养大量的队伍可能不太现实,但是少量精英,特别是在博士层面,甚至博士后层面是可以实现的。基于中国的现实,我们可以实现计算机专业的学生转法学专业,这可能容易一点。法学专业转计算机专业难度更大,但在座的年轻人都有实现这一点的可能。计算机加法学,我想可能更加现实一些。即便是文科生也要有信心,不是那么难。我相信我们完全可以向这方面进军,谢谢大家。

王禄生:感谢屈院长的最后总结,感谢四位教授参与。